*Wir danken allen Lebewesen für
die stete Unterstützung zum Wohle
aller sichtbaren und unsichtbaren
Wesenheiten, welche immer und überall
uns unterstützen.
Sowohl die, die körperlich inkarniert
oder auch feinstofflich sind und Mutter
Erde / Lady Gaia, die ihre mütterliche
Kraft uns allen zur Verfügung stellt.*

Engel-Frequenzen-Projekt

Buch 1

Himmels-Bote Samuel

Bibliografische Information der Deutschen Nationalbibliothek:
Die Deutsche Nationalbibliothek verzeichnet diese Publikation in der Deutschen Nationalbibliografie; detaillierte bibliografische Daten sind im Internet über http://dnb.dnb.de abrufbar.

© 2018 Ma'Maha und die Engel des Projektes, vertreten
　　　 auf Erden durch Ma'Maha
　　　　 Botschaften gechannelt von Lumina

Die Inhalte dürfen ohne schriftliche Genehmigung der Autoren weder komplett noch auszugsweise, weder in Schrift, Wort (als Audio-Datei) oder in anderer Form kopiert oder gespeichert, noch für Schulungen oder Seminare genutzt werden.
Gestaltung & Lektorat: Brigitte Schult & Miriam Scholl

Druckerei: printaholics GmbH, Wiehl

Verlag:　Segenslicht-Verlag
　　　　　Inh. M. Scholl
　　　　　Krusenkamp 28a
　　　　　45964 Gladbeck

ISBN 978-3-944880-21-1

Inhaltsverzeichnis

Worte von Himmels-Bote Samuel..7
Worte von Erzengel Metatron..9
Das Engel-Frequenzen-Projekt...11

Wochen-Botschaften und -Übungen
des ersten Projektjahres

01. Übung, 01. Woche, 1. Projektjahr - 'Klare Absicht'.............21
02. Übung, 02. Woche, 1. Projektjahr - 'Geborgenheit' 29
03. Übung, 03. Woche, 1. Projektjahr - 'Mitgefühl'...................34
04. Übung, 04. Woche, 1. Projektjahr - 'Heilung'......................41
05. Übung, 05. Woche, 1. Projektjahr - 'Hoffnung' 51
06. Übung, 06. Woche, 1. Projektjahr - 'Offenbarung' 59
07. Übung, 07. Woche, 1. Projektjahr - 'Aufrichtigkeit' 66
08. Übung, 09. Woche, 1. Projektjahr - 'Erkennen' 75
09. Übung, 10. Woche, 1. Projektjahr - 'Gleichklang' 86
10. Übung, 11. Woche, 1. Projektjahr - 'Wiederkehr' 92
11. Übung, 12. Woche, 1. Projektjahr - 'Wesens-Licht' 99
12. Übung, 13. Woche, 1. Projektjahr - 'Aufrichtigkeit' 106
13. Übung, 14. Woche, 1. Projektjahr - 'Leichtgläubigkeit' 114
14. Übung, 15. Woche, 1. Projektjahr - 'Schwingen' 123
15. Übung, 16. Woche, 1. Projektjahr - 'Friedfertigkeit' 131
16. Übung, 17. Woche, 1. Projektjahr - 'Friedfertigkeit' 142
17. Übung, 18. Woche, 1. Projektjahr - 'Weichheit' 153
18. Übung, 19. Woche, 1. Projektjahr - 'Sanftheit' 164
19. Übung, 20. Woche, 1. Projektjahr - 'Zartheit' 171
20. Übung, 21. Woche, 1. Projektjahr - 'Feinheit' 178
21. Übung, 22. Woche, 1. Projektjahr - 'Verbinden' 186
22. Übung, 23. Woche, 1. Projektjahr - 'Lebensfreude' 195
23. Übung, 24. Woche, 1. Projektjahr - 'Lebens-Freude' 201
24. Übung, 25. Woche, 1. Projektjahr - 'LebensFreude' 208
25. Übung, 26. Woche, 1. Projektjahr - 'Lebensfreude' 214
26. Übung, 27. Woche, 1. Projektjahr - 'Zerstreuung' 220

27. Übung, 28. Woche, 1. Projektjahr - 'Ablenkung' 231
28. Übung, 29. Woche, 1. Projektjahr - 'Ausweichen' 236
29. Übung, 30. Woche, 1. Projektjahr - 'Vermeiden' 246
30. Übung, 31. Woche, 1. Projektjahr - 'Das Kollektiv' 252
31. Übung, 32. Woche, 1. Projektjahr - 'Bereitschaft' 268
32. Übung, 33. Woche, 1. Projektjahr - 'Klärung'...................277
33. Übung, 34. Woche, 1. Projektjahr - 'Veränderung' 286
34. Übung, 35. Woche, 1. Projektjahr - 'Ehrlichkeit' 298
35. Übung, 36. Woche, 1. Projektjahr - 'Wahrhaftigkeit' 305
36. Übung, 37. Woche, 1. Projektjahr - 'Resonanz' 311
37. Übung, 38. Woche, 1. Projektjahr - 'Achtsamkeit'............320
38. Übung, 39. Woche, 1. Projektjahr - 'Aufmerksamkeit' 328
39. Übung, 40. Woche, 1. Projektjahr - 'Annahme' 336
40. Übung, 41. Woche, 1. Projektjahr - 'Hoffnung' 345
41. Übung, 42. Woche, 1. Projektjahr - 'Wertschätzung' 351
42. Übung, 43. Woche, 1. Projektjahr - 'Bewahren' 359
43. Übung, 44. Woche, 1. Projektjahr - 'Frohsinn' 366
44. Übung, 45. Woche, 1. Projektjahr - 'Freude' 371
45. Übung, 46. Woche, 1. Projektjahr - 'Freude'....................379
46. Übung, 47. Woche, 1. Projektjahr - 'Hoffnung' 385
47. Übung, 48. Woche, 1. Projektjahr - 'Erkennen' 390
48. Übung, 49. Woche, 1. Projektjahr - 'Verändern' 398
49. Übung, 50. Woche, 1. Projektjahr - 'Verstehen' 406
50. Übung, 51. Woche, 1. Projektjahr - 'Wiederholen' 414
51. Übung, 52. Woche, 1. Projektjahr - 'Wiederholen' 422
52. Übung, 53. Woche, 1. Projektjahr - 'Wandeln' 427

Veranstaltungsort & Essenzen 432
Weitere Bücher des Engel-Frequenzen-Projektes...................435

Worte

von Himmels-Bote Samuel

(am 01.01.2015)

"Geliebte Menschen auf Erden,
ich bin der Himmels-Bote Samuel, der aus den Engel-Reichen hervortritt, um zu leiten das Wirken aus und in unseren Reichen und zu übergeben das Wort an Dich, der Du Mensch auf Erden bist.

Mit diesem Tage beginnt das Werk, das drei Jahre lang wir Engel mit Dir gestalten, um Dich zu führen in die 'Goldene Zeit', die in drei Jahren ist.

Wir werden übermitteln jede Woche Worte der Hoffnung, Worte der Schulung, Worte des Wissens und in diesem tun wir Dir kund, wie Du in diesen Jahren des verwirklichten Wandelns, die Wandlung in Dir mit Kraft und voll Licht gestalten mögest:

Ich bin Samuel und berichte, dass die letzten Monate und Jahre der Wandel bereitet wurde, der nun geschieht und sich in den nächsten 3 Jahren manifest auf Erden zeigt. In dieser Zeit ist jeder Mensch gerufen, die Worte und Übungen für sich zu nutzen und diese zu verbinden mit seinem Wirken im Licht, das er vollbringt. So mögest auch Du Dich einfinden mit uns und das Licht und die Worte, die wir übergeben durch Ma'Maha und unsere Botin Lumina annehmen und 'umsetzen' …

Vor 16 Tagen begannen Ma'Maha und Lumina das aktive Gestalten, nachdem über Jahre hinweg Vorbereitung geschah und mein Ruf an Ma'Maha erging, und aktivierten im Verankern vor der heiligen Zeit (der Weichnacht 2014) als Vorbereitung für das erste Projektjahr die Licht-Frequenzen des GÖTTLICHEN HERZENS im heiligen Haus.

Mit und an diesen Säulen des Lichtes findet Wandel nun statt und aufsteigende Spirale des Lichtes hebt jedes Menschen-Licht an ~ so dass kein 'Zurückbleiben' verbleibt und kein Weichen gelingt. Kraftvolle Säulen des Lichtes stehen und 'leiten empor' Menschen-Werk, Menschen-Wirken und Menschen-Entwicklung.

Die Übungen der ersten Wochen werden frei verkündet und werden Dich erreichen, so Du Hören und Annahme wählst. Die weiteren Übungen der drei Jahre werden mündlich übergeben von Lumina im 'Zentrum des Lichtes und des Heils' und im Lichte Ma'Maha's.

Jeder, der mit mir und den Engeln geht, möge sich einfinden zu dieser Zeit und Wort und Weisung empfangen. Ebenso gelingt Austausch und möge sein, damit das Erfahren der Teilnehmenden sich mehrt, damit Verstehen sich teilt und Erkennen sich verwebt...

In den ersten Tagen des Neuen Jahres (2016) wird unser Wort erscheinen und Dir als Buch gebunden gegeben, in dem Dir die Übungen übermittelt werden zur weiteren Anwendung und Nutzung Woche für Woche.

Dieses ist mein Wort und meine Anleitung, damit großes Werk sich in Dir zeigt und Erkennen der Welten gelingt.

Ich bin der Himmels-Bote Samuel
und Zeit des Lichtes bin ich mit Dir.

AMEN"

Worte

von Erzengel Metatron

(am 13.06.2018)

"Ich bin Erzengel Metatron, der diese Worte übergibt – dieses sind Worte der Erklärung und Worte der 'Neuerung' – und sie mögen Deinem Verstehen dienen und das ergänzen, was Himmels-Bote Samuel beschrieb... denn wie bei jedem Projekt auf Erden und ebenso jedem PROJEKT IM LICHT findet Anpassung an das Geschehen und die Entwicklung statt. Dieses wirst Du im Verlauf des Engel-Frequenzen-Projektes selbst immer wieder erleben und erfahren können – so wie Du Deine Schritte gehst und Dein Verstehen weitest und dehnst.

Das Engel-Frequenzen-Projekt ist und wird gestaltet von der Vielzahl der Engel, die eingebunden und involviert sind, von Mutter Erde und Ma'Maha – Ma'Maha als inkarnierter Mensch auf Erden ist unsere Brücke auf Erden und es bedurfte und bedarf ihrer steten Gegenwart und Gegenwärtigkeit, um das Projekt in diesen Jahren der Entstehung und Verankerung auf Erden einzuschwingen und Menschen wie Dir zu offenbaren.

Ma'Maha ist verbunden und vereint mit den Schirmherren des Projektes, der Himmels-Bote Samuel im ersten Jahr, Engelsfürst Vandanel im zweiten Jahr und ich, Erzengel Metatron, im dritten Projektjahr bin. Und ebenso hat Ma'Maha die Verbindung und Verbundenheit zu und für Lumina gehalten, die beim Entstehen des Projektes gleichermaßen eingebunden war.

Um die ganze LICHTKRAFT des Engel-Frequenzen-Projektes aufrecht zu halten und Dir als teilnehmenden Menschen zu offenbaren und zur Verfügung zu stellen, findet stete Anpassung an das Gestalten und das Leben statt. Dieses geschah und geschieht auch zu dieser Zeit, in der Lumina aus dem Halten~HALTEN des Projektes gelöst ist~IST – denn sie rief durch ihre freie Wahl in ihren Feldern vermehrtes menschliches Schwanken und Spielen auf, was zunehmend ausgeglichen und 'bereinigt' werden musste. Das Lösen geschah weder als Strafe noch Begrenzung, sondern alleinig aus der LIEBE und VERBUNDENHEIT heraus, die allgegenwärtig ist und dem LEBEN und dem GANZEN DIENT – so wie das Engel-Frequenzen-Projekt ein Projekt der LIEBE, des LEBENS und des AUFSTIEGS ist – und es anleitet zur WANDLUNG IN SICH und dem Annehmen und Leben von FREIHEIT, FÜLLE, GLÜCK...

So mögest Du die Zeilen der Botschaften und das Benennen von Lumina und ihrem Wirken in diesem Wissen lesen:

Dass jedes Wort die Kraft des UNSERES VOLLBRINGENS in sich trägt – dass die Energien, die wir Dir im Engel-Frequenzen-Projekt 'bereiteten' darin enthalten sind und dass sichere BASIS ist. Lese im Wissen und Annehmen von dem, was bereitet war und gestaltet wurde wie auch im Wissen der Wandelbarkeit des LEBENS, der KRAFT DER LIEBE und der BEGLEITUNG, die für Dich in unseren FELDERN UND REICHEN IST.

Und so wisse mich, Erzengel Metatron, als Schirmherr des dritten Projektjahres, wie auch als Projekthalter~PROJEKTHALTER zu jeder Zeit mit Dir.

Und so ist es.
AMEN"

Das Engel-Frequenzen-Projekt

Das Engel-Frequenzen-Projekt ist aus der Absicht der Engel hervorgekommen, den Menschen in der gegenwärtigen Zeit der Veränderung auf Erden Hilfestellung und Unterstützung gleichermaßen zukommen zu lassen. Zur Zeit des Projekt-Beginns zeigte sich den Engeln folgendes:
Seit der RUF nach Erwachen und Aufstieg sich im Menschheits-Kollektiv-Feld formte und durch das Universum erschallte, wurde von der Geistigen Welt viel altes und neues Wissen an die Menschen übermittelt. Mit jedem Wort des Wissens verwoben wurde Licht und Licht-Bewusstsein in die Materie getragen in der Absicht, damit ANTWORT auf den RUF zu geben. In den Jahren zeigte sich jedoch, dass das Wissen und auch das Licht von den Menschen wohl aufgenommen wurde, dieses jedoch nur wenig Umsetzung im praktischen Leben fand, weshalb sich zunehmende Spannungsfelder formten.
Um an dieser Stelle weitere und neue Hilfestellung zu geben, haben die Engel in der Verbindung mit Ma'Maha und Lumina – mit GÖTTLICHEM DISPENS – das Engel-Frequenzen-Projekt hervorgebracht. Denn nachdem die Erfahrung zeigte, dass ein 'reines' Licht-Projekt nicht die erforderlichen Erwachens-Impulse im Menschenfeld verankern konnte, ist das Engel-Frequenzen-Projekt zu jeder Zeit ein Projekt, das gleichermaßen im Oben und im Unten verankert ist:
Im 'Oben' in den Reichen der Engel und im 'Unten' (auf Erden) durch die verbindlich involvierten Menschen ... und mit jedem weiteren verbindlich involvierten Menschen wird die Verankerung auf Erden gestärkt und vermehrtes Licht im Menschenfeld gelebt.
Um für den teilnehmenden Menschen die Verbindung von Theorie und Praxis hervorzubringen und die Diskrepanz von Wissen und bisher ausbleibender Umsetzung zu überbrücken, benennen die Engel erst ein Thema und geben sodann eine praktische Übung zur direkten Umsetzung... Damit das Ver-

stehen mit einem persönlichen Erfahren verbunden wird und durch schrittweise Umsetzung wirkliche Veränderung im Denken, Fühlen und Handeln des einzelnen Menschen geschieht.

Einleitung vom Engel-Frequenzen-Projekt

„Die Einleitung zum Engel-Frequenzen-Projekt über gebe ich, Erzengel Metatron, der ich sowohl Schirmherr vom dritten Projektjahr wie auch PROJEKTHALTER in der Verbindung mit Ma'Maha bin.
Der Ablauf des Projektes gestaltet sich am LEBEN und wurde und wird daher immer wieder angepasst an das, was auf Erden und im Menschen geschieht, stattfindet und ausgedrückt wird.
So wurde das Engel-Frequenzen-Projekt in der Verbindung mit Ma'Maha seit vielen, vielen Jahren vorbereitet und im Dezember 2014 in den Erdenfeldern eingeschwungen. Damit begann die erste Verankerung, um es in die Umsetzung und 'Tat' zu bringen. Eingebunden war zu dieser Zeit neben Ma'Maha auch Lumina, um als Brücke zu wirken und die Botschaft zu den Menschen zu tragen.
Im Jahr 2015 begannen wir mit der Übermittlung der Botschaften und Übungen und erste Menschen fanden sich ein, um diese für sich anzunehmen und zu nutzen. Ebenso fanden die Seminare statt im 'Zentrum des Lichtes und des Heils'. So wurde in diesem Jahr das erste Projektjahr ins Erden-Menschenfeld gebettet und Himmels-Bote Samuel wirkte, wirkt und ist Schirmherr von diesem.
Das zweite Projektjahr wurde 2016 übergeben mit Worten, Begleitung und Stärkung im Licht, so wie Engelsfürst Vandanel dieses als Schirmherr übergab, hineinträgt und in diesem ist.
In Anpassung an die Entwicklung der Menschen, die sich zu der Zeit im Projekt eingefunden hatten und der Menschheit auf Erden, erfolgte im Jahr 2017 keine Übermittlung der Botschaften und Übungen des dritten Projektjahres, auch wenn dieses in den

Engel- und LICHT-Feldern bereits bereitgelegt und eingeschwungen wurde.
Erst im Jahr 2018 fand die Übermittlung der Botschaften des dritten Projektjahres durch mich, Erzengel Metatron statt, der ich als Schirmherr des dritten Projektjahres mich einfand und in diesem DIENST BIN. Erzengel Zadkiel, der im Jahr 2017 für den Dienst des Schirmherren im dritten Projektjahr sich einfand trat beiseite, da das Halten der Felder in meinem Licht~LICHT leichter gelang.
Auf diese Weise wurde bereitet und 'ins Feld gelegt' das Wissen~WISSEN, das Schwingen~SCHWINGEN und das Leben~LEBEN, das IST. So führt das Engel-Frequenzen-Projekt einen jeden Menschen auf seinem Weg~WEG, so wie wir Engel mit jedem Menschen sind, begleiten, stärken und lieben~LIEBEN.

Und so ist es.
AMEN"

Die Strukturierung des Engel-Frequenzen-Projektes:

Der Schirmherr:
Von den Engel-Hierarchien wurde und wird für jedes Projektjahr ein Engel als Schirmherr des Engel-Frequenzen-Projektes erwählt, dem verschiedene Aufgaben übertragen sind, wie z.B.:
- das Übermitteln der wöchentlichen Botschaften über die Licht-Körper Ma'Maha's und die Niederschrift Lumina's an die Menschen
- die Auswahl des wöchentlichen Themas in Abstimmung mit den im Projekt eingebundenen Engelsfürsten
- das Aufrechterhalten der Verbindung von den Feldern der teilnehmenden Menschen und den Licht-Feldern der Engelsfürsten, die die Übungen durchgeben und mit ihren Heerscharen begleiten

Der Dienst des Schirmherrn geht über die Zeit der 12 Monate 'seines Projektjahres' hinaus. Das bedeutet, dass Himmels-Bote Samuel zu jeder Zeit und immer dann, wenn eine Übung des ersten Projektjahres von einem Menschen auf Erden angewandt wird, um in sich zu wandeln und Entwicklungsschritte zu gehen, involviert sein wird, um die Felder des Menschen mit den Feldern des Engelsfürsten, der die Übung übermittelt hat und begleitet, 'zu verbinden'.

Die Engelsfürsten:
Unzählige Engelsfürsten, Erzengel und Engel haben sich für dieses Projekt eingefunden. Jeder Engelsfürst und Erzengel mit seinen Heerscharen konnte sich für das Projekt zur Verfügung stellen, wenn / weil jeder einzelne Engel aus seinen Heerscharen sich im Einklang / Zustimmung mit dieser Absicht eingefunden hat.
In Abstimmung mit den weiteren Engelsfürsten und dem jeweiligen Schirmherr des Projektjahres, wird von Woche zu Woche das Thema erwählt und ein Engelsfürst zur Übermittlung und Begleitung der Übung benannt. Der Engelsfürst dehnt sein Lichtfeld bis in die Licht-Körper des teilnehmenden Menschen. Dadurch kann ein Engelslicht aus seinen Heerscharen zum Menschen herantreten und für die Zeit von 7 Tagen seinen Liebes- und Licht-Dienst vollbringen. (Immer Übungswoche beachten).

Die Engel-Begleiter:
Aus den Heerscharen des Engelsfürsten, der die aktuelle Übung übermittelt, wird ein Engel erwählt, der als Engel-Begleiter für die Zeit von 7 Tagen an die Seite des praktizierenden Menschen tritt. Die Aufgabe des Engel-Begleiters besteht darin, die Licht-Frequenzen und -Informationen aus den Feldern des Engelsfürsten in den Licht-Körpern des Menschen in Schwingung zu bringen und zu halten. Dieses geschieht in der Verbindung mit dem Engelsfürsten und dem Schirmherrn gleichermaßen. Der Engel-Begleiter ist somit das direkte Bindeglied, das die Engel-

Frequenzen in den Feldern des Menschen in lebendiger Schwingung und im Klingen hält. Auf diese Weise vermag der Mensch leichter auf diese Schwingungs-Informationen zurückzugreifen und diese für sich anzuwenden und zu nutzen.

Die Felder der Regeneration:

Jedes Wesen des Lichtes, das sich für einige Zeit in die direkte Verbindung mit inkarnierten Menschen(feldern) begibt, wird einige der Verzerrungen, Verschlierungen und Verschleierungen, Verdichtungen und Dissonanzen in seinen eigenen schwingenden Licht-Feldern spüren und aufnehmen. Um den Engel-Begleitern ihren hingebungsvollen Dienst zu ermöglichen, ohne dass langfristige 'Unstimmigkeiten' in den einzelnen und auch gesamten Engel-Licht-Feldern hervorkommen, wurden in den Engel-Reichen einige Felder der Regeneration gewoben, in denen sich die Engel-Begleiter nach vollbrachtem Dienst einfinden und in diesen Feldern dann ihre 'Aura' klären, aufgenommene Dissonanzen reinigen und harmonisieren, bevor sie in ihren ursprünglichen 'Lebensraum' der Heerscharen des Engelsfürsten zurückkehren können, ohne diese zu 'verschmutzen'.

Unzählige Engel sind jederzeit und in unermüdlichem Wirken zugegen, um die Felder der Regeneration zu weben und ireinem Schwingen zu halten, sowie die Dissonanzen und Verdichtungen zu transformieren. Unzählige Engelschöre leisten ihren Beitrag und lobpreisen GOTT (DAS LEBEN).

Engel, Ma'Maha & Lumina:

Um das Engel-Frequenzen-Projekt auf die Erde zu bringen, waren und sind Ma'Maha und Lumina zu jeder Zeit involviert. Beide haben sich durch ihren jahrelangen Dienst in der Verbindung mit der Geistigen Welt und im Wirken Hand in Hand bewährt und wurden daher für diese Aufgabe erwählt. Es sind drei Komponenten von Wichtigkeit, um das Projekt in die Durchführung, in die Verankerung und somit in den Halt auf Erden zu bringen:

1. die Engel (wie oben beschrieben)
2. Ma'Maha stellt ihre geklärten Licht-Körper zur Verfügung, hält Obhut, klärt und richtet aus. Sie schwingt die Engel-Frequenzen während der Seminare ein, energetisiert das Wasser für die Seminare wie auch die Essenzen des Projektes.
3. Lumina ist die Botin des Projektes auf Erden, schreibt die Botschaften und Übungen auf, so wie ihr diese vom Schirmherrn und den Engelsfürsten übermittelt werden und stellt diese somit den Menschen zur Verfügung. Sie liest die übermittelten Worte während der Seminare und dieses in steter Anerkennung des (Mit-)Wirkens von Ma'Maha und den Engelscharen. Sie ist die Brücke für die Menschen und die Engel gleichermaßen. Mit dem Wissen und Erfahren ihres eigenen Weges leitet sie die Seminare und gibt Hilfestellung wie Erklärung zum Erfassen der Botschaften wie der Übungen.

Die Seminare:
Während der Seminare werden die Informationen der Botschaften und Übungen durch Licht, Farbe, Wort und Klang übermittelt und in die Licht-Körper der TeilnehmerInnen eingeschwungen.
Ma'Maha lässt die Energien einfliessen – sowohl in den Raum während der gesamten Zeit des Seminars, wie auch durch das Bereiten des energetisierten Wassers, das die TeilnehmerInnen aus ihren Engels-Gläsern trinken.
Durch Schlagen von Gong oder Klangschale und Läuten der Glocke bringt Lumina Schwingungen hervor, die von Ma'Maha und den Engeln zum 'tieferen' Einschwingen in die individuellen Licht-Körper genutzt werden. Während der Seminare werden die Licht-Körper der Teilnehmenden vor- und aufbereitet, so dass der jeweilige Engel-Begleiter sich sehr intensiv, dicht, nah an und mit den Licht-Körpern des jeweiligen Menschen einschwingen kann und somit sein weiterer Licht-Dienst in den Tagen der Übung besonders wirkungsvoll ist.

Die Essenzen:

Zur weiteren Unterstützung der teilnehmenden Menschen haben die Engel Ma'Maha gebeten, Essenzen herzustellen. Diese werden in ihrer Wirkung und empfohlenen Verwendung nachstehend weiter beschrieben. Mit Hilfe der Essenzen vermag jede/jeder Teilnehmer/in dem Schirmherrn seine Licht-Körper zu öffnen, wie auch die Engel-Frequenzen in klarer, reiner Form im eigenen körperlichen Seins-Feld einzuschwingen und somit für die persönliche Entwicklung zu nutzen.

Mutter Erde / Lady Gaia:

Zu jeder Zeit ist Mutter Erde / Lady Gaia involviert und am Engel-Frequenzen-Projekt beteiligt, denn jedes Verankern einer Energie auf Erden bedarf der 'Zustimmung' von Lady Gaia und dem Einschwingen in die 'Mutter Erde'-Schwingungsfelder. Mutter Erde / Lady Gaia kanalisiert die Energien und nimmt an und auf, was der einzelne Mensch auf seinem Entwicklungsweg bereit ist, an Altem freizugeben. In der Verbindung mit Mutter Erde / Lady Gaia sind ihre verschiedenen Licht- & Naturreiche in den Energiefeldern des Projektes mit eingebunden.

Teilnehmerinnen & Teilnehmer:

Jeder Mensch, der sich in der Bereitschaft der offenen, verbindlichen, involvierten Teilnahme einfindet, bringt sich mit seinem Licht ein, stärkt das Licht und somit die Wirkung des Projektes, geht seine Entwicklungsschritte in mehr Klarheit, Bewusstheit, Verbindung, Wahrhaftigkeit, Ehrlichkeit, Verantwortung, Nutzung der Wahl, der Kraft und eigenen Schöpfungsmacht...

Die 'Engels-Gläser':

Jeder teilnehmende Mensch ist aufgerufen ein Engels-Glas für sich zu wählen und dieses jeden Tag (während der Jahre seiner Teilnahme) zu nutzen in der Anerkennung des Projektes und dem Dank an sich selbst und die unzähligen Wesenheiten in lichten Reichen wie auch auf Erden, die das Bereitstellen des Projektes ermöglichen und erlauben.

Die Möglichkeiten der Teilnahme:

Eine Teilnahme am Engel-Frequenzen-Projekt ist sowohl durch die Arbeit mit den Büchern, wie auch durch Teilnahme an den Seminaren möglich. Am wirkungsvollsten ist die Teilnahme an den Seminaren bei gleichzeitiger Nutzung der Bücher, so dass Vor- und Nacharbeiten der niedergeschriebenen Botschaften erfolgt / erfolgen kann.

Die Seminare dienen zu jeder Zeit der Unterstützung der Menschen, deren besserem Verständnis und leichteren Umsetzung. Jeder Teilnehmer kann und möge die Essenzen für sich nutzen, die am Ende des Buches weiter beschrieben werden.

Wochen-Botschaften und -Übungen

des ersten Projektjahres

01. Übung, 01. Woche, 1. Projektjahr - 'Klare Absicht'

"Ich bin Samuel, der Himmels-Bote der Neuen Zeit, der ich im Jahre 2004 zu Pfingsten mein Licht und meinen Segen an Ma'Maha übergab, um zu übertragen das Frequenz-Schwingungsfeld meines Seins in die Essenz "Himmels-Bote Samuel" auf Erden – um Einzuschwingen und 'Vorzubereiten', was zu dieser Zeit und in diesen Jahren auf Erden im Projekt Engel-Frequenzen nun übergeben wird.

Ich bin Samuel und ich übergebe und übermittle durch das Licht Ma'Maha's und die Worte Lumina's unsere Botschaften, unser Wissen, unsere Weisung und die Worte und Übungen, die Dir dienen, Dir nutzen, Dich tragen und Dich führen mögen.

Es gilt für Dich und für Euch zu verstehen, dass Engels-Licht auf Erden ist … und dass doch wir Engel darauf warten 'müssen', dass sich der 'Mensch im Tun' (ein-)findet und unser Licht mit, durch und in seinem aktiven Wirken (neu) verwebt… So habe ich im Jahre 2004 die Felder Ma'Maha's 'betreten', die als Meisterin der Tat auf Erden ist – und seither wird vorbereitet und 'gewoben' das Schwingungsfeld des Engel-Frequenzen-Projektes.

Verwoben und verknüpft war und ist dieses zu jeder Zeit mit den Feldern Lumina's, da das Werk nur gelingen kann, so wie Ma'Maha und Lumina gemeinsam Hand in Hand wirken. Denn die Felder Ma'Maha's sind weit gedehnt und rein 'geklärt' so dass über diese das tiefe Einschwingen in irdisch dichtes und verzerrtes Sein nur schwerlich gelingt… Lumina, die die Brücke ist, folgte in früheren Jahren dem Ruf der Engel, der an sie erging und fügte sich so ein in gemeinsames Wirken und Sein. Denn in der Verbindung mit den Engeln und durch ihr irdisches Tun, bereitete sie den Boden in sich durch Worte, Farbe und Klang … indem sie spielte für die Engel und die 'Musik der Erzengel' erklang.

Zu dieser Zeit nun und mit dem Engel-Frequenzen-Projekt gelang und gelingt das Verweben vom irdisch inkarnierten Menschen-Licht mit dem Engel-Licht, das in hohen Reichen zugegen ist... – und so wie zu dieser Zeit sich viele Menschen neu hinwenden zu Engelswort und Engelslicht, vermögen wir vermehrt zu wirken im Erden-Schwingungsfeld – so wie das Wirken und das Tun der Menschen erfolgt.

Jede Woche tragen wir daher neue Impulse des Lichtes und der Hoffnung im Projekt Engel-Frequenzen zu Dir heran – übermitteln Schritte des Wirkens, Schritte des Verstehens und Schritte der Wandlung – und wir zeigen auf, wie dieses gelingt:

Ma'Maha und Lumina sind zugegen und tragen hinein in irdisch inkarniertes Sein. Das bedeutet, dass sie – Hand in Hand im Wirken und im Sein und in der Verbindung und Verbundenheit mit den Engel-Reichen – unsere Felder der Engel, die wir für das Engel-Frequenzen-Projekt bereit gelegt haben – in ihren Lichtkörpern in irdisch inkarniertes menschliches Sein kanalisieren.

Als erste Manifestation dieses Projektes, zur Bündelung und Fokussierung des bereiteten Lichtes, wurden Ma'Maha und Lumina von uns gebeten, sich in den Tagen vor der Weihnacht (2014) täglich gemeinsam mit uns, den Engelsfürsten und Engeln des Lichtes, einzufinden. Dieses, um im gemeinsamen Sein und durch Läuten von Glocken 'Klang zu erzeugen' und unsere Licht-Schwingungsfelder in das Erdenschwingungsfeld zu geben. Absicht war zugegen und menschliches Tun erfolgte, womit gemeinsames Werk begann...

Nachdem unser Licht auf diese Weise kanalisiert wurde und sich in den Feldern, im Leben und Wirken von Ma'Maha und Lumina zeigt, können wir die Botschaft und die Übung für die Vielen einschwingen und überbringen – für all die Menschen, die bereit sind zu hören und zu empfangen das Wissen und die Weisheit unserer Worte.

Ma'Maha ist präsent zu jeder Zeit, so dass wir Engel über ihre (Licht-)Körper ein- und hineintragen können unser Licht in reiner Absicht – und sodann übermitteln wir an Lumina zum Wochenwechsel (Sonntag/Montag) unsere Worte und Übungen, um diese zu verbreiten.

Nachdem wir auf diese Weise unsere Energien, unser Licht und unsere Worte, Botschaften und Anleitungen einschwingen, werden diese übertragen und übermittelt an die 'Samen-Leger', die sich in den Seminaren des ersten Projektjahres einfinden. Unser Licht und unser Klang sind an diesen Tagen zugegen und werden übertragen durch das Licht Ma'Maha's und die Worte Lumina's im 'Zentrum des Lichtes und des Heils'. Denn dieser Ort, den Ma'Maha und Lumina im gemeinsamen jahrelangen Dienst erschaffen haben, erlaubt uns einzutreten ins Erdenschwingungsfeld und dieses in der reinen Schwingungsform, die wir in den lichten Reichen unser eigen nennen und die wir s i n d.

Nachdem wir also hineingetragen haben die reine Schwingung aus lichten Reichen, wird diese übermittelt an die, die sich einfinden, um Dienst an sich, für sich und auf Erden zu vollbringen. Wir – die Engelsfürsten des Projektes – legen in den Seminaren mit dem Licht Ma'Maha's und durch das Wort von Lumina und den Klang, den sie erklingen lässt, die 'Frequenz-Samen' in die Licht-Körper derer, die sich einfinden. Diese sind sodann die 'Samen-Leger' für unser Licht, so wie sie die Übung(en) praktizieren und im irdischen Sein wirken.

Jede Woche werden neue 'Samen des Lichtes' gelegt durch die Botschaft und die Übung, die einer aus unseren Reihen übermittelt. Und somit heißen wir jeden willkommen, der sich einfindet, um 'Samen des Lichtes' von und durch uns, Ma'Maha und Lumina zu empfangen.

Bei jedem Seminar im 'Zentrum des Lichtes und des Heils' sind wir präsent und zugegen mit Wort, mit Licht, mit Farbe und mit Klang... und jeder Mensch, der sich einfindet, ist 'Samen-Leger' des Lichtes in unserem Namen.... – so wie er im alltäglichen Tun die Botschaft und das Wissen lebt, verankert und verbreitet, damit die 'Samen des Lichtes', die wir übergeben auf fruchtbaren Boden fallen, keimen, wachsen, fruchten ...

Das bedeutet, dass jeder Mensch, so wie es ihm möglich ist und so wie er bereit dafür ist, die Seminare besuchen möge, um zu empfangen unser Wort, unser Licht, unsere Farbe und unseren Klang... und somit 'Samen-Leger' für die Engel-Frequenzen zu sein.

Lass Dir berichten und Dir vergegenwärtigen, dass jeden 'Samen des Lichtes', den Du im Verlauf eines Seminars aufnimmst und durch die Übung in Dir und im irdischem Ausdruck verankerst, Du sodann verteilst und weiter trägst.

Weiteres wird im zweiten Projektjahr geschehen, wenn unsere Worte, so wie diese für das erste Projektjahr von Lumina niedergeschrieben werden, als Buch den Menschen zur Verfügung stehen. Somit kann Jeder teilnehmen und teilhaben am Engel-Frequenzen-Projekt, indem die Botschaften und Übungen genutzt werden. Auf diese Weise verbreitet sich das Licht der Engel-Frequenzen weiter und wird dessen Verankerung und Wirkung im Erden- und im Menschen-Schwingungs-Feld bestätigt und verstärkt.

Es ist unsere Absicht, dass unser Licht der Engel-Reiche, so wie dieses über die Körper von Ma'Maha, über die Worte und den Klang von Lumina, über deren hingebungsvollen Dienst in der

Verbundenheit mit uns und über das Dienen der 'Samen-Leger' auf Erden verankert wird, sich mehr und mehr verbreitet und ein Netz des Lichtes über die Erde breitet – ein Netz des Lichtes, das i m Menschen wirkt, da es verankert wird durch das Tun von Menschen und verwoben ist mit irdisch manifestiertem Sein.

Dieses ist unsere 'Vision' und Absicht des Engel-Frequenzen-Projektes in den Engel-Reichen – und Ma'Maha und Lumina sind zu jeder Zeit mit uns, in gemeinsamer Absicht und 'Vision' und im Vollbringen von diesem, denn:

Alles, was von uns bereitet werden kann, wurde und wird von uns bereitet, alles, was von uns zu geben ist, wurde gegeben und werden wir geben, alles, was von uns erhalten werden kann, wurde und wird von uns gehalten...

... und das Weitere liegt in der Hand der Menschen – jedes einzelnen Menschen, der die Worte liest, die Botschaften 'studiert', die Übungen praktiziert und nutzt, um für sich Wandlung hervorzubringen und seinen Weg des Lichtes in sich und auf Erden zu gehen.

Und so sei es, wie es ist.
AMEN"

"Ich bin Michael, der Erzengel des Lichtes, der die klare Absicht benennt und der ich in dieser im GOTTES-Felde steh'.

In klarer Absicht formt sich Feld, energetisches Feld und die Energien, die auf Erden formen und 'erschaffen'.

Ich, Erzengel Michael, übermittle Wort und Botschaft, dass unser Engelwirken Dir Richt- und Leitschnur sei, damit Du diese Woche – wie auch die Monate und Jahre – sowohl Basis legst, als auch in lichte Reiche Dich erhebst und somit Brücke baust in Dir und zum Menschenwesen reifst, das Licht und Liebe i s t u n d l e b t – zu jeder Zeit auf Erdengrund...

In dieses Wirken, Leben, Sein werden wir Dich führen mit unserem Licht, mit unserem Wort und dem Klang, der in unserem Wort und Felde ist. So lese und höre das Wort, empfange die Kunde und finde Dich ein im 'Üben', im Leben und im Sein.

Ich, Erzengel Michael bin mit Dir, so wie mein Wort erklingt und ein Engel aus meinen Heerscharen zu Dir herantritt, der diese Woche mit Dir ist ~ so wie Du wählst und entscheidest Deinen Weg im Engelslicht, mit Engelswort und im Engelsklang zu gehen.

Und so ist es! ... Denn verbindlich Deine Wahl D i r sei – verbindlich für Dich, in Dir und Deinem Licht – und so seiest Du Dir klar in der Absicht, wie diese in dieser Woche 'Thema' und 'Übung' ebenso ist:

Ich bin Erzengel Michel und ich übermittle:

01. Übung, 01. Woche, 1. Projektjahr - 'Klare Absicht'

Geliebter Mensch, aus meinen Heerscharen tritt ein Engel-Begleiter an Dich heran, um in dieser Woche der 'Klaren Absicht' mit Dir zu sein. Dieser hält aufrecht die klare Absicht während der gesamten Woche, auch wenn Du in Ablenkung oder im Schlaf bist.

Um dieses für Dich zu nutzen und 'Samen des Lichtes' zu legen, mögest Du zu jeder vollen Stunde Dich in klarer Absicht einfinden. Dafür schwinge Dich ein in der hellblauen Frequenz, lasse hellblaues Licht durch Dich und Deine Körper fliessen und erkläre klar in Dir Deine Absicht, in Deinem Heil zu sein.

Dein Heil zeigt sich Dir im energetischen Feld, so wie es in der Absicht des Lebens auf Erden eingebettet ist und wird sodann von Dir geprägt durch Deine Absicht, Deine Wahl, Dein Wünschen und Dein Wollen und wird geformt durch Dein Wirken und Dein Tun.

Um klare Absicht während Deines Alltags aufrufen zu können, öffne Dich für Deinen Engel-Begleiter und verbinde Dich mit ihm. Rufe einige Male die hellblaue Frequenz auf und die klare Absicht in Dir, damit dieses Dir sodann im tagtäglichen Tun in Leichtigkeit gelingt ~ denn Dein Fokus sei klar zur vollen Stunde, ohne dass 'Übungs-Last' Du Dir kreierst und Ausweichen, Vergessen wie auch Halbherzigkeit Dir erlaubst.

Wisse um Dein Wirken und den Samen den Du legst – in Dir und ebenso im Menschheits-Kollektiv-Feld.

Für sieben Tage hat dieses Band und Bindung mit Deinem Engel-Begleiter Bestand – sodann wird sich Dein begleitender Engel, der aus meiner Heerschar zu Dir trat, lösen und zurückziehen...

... und so Du in Achtsamkeit mit ihm warst und ihm dankst, wird es in Freude geschehen.

Dir sei Dank,
Mensch auf Erden

Dank der Engel,
die wir sind.

AMEN"

02. Übung, 02. Woche, 1. Projektjahr - 'Geborgenheit'

"Geliebte Menschen auf Erden, ich bin Himmels-Bote Samuel, der die zweite Botschaft zur zweiten Woche übergibt und der die Übung zu dieser in der Verbindung mit Erzengel Uriel zu Dir bringen wird – denn mein Wort ist das seine und finde zu Dir…

Die Worte, die ich heute übergebe sind die Worte, die Dir beschreiben den Plan – den Plan des Lebens, wie auch den Plan des Projektes, das Engel-Frequenzen wir nennen, da übergeben wird aus unseren Reichen das Wort, das Licht, die Farbe und der Klang.

Ein Plan ist zugegen, erkoren, bereitet, 'gefestigt' in unseren Reichen und Feldern, um das Überbringen an und in menschliches Sein vollbringen zu können. Ein Plan, der Basis und Rahmen gibt und doch in Freiheit sich zeigt – denn wir, die Engel des Lichtes, die mit Dir und den Menschen auf Erden sind, vermögen den Plan nur zu vollbringen in der Verbindung, Verbundenheit und Gemeinsamkeit mit Mensch auf Erden – mit Dir, mit den Deinen, mit den Vielen, die auf Erdengrunde sind.

Unser Plan, so wie er in unseren Reichen und Feldern erkoren wurde, vermag niemals vollbracht zu werden, sofern das Wirken und das Tun der Menschen nicht ebenso geschieht. Es ist wichtig für Dich und für Euch zu verstehen, dass unser Plan nur Basis gibt, auf dem Du, auf dem Ihr gebeten werdet Dich und Euch im Wirken und im Tun einzufinden.

Unser Plan, so wie er in unseren Reichen und Feldern erkoren wurde, wird zu jeder Zeit angepasst und abgestimmt werden auf das, was die Menschen auf Erden, was Du, was die Deinen mit unserem Wort und unserer 'Übung' in sich selbst und in ihrem Leben vollbringen.

Unser Plan, so wie dieser von uns in unseren Reichen und Feldern bereitgelegt wurde, beinhaltet ein 'Menschen-Wirkungs-Feld', das sich so zeigt, wie wir dieses in der Verwirklichung des Plans als erstrebenswert / 'förderlich' und wirkungsvoll erachten – doch ob dieses sich sodann so zeigen und hervorkommen wird durch Menschenwirken, vermögen wir vorab niemals zu 'wissen' – vielmehr trägt jeder Plan, der in unseren Reichen und Feldern hervorgebracht und dem Menschen-Sein auf Erden dient, die Freiheit der Anpassung zu jeder Zeit in sich, da Menschen-Denken, -Fühlen und -Wirken 'unberechenbar' für uns ist und Anpassung daher erforderlich in jedem Fall.

Aus diesem Grund erfolgt die Übermittelung der Engel-Frequenzen für die Woche auf Erden in Licht und in Wort an Ma'Maha und Lumina immer erst zur 'Wochenzeit', damit die Anpassung zugegen ist und kein 'vorgefertigtes Wort' und 'festgelegter Rahmen' das Reifen, Erblühen und Fruchten des Plans, den wir in Liebe und Verbundenheit zum Menschen auf Erden erkoren und hervorgebracht, beengt oder behindert.

So fand für diese Woche Anpassung bereits statt – denn das Wirken der Menschen mit der 1. Übung war getragen von Hoffnung wie auch der 'geruhsamen Gewissheit', dass unser Plan Engel-Frequenzen gelingen wird 'um jeden Preis'... – und doch gilt es von Dir und gilt es von Euch verstanden zu werden, dass dieses 'Vorbestimmte' niemals ist und Menschen-Wahl in Freiheit wirkt...

... denn die Freiheit ist die Eure – und somit die Wahl zu vollbringen und auch zu gestalten. So bringst Du hervor, so bringt Ihr hervor, den Weg des Plans (der erkoren und hervorgebracht in unseren Reichen und Feldern) und den Ausdruck dessen auf Erden.

So ist es!

Und so wie Du nun die Worte von Erzengel Uriel vernimmst und dessen Übung 'lauscht', mache Dir bewusst an jedem Tag, dass unser Plan Dir nur den Weg bereitet und Du als Mensch diesen gestaltest.

In Liebe und Verbundenheit bin ich mit Dir zugegen, halte Obacht und bin das Licht, das Dich trägt und 'streichelt'.

Und so ist es
und so ist mein Wort…

AMEN"

"Geliebter Mensch auf Erden, ich bin Uriel, der Erzengel der Kraft, der Frieden und Geborgenheit Dir zeigen wird, so Du in Bereitschaft und im Willen bist und Deine Wahl wohl nutzen mögest, um anzunehmen Wort und Botschaft, um anzuerkennen unseren Plan und Deine Wahl wie auch Deine Macht, diesen zu vollbringen … oder beiseite zu legen unser 'Planungs-Feld'…

Die Übung, die ich übermittle und für die ein Engelslicht aus meinen Heerscharen zu Dir herantritt, um Dich zu begleiten während der Tage der Woche und während der Tage der Übung, wird Dir Geborgenheit in Dir schenken.

Und ganz bewusst wähle ich den Ausdruck 'schenken', denn auch wenn Du die Wahl die Deine nennst und Du das Werk und den Ausdruck auf Erden gestaltest, so ist es doch das Feld, das wir bereiten und als Geschenk in diesem für Dich bereit legen. – Die Wahl und das Wirken, das das Deine ist, beinhaltet sodann das Sehen wie auch die Annahme und das Nutzen dessen, was wir bereitet haben und Dir übergeben.

So siehe und empfange die 2. Übung im 'Jahr des Heils', das das erste Projektjahr ist:

02. Übung, 02. Woche, 1. Projektjahr - 'Geborgenheit'

Ich bin Erzengel Uriel und ich bin zugegen – und während – sofern noch zugegen – Dein Engel-Begleiter der letzten Woche sich zurückzieht, tritt aus meinen Heerscharen ein Engelslicht an Dich heran und schwingt sich an Deiner Seite ein.

Das Licht, das als das Meine sich Dir zeigt, ist von rotem 'Klang' und roter 'Farbe' – und zeigt rotes Feld. In diesem begegne ich Dir mit dem Engelslicht, das zu Dir tritt und die Kunde der Übung in sich trägt – diese Kunde hält es aufrecht zu jeder Zeit in 7 Tagen, um Dir den Zugang und den Halt in diesem zu bereiten.

Du mögest diese Verbindung und dieses Licht nutzen, um mehrfach am Tage Dich auszurichten und Dich mit diesem zu verbinden. Und um die Manifestation auf Erden für Dich und Dein Leben zu gestalten, mögest Du an jedem Tag dieser Woche ein anderes rotes Teil mit Dir tragen – egal ob Kleidung, Tuch oder 'Gerät'... wichtig ist, dass Du es nutzt in dem Bewusstsein ‚meines Klangs' und meiner Farbe und somit Geborgenheit in Dir erklingt – denn so wie in meinem Licht auf 'roten Klang' Du in Dir blickst, wird Geborgenheit sich in Dir weiten und Du wirst finden diese als 'Wissensfeld' in Dir.

Somit nutze die Übung – und danke dem Engelslicht in dieser Woche, das Geborgenheit Dir bringt und Du somit den Halt finden wirst, um weitere Schritte zu gehen und weiteres Wirken zu vollbringen.

Und so sei es,

denn ich bin Erzengel Uriel und ich bin zugegen als Engelsfürst im Engel-Frequenzen-Projekt, das Dich führt, das Dich leitet und das Dich in neuen Feldern des Lichtes willkommen heißen wird.

AMEN"

03. Übung, 03. Woche, 1. Projektjahr - 'Mitgefühl'

"Geliebte Menschen, die Ihr auf Erden seid. Ich bin Himmels-Bote Samuel, der mit Euch ist und ich bereite Euch die 3. Übung in der Verbindung mit Engelsfürst Chamuel, der der 'Erzengel der Liebe' in Euren Worten ist, obwohl doch kein Engel oder Engelsfürst jemals außerhalb von dieser ist...

Erzengel Chamuel steht mir zur Seite in den Tagen dieser Woche, um gemeinsam das Feld des Projektes zu gestalten und wir offenbaren Dir dieses Feld zum Gestalten, zum Formen, zum Wandeln des Lebens auf Erden.

Siehe Mensch, der Du auf Erden bist... und wie Du tief in Dir 'Schuld' trägst ... oder vielmehr den Glauben daran...

Verstehe, geliebter Mensch, dass so wie Du 'siehst' und so wie Du 'glaubst', Du auf Erden erschaffst. Und aus diesem Grunde ist das 'Feld der Schuld' — obwohl dieses im GÖTTLICHEN FELDE niemals als 'Absicht' zugegen war — erschaffen worden von den Menschen auf Erden und hat, da über lange Zeit aufrechterhalten, Manifestation 'erlangt'.

Weil sich nun alles, was Ihr manifestiert durch Eure Sicht und Euren Glauben in dem Schwingungsfeld auf Erden sodann als Ausdruck in irdisch dichter, fester Form zeigt, ist 'Schuld' real geworden für Dich und für Euch — und somit Teil Deiner und Eurer Wirklichkeit.

Warum wir dieses Dir benennen, obwohl doch viele Worte (in gechannelten Botschaften) Dir übermitteln, dass Du jede 'Schuld' weit von Dir weisen mögest?

Dieses tun wir, weil das 'Verweisen' der 'Schuld', die Du doch durch Deine Sicht und Deinen Glauben i n D i r trägst, zu einer 'Verneinung' führt von dem, was in Dir zugegen ist. Auch wenn Du die 'Schuld' in Dir verneinst, findet durch diese doch eine Prägung und Formung Deines irdischen Erlebens statt – umso kraftvoller, je mehr Dein Widerstand und Deine ‚Verneinung' sich zeigt.

Und Du magst fragen, wie es zu den Botschaften aus lichten Reichen kam, die Dir Anleitung gaben für ein 'Verweisen' der 'Schuld'...

Dieses kam hervor aus der 'Absicht aus lichten Reichen', dass – sofern ein Mensch das Blicken und Aufrufen von Schuld beendet – diese Kraft und Wirkung verlieren würde und somit die weitere Entwicklung des Menschen sich in mehr Freiheit, Liebe und Annahme zeigte. Jeder von Euch weiß und kann erkennen am Geschehen auf Erden, dass diese 'Absicht aus lichten Reichen' sich als Irrtum im Ausdrucksfeld auf Erden erwies und erweist.

Der Irrtum kam hervor aus der Blickweise, wie ein Wesen des Lichtes Dich und Euch sieht – denn Licht (= lichtes Wesen in lichten Reichen) blickt auf Licht (= inkarniertes Licht als Mensch auf Erden). Daher wurde die Wirkung im Manifestationsfeld ‚übersehen' und unterschätzt das 'Feld der Schuld', das auf Erden schwingt und durch jahrhundertelange Sicht und Glauben der Menschen erschaffen wurde... und nun kraftvoll wirkt.

Für das Projekt der Engel-Frequenzen haben wir – die Engel an der Seite der Menschen – in der Verbindung mit den vielen weiteren Wesen des Lichtes, die Euch und Dir verbunden sind und Dir in Liebe und mit ihrem Dienst zur Seite stehen, all das Wissen zusammengetragen und gesammelt, das Dir dienen wird die bisherigen Irrtümer zu verstehen, Dich selbst als Wesen des Lichtes zu erkennen und die Kraft des Erschaffens in Dir zu nutzen, um den Wandel auf Erden für Dich und für Euch in Liebe zu gestalten.

Es gilt daher, erst das zu benennen und dann durch Übungen zu wandeln, was kraftvoll und machtvoll in Deinen Feldern wirkt und Dir wenig dienlich ist für den Weg des Wandels, den Du gehst. Und ebenso gilt es in Dir das zu stärken und für Dich erkennbar zu machen, was Dir dient, was Dich stärkt, was Dich klärt und was Dich wandelt...

Und unser Benennen lässt Dich verstehen und gibt Dir somit den Impuls, um in Dir die bisher 'getrennten' und 'verwiesenen' Felder zu verbinden – auf diese Weise können die Energien darin wieder fliessen. Sodann wirst Du mit dem Wissen und dem Licht, das wir Dir in diesem Projekt zuteil werden lassen, in Dir Ausgleich hervorbringen können. Denn so wie Dir von Woche zu Woche ein Engel-Begleiter zur Seite steht, tragen wir mit diesem unsere Engel-Frequenzen zu Dir heran. Durch Dein Annehmen vom übergebenen Wissen und Dein Anwenden und 'Tun' der übermittelten Übung bringst Du die Engel-Frequenzen zur Wirkung in Dir und in Deinem Leben – und legst darüber hinaus 'Samen des Lichtes' in der materialisierten Welt.

Dieses ist erforderlich, da 'Getrenntes' und 'Verwiesenes' von jeglichem direkten Einfluss unseres Lichtes abgeschirmt ist! – und dieses durch Deinen / Euren freien Willen und Deine / Eure freie Wahl... somit bedarf es Deiner neuen Sicht und Deines gewandelten Glaubens, um Veränderung hervorzubringen im Ausdruck des Lebens auf Erden.

So fahre ich fort mit dem Thema der Woche und mit Deiner Sicht und Deinem Glauben:

Damit Du Dich der 'Schuld' in Dir in Achtsamkeit und Freiheit, das heißt ohne Wertung, öffnen kannst und diese somit dem Licht und der Wirkung von unserem Licht und den Engel-Frequenzen zugänglich machst, übermittelt Erzengel Chamuel die Übung dieser Woche und trägt das 'Mitgefühl' zu Dir heran.

Dieses nutze... und verstehe, dass Offenheit in Dir Dich stärkt und Dir nutzt, und dass dagegen Enge in Dir Dich bindet an Altes, wie auch Wertung in Dir Dich hindert an Neuem.

So bereiten wir, so tragen wir heran und so legen wir Dir zu Füßen, damit Du die Schritte Deines Weges gehst und wir Engel mit unserem Licht und den Engel-Frequenzen Dich lenken und leiten.

So ist es
und
so sei es,
denn

Alles ist Eins.

AMEN"

"Ich bin Chamuel, der Engelsfürst des rosa Strahls, der Dir zur Seite steht in dieser Woche mit meinen Legionen und Heerscharen der Liebe und des Mitgefühls… denn Mitgefühl wird Dich erweichen für Dich selbst, Mitgefühl wird Dir erlauben anzunehmen das Licht und die Liebe, die wahrhaftig ist… und Mitgefühl wird Dich tragen aus altem Schmerz heraus.

Jeder Schmerz, den Du in Dir erlebst und erfährst, kommt aus Deiner Sicht, aus Deinem Glauben und auch ebenso aus Deinem Wissen hervor...

… ja, ebenso aus Deinem Wissen – denn sofern Du Wissen Dein eigen nennst, ohne dass Du diesem Ausdruck in Deinem Leben gibst, bereitet Dir dieses Spannung, Schmerz und Ungemach.

Somit lese diese Zeilen, empfange die Botschaft und spüre das Wissen in diesen – sodann öffne Dich für das in Dir, was im Feld der 'Schuld' Du in Dir spürst, damit durch die Übung und in der Verbindung mit dem Engel-Begleiter Dir zur Seite, dieses Feld sich öffnet und die 'Schuld' im rosa-farbenen Licht der Liebe sodann vergeht, denn 'Getrenntes' und 'Verwiesenes' wird gehoben aus alter Schwere, alten Fesseln, alter Enge… wenn Liebes-Lichte fliesst.

Mit dieser Übung bringst Du tief in Deinen Feldern neues Fliessen und neue Freiheit hervor und bereitest den Boden für die Schritte in das neue Leben, nach dem Du fragst und nach dem Du Dich sehnst. – Denn ohne Klärung von Altem und das bewusste Einlassen des Lichtes in diese 'getrennten' und ‚verwiesenen' Felder, wird Dir die Manifestation von Neuem nur schwerlich gelingen.

Somit übergebe ich, Erzengel Chamuel, Dir die Übung der 3. Woche:

03. Übung, 03. Woche, 1. Projektjahr - 'Mitgefühl'

Ich bin Chamuel und aus meinen Heerscharen tritt hervor der Engel-Begleiter Dir zu dienen in diesen Tagen des Mitgefühls, in denen mein Wort und mein Licht mit Dir sind. Dein Engel-Begleiter in diesen Tagen wird in Dir das Licht und das Feld des Mitgefühls aufrecht halten, auch wenn Du selber Dir dieses immer wieder versagst.

Somit mögest Du dieses in Annahme und Bereitschaft in Dir wirken lassen und in dem Wissen, dass dieses bereitet wurde in unseren Reichen und zu Dir getragen wird vom Begleiter an Deiner Seite. Somit ist kein Suchen, kein Aufrufen und kein Hervorbringen Deinerseits ist erforderlich, um Mitgefühl zu spüren, sondern alleinig die Bereitschaft wahrzunehmen, was mit Dir ist und den Engel-Begleiter zu ehren und ihm zu danken für sein Wochenwerk mit Dir.

Jeden Tag am Morgen, bevor Du Dich erhebst um Dein Tageswerk zu vollbringen, fühle Dich gebettet und umhüllt vom Licht des Mitgefühls. Dieses spüre deutlich und erhebe Dich sodann im Wissen, dass allzugegen das Mitgefühl in und mit Dir ist.

Sodann wisse, dass während Du die Tage mit dieser Übung 'gehst', Dir die 'Schuld' in Dir, ebenso wie Deine Sicht auf 'Schuld' und Dein Glaube an 'Schuld' Dir gezeigt werden wird. Und jedes Mal, so Du 'Schuld' in Dir verspürst – oder die Enge, Schwere, Last, mit der 'Schuld' sich in Dir zeigt – nimm wahr und nimm an das Mitgefühl, das ist und erlaube diesem zu wirken in Dir.

Jedes Mal, so Du auf diese Weise wählst, wird Dein Engel-Begleiter einen Strom des Lichtes in Dich 'schütten', so dass Fliessen in Dir ist. Das Fliessen in Dir wirst Du spüren und vernehmen können und ebenso den Wandel, den dieses in Dir hervorbringt... – Das Fliessen unterstütze durch Deinen Atem und die Bereitschaft die Schwere gehenzulassen, jede Enge freizugeben, Deine Lasten abzugeben… und loszulassen 'Schuld' – 'Schuld', die Du als die Deine spürst, wie auch jede 'Schuld', die Du bei anderen glaubst und siehst…

Um den Dienst Deinem Engel-Begleiter zu erleichtern, wie auch ihm zu Ehren und ihm zum Dank, entzünde jeden Tag der Woche eine rosa Kerze. Denn in der Flamme dieser Kerze wird Dein Engel die Energien der Schwere verbrennen, der Enge erlösen und der Last erheben, so dass der Glaube an 'Schuld' vergeht… sofern keine rosa Kerze Dir zum Entbrennen zur Verfügung steht, verwende eine weiße, die Du auf rosa Tuch oder Papier stellen mögest.

So wisse Deinen Engel-Begleiter mit Dir und erlöse Dich von 'Schuld', die in Dir ist durch Deine Sicht und Deinen Glauben, erlöse Dich von 'Schuld', die Dich beschwert und Dich beengt und vollbringe dies im Mitgefühl für Dich, für das Leben und für die Welt.

Und so sei es.
AMEN"

04. Übung, 04. Woche, 1. Projektjahr - 'Heilung'

"Geliebte Menschen, ich bin Himmels-Bote Samuel, der die Worte und Botschaft in der 4. Woche übergibt. – In der 4. Woche, in der die Botschaft erneut 'frei verteilt' wird an alle, die zu lesen und zu hören bereit sind.

In dieser Woche berichte ich Dir und Euch vom weiteren Wirken des Engelsfürsten Chamuel und seinen Heerscharen, sowie von dem Feld der Heilung, das in dieser Woche Erzengel Raphael für Dich und für Euch bereitet.

Die Botschaft und die Übung in der letzten Woche, so wie wir Dir diese übergaben im Engel-Frequenzen-Projekt, wurde bereitet von Erzengel Chamuel, um zu lösen, zu transformieren und zu überwinden 'Schuld' und dieses durch und in der Kraft des Mitgefühls – es gilt die 'Schuld' zu lösen, die hervorgebracht und manifestiert wurde und wird von Menschen auf Erden – die 'Schuld', die das irdisch-menschliche Erleben und Geschehen gestaltet und formt...

Das Wahrnehmen und Erkennen vom 'Feld der Schuld', so wie dieses auf Erden und im Menschen wirkt, wurde von uns und in unseren Reichen vollbracht – obwohl die 'Frequenz der Schuld' außerhalb unseres eigenen Feldes ist. Das beinhaltet, dass das direkte Einwirken im 'Feld der Schuld' für uns aus den lichten Reichen unmöglich ist.

Daher bedarf der aktiven, bewussten Annahme von Dir als einzelnen Menschen, wie auch Deiner Bereitschaft, die 'Schuld' zu transformieren, zu durchlichten und Dich aus diesem 'Feld des Leidens' zu erheben – einem Feld, das durch Menschen-Sicht und -Wirken hervorgebracht wurde und immer und immer wieder bestätigt, wie auch verstärkt wurde und wird.

Die Wandlung auf Erden, so wie diese als Absicht in den lichten Feldern bereit gelegt ist, kann jedoch nur vonstatten gehen, sofern das 'Feld der Schuld' erlöst und transformiert wird – und das muss hervorgebracht werden vom Menschen, da dieses Feld von Menschen erschaffen wurde...

Einiges von diesen Worten findest Du bereits in unserer Botschaft der 3. Woche des ersten Projektjahres und doch vertiefe ich diese Botschaft… – denn die Menschen, die die 3. Übung annahmen und vollbrachten, haben ihr 'Feld der Schuld' nur unzureichend erlöst und somit wird dieses weiterhin das irdische Geschehen des Einzelnen, wie auch der Vielen gestalten und prägen… Du kannst dieses sehen und erkennen im Geschehen auf Erden – in diesem Land und in jedem anderen Land ebenso…

So wie wir – die Engel des Lichtes – in der Verbindung mit Dir und weiteren (einzelnen) Menschen gestalten und hervorbringen auf Erden, gelang die 'Durchlichtung vom Feld der Schuld' nicht im erforderlichen Maß – an dieser Stelle betone ich erneut, dass menschliches Werk und Wirken das Engel-Frequenzen-Projekt in der U m s e t z u n g formt und wir Engel-Wesen, wie jedes andere Licht-Wesen ebenso und zu jeder Zeit, nur vollbringen können, was vom Menschen auf Erden ebenso vollbracht wird…

Daher haben wir das Engel-Frequenzen-Projekt angepasst an die Entwicklung und Erzengel Chamuel mit seinen Heerscharen wird das 'Feld des Mitgefühls' weiterhin bereit halten, so wie er dieses in der letzten Woche beschrieben hat … dieses auch, damit Du – so Du in Dir 'Schuld' verspürst – Dich an den Engelsfürsten Chamuel und seine Heerscharen wenden kannst, um Deine Bereitschaft zu benennen, das 'Feld der Schuld' in Dir zu durchlichten und zu erheben.

Für diesen Dienst steht Engelsfürst Chamuel mit seinen Heerscharen weiterhin bereit und wird bis auf weiteres keine weitere

Botschaft übergeben und / oder eine Übung einer (weiteren) Woche leiten. Vielmehr hat er sich 'gebunden' mit seinen Legionen an und für diesen Dienst…

Das bedeutet, dass Du als ein Mensch, der den menschlich-irdischen Teil und Anteil im Engel-Frequenzen-Projekt gestaltet und formt, aufgerufen bist bei Wahrnehmung von 'Schuld' in Dir die 3. Übung 'zu wiederholen' und das Einfinden und Anwenden vom Mitgefühl in der Situation bzw. in dem Moment wie folgt zu gestalten:

Entzünde eine rosa Kerze mit dem Ruf an Erzengel Chamuel und der Bitte, dass einer aus seinen Reichen als Engel-Begleiter zu Dir tritt. Sodann eröffne diesem das 'Feld der Schuld', das Du verspürst und bitte, dieses zu erlösen. Sei dafür in Offenheit, in Ehrlichkeit und in Wahrhaftigkeit mit Dir, so dass – während Du Dich Deinem Tageswerk erneut zuwendest – der Engel aus den Heerscharen Chamuels Dir rosa Liebeslicht bereitet und Deine 'Felder der Schuld' damit erreicht. Jeder dieser Schritte gelingt in dem Ausmaß, wie Du offen, ehrlich und wahrhaftig bist und Dich aus alten Grenzen der Scham, des Zurückhaltens und Abwertens befreist…

Dieses mögest Du vollbringen 'zusätzlich' zur dann aktuellen Übung der jeweiligen Woche – und ein Engel aus Chamuels Heerscharen wird wie beschrieben zu Dir treten und sodann sich aus Deinen Feldern wieder lösen, so sein Werk vollbracht ist und er das durchlichtet hat, was Du ihm in Offenheit, Ehrlichkeit und Wahrhaftigkeit zugänglich gemacht hast.

Damit das Hineinlegen und -tragen in schweres, enges, 'gelebtes' Menschenfeld leichter gelingt, wird von Ma'Maha eine 'Chamuel-Essenz Mitgefühl' bereitet, die das Schwingungsfeld der 3. Woche trägt und jedem Menschen – nah und fern – eröffnet, die 'Schuld' und deren Enge, deren Schwere, deren Last zu klären und sich im Mitgefühl (für sich selbst) aus dieser zu befreien.

Während der Zeit, in der Du diese Essenz verwendest, wird ein Bote aus Chamuels Legionen mit Dir sein und Dienst mit Dir verrichten. Daher nutze die Essenz drei Mal am Tage durch Einnahme von jeweils 5 Tropfen und nimm auf und an die Schwingung des Mitgefühls in Dir.

Und wie wir bereits kund taten, werden die Botschaften und Übungen in den folgenden Wochen nur noch per Wort, sowie mit Licht, Farbe und Klang im 'Zentrum des Lichtes und des Heils' übergeben – die Entwicklung der letzten Woche bestärken uns darin, keinerlei Ausnahme zu gestatten, denn die Durchlichtung der 'Schuld' wird sehr viel leichter gelingen, so die Botschaft und Übung mit Licht und Klang übermittelt und *im Menschen verankert* wird.

Du selbst kannst erkennen, dass die Botschaft und Übung der Woche, übergeben in niedergeschriebenem Wort, Deine Felder nur in dem Ausmaß, in der Tiefe erreicht, wie Du diese öffnest und Dir – und damit uns – zugänglich mach(te)st. Und dieses würde und wird sich zeigen in den nächsten Wochen ebenso.

Durch die Übermittlung mit Wort, Licht, Farbe und Klang jedoch vermögen wir unser Licht der Engel-Frequenzen kraftvoll in die Felder der Teilnehmenden einzuschwingen, einzubetten und zu verankern. Und auf diese Weise wird die Wirkung vertieft und die Wandlung vorangetragen. Jeder, der sich einfindet, um Wort, Licht, Farbe und Klang 'zu empfangen', wird die 'Samen des Lichtes', die wir übertragen, leichter annehmen und sodann im eigenen Umsetzen der Übung und praktizierten Tun verbreiten können.

So wie Du die Übungen der ersten Wochen vollbracht hast, mögest Du verstehen, dass unser Dienst der Wandlung dient und erkoren wurde, um das Geschehen auf Erden neu zu gestalten – und dieses in der Verbindung mit den Menschen, die auf Erden sind.

Daher laden wir Dich ein die Übungen erneut zu hören, zu empfangen und anzunehmen mit gesprochenem Wort, schwingendem Licht, strahlender Farbe und tönendem Klang am Tag des ersten Seminars (am 31.01.2015). Auf diese Weise wirst Du spüren und erkennen können wie sehr die Übungen tiefer, weiter, kraftvoller in Dir wirken, so wie wir diese übermitteln mit Wort, mit Licht, mit Farbe und mit Klang ... und Du diese annimmst ...

Siehe, wie wir Dir eröffnen Möglichkeiten des Mit-Wirkens und Teilnehmens am Projekt des Lichtes, das das Engel-Frequenzen-Projekt ist – und wie Du Dich mit Deinem Licht einschwingst und einbringst in das Projekt:

Denn neben dem Einfinden vor Ort und dem Empfang von Wort, von Licht, Farbe und Klang kannst Du Dich einschwingen zu jeder Zeit mit den Essenzen, die wir bereiten. Mit und in Dir kannst Du vieles bewirken durch die Verwendung meiner Essenz 'Himmels-Bote Samuel - 1. Projektjahr' wie auch der Essenz 'Erzengel Chamuel - Mitgefühl', denn diese tragen unser Licht in materialisiertes Sein und dienen Dir in diesem.

Des weiteren wird dieses Buch (das Anfang des zweiten Projektjahres erscheint) Dir die Übungen der Wochen des ersten Jahres offenbaren, die Du sodann vollbringen kannst. Dabei dienen Dir die 'Samen des Lichtes', die von denen bereitet und in der Materie verankert werden, die sich zu den Seminaren in diesem Jahr einfanden, um Übungen und Tun zu vollbringen – und gemeinsam mit uns, den Engeln des Lichtes, wird von diesen die Basis gelegt für den Wandel auf Erden und das Weitertragen des Lichtes durch Viele.

Und ich, Himmels-Bote Samuel, setze fort meine Worte für diese Woche, die eine Woche der Heilung sei, so wie Erzengel Raphael diese leitet und 'führt'.

Und ich beginne:
Bei dem Wort 'Heilung' hast Du ein inneres Bild, ein inneres Schwingungsfeld, das Du aufrufst für Dich. Dieses ist geprägt von Deinem Erleben und Deinen Erfahrungen – und auf diese Weise begrenzt Du Dein 'Feld der Heilung' und somit das, was Dir an Heilung begegnen und geschehen kann ... und wird.

Daher geht es dieser Woche um die Befreiung von altem Glauben und alten Grenzen, denn 'wahre Heilung' hat keine Grenzen – weder in Zeit, noch in Raum, noch im irdischen Sein... und an dieser Stelle betone ich die Bedeutung des 'Feldes der Schuld' im menschlichen Glauben und Sein, da dieses Heilung in jeder Form begrenzt, ja verneint...

Heilung, so wie wir diese übermitteln, ist und beinhaltet das Schwingen a l l e r Felder in Harmonie und Gleichklang... Dieses ist nur möglich, sofern Reinheit und Klarheit zugegen ist – und 'Anpassung' geschieht... strebe danach, diese Worte zu erfassen und zu verstehen... damit ein neues inneres Bild von 'Heilung' sich in Dir zeigt.

Bei dieser Erschaffung Deines neuen inneren Bildes von 'Heilung' wird Engelsfürst Raphael Dich leiten und begleiten und Dir nun seine Botschaft und Übung der Woche übergeben.

Und so sei es.
AMEN"

"Ich bin Erzengel Raphael, der auf dem grünen Strahl der Heilung dient.

Als Engelsfürst der Heilung stehe ich mit meinen Feldern und Heerscharen bereit, um irdische Felder und auch um menschliche Felder auszugleichen und zu harmonisieren. Auf vielerlei Weise kennst Du bereits die Wirkung meines Lichtes und kannst dieses direkt erleben und dessen Wirkung spüren, so Du Dich in der Natur aufhältst, wo meine Schwingung oft noch klar und deutlich ist.

In den letzten Jahren und Jahrzehnten gerieten die Schwingungsfelder der Natur in Disharmonie, da verschiedene Systeme außer Balance kamen und somit ist es für mich und meine Heerscharen erschwert, im irdisch manifestierten Feld zu wirken. Dieses gilt es zu verstehen für Dich als Mensch, damit Du die Bedeutung der Veränderungen auf Erden, so wie diese auch Einfluss und Wechselwirkung mit unseren Feldern und unserem Werk haben, erfassen kannst.

J e d e s lichte Wesen, das im Dienst für die Menschen sich eingefunden hat und in den Lichtreichen bereit steht, bedarf einer 'Brücke', einer Verbindung in die Materie, in das manifestierte irdische Sein, um auf Erden wirken zu können.

Gerade ich – Erzengel Raphael – der ich in vielerlei Weise den Menschen zur Gesundung und für Heilung ihres irdischen Körpers zur Seite stehe, bedarf für mein in der Materie sichtbares und spürbares Wirken der Verbindung mit inkarniertem Sein. Dieses gelang mir über Jahrtausende durch die manifestierten Naturreiche der Blumen, Pflanzen und Tiere, und deren feinstofflichen Wesen, sowie der Harmonie und des Gleichgewichtes, das in diesen aufrecht erhalten wurde. Dieses Aufrechterhalten geschah und gelang auch durch mein Wirken und mein Licht.

In den letzten Jahrzehnten wurde es immer schwieriger die Harmonie und das Gleichgewicht in den Feldern der Natur und den Naturreichen aufrecht zu erhalten. Ebenso ist sichtbar, dass dieses nicht länger gelingen wird, so die Entwicklung auf Erden – gestaltet und geformt von Menschenhand – keinen Wandel erfährt.

Jedes Wirken meines Lichtes – auch für Heilarbeit in der Verbindung mit Menschen auf Erden – ist daher an die Aufrechterhaltung von Harmonie und Gleichgewicht in irdischen Feldern 'angewiesen'. Das bedeutet, dass mit Fortschreiten der Ungleichgewichte und Dysbalancen in den Naturreichen und der (materialisierten) Natur auf Erden die Heilwirkung meines Lichtes immer schwieriger dichte materialisierte Strukturen (auch im einzelnen menschlichen Wesen) erreichen wird.

Einige der Heiler, die mit meinem Licht und meinen Licht-Frequenzen wirken und 'arbeiten', haben dieses bereits erkannt, auch wenn ihnen die Ursache dafür bisher unbekannt.

Wir – die Engel des Lichtes – haben das Engel-Frequenzen-Projekt bereitet, um in der Verbindung mit bewussten und bereiten Menschen neue und starke 'Brücken' zu bauen. Von Menschenseite bedarf es dafür der Bereitschaft, wie auch des Tuns, des Umsetzens der Übungen, denn dadurch fliesst reines Engels-Licht in irdisch manifestes Feld und legt 'Samen des Lichtes', die sodann 'keimen' und 'erblühen' werden.

Und jeder gelegte 'Samen des Lichtes' dient uns – den Engeln des Lichtes – als 'Brücke', um mit unseren Frequenzen auf Erden zu wirken…

Kannst Du erfassen die Großartigkeit des Werkes, die 'Größe' des Projektes und die Kraft der Wandlung, die dieses trägt – so Du, Mensch auf Erden, mit uns wirkst und 'Samen-Leger' bist.

Somit übergebe ich, Erzengel Raphael, die Übung der 4. Woche:

04. Übung, 04. Woche, 1. Projektjahr - 'Heilung'

Ich bin Erzengel Raphael, der Erzengel der Heilung und des grünen Lichtes. Während der Engel-Begleiter der letzten Woche sich aus Deinen Feldern löst, tritt aus meinen Heerscharen ein Engelslicht zu Dir heran, um mit Dir zu sein und Dir zu dienen während der Tage dieser Woche.

‚Heilung' ist das Thema und diese kommt hervor, so Harmonie und Gleichklang ist.

Wichtig ist für Dich zu erkennen, dass die Harmonie, aus der hervorkommt und in der sich zeigt die Heilung in der Materie, keine Harmonie des Ausgrenzens, Verbergens oder Verleugnens ist. Vielmehr zeigt sich die Harmonie, aus der Heilung hervorkommt, jederzeit in Offenheit und in Anpassung an das 'Göttliche Licht des Lebens', das allerorten und auch auf Erden wirkt.

In dieser Bereitschaft der Anpassung mögest Du Dich immer wieder an den Tagen dieser Woche einfinden und das grüne Licht der Heilung darin spüren. Dafür nutze eine Blume oder Pflanze, die Du in dieser Absicht betrachtest und mit deren Schwingungsfeld Du Dich verbindest.

Über das Feld der Blume oder Pflanze, wird das Engelslicht aus meinen Heerscharen Dich berühren und Deine Felder harmonisieren – in dem Ausmaß, wie Du Dich öffnest und Anpassung an 'Göttliches Licht des Lebens' erlaubst – Dir selbst erlaubst die Anpassung – und uns erlaubst, Dich anzupassen – denn Hand in Hand geschieht das Wirken und die freie Wahl ist zu jeder Zeit die Deine.

Diese Übung mögest Du vollbringen in Bereitschaft und in der Absicht, 'Samen des Lichtes' zu legen in Dir, in Deinen Licht-Körpern und mit Deinem Wirken zu verteilen.

Es gibt so vieles, was sich gegenwärtig auf Erden als erforderlich zeigt:

Vieles an Frieden, an Gerechtigkeit, an Menschlichkeit, an Mut und an Offenheit… all das wird nur hervorkommen können, so Menschen dieses annehmen und vollbringen – in sich im Innen und sodann im Wirken im Außen…

Und all das trägt die Kraft der Heilung in sich und wird angenommen, eingebettet und gelegt in irdisches Feld durch die Übung dieser Woche, die Du in der Verbindung mit mir, Erzengel Raphael und meinen Heerscharen vollbringst.

Dafür sei Dir Dank und Segen zugleich.
Dafür mögest Du annehmen Harmonie und Ausgleich in Dir, damit Heilung sich Dir zeigt.

Und so sei es, Mensch auf Erden – begleitet und getragen bist Du im Licht …

… und doch wählst Du selbst, Schritt für Schritt anzunehmen und zu vollbringen – wählst Du selbst, zu erhören unser Wort, zu empfangen unsere Botschaft und zu vollbringen die Übung, die wir Dir übergeben – und durch die wir mit Dir sind.

AMEN"

05. Übung, 05. Woche, 1. Projektjahr - 'Hoffnung'

"Geliebte Menschen, ich bin Himmels-Bote Samuel, der mit Euch ist in dieser Zeit des Engel-Frequenzen-Projektes und der ich jeden Schritt behüte, den Mensch auf Erden geht.

Das erste Projektjahr steht unter meiner Obhut und Schirmherr bin ich in diesem – daher 'trage' und 'halte' ich mit meinem Licht jedes Frequenz-Schwingungsfeld, das ein Engelsfürst im Engel-Frequenzen-Projekt übergibt. Mein Feld 'umfängt' die Felder, die die Engelsfürsten 'geben' und einschwingen auf Erden. Somit 'verbindet' sich in meinem Feld all das, was im Verlauf des Engel-Frequenzen-Projektes im ersten Jahr gegeben wird – und steht Dir in meinem Feld als 'Funke des Lichtes' zur Verfügung.

Daher gelingt Dir durch die Verwendung meiner Essenz 'Himmels-Bote Samuel - 1. Projektjahr' das Einschwingen und Verknüpfen mit dem Lichtfeld des Projektes – und dieses auch wenn kein Seminarbesuch vor Ort geschieht.

Beim Verwenden der Essenz wird Dein individuelles Schwingungsfeld mit dem Lichtfeld des Projektes verbunden, so dass – im Rahmen Deiner Absicht und Bereitschaft – Öffnung, Austausch und Wechselwirkung geschieht. Auf diese Weise ist es Dir möglich – auch ohne Kenntnis der Übungen vom ersten Projektjahr, das im Engel-Frequenzen-Projekt bereitete Licht 'zu halten', in Dir aufzunehmen und dessen Wirkung auf Erden und im Menschen-Schwingungsfeld zu mehren.

Dieses sei Dir Hoffnung und mache Dir bewusst, wie alles miteinander verbunden ist und wie Du durch Deine Absicht, Deine Wahl und im Tun durch Verwendung meiner Essenz als Brücke des Lichtes dienst.

Für jeden Menschen, der auf diese Weise dient, werden wir über die Verbindung seiner Licht-Körper eine Einbettung der 'Funken des Lichtes' in seine individuellen Felder vollbringen. Auf diese Weise wirken diese in den menschlichen, feinstofflichen, lichtvollen Schwingungsfeldern und werden im Verlauf der Wochen und Monate (bei Verwendung der Essenz) im persönlichen Menschenfelde integriert. Wählst Du dieses, werden durch Deine Absicht, Wahl und Wirken die 'Funken des Lichtes' Teil Deines individuellen Mensch-Seins.

Wählst Du sodann im zweiten Projektjahr die Übungen durch Studieren unseres ersten Buches durchzuführen und die Engel-Frequenzen in der Anwendung und im Tun in Dir und Deinem Leben zu verankern, wird Dir dieses sehr viel leichter gelingen, weil mit jedem Schritt die bereits von Dir integrierten 'Funken des Lichtes' vermehrt schwingen. Somit kannst Du mit der Kraft der 'Funken des Lichtes' in Dir die Veränderung und Wandlung durch Umsetzen der Übungen vollbringen.

In den menschlichen energetischen Feldern bedeutet dies:

Beginnt ein Mensch (ohne vorherige Verwendung meiner Essenz) durch Lektüre unseres Buches mit der Anwendung der Botschaften und Übungen des ersten Projektjahres, öffnet er seine Lichtfelder für das Engel-Frequenzen-Projekt. In diesem Fall ist es erforderlich, dass die Engelsfürsten für jedes einzelne Themen- und Frequenzfeld des Menschen die verschiedenen Aspekte einschwingen und verweben. Und je nach Thema, offener Bereitschaft und bewusster Wahl des Menschen gelingt sodann ein Verknüpfen mit den bereits (von den Seminar-Teilnehmern) gelegten 'Samen des Lichtes' und erlauben den Engelsfürsten ein tieferes Einbetten der Licht-Frequenzen in das inkarnierte Mensch-Sein.

Daher berichten wir, dass das Weitertragen unseres Lichtes auf der Basis des Wirkens und Verankerns der 'Samen-Leger' (= Seminar-Teilnehmer) geschieht.

Von Seiten des Menschen bedarf es in diesem Fall vermehrt der Achtsamkeit und inneren Arbeit, da es einer größeren Anpassung in seinem Denken, Glauben, Fühlen und Tun an das (zu manifestierende) Feld der neuen Zeit bedarf. Das hat auch zur Folge, dass die Spannungsfelder sich vermehrt im Menschen zeigen – der Mensch vermag diese durch bewusstes und verantwortungsvolles Umsetzen des übermittelten Wissens und der Übungen zu verringern.

Wurden jedoch durch Verwendung der Essenz 'Himmels-Bote Samuel - 1. Projektjahr' die verschiedenen 'Funken des Lichtes' bereits in den individuellen Feldern des Menschen eingeschwungen und verankert, ist sowohl der Zugang für die Engelsfürsten und Engel-Begleiter leichter, als auch die Wandlung des Menschen in sich von weniger Widerstand geprägt. Vielmehr können die bereits verankerten 'Funken des Lichtes' ohne große Schwierigkeit mit den 'Samen des Lichtes' verbunden werden, so dass der Mensch durch Beschäftigung mit den Botschaften und im Durchführen der Übungen für die Wandlung in sich viel Unterstützung durch bereits auf Erden eingeschwungenes und verankertes Licht des Projektes Engel-Frequenzen erfährt.

Um Dich selbst in dem stetig wandelnden und 'wachsenden' Engel-Frequenzen-Projekt eingeschwungen zu halten und die Entwicklung Deiner Licht-Felder diesem kontinuierlich anzupassen, ist unser Rat an Dich, jeweils eine Essenzflasche im Verlauf eines Monats zu verwenden und mit neuem Monat jeweils eine neue Flasche zu beginnen. Die Verwendung kann erfolgen durch Einnahme der Essenz, Einreibung in Ellenbeuge oder auch das Geben von einigen Tropfen in Wasser zum Bad – wobei ersteres von Dir zu bevorzugen ist, da durch die direkte

Einnahme das Einbringen der Schwingungsfelder in Dein Sein am kraftvollsten geschieht.

Verstehe, dass mit jeder Einnahme der Essenz die Verbindung Deiner Licht-Körper mit meinen Feldern, dem Licht des Himmels-Boten Samuel, geschieht und somit deren Öffnung für die Energien des Engel-Frequenzen-Projektes, so wie diese gerade aktuell auf Erden wirken und sind … daher sind die Essenzen, so wie Ma'Maha diese 'bereitet', lichtvolle 'Verbindungs-Öffner', tragen gleiches Schwingungsfeld für jedermann und wirken doch individuell und persönlich auf Dich abgestimmt – denn nach erfolgter 'Öffnung' gestaltet Deine Absicht und Deine Wahl die Wirkung des Lichtes in Dir.

Ergänzend sei beschrieben, dass die Verwendung der Essenz 'Erzengel Chamuel Mitgefühl' zusätzlich erfolgen möge, so wie in Woche 4 erwähnt. Denn ich bin Samuel, der Himmels-Bote, der die Felder des ersten Jahres im Engel-Frequenzen-Projekt trägt, der den Bogen baut und der die Felder für Dich öffnet.

So ist es und so sei es… und Engelsfürst Galandriel wird Worte und Übung der Woche übergeben und sein Licht in diesen Tagen mit Dir sein.

AMEN"

"Ich bin Galandriel, der Engelsfürst der Offenbarung, der die Worte und Übung dieser Woche zu Dir trägt. Mit meinen Heerscharen stehe ich bereit, Dich in das Feld der Hoffnung zu führen und diese in Dir zu stärken, damit Du Dich in Leichtigkeit getragen fühlst und vieles von der Schwere und Last alter Zeiten leichter von Dir gleiten kann.

Siehe Mensch auf Erden, wie Du durch Hoffnung Offenheit und Leichtigkeit in Dir spürst – und dieses erlaubt uns, den Engelsfürsten des Projektes, die Licht-Frequenzen unseres Wirkens zu übergeben und zu übermitteln – mit leichterem Zugang in Dein irdisches Sein... Verstehe, dass jede Schwere, die Du in Dir spürst, sich uns als dichte Schwingung zeigt und wir diese nur in geringem Maß erreichen und durchlichten können...

Daher dient Dir Erzengel Chamuel mit seinem Licht und seinen Heerscharen zur Erhebung Deiner 'Schuld' – und so trage ich, der Engelsfürst der Offenbarung, das Feld der Hoffnung zu Dir heran. Denn während Du immer und immer wieder die Schwere von 'Schuld' in Dir verspürst und deren Schwere sich für Dich immer wieder gleich mächtig zeigt, bedeutet dies für Chamuel und Engels-Begleiter im rosa Licht, dass jedes Mal das Erheben aus alter Schwere wohl gelingen möge.

Um jedoch Deine gesamten Felder mit mehr Leichtigkeit und Offenheit zu durchdringen, trage ich das Feld der Hoffnung zu Dir heran. Denn Hoffnung ist Dir sehr vertraut und vermagst Du leichter anzunehmen – leichter als das Mitgefühl zur Erhebung von 'Schuld'. Denn dieses kommt hervor aus der Wertung und dem Urteil, das Dir Mitgefühl erschwert, während Hoffnung immer Teil des Lichtes in Dir ist und in jedem Menschen wirkt – und dieses frei von Urteil, frei von Schwere, frei von Last...

Kannst Du nun verstehen, warum wir danach streben, das Feld der Hoffnung in Dir zu mehren? Und dieses, um Dein gesamtes

Schwingungsfeld zu stärken, zu stabilisieren, zu 'erleichtern' und zu befreien?

Durch das Feld der Hoffnung, das Du mit der Übung annimmst und stärkst in Dir, wirst Du Dir eine neue Basis schaffen können – mit mehr Leichtigkeit und Licht in Dir. Dieses wird Dir Deine weiteren Schritte und weiteren Wandel erlauben, ohne dass Du Schwere und Last im bisherigen Ausmaß spürst. Denn jede Schwere und jede Last halten Dich zurück auf Deinem Weg und binden Dich an altes Denken, alten Glauben, altes Sein…

Und so offenbare ich, Engelsfürst Galandriel die Übung der 5. Woche:

05. Übung, 05. Woche, 1. Projektjahr - 'Hoffnung'

Ich bin Engelsfürst Galandriel und aus meinen Heerscharen tritt ein Engels-Begleiter an Dich heran, der das Licht der Hoffnung zu Dir trägt und diese in Dir stärkt.

Um Hoffnung in Dir zu spüren und zu vergegenwärtigen, lese und verinnerliche die Worte von Himmels-Bote Samuel zur Wirkung seiner Essenz und der Verknüpfung des Lichtes, die mit dieser geschieht.

Sodann erlaube mir, dem Engelsfürsten der Offenbarung, Dir vor Deinem inneren Auge zu zeigen…

… wie das Licht der Engel-Frequenzen aus unseren Reichen sich herabsenkt im 'Zentrum des Lichtes und des Heils'…

… erblicke, wie die Strahlen des Lichtes sich im gemeinschaftlichen Wirken von uns, Ma'Maha und Lumina verankern und wie durch Worte, Licht, Farbe und Klang die Lichtfelder vibrieren, um in Menschensein gesenkt zu werden…

… siehe Dich, der Du teilnimmst und Teil des Werkes wirst – und spüre, wie das Vibrieren in Dir wirkt und blicke auf das Licht darin…

… betrachte Dich, wie Du die Licht-Frequenzen in Dir senkst und irdisch manifestes Sein durchstrahlst, während Übung Du vollbringst…

… sodann erhebe Dich in Deinem Blick und schaue auf das Werk des Lichtes und das Netz der Engel-Frequenzen, das sich durch Menschen-Wirken webt…

… erkenne, wie das Licht sich mehrt und Kreise zieht auf Erden – Kreise des Lichtes und des Wirkens – in den Herzen und dem Sein der Menschen…

… und siehe, wie die Wandlung stattfindet und gelebtes Licht sich zeigt…

Dieses sei Hoffnung Dir, so wie es Vision und Absicht in unseren Reichen ist…

Der Engel-Begleiter aus meinen Feldern begleitet Dich und 'sammelt ein' die Felder der Hoffnung, die sich in Dir in der ‚Offenbarung mit mir' zeigen, stärkt und stabilisiert diese in Deinen Körpern, verwebt und verankert die Hoffnung mit neuer Kraft in Dir.

Jeden Tag finde Dich ein und blicke auf 'weißes Teil', während Deine 'Vision der Offenbarung' Du mit mir teilst. Strebe danach die Augen geöffnet zu halten, damit das Abschweifen in 'unverbindliche Felder' sich mit weniger Verlockung und Sog in Dir zeigt, als dieses beim Schließen Deiner Augen geschieht.

Sodann verbinde Dich, einmal am Tage zumindest, bewusst mit dem Engel-Begleiter aus meinem Felde der mit Dir ist und vergegenwärtige Dir seinen Dienst. Mache Dir die Hoffnung des Engel-Frequenzen-Projektes bewusst, in dem Du Teil und Anteil bist – und im Bewusstsein dieser Hoffnung vollbringe 'gute Tat' an Dir ~

… 'gute Tat' an Dir … denn
Dein Wandel geschieht in Dir,
Deine Hoffnung ist in Dir,
Dein Licht im Wirken wirkt in Dir…
und
wir sind mit Dir…

AMEN"

06. Übung, 06. Woche, 1. Projektjahr - 'Offenbarung'

"Geliebte Menschen auf Erden, ich bin Himmels-Bote Samuel, der mit Euch ist und Euch berichtet von der Offenbarung, die gegenwärtig auf Erden sich zeigt und die Du aufgerufen bist zu sehen, zu erkennen und anzunehmen – anzunehmen Dich selbst in dieser und als Teil und Anteil darin…

Engelsfürst Galandriel leitet, behütet und führt auch diese Woche im Engel-Frequenzen-Projekt und Du mögest verstehen, dass die Übung der letzten Woche Vorbereitung und Anleitung war, um anzunehmen und durchzuführen das, was in dieser Woche Engelsfürst Galandriel für Dich bereitet.

Offenbarung ist verbunden mit vielen Bildern in Dir und im menschlichen Feld – und mit Emotionen ebenso… Mit Gefühlen sowohl der Furcht als auch der 'Hilflosigkeit' in der Form, dass Du Dein eigen Werk und Wirken darin kaum erkennst. 'Offenbarung' wird von Dir 'vergrößert', 'abstrakt gezeichnet' und somit außerhalb Deines eigenen aktiven Wirkens und Gestaltens gestellt.

Dieses rufst Du auf für Dich und betrachtest eine 'Offenbarung' 'zu groß' und 'mächtig' zu sein…

Um die Kraft und den Segen der 'Offenbarung' Wirklichkeit werden zu lassen im Ausdruck auf Erden, bedarf es Deiner Annahme, Deines Wirkens und des menschlich-involvierten Seins … und in dieses werden wir Dich führen.

Die Hoffnung der letzten Woche, die im Feld der Offenbarung ebenso ist, wurde daher an Dich herangetragen und von Dir ‚betrachtet' und 'angenommen'. Denn Hoffnung kannst und willst Du selber spüren und erleben – diese wird selten nur abgewiesen und 'nach Außen gestellt' von Dir – und somit hast Du für

Dich gestaltet das Annehmen der Hoffnung und deren Verankerung in Deinem Feld.

So wie Dein Engel-Begleiter aus den Heerscharen Galandriels an Deiner Seite war, wurde von diesem das Feld der Hoffnung, so wie dieses sich auch im Feld der Offenbarung zeigt, aufrecht erhalten und einige weitere Aspekte der Offenbarung Dir bereits bereitet und – so Du Dich geöffnet hast und erlaubtest – in Dich hineingelegt. Somit fand Vorbereitung und Einstimmung statt für das, was in dieser Woche der 'Offenbarung' sich (in) Dir zeigt.

Immer wieder während der Übung dieser Woche mögest Du daher in Dir aufrufen und Dir vergegenwärtigen die Hoffnung, so wie Du diese in der Übung der vergangenen Woche erfahren hast. Denn es ist ein Irrtum in Dir, so Du glaubst, dass Übung auf Übung folgt und Du diese in Dir 'trennst' – vielmehr mögest Du verstehen und erkennen, wie von Woche zu Woche das Licht in Dir sich mehrt und die Übungen die verschiedenen Aspekte des Lichtes in Dir verbinden, verweben, ja vereinen und Du Dir somit neuen Zugang erschaffst für das Erleben und Erfahren von Einheit in Dir... und dem Licht, das Du bist.

Wir Engel des Lichtes leiten und begleiten Dich – Wir führen Dich heran an die 'Grenzen Deiner Sicht' und darüber hinaus – dabei halten wir Deine Hand und sind zu jeder Zeit mit Dir, denn nur dann wirst Du begreifen, dass Wandel auf Erden ist i n Dir und dass Wandel auf Erden ist m i t uns... Kein Mensch vollbringt Wandel in sich ohne die Begleitung, die Liebe, das Sein der Wesen des Lichtes, die mit ihm sind – denn alles ist Eins ... und Erinnerung daran findet statt und trägt jeden Schritt voran.

Ich bin Himmels-Bote Samuel und ich übermittle die Offenbarung des Projektes Engel-Frequenzen als das Projekt der Hoffnung und des Lebens, so wie wir dieses auf Erden gestalten in der Verbindung mit Menschen wie Dir.

Ohne Menschenwerk und -wirken wird kein Projekt des Lichtes auf Erden gelingen, denn
– nur wenn der einzelne Mensch sein Wirken und sein Tun bewusst und wahrhaftig als Teil des Ganzen erkennt und die Verantwortung darin,
– nur wenn der einzelne Mensch den Einfluss und die Macht seines Wirkens begreift und dieses nutzt,
– nur wenn der einzelne Mensch in der Verbindung mit den Welten des Lichtes sein Sein versteht und in dieser wählt und wirkt,
– nur dann wird das Licht auf Erden gelebt,
– nur dann wird die Liebe auf Erden Ausdruck finden,
– nur dann wird das Leben auf Erden als GOTTES Lob sich zeigen...
... gestaltet und gelebt vom Menschen, der die Schöpfungskraft selbst ist...

Einklang – Liebe – Frieden – Licht – Freude – Fülle – Leichtigkeit – Glück und viele weitere 'Aspekte' des Lebens erstrebt der Mensch für sich – und dieses ist gut so, denn im Verstehen und Erkennen, Erleben und Erfahren, Gestalten und Erschaffen, dass alles Eins in sich – ist Einklang, Liebe, Frieden, Licht... auf Erden – für jedes Leben – für jedes Sein – für jedes Wesen...

Damit dieses wahrhaft geschieht und Wirklichkeit wird, bedarf es der Anleitung im Tun für den einzelnen Menschen... bedarf es der schrittweisen Führung des Menschen über seine (inneren) Hindernisse, Widerstände und Grenzen hinweg.

Aus der Liebe, die wir Engel mit den Menschen s i n d ' wurde das Projekt der Engel-Frequenzen gewoben und mit Ma'Maha und Lumina ins Erdenfeld gesenkt. Woche für Woche geschieht dieses und wird sodann von Dir und den Menschen, die annehmen und die teilnehmen, weiter eingefügt in irdisches Sein – so dass die Legung von 'Samen des Lichtes' geschieht, so dass lichtvolles menschliches Wirken sich mehrt, so dass die Liebe sich breitet und sichtbaren Ausdruck findet auf Erden.

Jeder 'Samen des Lichtes' mehrt die Hoffnung, denn jeder ‚Samen des Lichtes' berührt weiteres Menschen-Feld und jeder 'Samen des Lichtes' bereitet den Boden für die Wandlung ins Licht auf Erden.

Dieses ist meine Botschaft für diese Woche der Offenbarung an Dich – und Du mögest diese wirken lassen in Dir und meine Worte ankommen lassen in Dir und das Licht von Engelsfürst Galandriel sinken lassen in Dir, so wie er nun übergibt die Übung für diese Woche, die auf Erden ist.

Und so ist es.
AMEN"

"Ich bin Engelsfürst Galandriel, der Engelsfürst der Offenbarung, der auch diese Woche trägt und gestaltet mit Dir, formt mit Mensch auf Erden, so wie Du, wie Menschen sich einfinden und die Kraft der Offenbarung in sich spüren...

Denn das Thema dieser Woche ist die 'Offenbarung' und das Ankommen lassen dieser in Dir – damit Du weniger als bisher Dich selbst außerhalb stellst und weniger als bisher als Betrachter Dich siehst und weniger als bisher das Werk und Wirken anderer bestaunst, 'bewertest' und 'beleuchtest'...

... denn solange Du betrachtest, bestaunst, bewertest und beleuchtest, bringst Du Dich mit Deinem Licht, Deiner Liebe und Deinem Wirken nur in (An)Teilen, also begrenzt ein – solange Du betrachtest, bestaunst, bewertest und beleuchtest vollbringen andere das Werk... zumindest glaubst Du dieses zu wissen, erlaubst Du Dir dieses zu hoffen und erwartest Du, dass dieses geschieht...

Doch das Werk des Lebens, das auf Erden zu vollbringen ist, das Werk der Wandlung, das auf Erden zu gestalten ist, ist auch das Deine und kein anderer Mensch und auch kein Wesen des Lichtes oder Engel, vermag Dein Werk zu vollbringen für Dich – und somit bleibt Dein Werk, so Du selbst dieses in Dir und Deinem Leben nicht gestaltest, unvollbracht...

... unvollbracht mit all der Wirkung und Folge, die dieses für Dich hat, die dieses für andere Menschen hat, die dieses für die Welt hat, die dieses in den lichten Reichen und die dieses für Deine Engel und andere Wesen des Lichtes hat...

Daher werde ich, Engelsfürst Galandriel, Dich in dieser Woche führen zum 'Licht der Offenbarung' in Dir und übergebe dafür die Übung, die Dich leiten, führen und öffnen möge:

06. Übung, 06. Woche, 1. Projektjahr - 'Offenbarung'

Ich bin Galandriel und aus meinen Heerscharen hat Dich begleitet ein Engelslicht, das die Hoffnung mit Dir trug, und das nun aus Deinen Feldern sich löst, während Dein Engel-Begleiter dieser Woche zu Dir tritt. Dieser ist ebenso aus meinen Heerscharen für Dich erkoren und wird mit Dir sein in den Tagen der 'Offenbarung', in denen mein Wort Dich leitet und führt.

Finde Dich dreimal an jedem Tag der Woche ein, um das 'Licht der Offenbarung' i n Dir zu spüren. Dieses wird Dir gelingen, indem Du das Feld der Hoffnung für Dich nutzt, das Du letzte Woche in Dir angenommen hast. Rufe dieses Feld der Hoffnung in Dir auf – siehe und spüre die Hoffnung in Dir fliessen und strömen...

... des Weiteren umfange Dich innerlich mit der Hoffnung und 'kleide Dich mit dieser aus'. Als nächstes sei bereit und offen für das 'Licht der Offenbarung', das Dein Engels-Begleiter Dir zeigt und in Dich legt. – Dieses geschieht in Achtsamkeit und auch Deinerseits ohne konkretes Bild, Aufgabe oder Streben...

... denn es geht darum, dass Du das 'Licht der Offenbarung' erst einmal in Dir aufnimmst und annimmst und spürst ... und alte Ängste, Grenzen, Sicht kein Hindernis mehr sind für das Ankommen dieses Lichtes in Dir. Solltest Du Unsicherheit oder Verzagen empfinden, spüre die Hoffnung, die ist und stärke Dich an ihr...

... nach und nach erlaube dann dem 'Licht der Offenbarung' in Deinem (inneren) Feld zu zirkulieren, so dass Du es verwebst mit dem Licht in Dir, mit dem Licht, das Du als das Deine kennst und fühlst...

… und Du wirst spüren und 'sehen' können Deinen Engel-Begleiter mehr und mehr, so wie Du in Dir auf- und annimmst das 'Licht der Offenbarung', das ist.

Sodann trinke etwas Wasser aus dem Engel-Glas, das das Deine ist und das Du erwählt hast, Dein 'Kelch des Projektes' zu sein. Und wisse, dass so wie das Wasser aufgenommen wird von Dir, wie es durch und in Deinem Körper strömt und Teil von Dir wird und ist, Du das 'Licht der Offenbarung' ebenso auf- und annehmen kannst und wirst.

Zur Beendigung der Übung danke Deinem Engel-Begleiter und setze fort Dein Tageswerk in der Bereitschaft, dem Wollen und Deiner Absicht, dass 'Licht der Offenbarung' in Dir wirkt und ist – und Du Teil des Werkes und des Wirkens bist.

Und so sei es, wie es ist
und von Dir wird erwählt…

AMEN"

07. Übung, 07. Woche, 1. Projektjahr - 'Aufrichtigkeit'

"Geliebte Menschen auf Erden, ich bin Himmels-Bote Samuel, der mit Euch ist und Euch begleitet und führt durch die Wochen und Übungen im ersten Projektjahr des Engel-Frequenzen-Projektes.

Ich betrachte Eurer Denken und Fühlen, Eure Licht- und Energiekörper und ich betrachte Euer Wirken und Tun – und dieses tue ich in der steten Verbindung mit den Engelsfürsten des Lichtes, die Teil des Projektes sind... und dieses gilt es weiter zu beschreiben, da viele Menschen auf Erden immer noch nicht erfassen und verstehen, wie das Projekt der Engel auf Erden ‚geschieht' und sich im Ausdruck auf Erden zeigt.

Jeder Engelsfürst gibt sich mit seinem Licht vollständig hin und dieses mit den Engels-Chören und seinen Heerscharen von Engeln, die in seinem Licht, in seinem Frequenzfeld sind. Jedes Hingeben eines Engelsfürsten erzeugt ein Licht-Feld, das von seinen Heerscharen gestärkt und gestützt wird, so wie die vielen Tausende Engel aus den Heerscharen der Engelsfürsten sich ‚einfügen' in die Absicht des Engelsfürsten und seinen Dienst.

Dieses bereitete Licht-Feld tragen wir sodann mit Worten und unserer Botschaft an Euch, an Dich heran. Unsere Absicht dabei ist, dass unser bereitetes Licht-Feld auf Erden Ausdruck erlangt. Denn nur, wenn sich unser Licht-Feld auf Erden in der Materie zeigt, werden die licht-, kraft- und liebevollen Engel-Energien die Wirkung zeigen können, die für die Entwicklung der Menschen auf Erden von so großer Wichtigkeit ist.

Wir Engel wurden mit dieser Aufgabe des Projektes betraut, da viele, viele Menschen sich ihrer engen Verbindung mit den Engeln bewusst sind und um deren stete Begleitung und Unterstützung wissen. Keine anderen Licht-Wesenheiten haben im

Menschheits-Kollektiv-Feld mehr Vertrauen und Vertrautheit ‚verankern' können. Das gelang uns durch unzählige Botschaften, 'Erscheinungen' und Begegnungen mit Menschen, die für eine solche Erfahrung bereit waren. Einige der Menschen, denen ein Engel sich leibhaftig (sichtbar) in seinem Licht zeigen konnte, sind mit dieser Absicht und Bereitschaft in ihr Erdenleben eingetreten – um sodann darüber zu berichten und weitere Menschen für die Engel zu öffnen und das Vertrauen in uns zu mehren.

Über viele Jahrzehnte haben wir so im steten Dienst viele der menschlichen Ängste und Unsicherheiten im Umgang mit feinstofflichen, 'unsichtbaren' Wesenheiten 'überwunden' und konnten nach und nach die Abwehr im Menschheits-Kollektiv mindern. Daher sieht die 'Versammlung des Lichtes', die gegenwärtig die Licht-Projekte auf Erden leitet, in dem Projekt der Engel-Frequenzen das größte Potential, um die Entwicklung des einzelnen Menschen, wie auch der Menschheit voranzutragen.

Denn keine andere Wesenheit des Lichtes kann sich gegenwärtig so weit wie die Engel ins Menschheits-Kollektiv einschwingen, und den Menschen somit 'entgegenkommen'.

Weil jedes Einschwingen ins Menschheits-Kollektiv für eine Licht-Wesenheit (und somit auch für einen Engel) die Schwierigkeit beinhaltet, dass 'Verzerrungen' im eigenen Licht-Schwingungsfeld aufgenommen werden, war es für dieses Projekt von entscheidender Wichtigkeit, Klärungs-, Reinigungs- und Regenerations-Verfahren für die Licht-Welten zu entwickeln.

Einige Verfahren entstanden gezielt als Vorbereitung für das Engel-Frequenzen-Projekt. Dank dieser Verfahren ist es nun möglich, die von den Engelfürsten bereiteten Licht-Felder 'sehr weit' in den Licht-Körpern der teilnehmenden Menschen einzuschwingen und dieses über längere Zeit konstant aufrecht zu erhalten.

Das Aufrechterhalten des Licht-Feldes über längere Zeit ist von entscheidender Bedeutung, wenn es um die Übermittlung / Übergabe an inkarnierte Menschen geht. Denn die Ausrichtung und Absicht der Menschen ist meist unstet und die Ablenkungen auf Erden sind vielfältig und wirkungsvoll. Nur durch ein konstantes, über längere Zeit aufrecht erhaltenes Licht-Feld findet der Mensch genug 'Zeit und Gelegenheit', auf das bereitete Licht-Feld so häufig zuzugreifen, dass ihm eine Verankerung in der Materie möglich ist. Das Zugreifen auf das Licht-Feld muss vom Menschen bewusst, mit Absicht und im Tun erfolgen.

Erschwerend für unseren Dienst ist, dass nur wenige Menschen sich ihrer inneren unsteten Sicht und ihrer Empfänglichkeit für Ablenkungen bewusst sind. Aus diesem Grund hatten auch viele bisherige Licht-Projekte weniger Wirkung auf Erden, als ‚beabsichtigt'.

Was also geschieht im Engel-Frequenzen-Projekt?

Jede Woche schwingt ein Engelsfürst sein Licht ein. Von diesem und seinen Heerscharen wird für jeden teilnehmenden Menschen ein Licht-Feld bereitet, das sodann in den Licht-Körpern des Menschen aufrecht erhalten wird. Durch die Übung schwingt der Mensch aktiv und bewusst die Licht-Frequenzen des bereiteten Licht-Feldes in seine dichteren Körper und auch den physischen Körper ein und verankert diese in sich. Somit dienen die Übungen der Integration des Lichtes und sind der erforderliche aktive Beitrag des Menschen am Engel-Frequenzen-Projekt.

Nur durch Anwendung der Übung werden die Licht-Frequenzen weit genug in das individuelle Menschenfeld getragen, um darin verankert zu werden. Das Verankern im persönlichen materialisierten Schwingungsfeld vermag ausschließlich der Mensch selbst zu vollbringen. Und nur dann steht dem Menschen das Licht für seinen weiteren Entwicklungsweg auf Erden in dem Maß zur Verfügung, dass wahrlich Veränderung und Wandlung erfolgen kann.

Viele Licht-Impulse des Erwachens und des Aufstiegs wurden in den vergangenen Jahrzehnten ins Erden-Schwingungsfeld getragen und viele auch in menschlichen Licht-Körpern verankert. Das Verankern in den manifesten Strukturen, dem verdichteten Licht der Materie, gelang nur selten, da es dafür des bewussten, aktiven Tuns des Menschen bedarf.

Aus diesem Grund finden sich zu dieser Zeit eine Fülle von Licht-Impulsen in den Licht-Körpern vieler Menschen, die jedoch nur geringe Wirkung im gelebten Ausdruck auf Erden zeigen, weil deren bewusstes Hineintragen in die Materie bisher unterblieb.

Dieser Teil des Werkes ist Aufgabe der Menschen und vermag von keinem Licht-Wesen vollbracht zu werden – weder zu dieser noch zu späteren Zeiten. Daher wird auch kein Aufstieg, keine Wandlung im kollektiven Bewusstsein und Geschehen auf Erden stattfinden, sofern das Hineintragen in die Materie unvollbracht bleibt.

Kein anderes Wesen – weder des Lichtes noch auf Erden – vermag dieses zu vollbringen. Aus diesem Grunde wird der 'Mensch' als 'Krone der Schöpfung' benannt und ist Erschaffer und Schöpfer jedes Geschehens auf Erden. Nur der bewusste Mensch vermag Himmel und Erde in sich zu verbinden und das Licht (in) der Materie zu leben.

Mit dem Engel-Frequenzen-Projekt bieten wir Engel-Scharen jedem Menschen an, das Hineintragen in die Materie zu praktizieren. Dieses in der Verbindung mit uns und mit dem

Vollbringen der Übungen, wodurch das Verankern der Licht-Frequenzen in der Materie geschieht. Nur das, was in den Energiefeldern / Lichtfeldern der Materie verankert ist und darin schwingt, wird die Entwicklung und den Ausdruck des Lebens auf Erden formen.

Die vielen Licht-Impulse in menschlichen Licht-Körpern erleichtern unseren Dienst, so wie die Menschen sich als aktiver Teil des Projektes einfinden. Kein Entwicklungsschritt, kein Annehmen von Licht, das Du als Mensch in Deinem Streben nach Licht-Dienst und als einem Beitrag zur Wandlung der Welt vollbracht hast ist vergebens... doch gilt es die Wirkung zu mehren! Denn während Du um das Licht 'in Dir weisst', vermagst Du es bisher nur selten für die aktive Gestaltung Deines irdischen Lebens zu nutzen. Das liegt daran, dass die Licht-Impulse – und das Wissen darum – 'nur' in Deinen Licht-Körpern verankert sind. Daher kannst Du dieses in Deinem Alltag kaum einsetzen und das Geschehen auf der Erde zeigt, wie viele Menschen davon betroffen sind.

Aus diesem Grund ist Teil des Engel-Frequenzen-Projektes nach und nach die vielen Licht-Impulse, die Du bereits in Deinen Licht-Körpern aufgenommen und verankert hast, mit dem Licht der Engel-Frequenzen zu verbinden und deren Hineintragen und Verankern in Deinem materialisierten Sein zu erleichtern und vorantragen. Denn nur wenn Du(!) das Licht in Deinem materialisierten Sein verankert hast, wirst Du die ganze Kraft und Macht des Lichtes zu jeder Zeit und in jedem Moment Deines irdischen Lebens spüren, nutzen und leben können.

Alle Projekte des Lichtes zeigten und zeigen im Geschehen auf Erden nur soviel Kraft, wie deren Einschwingen und Verankern durch aktives Wirken und Gestalten von Menschen gelang. Jedes Involvieren eines Menschen stärkt die Wirkung des Lichtes, da das Licht durch und mit dem involvierten, aktiv tätigen Menschen in der Materie fliesst und seine Wirkung auf Erden zeigt.

Ich bin Himmels-Bote Samuel und als Schirmherr des ersten Projektjahres lade ich jeden Menschen ein, das Licht zu kanalisieren und in der Materie zu verankern, damit Freude, Frieden und Fülle auf Erden ist.

Im Engel-Frequenzen-Projekt leitet wir Dich an:
Wir öffnen die Tür, wir bereiten die Licht-Felder und wir gehen jeden Schritt mit Dir, damit Du Oben und Unten in Dir verbindest und vereinst... und all Deine Visionen, Aufgaben und Möglichkeiten Wirklichkeit werden.

Und so ist es.

Und Engelsfürst Galandriel wird die Botschaft übergeben und die Übung dieser Woche leiten, denn in seinem Licht der Offenbarung formt sich Neues und obsiegt das Leben...

AMEN"

"Galandriel, der Engelsfürst der Offenbarung bin ich und erneut trage und halte ich die Licht-Felder dieser Woche mit den Engeln der Heerscharen, die die meinen sind.

Während ich mit meinen Heerscharen zugegen bin, halten wir aufrecht die Licht-Felder der Offenbarung, damit diese mit mehr Licht-Samen verankert werden und das Feld der Offenbarung sich tiefer senken kann in Menschheits-Erden-Feld.

Im Feld der Offenbarung findest Du die Hoffnung, wie diese Dir in der 5. Woche übermittelt wurde, und Du findest die Kraft der Offenbarung im Verstehen der Wirkung und der Absicht dieses Projektes der Engel-Frequenzen, wie das Licht-Feld in der letzten Woche 'Dich lehrte'...

Während Du in der letzten Woche aufgerufen warst Deine eigenen Licht-Felder mit dem Licht der Offenbarung zu füllen und dieses in Deinem irdischen menschlichen Seins-Feld einzuschwingen, konntest Du Deine Widerstände, Dein Ausweichen, Deine Unverbindlichkeit erkennen und spüren. Während Du immer wieder die Übung der Woche in der 'Sicht' durchgeführt hast, dass das 'Wasser und das Licht die Wirkung hervorbringen und zeigen würden', konntest Du doch meinem Wort entnehmen, dass nur durch Deine Absicht und Dein Bewusstsein das Licht der Offenbarung in Dir zirkulieren und einschwingen kann, damit Verankerung geschieht.

Gehört, bzw. gelesen hast Du die Botschaft von Himmels-Bote Samuel in dieser Woche, die getragen ist von der Kenntnis, dass kein Lichtwesen vollbringen kann, was von Dir zu vollbringen ist. Somit bedarf es Deiner Offenheit, Deiner Ausrichtung, Deiner Wahrhaftigkeit, damit das Werk gelingen kann. Und jedes Mal, wenn Du Dir Ausweichen, 'trennende Sicht' und Ablenkung erlaubst, verbleiben die im Engels-Liebes-Licht bereiteten Licht-Felder ungenutzt.

Aus diesem Grunde wiederholen wir die Übung der letzten Woche im Engels-Liebes-Feld – und geben Dir weitere Unterstützung und weiteres Verstehen, damit Annahme und Einschwingen sich mehrt und die 'Samen des Lichtes' gesetzt werden im Erden-Schwingungs-Feld. Und somit übermittle ich das Wort in meinem Licht:

07. Übung, 07. Woche, 1. Projektjahr - 'Aufrichtigkeit'

Ich bin Galandriel, der Engelsfürst der Offenbarung und das Engelslicht aus meinen Heerscharen, das letzte Woche mit Dir war, löst sich nach vollbrachtem Dienst aus Deinen Feldern, um zur Klärung und Reinigung sich einzufinden in den Licht-Reichen der Engel, die im GOTTES-Herzen sind.

Für diese Woche der Übung in meinem Licht tritt ein Engelslicht aus meinen Heerscharen zu Dir heran, das in sich verstärkt hat 'rosa Engels-Liebes-Licht' und in diesem zu Dir tritt.

‚Rosa Engels-Liebes-Licht', so wissen wir, berührt Dein Menschenherz und weitet dieses... mit und in diesem Licht wiederhole die Übung der letzten Woche, lasse das Licht und die Kraft der Offenbarung in Dir sein, schwinge diese ein in Dir und lasse zirkulieren, kreisen, dehnen, weiten, schwingen dieses Licht in Dir... – fülle Dich damit aus...

... und trinke Wasser aus Deinem bereiteten Engels-Glas in dem Bewusstsein, dass so
wie das Wasser in Dir ist und Körper-Sein sich formt,
das Licht der Offenbarung in Dir ist und Körper-Feld sich formt...

Immer, wenn Du Widerstand, Ausweichen und Ablenkung in Dir spürst, nimm wahr das 'rosa Engels-Liebes-Licht' und öffne Dein Herz für Dich, Dein Wirken und den Dienst, den Du an Dir und für die Menschen im Engel-Frequenzen-Projekt vollbringst... und in dem Wissen, dass Schritt auf Schritt erfolgen 'muss' und kein Werk, das das Deine ist unvollbracht verbleiben darf, sofern die Kraft und das Licht des Projektes Wirkung zeigen soll.

Und so ist es!

Geliebter Mensch auf Erden,
sei voll Hoffnung, sei voll Freude und sei erfüllt mit Dankbarkeit für das Projekt, an dem Du Teil und Anteil bist.

Und so ist es.
AMEN"

08. Übung, 09. Woche, 1. Projektjahr - 'Erkennen'

"Geliebte Menschen auf Erden, ich bin der Himmels-Bote Samuel, der der Schirmherr im ersten Projektjahr vom Engel-Frequenzen-Projekt ist und ich berichte von unserem Werk und dem 'Erkennen' darin:

Im 'Erkennen' dieser Woche wird gewoben und angepasst das Engel-Frequenzen-Projekt an Absicht, Geschehen und Tat der Menschen auf Erden – wobei die Tat sowohl das Tun, wie auch das Nicht-Tun umfasst.

Noch ist es so, dass Ihr Menschen die Größe des Projektes und die Kraft der Heilung darin nicht versteht. Und ebenso und da heraus Euren Dienst im Engel-Frequenzen-Projekt verweigert... aus vielerlei und verschiedenen Gründen... die Deinen kennst Du selbst am besten, sofern Du ehrlich und wahrhaftig bist.

Dabei ist das Engel-Frequenzen-Projekt ein Projekt der Erlösung und der Liebe f ü r die Menschen ... und doch kann es nur m i t involvierten Menschen einen Fortschritt des Projektes, wie auch des Lebens auf Erden, geben.

In der Verbindung mit und im Dienst von Lumina und Ma'Maha geben wir ab dieser Woche frei die Worte, die ich, der Himmels-Bote Samuel, in jeder Woche übermittle – dieses, damit mehr Menschen als bisher sich im aktiven Tun einfinden und das Licht des Projektes sich breiten und weiten kann im Menschenfeld auf Erden.

Wie wir bereits in den vergangenen Wochen beschrieben haben, beinhaltet das aktive Tun das Vollbringen der Übungen und mit diesen das Kanalisieren des Lichtes... und das Verankern der 'Licht-Samen' im Menschen-Schwingungs-Feld.

Dieser Dienst des Verankerns der 'Licht-Samen', den ein jeder, der Kunde davon hat sich selbst und dem Leben auf Erden bereiten möge, hat ohne die Übermittlung der Licht-Frequenzen im 'Zentrum des Lichtes und des Heils', durch Wort, Licht, Farbe und Klang keine Basis und kein Gelingen. Aus diesem Grund werden weiterhin die Übungen nur in und mit Lumina's Worten und Klang während der Seminare gegeben, die gemeinsam im Lichte Ma'Maha's wir bereiten.

Mit den Botschaften, die ich übermittle und die ab dieser Woche frei gegeben und geteilt werden, sowie mit der Essenz, die das Einschwingen in die Felder des Engel-Frequenzen-Projektes erlaubt, ist es j e d e m Menschen möglich, Teil und Anteil zu sein, beziehungsweise als Teil und Anteil zu wirken – und den Boden in sich zu bereiten für das Vollbringen der Übungen wenn unserer 1. Projektbuch mit den Botschaften und Übungen des ersten Projektjahres zur Verfügung steht.

So erfolgt nun Woche für Woche ein Versenden der Worte, die ich, Himmels-Bote Samuel im Engel-Frequenzen-Projekt übermittle. Die Botschaften und Übungen der Wochen, die die Engelsfürsten Woche für Woche übermitteln und 'tragen', werden weiterhin durch Lumina in Wort und Klang übergeben und dieses ausschließlich während der Seminare, die in unserem Lichte stattfinden und sind.

Jeder, der die Worte liest und diese für sich nutzt, möge sehen und anerkennen den Dienst, der sich von Menschenhand bereitet auf Erden zeigt und von Lumina und Ma'Maha vollbracht wird. Unser Werk und Wirken kann ohne das aktive Tun von Menschen auf Erden niemals gelingen... und neben dem Dank, der in unseren Feldern erklingt, mögest Du den Ausgleich selber Dir benennen, der für irdisch vollbrachten Dienst angemessen und auch erforderlich Dir ist.

Denn wenn Du nimmst und nutzt, ohne Ausgleich zu geben, vermögen wir kein Einbinden Deiner Felder zu vollbringen. Weil Du Dich dann außerhalb des Gesetzes von: *Geben gleich Nehmen* stellst, Trennung damit lebst und uns 'abweist' in unserem Dienst durch das Tun, bzw. Nicht-Tun, das Du vollbringst. Verstehe und erkenne, dass jedes irdische Tun, bzw. Nicht-Tun mehr Kraft und Wirkung hat, als eine (nur) benannte Absicht.

Das Engel-Frequenzen-Projekt ist ein Projekt des Lebens und des Lichtes und es ist ein Projekt, das Gemeinsamkeit und Gemeinschaft im Oben wie im Unten zeigt. Daher ist kein Wirken unsererseits ohne Menschen möglich und Menschenwerk gelingt nur mit und in unserem Licht... und dieses übermitteln wir mit der 08. Übung, in der der Kreis im Oben und im Unten ist. Die Acht kann sich nur dann in Kraft und Klarheit formen und zeigen, wenn j e d e r ihrer Kreise 'vollbracht wird' – und Wirken Hand in Hand geschieht.

Das Nutzen der Worte, die Woche für Woche niedergeschrieben werden von Lumina und im Herzen Ma'Maha's erklingen, ohne dass Ausgleich gegeben wird durch Deine Hand, der beiden ihren irdischen Dienst mit Einsatz von Zeit, Raum, Körper und Kraft erlaubt, wird Spannung und Stau Dir bereiten, da Du aufnimmst in Dir ohne dass Rückfluss erfolgt.

Es ist ein Irrtum, der bequem, unverbindlich und weit verbreitet in den Menschenfeldern ist, dass der irdische Dienst durch ein Wirken in unseren Reichen 'ausgeglichen' wird oder werden kann... Immer und zu jeder Zeit ist der Dienst der Übermittlung unserer Worte und unseres Lichtes ein gemeinschaftliches Werk und erfährt in unseren Reichen Dank, Anerkennung und Lobpreisung (im Licht).

Der Dienst der Übermittlung, so wie er auf Erden vollbracht wird und unser Wort in die Materie trägt, bedarf jedoch ebenso des irdischen Ausgleichs – eines manifestierten Ausgleichs, den wir nicht erbringen können, da wir Wesenheiten des Lichtes sind. Wohl bereiten wir die Felder und weben Möglichkeiten vielerlei, doch Tat und Wirken muss erbracht werden von den Menschen, die auf Erden sind und das Tun wahrhaft und wirklich auch vollbringen. Weniger gilt es Deine Absicht nur zu bekunden und Bereitschaft zu benennen, als vielmehr die Tat Deiner Absicht folgen zu lassen.

Jede Woche übermitteln wir, dass Oben und Unten Eins ist... Und dass nur in der Verbindung, Gemeinsamkeit und Gemeinschaft von feinstofflichen Wesen und Menschen das Leben auf Erden i s t – und Fortbestand haben wird.

Das beinhaltet, dass jeder Mensch zu jeder Zeit in dem Bewusstsein, in der Verbindlichkeit und in der Verantwortung für das Leben auf Erden sein Wirken und Tun gestalten möge. In dieses Bewusstsein führen wir mit unseren Worten und den Übungen, die wir übermitteln – denn viel Wissen ist in Euch Menschen bereits vorhanden, doch wenig Tun geschieht bisher.

Noch ist es so, dass Ihr Menschen das Projekt der 'Engel-Frequenzen' nicht erkennt und Euren Dienst darin verweigert... dem Projekt, das doch ein Projekt der Erlösung und der Liebe f ü r Euch Menschen ist... und in dem es ohne involvierte Menschen keinen Fortschritt des Projektes, wie auch des Lebens auf Erden, geben kann.

Und mit diesen meinen Worten tragen wir bereits das Feld des 'Erkennens' an Dich heran und 'warten' auf Deine Offenheit und Bereitschaft, 'alten Rahmen' zu sehen und zu spüren und Dich aus diesem zu lösen. Denn nur dann kann sich Neues in Dir zeigen und Veränderung geschehen.

Siehe, Du als Mensch trägst Bilder und 'Gewissheit' in Dir von Dingen und Ansichten, die ohne Gewissheit sind – dieses Tragen gibt Dir Sicherheit und Halt, denn es bereitet Dir 'alten Rahmen', der Dir vertraut und bekannt ist. Die Sicherheit und der Halt sind trügerisch und dienen Dir doch gleichzeitig als Rückhalt, Begründung und 'Entschuldigung', um die Unsicherheiten, das Verzagen und auch die Zweifel zu meiden, die Du bei Veränderung verspürst.

Wichtig ist jedoch, dass Du als Mensch Dich neu öffnest und alte Bilder und 'Gewissheit' hinterfragst. Denn nur in dieser Offenheit wirst Du erkennen können, was Dir bisher verschlossen, unerkannt und verwehrt war.

Dazu berichten wir vom Wirken Lumina's und Ma'Maha's, denn diese, die mit uns das Engel-Frequenzen-Projekt bereiten, um es mit Dir und vielen weiteren Menschen zu teilen und zu gestalten, sind zu jeder Zeit in den Frequenzen und 'Themen' der Woche eingebunden. Und somit ist Erkennen in diesen Tagen auch deren stetiges Werk – die Offenheit und Weite dafür bringen sie in sich hervor, um ein Erkennen zu ermöglichen.

Sicherlich kennst Du die Sicht des Menschen, dass häufig Gedachtes, häufig Gefühltes, häufig Wiederholtes ohne Reflektion und Achtsamkeit 'gesehen' wird. Das z.B. ist dann ein 'alter Rahmen' in der Sicht – und weder Offenheit noch Achtsamkeit finden Raum oder werden dann gelebt...

So hat Lumina notiert die Übungen und die Wochen mit gleicher Zahl, da wir in den ersten Tagen des Jahres mit der Übermittlung begannen und sich ihr die 01. Übung zur 01. Woche fügte. In den vergangenen Wochen dieses Jahres hat sich wiederholt die Fügung und Verknüpfung 'der Zahlen' von Übung und Woche – und ein 'Rahmen' mit Festigkeit kam durch die 'Wiederholungen' hervor.

All die Vielen, die die Botschaften und Worte lasen, haben ebenfalls die Offenheit der Reflektion vermieden und somit auch die Verbindlichkeit und Verantwortung in ihrem Lesen, Annehmen und Verstehen – und sofern der Gedanke des Erkennens ihnen kam, haben diese Menschen das Tun, das in diesem Falle ein Ansprechen oder Schreiben wäre, unterlassen und somit ihr Wirken vermieden und ihren Anteil am gemeinsamen Werk ‚versäumt'...

Als Lumina sich heute niederlies, um unsere Worte zu schreiben, war sie in Offenheit und Weite in sich – hat den 'Rahmen' der Verknüpfung der Zahlen von Übung und Woche freigegeben. Ihre Offenheit und Weite war so groß, dass diese selbst den ‚gegebenen Rahmen' der bereits in Schriftform vorbereiteten Formatierung zu lösen vermochte. Nur auf dieser Basis konnte sie in das Erkennen finden, das wir mit unserem Feld bereiteten – und Lumina konnte 'Zeichen setzen' durch vollbrachtes Tun und kraftvoll 'Samen des Lichtes' für diese Woche legen – und Du kannst dieses Erkunden darin, dass anstelle von 08. Übung in 8. Woche die Botschaft & Übung benannt wurde (und wird) mit 08. Übung in 09. Woche.

Dieses Wirken in der Gemeinsamkeit und Gemeinschaft von uns mit Lumina und Ma'Maha geschieht zu jeder Zeit – und wir laden Dich als Mensch auf Erden ein, Dich ebenfalls einzufinden und Werk und Wirken mitzutragen, indem Du die Übungen vollbringst und 'Samen des Lichtes' legst oder mit Deiner Absicht und meiner Essenz den Boden in Dir bereitest für das Verbreiten und das Mehren des Lichtes der Engel-Frequenzen im Menschenfeld.

Diese Woche werden wir Dich führen in das Öffnen von 'altem Rahmen', damit Du Erkennen in Dir erfährst.

Und mit diesen Worten beende ich, Himmels-Bote Samuel, für diese Woche meine Botschaft – eine Botschaft, die sich breiten möge und die Herzen der Menschen erreichen möge, damit viele sich einfinden, das gemeinsame Werk mit uns zu t u n und Hoffnung, Frieden, Liebe, Licht bereiten – in sich selbst und auf Erden... und so sei es...

... und Galandriel, der Engelsfürst der Offenbarung wird übermitteln Botschaft und Übungen der Woche mit seinem Wort.

AMEN"

"Ich bin Engelsfürst Galandriel, der Engelsfürst der Offenbarung, der ich die Farben dieser Wochen des 2. Monats im Engel-Frequenzen-Projekt bereite und mit meinen Heerscharen Menschen nah und fern begleite.

Das Thema dieser Woche ist 'Erkennen' und weitaus mehr als Himmels-Bote Samuel bereits beschrieb, fand und findet dieses statt in der Verbindung und Verbundenheit mit uns.

Dieses kannst Du spüren im Licht der Offenbarung, das wir mit der Hoffnung und dem 'rosa Engels-Liebes-Licht' zu Dir herangetragen haben in den Übungen der vergangenen drei Wochen und das Du mehr und mehr in Dir hast ankommen lassen.

Das Licht der Offenbarung trägt viel Potential zum Erkennen in sich, da es zu jeder Zeit in Weite und 'Größe' wirkt… und daher bereiteten Dir Deine 'alten Rahmen', so wie Himmels-Bote Samuel diese beschrieb, in der Annahme des Lichtes aus meinem Felde die größten Schwierigkeiten.

Nachdem Du in den vergangenen Wochen einige Licht-Frequenzen aus meinem Feld aufgenommen hast, werden wir dieses mit der Übung dieser Woche erweitern und vertiefen. Dafür leiten wir Dich an ganz bewusst Deine 'alten Rahmen' zu sehen und zu spüren… und sodann diese 'aufzugeben' und Dich von diesen zu befreien.

In dem Moment der Lösung aus und von 'altem Rahmen', entsteht ein Augenblick der 'Leere in Unendlichkeit', in dem ‚Erkennen' sich Dir zeigt. Je mehr Du Dich in der Bereitschaft, Offenheit und Weite einfindest, desto mehr wirst Du den Augenblick des Erkennens bewusst erfassen können und in Deinem Bewusstsein verankern. Während dieses geschieht, findet sodann – als Teil Deines Dienstes im gemeinsamen Wirken mit uns – gleichermaßen die Verankerung eines 'Licht-Samens' im Menschheits-Schwingungs-Feld statt.

In dieser Absicht und in dem Bewusstsein Deines Dienstes und unseres gemeinsamen Werkes, sei in Offenheit, Bereitschaft und in Weite und empfange die Übung für diese Woche, die ich mit Dir bereite und in Deinem Tun in Erden-Schwingungs-Feld einfüge.

08. Übung, 09. Woche, 1. Projektjahr - 'Erkennen'

Galandriel, der Engelsfürst der Offenbarung bin ich und nach vollbrachtem Dienst löst der Engel-Begleiter aus meinem Felde sich von Dir. Erneut geschieht was in den letzten Wochen bereits geschah: Ein Engelslicht aus meinen Heerscharen findet sich mit Dir ein und tritt an Deine Seite.

Dieses Engelslicht wird Dich begleiten während der Tage dieser Woche und das Schwingungsfeld des Erkennens zu jeder Zeit 'bei Dir halten'. Dafür danke Deinem Begleiter Tag für Tag, denn es ist ein kraftvoller Dienst der Liebe, den das Engelslicht mit und an Dir vollbringt – und Dein Dank gebührt ihm, wie auch seinem Dienst.

Um Dich aus 'altem Rahmen' zu lösen, beginne am Anfang eines jeden Tages damit, einen Rahmen in der Materie hervorzubringen. Diesen Rahmen 'bastle' in der Absicht und in der Sicht, dass Du Deinem eigenen beengten Sehen Ausdruck und ‚materielles Kleid' verleihst... stärke den Ausdruck Deines 'alten Rahmens' im Verlauf des Tages. Machst Du dieses, wenn Du Dir selbst der Enge und Grenzen eines 'alten Rahmens' von Dir bewusst geworden bist und dieses Bewusstsein in die 'Herstellung' Deines Rahmens einfließen lässt, wird die Wirkung der Übung umso kraftvoller sein.

Egal, wie Du die Form von Tag zu Tag erwählst, sei Dir gewiss, dass der 'alte Rahmen' geschlossen ist und mehr als ein Kreis auf dem Papier...

Denn ein 'alter Rahmen' kann von Dir dargestellt werden als z.B. ein Viereck aus Holz oder aus Papier, oder kann von Dir gewoben, gehäkelt oder gestrickt werden als Band im Oval oder auch auf andere Art und Weise.

Das Aufzeichnen eines Rahmens auf dem Papier ist von geringer Wirkung und sofern Du Dir erwählst das Visualisieren eines Rahmens, verbleibt dieses außerhalb der Materie und widerspricht der Verankerung der Übung im irdischen Sein durch menschliches Tun.

Jeden Tag aufs Neue gestalte 'alten Rahmen' auf immer andere Art und Weise und vollbringe dieses mit Herz und mit Verstand... und mit Fokus auf Dein Werk.

Jeden Tag aufs Neue dann – jeweils am Ende des Tages und bevor Du Dich zur Ruhe legst – öffne und eröffne Deinen 'alten Rahmen'. Dieses tue indem Du Dich mit dem Engel-Begleiter verbindest und in dem Bewusstsein, dass Du Deine Grenzen enger Sicht und engen Sehens damit freigibst und Erkennen Dir erlaubst. Sei dabei offen, weit und bereit für Neues – und danke dem Engel-Begleiter, der mit Dir ist und Dir durch seinen Dienst einen leichten Zugang zum Feld des Erkennens erlaubt.

Für das Öffnen und Eröffnen von Deinem 'alten Rahmen' nutze Deine Hände, Deinen Willen und auch Werkzeug, soweit erforderlich. Die 'Stücke', die entstehen und die den Rahmen formten, gebe dann in den Kreislauf des Lebens zurück.

Sei dabei voll Dankbarkeit für den Rahmen, der Dir diente auf Deinem Weg der Entwicklung auf Erden... und der nun gehen kann, weil Du die Offenheit und Weite wählst, weil Erkennen sich Dir zeigt und damit Veränderung, Neues und Freiheit für Dich bereitet ist.

Dieses ist die 08. Übung der 09. Woche und Neues kommt daraus hervor...

... in Dir, in Deinem Sehen, in Deinem Wirken und auf Erden – so wie Du wählst zu tun, zu sein und zu vollbringen mit und in dem Licht, das Du bist ... und in der Verbindung und Verbundenheit mit uns.

AMEN"

09. Übung, 10. Woche, 1. Projektjahr - 'Gleichklang'

"Geliebte Menschen auf Erden, ich bin Himmels-Bote Samuel, der mit Euch ist und der ich Schirmherr im Engel-Frequenzen-Projekt des ersten Projektjahres bin. Als dieser leite und begleite ich jeden Deiner Schritte, wie auch die Entwicklung der Menschen auf Erden.

Jeder von Euch, der glaubt oder denkt, dass das Engel-Frequenzen-Projekt in irgendeiner Form getrennt oder isoliert stattfinden würde vom Geschehen auf Erden und von Euch Menschen, die Ihr auf Erden seid, folgt der Sichtweise der Trennung ... und wird weder das Werk jedes einzelnen Mitwirkenden und Teilnehmenden erkennen können, noch die Hoffnung und die Wirkung, die im Engel-Frequenzen-Projekt ist.

Jeder von Euch jedoch, der bereit ist 'seine' Verbundenheit und Verbindung mit dem zu betrachten, was gegenwärtig auf Erden geschieht, wird mit meinen Worten und durch Teilnehmen am gemeinsamen Werk und Wirken den Wandel in sich beginnen und Neues in sich und im Leben auf Erden hervorbringen.

So wie Du zu dieser Zeit im Außen sehen und betrachten kannst, die Konflikte, Kämpfe und Kriege... wirst Du bei ehrlichem Blick auf Dich, dieses ebenso in Dir finden können. Und so wie wir Dich anleiten mit unseren Worten und Übungen die Spannungen, Irrtümer und alten, trennenden Muster in Dir zu lösen, wird sich dieses auch auf Erden zeigen – im Leben von Dir, wie auch dem Leben der Vielen, der Völker, der Länder, der Gemeinschaften...

Denn das Engel-Frequenzen-Projekt, so wie wir es in der Verbindung mit Ma'Maha und Lumina, und mit all denen, die daran teilnehmen und teilhaben, hervorbringen und formen, vermag Deine Welt auf Erden zu wandeln... so wie Du die

Übungen und Frequenzen nutzt und die Schritte des Lichtes in Dir gehst.

Die Sicht der Trennung, die Du in Dir aufrecht erhältst und im Ausdruck der Dualität auf Erden immer wieder (Dir) bestätigst, trägt den Schlüssel zur Wandlung auf Erden in sich. Denn wenn diese Sicht der Trennung überwunden wird, mehrt und breitet sich die Sicht der Verbundenheit und 'Einheit'. So wie diese dann durch das Wirken und Tun in der Materie Ausdruck erhält, werden alte Enge, alte Grenzen, alte Spannung schwinden und Frieden, Freude und Freiheit werden sein.

Aus diesem Grunde leiten wir mit unseren Worten an und übermitteln unsere Übungen des Lichtes, die Du im Schwingungsfeld der Engel-Frequenzen mit uns vollbringst – und gemeinsam verankern wir mit Dir, mit Kraft und Macht das Licht auf Erden und machen es Dir sichtbar und erkennbar in der Materie, in der Du bist.

Die Worte und Übungen in den Wochen dieses Monats werden Gleichklang, Ausgleich und Frieden in Dir hervorbringen – und so wie Du teilnimmst und Anteil bist, wirst Du dieses in Dir und Deinem Leben spüren und erkennen können – und wirst mehren dieses dadurch auf Erden.

Ist Dir bewusst, dass all das, was Du hervorbringst von Wirkung ist – nicht nur in Dir und in Deinem Leben, sondern ebenso für die vielen Menschen und Wesen auf Erden?

Ist Dir bewusst, dass Du mit jedem Schritt der Klärung, ‚Reinigung', 'Begradigung' und 'Aufrichtung' in Dir, dieses auch ins Menschenfeld (ein-)fügen kannst?

Und ist Dir bewusst, dass das Einfügen in das Menschenfeld nur durch Menschen geschehen kann, da uns (als feinstoffliche

Wesen ohne materialisierten Körper) die Kanalisation des Lichtes in der Materie unmöglich ist ohne teilnehmenden, mitmachenden Menschen?

Weißt Du, dass das Einfügen in Menschenfeld nur durch Menschen geschehen kann, die in sich offen und verbunden sind mit den vielen Menschen und Wesen auf Erden?

… und die die Verbundenheit und Verbindung sehen und spüren und all das, was sie in sich hervorbringen im Fliessen und im Gleichklang 'teilen'?

Und weißt Du, dass das Teilen im Fliessen und 'Gleichklang' Segen ist und Heilung bringt? – für Dich, in Dir und allem, was davon berührt wird?

Aus diesem Grund ist das Thema dieser Woche der 'Gleichklang' in Dir und Engelsfürst Halandriel steht mit seinem türkis-grünen Licht bereit, um Dich mit seinem Wort und seiner Übung zu leiten.

AMEN"

"Ich bin Engelsfürst Halandriel, der ich mich Dir in meinem türkis-grünen Licht nun zeige und zu Dir trete mit dem Engel-Begleiter aus meinen Heerscharen, der diese Tage mit Dir und an Deiner Seite ist.

In meinem Licht wirst Du neuen Gleichklang in Dir finden können und die Übung leitet darin an.

Während Du die Übung dieser Woche praktizierst, wirst Du erst einmal verspüren können, wo Abstand, Trennung, Grenzen in Dir sind und deren Härte, Spannung und auch deren Schmerz bemerken. Sodann wirst Du gebeten, Deinen Atem zu nutzen, um Härte und Spannung zu lösen und Dich im Innen und im Außen zu öffnen. Auf diese Weise erlaubst Du meinem Licht zu wirken und 'Gleichklang' in Dir zu bereiten – immer in dem Maße, wie Du Dich in Offenheit, in Bereitschaft und in Ehrlichkeit einfindest und mit Deinem Engel-Begleiter bist.

Gemeinsam mit Deinem Engel-Begleiter aus meinen Heerscharen stehe ich nun bei Dir. Siehe und spüre mein türkis-grünes Licht und erlaube, dass dieses fliesst: Zwischen Dir, Deinem Engel-Begleiter, Deinem Engel-Begleiter und Dir… und erlaube, dass dieses auch in Dir fliesst.

Ich, Engelsfürst Halandriel, stehe bereit und lasse 'Gleichklang' wirken, während diese Verbindung der Woche geknüpft wird zwischen Dir und dem Engel-Begleiter, der sich eingefunden hat in diesen Tagen mit Dir zu sein.

Heiße ihn willkommen, lasse ankommen sein Licht in Dir und danke für den Dienst, den dieser mit und an Dir vollbringt – denn ohne den Dienst des Engel-Begleiters aus meinen Heerscharen, würde es Dir schwerlich gelingen, den 'Gleichklang' auf- und anzunehmen, da im Feld der Trennung Du noch lebst…

‚Gleichklang', so wie dieser sich Dir im türkis-grünen Licht nun zeigt, verbindet Innen und Außen, vereint Oben und Unten… daher kann das Licht nur fliessen, sofern Du die Sicht der Trennung in Dir löst und Offenheit sich in Dir zeigt.

Jeden Tag mögest Du aufs Neue Dich aus der Sicht der Trennung lösen, damit 'Gleichklang' in Dir sei… und somit übergebe ich, Engelsfürst Halandriel, Dir die 9. Übung für diese Woche:

09. Übung, 10. Woche, 1. Projektjahr - 'Gleichklang'

Damit Du den 'Gleichklang' in Dir erfährst, läute eine Glocke, lasse ertönen einen Gong oder erklingen ein Glas… und spüre die Wellen des Klangs, die im Außen wie im Innen wirken, die im Außen wie im Innen klingen, die im Außen wie im Innen tönen…

… und nimm wahr die Wellen des türkis-grünen Lichtes, so wie dieses in den Tagen dieser Woche in und mit Dir ist.

Dieser Klang, der alles durchfliesst, der alles vereint und alles verbindet, klingt und schwingt in Dir mit der Glocke und dem Gong, so wie diese von Lumina zum Klingen gebracht werden während des Seminars, und wie dieses von Ma'Maha bereitet wird im Licht und bereitet wurde/wird im Wasser.

Auf diese Weise können wir in Dir einschwingen und hineinlegen die Absicht der Wirkung, die sodann durch Deine Offenheit, Deine Bereitschaft und Dein Vollbringen der Übung in 'offener Sicht' hervorkommen und sich zeigen wird – so dass 'Samen des Lichtes' Du legst.

Jeder Mensch, der mit unserem niedergeschriebenen Wort und auf der Basis der gelegten 'Licht-Samen' teilnimmt im Engel-

Frequenzen-Projekt, möge sich einfinden in sich, sich öffnen in Weite und Bereitschaft und meinen Gruß im türkis-grünen Licht empfangen, der die Absicht der Wirkung mit den 'Licht-Samen' verbindet...

Jeden Tag finde Dich ein – am Morgen und am Abend – mit Deinem Engel-Begleiter und läute Glocke, töne Gong oder lasse klingen ein Glas – und höre das Klingen des Klangs, spüre das Schwingen des Klangs in Dir, vernehme das Schwingen des Klangs mit Dir...

... und erfasse, dass Schwingen und Schwingen sich an Schwingen und Schwingen knüpft und dass Klang mit Klang und Klang mit Klang so ist – und 'Gleichklang' sich Dir darin zeigt:
Im Außen, im Innen, im Oben, im Unten, im Alles was ist.

Während der Übung atme tief und frei – und fühle Dich umgeben, durchdrungen, durchschwungen von dem türkis-grünen Licht, das in meinem Feld und mit meinen Frequenzen mit und in Dir ist.

Immer wieder während des Tages, so Du die Sichtweise der Trennung erkennst oder wenn Du die Spannung von Grenzen in Dir spürst, erinnere Dich des Klangs und Schwingens in Dir, so wie Du dieses Dir kreierst am Morgen und am Abend – und erlaube dem Klang zu fliessen und dem 'Gleichklang' in Dir zu sein.

Und so sei es.
AMEN"

10. Übung, 11. Woche, 1. Projektjahr - 'Wiederkehr'

"Ich bin Himmels-Bote Samuel, der zu Dir spricht und Dir berichtet von der Wiederkehr, die im Menschen und somit auf Erden ist...

Wiederkehr geschieht all überall auf Erden und ich bitte Dich, diese zu betrachten:

Wie Du in der letzten Woche in der Verbindung mit Deinem Engel-Begleiter aus den Heerscharen Halandriels den 'Gleichklang' in Dir erfahren hast, ist es wichtig zu verstehen, dass 'Wiederkehr' aus 'Gleichklang' hervorkommt und dass die Felder der Dualität dieses noch verstärken... und dass Du ebenso durch Deine Wahl und das Bewusstwerden von 'Gleichklang' neue Felder in Dir aufrufen kannst.

Dieses will ich Dir erklären, damit Du sowohl 'Deine Welt', wie auch die Wirkung Deiner Wahl, Kraft und Schöpfungsmacht als bewusster Mensch auf Erden besser verstehst:

Der Grund dafür, dass 'Wiederkehr' aus 'Gleichklang' hervorkommt ist, dass alles schwingt und alles klingt – alles ist am Fließen und am Strömen, alles ist im Austausch und in Wechselwirkung miteinander. Du als Mensch lebst in der Materie, die manifestiertes, verdichtetes Licht ist und aus der sich das Kleid 'Deiner Welt' auf Erden formt. Jedes Licht, jede Licht-Frequenz schwingt und klingt und so ist die Erde ein wundervolles, facettenreiches Feld des Schwingens und Klingens und allüberall erklingen die 'Töne' und der 'Klang' der Materie, ist sicht- und hörbar in energetischem Feld...

Wir benennen dieses mit der 'Wiederkehr', die auf der Erde wie auch in den lichten Reichen wirkt. – In der materialisierten Welt von Dir als Mensch prägt die 'Wiederkehr' Dein Erleben, ja Dein

Empfinden und auch Deine Sicht – weit mehr, als dieses in den lichten Reichen sich als Wirkung zeigt... Dieses kannst Du Dir so vorstellen, dass die Resonanz eines materialisierten Schwingungsfeldes beständiger wirkt, da diese Schwingungsfelder dichter sind – und somit deren Einfluss auf 'materialisiertes Kleid' leichter und direkter.

Auch die 'Formung der Materie' kommt aus der 'Wiederkehr' hervor und daher ist so wichtig, dass die neuen Energien der Veränderung getragen werden in materialisiertes Sein, kanalisiert werden in irdisches Geschehen, verankert werden im Erden-Schwingungsfeld.

Weiter gilt es zu verstehen:
In jedem Ton und jedem Klang ist eine Beständigkeit enthalten, die aus der Ursache, bzw. dem Ursprung des Tons / des Klangs hervorkommt. Du kennst dieses in Deiner materialisierten Welt als den Klang-Ton z.B. einer Glocke, eines Glases oder eines Gongs – den Du wieder und wieder aufrufen kannst und der sich immer wieder in derselben Frequenzfolge Dir offenbart...

Gleiches zeigt sich mit Wissens-, Gefühls- und Glaubens-Feldern, die im Menschheits-Kollektiv verankert sind und als Klang- / Schwingungs-Feld in jedem einzelnen Menschen wirken.

Sofern der Mensch sich dessen unbewusst ist, geschieht wieder und wieder ein Einschwingen und 'Sich-Selbst-Durchdringen-lassen' von und mit den Schwingungs-Feldern des Kollektivs.

Diese wirken durch den 'Gleichklang', der alles verbindet in j e d e m Menschen, der auf Erden ist und zeigen Ausdruck in seiner Sicht, seinem Glauben und seinen Gefühlen – und es findet 'Wiederkehr' und Bestätigung von dem statt, was im unbewussten Menschheits-Kollektiv schwingt und wirkt.

Nur durch Bewusstwerdung und klare, neue Wahl vermag der einzelne Mensch sich aus diesen Schwingungs-Feldern des Kollektivs zu lösen. Neue Wahl bedeutet z.B. die individuelle Ausrichtung auf Neues und somit den 'Gleichklang' mit diesen 'neuen Feldern' zu wählen – auf diese Weise passt der einzelne Mensch sein eigenes, persönliches Schwingungsfeld diesen ‚neuen Feldern' an...

Es gilt jedoch:
Sofern die individuelle Ausrichtung als eine 'Ausrichtung im Geist' verbleibt, wird dem Menschen die P r ä g u n g seines Lebens auf Erden kaum gelingen...

Wie ist das zu verstehen?
Jeder einzelne Menschen-Körper schwingt gleichermaßen in der Materie und trägt somit den Klang, den Ton, die Schwingung des bisher 'Gewussten', Gefühlten, Geglaubten in sich – und dieses in der 'festen', dichteren, 'stabilen' Frequenzfolge des manifestierten Lichtes.

Um diese zu wandeln, bedarf es mehr als einer wiederkehrenden Absicht und Ausrichtung auf 'neue Felder'. Vielmehr bedarf es des bewussten T u n s ' um die Schwingungs-Frequenzen der ‚neuen Felder' in das dichtere, materialisierte Feld des Menschen einzufügen und dieses wahrhaft zu wandeln – eine Wandlung, die sich sodann im Menschen in seiner Sicht, seinem Wissen, seinem Glauben und seinem Erfahren zeigt...

Auf diese Weise schafft der Mensch sich selbst ein 'stabiles', in der Materie verankertes Schwingungsfeld in sich – dieses trägt 'neue Schwingungs-Muster'. Durch wiederkehrende Ausrichtung auf das Neue im T u n wirkt der 'Gleichklang' und wird diese neuen Felder immer weiter bestätigen, bestärken, stabilisieren... auf diese Weise bereitet der Mensch einen neuen Boden in sich selbst...

Das bedeutet: Wenn nun Du als einzelner Mensch die neue Wahl wieder und wieder bestätigst, und wieder und wieder im eigenen T u n stabilisierst, wirst Du Neues, Wandel und Veränderung in Dir hervorbringen.

Geschieht dieses in großer Beständigkeit, oder auch in der Verbindung mit weiteren Menschen, die diese neue Wahl ebenso für sich treffen und im T u n verstärken, entsteht ein gemeinsames Schwingungsfeld, das mehr und mehr Schwingungs-Kraft und -Stabilität erhält.

Ein 'neues' Feld, das auf diese Weise erschaffen wird, zeigt sodann Wirkung auch im Menschheits-Kollektiv-Feld – denn 'Gleichklang' wirkt in jedem Fall...

Das Engel-Frequenzen-Projekt trägt durch die Anleitung zum T u n (in den Übungen) die Verankerung des Lichtes ins irdische Feld und mehrt die Kraft des Lichtes in die Materie, damit sich Frieden, Freiheit und Freude zeigt.

Wichtig ist das aktive T u n im Licht, denn jedes aktive Wirken eines Menschen bringt ein Schwingungsfeld hervor, dass in den dichteren Feldern der Materie schwingt und wirkt – sofern das Schwingungsfeld aufgrund von 'ähnlichen' Frequenzfolgen leichter in Wechselwirkung mit bereits vorhandenen Schwingungsfrequenzen gehen kann, verstärkt es diese und mehrt deren Kraft – auf diese Weise verstärkt sich der 'Sog vom Gleichklang' mit diesen Feldern und deren Wirkung im Kollektiv...

Gegenwärtig ist die Verstärkung von 'dunklen Feldern' auf Erden allüberall zu sehen und eine Abkehr von Nachrichten und Neuigkeiten schmälert deren Wirkung keineswegs. Keine Abkehr oder Verneinung wird dazu führen, dass 'dunkle Felder' weichen, da diese manifestiert und verankert im irdischen Feld sind und durch das Wiederholen von Meuchel- & Greuel-Taten bestätigt und gefestigt werden – und daher mit viel 'Gleichklang' wirken.

Umso wichtiger ist daher jeder Mensch, der sich in der Verbindung mit uns einfindet und das Feld des neuen Lebens webt, wie auch durch das T u n im materialisierten Feld verankert.

Das T u n im Licht möge Deine Antwort sein auf die Mehrung der 'dunklen Felder' und die Kraft, die diese im Menschheits-Kollektiv zeigen. Das T u n im Licht möge Deine Antwort sein und Dein Beitrag zur Veränderung und Wandlung auf Erden.

Unterschätze niemals die Kraft des T u n s ' in die eine, wie auch die andere Richtung... eine menschliche Tat, egal ob diese für oder gegen das Leben wirkt, wird immer im Menschheits-Kollektiv verankert und schwingt in diesem, wirkt durch 'Gleichklang' und durch Resonanz...

Daher dienen die Übungen, die die Engelsfürsten im Engel-Frequenzen-Projekt übergeben, der Integration und Kanalisation von neuen Schwingungsfeldern im teilnehmenden Menschen und der Verankerung als 'Licht-Samen' im Menschheits-Schwingungsfeld. Durch 'Wiederkehr' findet deren Stabilisierung statt und durch 'Gleichklang' deren Verbreitung.

Somit wird Engelsfürst Halandriel Dich nun anleiten zum T u n im Licht, damit 'Wiederkehr' in Dir ist und Du 'Samen des Lichtes' legst – mit der Übung, die für diese Woche erkoren ist und dem Engel-Begleiter, der mit Dir ist.

Und so sei es.
AMEN"

"Ich bin Engelsfürst Halandriel, der auch diese Woche anleitet und die Worte der Übung übergibt.

Und während ich mit Dir bin, findet sich ein der Engel-Begleiter für diese Woche, während sich das Engelslicht der letzten Woche aus Deinen Feldern löst – entrichte Deinen Gruß und Dank, während das Engelslicht dem Licht zustrebt, um Reinigung, Klärung und Regeneration zu erfahren...

Heiße willkommen neuen Engels-Begleiter, der mit Dir ist und aus meinen Heerscharen zu Dir tritt. Heiße ihn willkommen und frohlocke ob des Dienstes und der Liebe Deines Begleiters für Dich.

So wie Du bereitet hast das Bewusstsein vom 'Gleichklang' in Dir mit der Übung der letzten Woche, kannst Du dieses nun durch 'Wiederkehr' in Dir stärken und verstärken.

Und ich, Engelsfürst Halandriel, übergebe Dir die 10. Übung im zweiten Jahr für diese Woche und schwinge Dich ein in meinem türkis-grünen Licht:

10. Übung, 11. Woche, 1. Projektjahr - 'Wiederkehr'

Ich bin Halandriel, Engelsfürst im türkis-grünen Licht – in diesem Licht bist Du aufgerufen, mehrfach am Tage Gong zu schlagen, Glocke zu läuten oder Glas klingen zu lassen...

Immer wieder im Verlauf des Tages finde Dich in diesem Wirken ein und vollbringe diese Übung in dem Bewusstsein, dass Du den 'Gleichklang' in Dir mehrst und 'Wiederkehr' sich zeigt.

Immer wieder, während Du Gong schlägst, Glocke läutest, Glas klingen lässt, sei Dir bewusst des Schwingens des Klangs in Dir und in Allem-Was-Ist. Und spüre, wie Tag zu Tag sich die Felder des Klangs in Dir stabilisieren und deren 'Festigkeit' sich mehrt… und wie Du mit all denen, die ebenso mit uns wirken und teilnehmen am Engel-Frequenzen-Projekt, neues Klangfeld des Lichtes webst – und sei voll Dankbarkeit und Annahme dessen, was ist und sich in Dir damit und dadurch zeigt.

Und so ist es.
AMEN"

11. Übung, 12. Woche, 1. Projektjahr - 'Wesens-Licht'

"Geliebte Menschen auf Erden, ich bin Himmels-Bote Samuel, der mit Euch ist und Euch berichtet von dem 'Wesens-Licht' im Sein und dem 'Gleichklang' und der 'Wiederkehr', die dieses sich kreiert und erfährt, so es in der Offenheit, in der Bereitschaft, im Wirken, im Klingen und Schwingen ist…

Dieses werden wir in dieser Woche erklären, klären und stärken:

Alles auf Erden trägt GÖTTLICHES LICHT in sich: Jeder Mensch, jedes Tier, jede Pflanze, jedes Sein… in dem allumfassenden Bewusstsein des LEBENS, benennen wir dieses mit 'Wesens-Licht'.

Du als Mensch auf Erden bist aufgerufen, durch Bewusstwerdung und Bewusstsein, durch Erkennen, Erfassen und Erfahren, Deinem 'Wesens-Licht' in Dir Ausdruck zu verleihen – in Dir und dann in Deinem Leben.

Dazu gilt es zu verstehen, dass Du – Dein 'Wesens-Licht' – in Dir schwingt und klingt… so wie jedes Licht schwingt und klingt, denn Schwingen und Klingen ist Wesen des Lichtes – in sich, im Innen, im Außen.

Im Schwingen und Klingen ist 'Gleichklang', der sich in und mit Allem zeigt – so ist Wechselwirkung und Resonanz in und mit Allem – Nichts und niemand ist von irgend etwas getrennt – es ist nur Deine Wahrnehmung und Dein selbst erschaffenes Erleben in Deiner irdischen Welt der Dualität, dass Trennung möglich sei.

Doch auch, wenn Du und die vielen Menschen, sich die Trennung wieder und wieder bestätigen und erschaffen, wird doch aus diesem Irrtum keine Wirklichkeit, die im Licht und in der Wahrheit jemals Bestand hätte oder hat.

Alles ist Licht – alles trägt Licht in sich – alles ist in Resonanz und Wechselwirkung miteinander – Alles ist miteinander verbunden…

Alle großen Religionen und Weisheitslehren berichten Dir davon und leiten Dich an, das Verstehen, das Erfassen, das Erkennen von der Verbindung und Verbundenheit mit Allem-Was-Ist – dass alles gleich groß und gleich klein, dass alles gleich wichtig, dass alles gleich wert, dass alles gleich lichtvoll, dass alles E I N S ist…

Doch trotz des Wissens und der Verfügbarkeit des Wissens, gelang und gelingt Euch Menschen auf Erden bisher kein Befrieden:

Kein Frieden in Euch selbst, kein Frieden im Leben und Erleben, kein Frieden auf Erden und kein Frieden mit GOTTES Schöpfung, die ist…

Weil Veränderung und Wandlung Teil des Lebens ist, weil zu jeder Zeit der Herzensklang der Menschen ruft und 'Wesens-Licht' nach Entfaltung drängt, wurde Antwort bereitet für diese Zeit und Engel-Frequenzen-Projekt erschaffen:

Damit Du als Mensch im Engels-Licht die Strukturen in Dir wandelst und das Sein und das Leben auf Erden neu formst – und damit Frieden, Freude, Freiheit ist – und Fortbestand des Lebens.

Denn Dein irdisches Erleben 'lehrt' Dich:
In der Resonanz und Wechselwirkung mit Allem erfährst Du, dass das was im Außen geschieht, Wirkung auf Dich im Innen zeigt – und dieses Erfahren erlebst und bestätigst Du Dir Tag für Tag… Du sprichst von dem was geschieht im Außen und worauf

Du reagieren musst – Du benennst das Geschehen im Außen als Grund für Unruhe, Unrast und Druck in Dir – Du fühlst Dich gelebt, gedrängt und 'getrieben' – Du passt Dich an dem 'Gestalten des Lebens' und wendest so die Suche der Ursache nach Außen...

Die Resonanz und Wechselwirkung mit Allem beinhaltet ebenso, dass alles, was Du im Innen hervorbringst, wahrnimmst, Dir erlaubst, Dir bewusst machst und verstärkst, im Außen kraftvoll seine Wirkung zeigt... das was Du in Dir hervorbringst, formt und fügt sich sodann im Außen... dort, wo Du klar in Deiner Absicht bist, findet Entwicklung und Geschehen in Deinem Leben statt...

Wichtig ist für Dich als Mensch, als Schöpfer und Schöpferin, zur Gestaltung des Lebens auf Erden, Dir die Wechselwirkung und Resonanz von Innen und Außen bewusst zu machen – und Dir zu verdeutlichen, dass Du durch Deine Sicht w ä h l s t ' auf welche Weise und wie sehr das Außen in Dir im Innen wirkt... und die Kraft Deines 'Wesens-Lichtes' im Außen sich zeigt...

In diesen Worten, in diesem Wissen ist die Freiheit enthalten – die Freiheit, Dein Leben und das Leben auf Erden zu gestalten und zu formen – e r s t in Dir im Innen und d a n n im Wirken und im Tun im Außen.

Damit Du die Schritte in Dir gehen kannst – die Schritte des Erkennens, die Schritte des Erfassens, die Schritte des Erfahrens – stehen wir Dir zur Seite, damit Du D e i n 'Wesens-Licht' in Dir vernimmst.

Das 'Wesens-Licht' in Dir ist allezeit zugegen und ist 'Essenz des Lebens' in Dir. Dein 'Wesens-Licht' klingt und schwingt und es findet Wechselwirkung und Resonanz mit allem statt... Dein 'Wesens-Licht' ist in sich stetig, klar und rein und immer bleibt es dieses, da es die 'Essenz des Lebens' ist... aus diesem Grund ist die Wirkung von Deinem frei fliessenden 'Wesens-Licht' in Dir und im Außen zu jeder Zeit stärker als der 'Einfluss', den äußeres Geschehen in Dir haben kann... und dieses wirst Du erfahren und erleben, so wie Du Dein Bewusstsein klärst und weitest – und darin leiten wir Dich an und begleiten Deine Schritte in Dir, wie auch im Tun der Übungen (in der Materie) auf Erden.

Die Schwierigkeit von Dir als Mensch auf Erden ist das trennende Feld der Dualität und dass Du Dir Deines eigenen 'Wesens-Lichtes' nur unzureichend bewusst bist – Ablenkung und Beschäftigung suchst und findest Du im Außen, Kampf und Widerstand geben Dir die Illusion von Aktivität, eigenem Einsatz und trügerischer Hoffnung auf Veränderung...

Jeder Kampf im Außen ist immer erst ein Kampf in Dir und verschleiert Dein 'Wesens-Licht' in seiner Wirkung, da jeder Kampf Verzerrung erzeugt...

Jeder Widerstand mit dem Leben ruft Spannung in Dir hervor und hindert Dein 'Wesens-Licht' am freien Fliessen...

Jede Ablenkung streut Deinen Fokus und führt Dich aus Deiner Kraft heraus...

... erkennst Du Dich und Dein (Er-)Leben in meinen Worten?

Im Engel-Frequenzen-Projekt haben die Engelsfürsten sich versammelt, um Dir mit ihren Heerscharen zur Seite zu stehen und in den vielen Wochen der drei Projektjahre Dich auf Deinen Schritten zu begleiten und zu leiten:
– In das Erkennen Deines Lichtes in Dir
– In das Verstehen der Resonanzen und Wechselwirkungen von Innen und Außen
– In die Kraft der Gestaltung von Deinem Leben und dem Leben auf Erden

- In das Bewusstsein der Wertschätzung allen Lebens
- In das Wahrnehmen und Annehmen Deiner Gaben und Möglichkeiten
- In das Mehren von Frieden, Freiheit und Freude in Dir
- In das Leben von Frieden, Freiheit und Freude auf Erden

So haben wir gestärkt Dein Erfassen von 'Gleichklang' und ‚Wiederkehr' mit den Übungen der letzten Wochen und Dein Verstehen davon. Und damit Du Dein 'Wesens-Licht' deutlicher in Dir erkennst und spürst, dient Dir die Übung dieser Woche, die Du Tag für Tag vollbringst – mit dem Engel-Begleiter an Deiner Seite und auch in meinem Licht...

Denn ich, Himmels-Bote Samuel bin zu jeder Zeit präsent und 'halte', leite und füge dieses Jahr die Felder im Engel-Frequenzen-Projekt.

Und so Du wählst zu nutzen meine Essenz 'Himmels-Bote Samuel – 1. Projektjahr' schwinge ich Dich über diese ein in die Verbindung mit dem Engelsfürsten der Woche ... und in den 'Gleichklang' mit Deinem 'Wesens-Licht'.

Und so ist es.
AMEN"

"Ich bin Halandriel, der Engelsfürst der Offenbarung, der im türkis-grünen Licht mit Dir ist.

Wieder löst sich Engel-Begleiter aus Deinen Feldern und ein anderes Engelslicht aus meinen Heerscharen tritt zu Dir heran.

Wieder bist Du aufgerufen Dank und Gruß zu entrichten und im 'Gleichklang' und in der 'Wiederkehr' willkommen zu heißen Engelslicht mit Dir.

In dieser Woche werden drei Engel-Begleiter mit Dir sein, damit die Kraft ihres Dienstes und ihres Lichtes Dich gar tief durchdringt und Du weniger als bisher dem Weichen und dem Widerstand in Dir Rechnung trägst.

Ein Engelslicht der Woche wirkt im Feld des 'Gleichklang', weiteres Engelslicht schwingt in 'Wiederkehr' und drittes Engelslicht zeigt Widerhall vom 'Wesens-Licht'.

Keines der Engelslichter ist wichtiger, wertvoller oder 'Dir näher' – so Du dieses betrachtest oder verspürst, wisse Dich auf ‚dualistischen' Pfaden, die ohne Wirklichkeit in 'unserem Feld des Lichtes' sind. Und wisse, dass durch dieses Betrachten und Erspüren Du Trennung in Dir aufrufst und auch praktizierst – und Wahl für Dich, wie auch für die Wirkung unseres Wirkens und Dienens triffst.

Und somit übergebe ich, Engelsfürst Halandriel die 11. Übung für diese Woche:

11. Übung, 12. Woche, 1. Projektjahr - 'Wesens-Licht'

Engelsfürst der Offenbarung bin ich und die Engel-Begleiter dieser Woche sind aus meinen Heerscharen hervorgetreten, um im türkis-grünen Licht mit Dir zu sein.

Jeden Tag aufs Neue, finde Dich ein mit Klang der Glocke, Ton des Gongs, Klingen des Glases und mache Dir bewusst das Schwingen und Klingen in Dir. In der Offenheit, Verbindung und Verbindlichkeit mit Deinen Engel-Begleitern im türkis-grünen Licht, erlaubst Du diesen das 'Wesens-Licht' in Dir zu stärken.

Das Stärken von Deinem 'Wesens-Licht' in Dir gelingt den Engeln aus meinen Heerscharen durch das Blicken auf dieses, durch die Anerkennung und Wertschätzung von diesem, durch die Nutzung von 'Gleichklang' und 'Wiederkehr', von Resonanz und Wechselwirkung, von dem was wirklich und wahr ist...

Auf diese Weise werden Schleier durchlichtet, die Du Dir erschaffen, werden Verzerrungen gelöst, die Du in Dir gespannt, wird Dein Fokus neu gelenkt, wo Du in Ablenkung am Weichen...

Diesen Dienst vollbringen wir für Dich – damit Du Dein 'Wesens-Licht' erkennst, spürst und wahrnimmst... und dafür nutze Gong, Glocke, Glas zumindest sieben Mal am Tag:

Mit dem Schlagen des Gongs, dem Läuten der Glocke, dem Klingen des Glases, öffne Dich für Blick, Anerkennung, Wertschätzung und Sein der Engel-Begleiter, die im türkis-grünen Licht der Offenbarung mit Dir sind – nimm wahr das Schwingen und das Klingen von Glocke, Gong und Glas in Dir – und weite und dehne Dich in Dir, damit sich Dein 'Wesens-Licht' Dir offenbart.

Und so sei es.
Wir im Licht mit Dir...
im Klingen,
im Schwingen,
im lichtvollen Sein.
Und so ist es.

AMEN"

12. Übung, 13. Woche, 1. Projektjahr - 'Aufrichtigkeit'

"Ich bin Samuel, der Himmels-Bote aus lichten Reichen, der Dir Richtung weist und Rückhalt gibt im ersten Projektjahr vom Engel-Frequenzen-Projekt.

Das Thema dieser Woche ist die Aufrichtigkeit, die Du für Dich immer wieder aufrufen und nutzen mögest – und dafür werde ich benennen und beschreiben, was Aufrichtigkeit ist:

Aufrichtigkeit beinhaltet das Schwingen und Klingen mit den Energien des Lichtes – und dieses im Einklang von Körper, Seele, Geist – im Einklang von Denken, Fühlen, Tun…

Aufrichtigkeit für Dich als Mensch bedeutet, dass Du in Dir klärst, in Dir aus- und aufrichtest und in Dir Dich einschwingst in und auf das Licht und die Wirkung des Lichtes in Dir.

Um Aufrichtigkeit und deren Wirkung zu erfassen, bedarf es Deines Verstehens, dass das Licht in Dir – so wie es klingt und schwingt – eine 'Richtung der Wellen' aufweist. Diese 'Richtung der Wellen' zeigt sich durch Deine Ausrichtung und Deine Absicht in Deinen energetischen Feldern…

Folgendes Bild gebe ich Dir, damit Du leichter verstehst und für Dich umsetzen kannst – denn die Wirklichkeit, so wie diese ist, kann unmöglich mit menschlichen Worten beschrieben werden…

Das gegenwärtige Schwingungsfeld des menschlichen Kollektivs ist dualistisch geprägt und die Wellen darin schwingen vorrangig in waagerechter Richtung – in dieser waagrechten Schwingungsrichtung wird der Glaube an Trennung sichtbar. Bisher ist das 'Bewusstsein der Göttlichkeit von Allem-was-ist' nur unzureichend im Menschheits-Kollektiv zugegen, wie die Geschehnisse auf Erden Dir das in dieser Zeit zeigen… Das

‚Bewusstsein der Göttlichkeit von Allem-was-ist' schwingt in senkrechter Richtung.

Wenn Du Dich in Gebet, in Meditation, ... auf Deine Bewusstwerdung, auf Klärung, auf Heilung, auf MENSCH-Sein ausrichtest, schwingst Du Dein persönliches Schwingungsfeld in senkrechter Richtung ein. Diese Richtung vermagst Du aufrecht zu erhalten, solange Du die Ausrichtung aufrecht erhalten kannst. In der Regel ist das mit einem 'Dich-Entziehen' aus dem alltäglichen Geschehen verbunden, findet in Abgeschiedenheit, in Kontemplation, in Rückzug statt.

Deine individuellen menschlichen Felder bestehen aus verschiedenen 'Schichten', die miteinander in Wechselwirkung und Resonanz sind. Und die umso dichter sind, je mehr diese in der Materie verwoben sind, bzw. materialisierte Form angenommen haben. Damit Du Deine individuellen Felder in der senkrechten Ausrichtung stabilisierst, bedarf es der Verankerung der 'senkrechten Schwingungsrichtung' in Deinen dichteren 'Schichten'.

Dieses gelingt Dir durch das Einbringen des Bewusstseins in Dein Tun, also das T u n im Dienst und Einklang mit dem 'Bewusstsein der Göttlichkeit von Allem-was-ist'.

Jeder Mensch, der wahrhaft und wahrhaftig jederzeit das ‚Bewusstsein der Göttlichkeit von Allem-was-ist' hat, also alle seine individuellen Schwingungsfelder und -schichten stets in 'senkrechter Schwingungsrichtung' zu halten vermag, wird ausschließlich Taten vollbringen, die die Wertschätzung des Lebens zeigen – egal, auf welche Weise und in welchem Ausdruck auch immer sich das Leben ihm / ihr zeigt.

Jeder Mensch, der den Weg der inneren Meisterschaft auf Erden geht, bzw. gegangen ist, weiß um die Schwierigkeit, die eigenen Schwingungsfelder zu jeder Zeit in 'senkrechter Richtung' zu halten... und wie viel Achtsamkeit, Ehrlichkeit und Wahrhaftigkeit erforderlich ist, bis a l l e individuellen Felder in 'senkrechte Schwingungsrichtung' eingefügt sind und das 'Bewusstsein der Göttlichkeit von Allem-was-ist' unverzerrt, rein und klar zugegen ist und im Wirken und TUN gelebt werden kann.

Die Schwierigkeit der Aufrechterhaltung hat verschiedene Ursachen und deren Verstehen erleichtert den Weg der Wandlung und der Meisterschaft:

Mit den Übungen der Wochen hast Du leibhaftig erfahren, dass alles über das Schwingen und Klingen miteinander in Wechselwirkung und Resonanz ist. Dieses gilt ebenso für die Schwingungsrichtung – sowohl in den individuellen, wie auch den kollektiven Menschheits-Schwingungsfeldern, d.h. die Schwingungsrichtungen waagerecht und senkrecht stehen in Wechselwirkung und Resonanz miteinander.

Schwierigkeiten bei der Aufrechterhaltung 'senkrechter Schwingungsrichtung' kommen aus dem eigenen persönlichen Schwingungsfeld hervor, denn je dichter das Schwingungsfeld, bzw. die 'Schicht', desto dauerhafter zeigt sich die 'waagerechte Schwingungsrichtung' der Dualität darin. Die Wandlung in ‚senkrechte Schwingungsrichtung' bedarf der dauerhaften Ausrichtung und Aufrecht-Erhaltung der senkrechten Richtung, wie auch des T u n s und Wirkens im Einklang mit dieser, um auch die dichteren materialisierten Schichten in die 'senkrechte Schwingungsrichtung' einzufügen.

Jede H a n d l u n g hat viel mehr Wirkung auf die Schwingungsrichtung der dichteren Schichten als Gedanken und ‚Absicht im Geist' das jemals haben! Aus diesem Grund wird die Veränderung auf Erden ohne das T u n des und der Menschen niemals gelingen.

Wenn Du Dein individuelles feinschwingendes Feld für den Moment (durch Meditation oder Gebet) geklärt und 'senkrecht ausgerichtet' hast, mag Dein weiteres Streben sein, diese Ausrichtung aufrecht zu erhalten und in Deinen Taten Ausdruck zu geben, denn nur dadurch kommt Aufrichtung hervor:

Durch
*Auf*rechterhalten
der *Aus*richtung
zeigt sich
*Auf*richtung.

Sobald Deine Achtsamkeit und Ausrichtung schwindet, werden Deine individuellen Schwingungsfelder aufgrund der Wechselwirkung und Resonanz von individuellem fein schwingenden Feld und individuellem dichter schwingenden Feld wieder vermehrt waagerechte Richtung zeigen.

Dazu kommt die Wechselwirkung und Resonanz mit dem kollektiven Menschheits-Schwingungsfeld, das in waagerechter Richtung schwingt. Diese Wechselwirkung und Resonanz ist umso kraftvoller, ziehender, wirkungsvoller, je mehr der Mensch im Kontakt und in der Begegnung mit anderen Menschen ist – und auch wenn er in körperliche Arbeit geht.

Aus diesem Grunde suchen viele, die nach Bewusstwerdung in sich streben die Abgeschiedenheit, Einsamkeit und den Rückzug – einfach weil auf diese Weise die Wirkung des Kollektivs im persönlichen Schwingungsfeld geringer ist und die Wandlung der Schwingungsrichtung von waagerecht nach senkrecht im individuellen Schwingungsfeld leichter gelingt.

Sobald dann jedoch die Begegnung mit Menschen geschieht – und die Wechselwirkung und Resonanz in den eigenen Schwingungsfeldern mit diesem nicht ebenso beobachtet, geklärt, verstanden und gemeistert wurde, findet leicht der 'Rückfall' in die waagerechte Schwingungsrichtung statt.

In der gegenwärtigen Zeit der Wandlung auf Erden, wirken die senkrechten Felder kraftvoller als jemals zuvor im individuellen Menschen wie auch im Menschheits-Kollektiv – und doch bedarf es auch und gerade in dieser Zeit der Ausrichtung, des T u n s und der Aufrichtung, um die kollektiven Felder in senkrechte Schwingung zu führen.

Das was immer wieder mit dem Erwachen des Kollektivs benannt wird, ist die beschriebene Änderung der 'Schwingungsrichtung der Wellen' von waagerecht zu senkrecht – was die ‚Bewusstwerdung der Göttlichkeit von Allem-was-ist' beinhaltet und somit das Leben auf Erden neu gestalten wird. Jede Änderung der Schwingungsrichtung beginnt im einzelnen Menschen, beginnt also auch in Dir und wird sodann – aufgrund der Wechselwirkung und Resonanz von allem im Klingen und Schwingen – Wandlung im Kollektiv zeigen.

Immer wieder wurde und wird beschrieben, dass es einer bestimmten (geringen) Zahl von 'bewussten' Menschen bedarf, um das Kollektiv der Menschheit ins Erwachen zu tragen – also die kollektive waagerechte Schwingungsrichtung in die senkrechte Ausrichtung zu führen. Dieses gilt und hat Gültigkeit – und doch ist es nur ein Teil der Wahrheit… denn es bedarf mit diesem zwingend des T u n s der 'bewussten' Menschen, um die senkrechte Schwingungsrichtung soweit in den materialisierten, dichteren Schichten zu verankern, dass die Wandlung im Kollektiv geschieht.

Das Engel-Frequenzen-Projekt leitet in den Übungen zum bewussten Tun an und führt somit zum Einschwingen und Verankern des Lichtes im 'senkrechten Feld', wodurch das Legen der 'Licht-Samen' geschieht.

Jeder 'Samen des Lichtes', der in der Verbindung mit den Engelsfürsten und deren Heerscharen verankert wurde, wird sodann von den Engeln der Heerscharen genährt, gestärkt und auf diese Weise für längere Zeit aufrecht erhalten, als dieses ansonsten mit verankertem Licht möglich ist. Dieses gelingt im Rahmen des Engel-Frequenzen-Projektes durch die Bereitschaft der mitwirkenden Menschen und deren Verbindung zu den Engel-Begleitern während der Übungen der Wochen.

Daher vermögen die Engelsfürsten ihr Licht mit und in den 'Licht-Samen' einzufügen und zu verweben, so dass die weitere Aufrechterhaltung und Stärkung durch die Engel der Heerscharen möglich ist. Und auch wenn diese Aufrechterhaltung von begrenzter Dauer ist, so mehrt diese doch Einfluss, Wirkung und Resonanz der 'Samen des Lichtes' und somit 'senkrechtes Schwingungsfeld' auf Erden.

Nach dem, was ich in dieser Woche beschrieben habe wirst Du verstehen, dass auf diese Weise die 'Erwachens-Impulse' im Menschheits-Schwingungs-Feld gemehrt und verstärkt werden, das Engel-Frequenzen-Projekt dem gesamten Menschenfelde dient und jedes Vollbringen in der Verbindung von Engeln und Menschen geschieht – denn kein Engel kann auf Erden Tun und 'Licht-Samen' verankern und doch ist es Engel-Werk und -Wirken, die Kraft der verankerten 'Licht-Samen' aufrecht zu erhalten.

So findest Du Dich ein, um das Menschen-Werk in Dir zu vollbringen und frohlockst mit den Engelsscharen über das Verankern der 'Licht-Samen' und deren Wirkung und 'Dienst' im Menschheits-Kollektiv und auf Erden – damit der Stau sich löst, damit Erwachen ist und Frieden, Freude, Freiheit sei.

Und so ist es.
AMEN"

"Ich bin Engelsfürst Halandriel, der auch diese Woche mit Dir ist und meine Heerscharen mit mir.

Und während die Engel-Begleiter der letzten Woche sich von Dir lösen und aus Deinen Feldern weichen, bildet sich ein Ring aus Engelslichtern um Dich herum, die in meinem Lichte sind. – Türkis-grün schwingt der Kreis aus Engelslicht um Dich und immer wieder werden wechseln und mit Dir sein die Engel-Begleiter diese Woche – so wie sie vollbringen können das Aufrechterhalten des türkis-grünen Lichtes und die senkrechte Schwingungsrichtung darin.

Und mit diesen Worten übergebe ich Dir die Übung dieser Woche:

12. Übung, 13. Woche, 1. Projektjahr - 'Aufrichtigkeit'

Mehrfach am Tage schlage Gong, läute Glocke und klinge Glas.

Jedes Mal, wenn das Schwingen und Klingen Du in Dir vernimmst und spürst, mache Dir bewusst die Richtung der Schwingung in Dir und lenke senkrecht diese...

Wichtig ist, dass Du dieses in Sanftheit, im Fliessen, im Gestalten vollbringst, da jedes 'Verneinen von waagerechter Schwingung' in Dir die trennenden Felder der Dualität aufruft und Stocken sich im Schwingen zeigt.

Mache Dir bewusst das türkis-grüne Licht in 'senkrechter Schwingungsrichtung' in Deinen Feldern, so wie die Engel meiner Heerscharen Dir dieses bereiten. Du wirst dieses beobachten und praktizieren können in Dir und mit Deinen Feldern.

Nutze Deinen Atem, nutze das Schwingen und Klingen, nutze 'Gleichklang' und 'Wiederkehr' und finde Dich ein:

Mit Ausrichtung im Tun,
damit Aufrichtung ist.

Und so sei es.
AMEN"

13. Übung, 14. Woche, 1. Projektjahr - 'Leichtgläubigkeit'

"Ich bin der Himmels-Bote Samuel, der das Engel-Frequenzen-Projekt hütet im ersten Projektjahr und den Liebesbogen spannt zwischen den Feldern, die auf Erden sind und denen, die im Himmel sind.

Als Schirmherr des Engel-Frequenzen-Projektes gehört es zu meinem Wirken das Thema der Woche zu wählen und die Worte zu verfassen, die Dir dieses beschreiben und erklären. Denn mit jeder Woche übermitteln wir nicht nur Worte und Energien, die Dich erfreuen und die Dich für die Zeit des Lesens in eine Welt des Lichtes führen, sondern wir übermitteln Dir Worte für Dein Erkennen und Verstehen und daher beschreibe und erkläre ich...

Das Wählen des Themas vollbringe ich in der Verbindung mit den vielen, vielen Engelsfürsten, die sich für dieses Projekt eingefunden haben und gemeinsam in diesem dienen. Verstehe, dass jeder Engelsfürst zu jeder Zeit sich mit seinem Licht und seiner Liebe einfügt in das Feld des Engel-Frequenzen-Projektes und das wir in der Verbindung des Lichtes, das in diesem Feld sich zeigt und ist, uns austauschen und beraten, um den Menschen auf Erden zu dienen.

In diesem Feld der Liebe vom Engel-Frequenzen-Projekt sind ebenso die Energien und Lichtfrequenzen von Ma'Maha und Lumina stets zugegen. Dieses ist von Wichtigkeit für das Projekt – und wisse, dass jeder Mensch der sich im Projekt einfügt mit seinem Licht und die Übungen mit Offenheit, Ehrlichkeit und Verbindlichkeit vollbringt, ebenso das Feld der Liebe mit gestaltet... immer in dem Ausmaß wie seine Hingabe und Bereitschaft und sein Tun das Fliessen des Lichtes und der Engel-Frequenzen erlaubt.

Die Energien und Lichtfrequenzen von Ma'Maha und Lumina auf Erden schwingen im gemeinsamen Feld der Liebe. Über die Licht-Körper von Ma'Maha und Lumina haben wir direkten Zugang zu den verschiedenen Schichten des Menschheits-Kollektivs, den Schwingungsfeldern und 'Informationen' darin. Dieser direkte Zugang ist uns als Licht-Wesen nur über verbindlich wirkende und eingebundene Menschen möglich. Aus diesem Grunde haben wir bereits mehrfach benannt, dass das Engel-Frequenzen-Projekt ein Projekt von Menschen und Engeln ist und nur gemeinsam gelingt.

Viele Projekte des Lichtes haben in den vergangenen Jahren die erforderliche Wirkung im Menschheits-Kollektiv nicht zeigen können, da die verbindliche, 'langfristige' Einbindung von Menschen in ihren Taten unterblieb und somit die Kanalisation des Lichtes, der lichtvollen Botschaften, Worte und Frequenzen in irdisch-manifestierte Strukturen nur ungenügend gelang. Aus diesem Grund liegt sozusagen viel Wissen und Weisheit in inkarnierten Menschen bereit, das bisher zu wenig Ausdruck im menschlichen Wirken auf Erden findet, da der einzelne Mensch die 'Brücke in sich' ungebaut lies / lässt.

An dieser Stelle wurde das Engel-Frequenzen-Projekt gestaltet und leitet den einzelnen Menschen an, sich selbst zu erkennen und 'Brücke in sich' zu bauen.

Dafür bedarf es Deines ehrlichen Blickes, neuen Erkennens und der Wandlung in Dir, denn 'Bücke in Dir' zu bauen bedeutet, dass die Energien des Lichtes kraftvoller fliessen und all das, was in Dir bisher noch nicht im Einklang mit Deinem lichtvollen Wissen ist, sich umso deutlicher als 'störend' in Dir zeigt.

So wie Dich die Übung der letzten Woche lehrte, kannst Du spüren die Wirkung der Schwingungsrichtungen senkrecht und waagerecht in Dir und auch in Deinem Leben – und so gilt es

Dich in Dir zu stärken und Dich einzufinden, einzuschwingen, auszurichten in senkrechter Schwingungsrichtung und alle Deine Felder dieser mehr und mehr anzupassen – das kann nur gelingen durch Deine Ausrichtung, durch Deine Wahl und durch Dein Tun im täglichen Leben auf Erden.

Denn es reicht nicht aus von Liebe, Mitgefühl, Achtsamkeit und Einheit zu sprechen (Worte und 'Absicht', die in senkrechter Schwingungsrichtung sich zeigen) und dann im Wirken und Tun in alten, trennenden, wertenden, dualistischen Feldern (waagerechte Schwingungsrichtung) zu verbleiben. Doch gerade dieses – wir möchten es benennen mit 'zwei Welten im Menschen' – findet gegenwärtig allüberall statt... weshalb der Wandel auf Erden nicht gelingt und das Licht, das doch zugegen ist und auch vielen Menschen bewusst, die erforderliche Wirkung im Ausdruck des Lebens nicht zeigt oder zeigen kann.

Jeder Mensch, der seine 'Brücke in sich' baut und die 'zwei Welten in sich' (der waagerechten und senkrechten Schwingungsrichtungen) verbindet und nach und nach vereint, wird kraftvoller Kanal des Lichtes sein und Freude, Frieden und Freiheit erfahren und mehren...

Das Engel-Frequenzen-Projekt wird getragen von denen, die in Verbindlichkeit und Hingabe sind und die ihrer Absicht und ihrem Wort Taten und Wirken folgen lassen – Taten und Wirken, die im Einklang sind mit geäußerter Absicht und mit gesprochenem Wort...

So habe ich beschrieben, dass jedes Thema, ja jedes Wort, das wir übergeben in dem gemeinsamen Feld der Liebe des 'Engel-Frequenzen-Projektes' geformt wird und Engels- wie auch Menschen-Licht dieses bereitet. Und ich habe beschrieben wie durch Verbindlichkeit und Hingabe derer, die dieses gemeinsame Feld der Liebe weben, die Kraft und Wirkung des Projektes sich zeigt und wie jeder Mensch, der sich einfindet in Ausrichtung, Absicht und im Tun mit seinem Licht das Projekt stärkt, weitet und kanalisiert.

Wenn die vielen Menschen, die unser Wort vernehmen und unseren Ruf in sich spüren, bereit sind die 'Brücke in sich' zu bauen und sich mit uns im Wirken und im Tun einfinden durch die Übungen, die wir anleiten, begleiten und mit unserer Liebes-Kraft einbetten in die Licht-Körper durch Wort, Klang, Licht und Farbe, wird viel Wandlung auf Erden sein – so wie die Wandlung im einzelnen Menschen hervorkommt und ist...

Dieses ist die Absicht und Ausrichtung des 'Engel-Frequenzen-Projektes', denn wir, die Engel und Engelsfürsten, streben danach zu jeder Zeit mit Euch Menschen auf Erden zu schwingen und mit Euch zu klingen, das Leben auf Erden zu feiern und Hand in Hand zu gestalten was im Licht, in Liebe und in Freude ist.

Und während Du meine Worte liest kannst Du Deine Freude und auch Dein Sehnen spüren, dass das Beschriebene bereits geschieht und Engels-Freude mit Dir ist – doch um dieses hervorzubringen, bedarf es Deiner inneren Klärung, der 'Brücke in Dir' und Deines Wirkens im Einklang.

Und so frage ich Dich:

Wie gestaltest Du ein Projekt auf Erden? Wie gestalten Menschen Projekte? Was wird gesprochen... und was wird dann getan? Erinnerst Du Dich während des Gestaltens (noch) der Worte und der benannten Absicht?

Wenn die Worte und die benannte Absicht sich sodann im Handeln und der Wirkung nicht zeigen: Bist Du bereit, Dich ‚zufrieden' abzuwenden und die Klarheit und Klärung zu meiden?

… Bist Du bereit zu schweigen, wo nur durch die Kraft Deines ehrlichen Wortes sich das Fliessen des Lichtes wieder zeigt?

Und glaubst Du noch immer, dass Abwenden und Schweigen ohne Wirkung in Deinen energetischen Feldern bleibt? Und dass sich trotzdem die Entwicklung auf Erden hin zu Frieden und Freiheit für alle Menschen gestaltet?

Wir beobachten, dass gegenwärtig eine Zeit der 'Leichtgläubigkeit' auf Erden ist und dass die Bereitschaft in Ehrlichkeit zu schauen, in sich zu klären und 'Brücke in sich' zu bauen wohl zugegen ist, doch das Umsetzen im Wirken und Tun immer wieder verschoben, vertagt und vermieden wird.

Warum ich dieses mit 'Leichtgläubigkeit' benenne? – Weil Du in dem Moment, in dem Du Deine Bereitschaft spürst und die Kraft der Verbindlichkeit und Veränderung darin, gar zu gerne Deinem Glauben folgst, dass Du Dein Werk bereits vollbringst, oder auch dass Du zu müde seist, zu unwichtig und zu klein, zu beschäftigt und zu eingebunden, bereits zu weit entwickelt oder noch nicht weit genug… und so leicht, wie Du Deinem Glauben folgst, wieder und wieder verschiebst, vertagst, vermeidest…

…. verschiebst, vertagst und vermeidest Dich wahrlich einzubringen, in Deiner Kraft zu sein, Dein Leben wahrhaftig zu gestalten… und wir benennen dieses für Dein gesamtes Leben auf Erden und die vielen Momente, in denen Du Abwenden und Schweigen Dir erlaubst.

Doch nun es ist die Zeit gekommen, ehrlich zu schauen – denn das Leben auf Erden zeigt Dir die vielen Spannungsfelder, in der die Schwingungsrichtungen sich bäumen und kein Frieden, keine Freiheit und keine Heilung ist…

Daher werden wir Dich und alle, die aktiv teilnehmen in diesem 4. Monat des Projektes in mehr Ehrlichkeit führen, in den Mut auf das zu blicken, was auf Erden ist und durch das Gestalten von Menschen geschieht – im Innen wie auch im Außen – wir werden Dir in diesen Wochen des 4. Monats des weiteren mehr Informationen zu dem geben, was an Ereignissen auf Erden sichtbar wird und Dir aufzeigen, wie Du Dich darin erkennst und auch, wie Du Dich in Dir wandeln kannst und 'Brücke in Dir' baust.

Und wir werden zeigen, dass unser Wort, Licht und Wirken sich zu jeder Zeit auf Erden wiederfindet, w e n n Du als Mensch im Tun und im Einklang mit den Engel-Frequenzen bist, die wir bereitlegen, die wir bereithalten und die wir in Dir wirken lassen während der Übung, die Du vollbringst...

Und wir werden zeigen wie die Trennung, die viele von Euch auf-rufen, wenn Ihr unsere Worte lest und somit unser Licht und dessen Wirkung auf wenige Augenblicke oder kurze Zeiten des Tages 'begrenzt', durch Eure Ausrichtung und Wahl, durch das Erbauen der 'Brücke in sich' gewandelt werden kann – damit zu jeder Zeit des Tages Licht und Liebe ist...

Denn nur das, was Du erkennst und annimmst, vermagst Du dann zu ändern:

> Durch Deine Absicht,
> durch Deine Bereitschaft
> und
> durch Dein Tun.

Daher werden wir Dich dahin führen, Deine 'Leichtgläubigkeit' zu erkennen.

Und somit wird nun Engelsfürst Gabriel, der Erzengel der Klarheit und der Kraft die Übung der Woche zum Thema 'Leichtgläubigkeit' übergeben, diese anleiten und mit den Engeln aus seinen Heerscharen Dich begleiten – so wie Du wählst zu wirken und zu tun mit uns und in unserem Licht.

Und so ist es.
AMEN"

"Ich bin Gabriel, der Erzengel der Klarheit und der Kraft und ich übergebe Dir die Worte der Übung, die Du diese Woche nutzen mögest für Dein Erkennen, für Deinen Weg und den Wandel in Dir – denn mit den Übungen in den nächsten Wochen werden wir fortsetzen Dein Verstehen von den Schwingungsrichtungen, die auf Erden wirken.

Und wir werden Dich darin anleiten, die Schwingungsrichtung in Dir ehrlich zu betrachten, deren Wirkung in Dir und Deinem Leben zu erkennen und sodann werden wir Dich anleiten, dieses in Dir anzunehmen als Dein Werk und Wirken, als das Ergebnis / die 'Erscheinung' Deiner Wahl. Sodann werden wir Dich mit den Frequenzen des Mutes stärken, damit Du Dich wandeln, Dich ausrichten und 'Brücke in Dir' erbauen kannst…

Sofern noch zugegen, lösen sich die Engel-Begleiter aus Deinen Feldern, die in den letzten Tagen mit Dir waren und Deinen Gruß entrichte ihnen und Deinen Dank.

Sodann spüre wie der Engel-Begleiter aus meinen Heerscharen zu Dir tritt und siehe ihn in seinem weißen Licht der Kraft und Klarheit, das in meinen Feldern ist. Erlaube Dir ganz offen und präsent zu sein, damit Dein Engel-Begleiter dicht an Dich herantreten kann, um in den sieben Tagen dieser Übung nah bei Dir zu sein. Dein Engel-Begleiter schwingt im weißen Licht der Klarheit und trägt diese zu Dir heran, damit Du in Dir erkennst und neu für Dich verstehst…

… und so übergebe ich, Erzengel Gabriel meine Worte für die Übung dieser Woche:

13. Übung, 14. Woche, 1. Projektjahr - 'Leichtgläubigkeit'

Mit dem Engel-Begleiter an Deiner Seite finde Dich einmal am Tag in Stille ein und erlaube Dir, ganz mit Dir und ihm zu sein.

Spüre seine Nähe, erkenne sein Licht und kläre in Dir Deine Bereitschaft, dass die Klarheit Deines Begleiters die Deine sei... und dass Du erkennst und verstehst, wo überall Du 'Leichtgläubigkeit' folgst und lebst im Abwenden und im Schweigen.

Dafür mögest Du jede äußere Ablenkung beiseite legen und keine Reaktion des Ausweichens Dir erlauben. Sodann wisse Deinen Engel-Begleiter in Deinen Feldern und passe Dich in Dir in 'jedem Winkel' seiner senkrechten Schwingungsrichtung an. Dieses gelingt Dir durch Deine Bereitschaft und Deine Offenheit.

Während Du diese Übung vollbringst entzünde eine weiße Kerze, die Du sodann mit steter Flamme brennen lässt bis sie zur Neige geht und Du für den nächsten Tag eine neue weiße Kerze entzündest. Sei beim Entzünden in der Absicht und in der Bitte an Deinen Engel-Begleiter, dass die Flamme der Kerze Deine Schleier verbrennt, die Dich noch am Erkennen hindern... Denn in diesen Tagen der Übung geht es darum in Dir zu erkennen, wo Spannung sich Dir zeigt – in Deinem Körper, in Deinem Leben... und dass Du Deine 'Leichtgläubigkeit', Dein Abwenden und Dein Schweigen darin siehst – und die Wirkung, die dieses in Dir und in Deinem Leben hat.

Dieses Erkennen lasse tief in Dir ankommen und wirken – und verstehe, dass es in dieser Woche weniger darum geht bereits zu verändern, sondern erst einmal darum, dass Du das Erkennen in Dir verankerst. So erschaffst Du Dir für die nächsten Wochen dieses Monats und den Übungen in diesen die Basis, um weniger zu weichen, weniger zu meiden und weniger 'zu klein', ‚zu schwach', 'zu unstet'... zu sein.

Ich, der Erzengel Gabriel, bin Engelsfürst im Licht und bin die Kraft und bin die Klarheit und meine Heerscharen mit mir...
Und so ist es.
AMEN"

14. Übung, 15. Woche, 1. Projektjahr - 'Schwingen'

"Ich bin der Himmels-Bote Samuel, der das Engel-Frequenzen-Projekt behütet und diesem zu jeder Zeit dient während des ersten Projektjahres – dem 'Jahr des Heils', das gegenwärtig auf Erden ist… und in den vielen Jahren die folgen, in denen ein Mensch dieses Buch ergreift, um die Botschaften zu lesen und Übungen für sich und das Leben auf Erden zu vollbringen.

In der letzten Woche habe ich beschrieben und benannt die 'Leichtgläubigkeit', die Du als Mensch immer wieder aufrufst und für Dich nutzt… mit all den Folgen, die dieses für Dich, Dein Leben und das Leben auf Erden hat.

Und in der Übung der Woche hat Dich Erzengel Gabriel mit seinen Heerscharen und aus diesen Dein Engel-Begleiter angeleitet im Erkennen in Dir. Um dieses fortzuführen und Dir die Schritte der Entwicklung darin aufzuzeigen, werden wir Dich diese Woche anleiten und lehren, das Schwingen in Dir zu spüren und zu erfahren.

Dazu beschreibe ich:
Die waagerechte und die senkrechte Schwingungsrichtung sind und wirken gleichermaßen in Dir – und so wie wir dieses beschrieben haben in den vergangenen Wochen, zeigt sich die Schwingungsrichtung in Abhängigkeit von Deiner Ausrichtung. Denn während das dualistisch geprägte Menschheits-Kollektiv in waagerechter (trennender) Schwingungs-Richtung geprägt ist, kommt senkrechte Schwingungsrichtung hervor, so wie ein Mensch sich in der Ausrichtung auf Gott einfindet.

Aus diesem Grund findest Du in jeder Religion, in jeder Weisheitslehre eine Anleitung zum Gebet, das in der Regel in Abgeschiedenheit oder auch unter Gleichgesinnten durchgeführt und praktiziert wird… oder eine Unterweisung in dienendem

Wirken, das in der Hingabe an die Menschen und das Leben durchgeführt wird.

Dieses werde ich Dir weiter erklären, damit Du verstehst, warum dieses für die Entwicklung des einzelnen Menschen, also auch für Deinen spirituellen Fortschritt, wie auch für die Entwicklung des Menschheits-Kollektiv-Bewusstseins von Belang ist.

Jeder Mensch, der 'unbewusst' seinem Tageswerk nachgeht und dabei vorrangig danach trachtet den 'Vorteil' für sich und die Seinen zu mehren, befindet sich in vorwiegend waagerechter Schwingungsrichtung.

Jeder Mensch, der 'bewusst' danach strebt, dem Ganzen zu dienen und in diesem Wirken den Frieden und Gleichklang in sich zu mehren, wird stärker in senkrechter Schwingungsrichtung schwingen.

Jeder Mensch – egal in welcher Schwingungsrichtung er sich selbst befindet – wird die Schwingungsrichtung, in der er (gerade) schwingt im Kollektivfeld der Menschheit stärken. Das bedeutet, dass jeder 'bewusst' strebende Mensch die senkrechten Schwingungs-Anteile im Kollektiv mehrt... und dieses umso deutlicher, wie durch das Einfinden im Tun die Schwingungen tief in die Materie getragen werden – und noch deutlicher, wenn durch Stetigkeit in der Ausrichtung eine Verstärkung der senkrechten Schwingungsrichtung durch 'Antwort aus lichten Reichen' geschieht...

Einige Religionen leiten an zum Gebet:

Dieses führt den Gebet praktizierenden Menschen mehr und mehr in senkrechte Schwingungsrichtung und somit in Bewusstwerdung – dieses jedoch nur, sofern die Geistes-Schulung ebenso angeleitet wird und auch geschieht.

Weil ein einzelner betender Mensch oft unstet in seiner Ausrichtung ist, besonders solange er nicht gelernt hat, die senkrechten und waagerechten Schwingungsrichtungen in seinen Gedanken und Gefühlen zu differenzieren, findet häufig Gebet in Gemeinschaft statt.

Überall dort, wo Gläubige sich im Gebet versammeln, schwingen sich ihre feinschwingenden Licht-Körper in eine gemeinsame Schwingungsrichtung ein, denn es wird von den Versammelten ein Kollektiv-Schwingungs-Feld gewoben und geformt. Dieses ist – je nach Absicht und Ausrichtung der 'Betenden' – mehr oder weniger senkrecht oder waagerecht in seiner Schwingungsrichtung geprägt.

Sofern die Zeiten des Gebets in senkrechter Ausrichtung verbracht werden und doch das gewählte Zusammenleben von Intrigen, Kämpfen und Unfrieden geprägt ist – und sich dieses im Wirken und Tun manifestiert zeigt – wird keine Läuterung, keine Wandlung, keine Heilung hervorkommen können...
– weder für den einzelnen Menschen noch für das Kollektiv der Menschen, das auf Erden ist.

Einige Eurer Heiligen und Ordensgründer wussten aus eigener Erfahrung um die 'Vergänglichkeit' der senkrechten Schwingungsrichtung im tagtäglichen Arbeiten und in der Begegnung mit
den Menschen, sofern ausschließlich während des Gebets die Ausrichtung bewusst gehalten wurde. Daher unterwiesen diese ihre Anhänger / Gefolgten, dass ein Fortschritt in der persönlichen inneren Entwicklung mit dem ausgerichteten Dienst an Menschen zu vollbringen sei und dass dadurch die Ausrichtung 'auf Gott' stark und stetig werde und diese somit kraftvolle Wirkung zeige.

Dieses gelang nur Wenigen, da in der Begegnung mit anderen Menschen die eigenen Spiele der Macht und auch des persönlichen 'Opfertums' aufgerufen wurden und diese waagerecht-schwingend sind... wo dann keine Freiheit aus Menschen-Kollektiv-Schwingungsfeld gelang.

Wichtig ist für Dich zu verstehen, dass es in meiner Beschreibung keinesfalls um Wertung oder ein Urteil geht, sondern dass meine Worte dem Erkennen dienen und Dir dienen mögen auf Deinem eigenen Weg des Erfassens und Bewusstwerdens als Mensch auf Erden.

In jedem Menschen schwingen waagerecht und senkrecht...
— je nachdem wie Ausrichtung, Klarheit, Absicht, Wahrhaftigkeit, Integrität, Ehrlichkeit... zugegen sind in senkrechter Richtung
— und Manipulation, Ablenkung, Ausweichen, Vermeiden, Machtmissbrauch... die in waagerechter Richtung schwingen...

Jeder Mensch trägt dieses Wechselspiel in sich und ist aufgerufen, durch seine Ausrichtung, Ehrlichkeit und Wahrhaftigkeit sich mit seinen Schwingungsfeldern mehr und mehr in senkrechter Schwingungsrichtung einzufinden.

Erleichtert wird die Stetigkeit der Ausrichtung durch das Verankern der 'angestrebten' senkrechten Schwingungsrichtung im materialisierten Schwingungsfeld, weil sich dadurch Stabilität und 'innerer Halt' einstellen. Daher leiten wir an im Tun, im Wirken und in Taten, indem wir Übungen benennen und während dieser begleiten... Übungen, die jeden teilnehmenden Menschen in das senkrechte Schwingungs-Feld einfügen und uns erlauben mit dem Tun des Menschen 'Samen des Lichtes' zu verankern.

Durch die verankerten 'Licht-Samen' werden mehr und mehr Menschen mit größerer Leichtigkeit als bisher die senkrechte

Schwingungsrichtung 'finden' und sich in dieser mit ihren individuellen Schwingungs-Feldern stabilisieren können. Somit mehrt sich die Kraft des Lichtes und dessen Wirkung im Kollektiv... und jedes Handeln gegen das Leben wird deutliches Zeichen zeigen und entsprechende Resonanzwellen im Leben des Handelnden aufwerfen.

So wird es in dieser Woche weiter darum gehen die eigenen Resonanzfelder zu erkennen und sowohl die waagrechte, wie auch die senkrechte Schwingungsrichtung darin zu betrachten. Denn nur durch bewusstes Betrachten und die urteilsfreie Annahme von dem was (in Dir) ist, wirst Du verändern und wirst Du wandeln können:

In die senkrechte Schwingungsrichtung der Verbundenheit und des Bewusstseins der Einheit, die darin schwingt.

J e d e Wertung und j e d e s Urteil bringt waagerechte Schwingungsrichtung hervor und daher bedarf es Deiner Offenheit, Deiner Klarheit und Deiner Reinheit, um Dich zu betrachten, um Dich zu erkennen und um Dich zu wandeln...

... und so wird Erzengel Gabriel auch diese Woche die Übung leiten und mit seinen Engel-Begleitern mit Dir sein – so wie Du Dich einfindest und Wort, Klang, Licht und Farbe empfängst und in Deinen Licht-Körpern verwebst...

Und so sei es.
AMEN"

"Ich bin Erzengel Gabriel und erneut spreche ich die Worte der Woche und begleite Dich durch die Tage der Übung mit meinem Licht.

Und während Dein Begleiter der letzten Tage sich langsam von Dir löst, spüre, wie vertraut und 'gewohnt' sein Licht und sein Dienst Dir bereits geworden sind... Entrichte Dank, entrichte Gruß und wisse Deinen Begleiter für die nächste Zeit in den Feldern der Regeneration, die wir für die Engel-Begleiter dieses Projektes gewoben haben, um ihnen nach vollbrachtem Dienst die Klärung, Reinigung und Harmonisierung der eigenen Felder zu erleichtern...

... und erneut tritt ein Engelslicht aus meinen Heerscharen zu Dir heran ... zeigt sich im weißen Licht der Klarheit und verwebt sich mit Deinem Feld...

... um Dir ganz 'nah' zu sein, um ganz mit Dir verbunden zu sein und sein Werk mit Dir zu vollbringen...

Und mit diesen Worten übergebe ich die Übung für diese Woche:

14. Übung, 15. Woche, 1. Projektjahr – 'Schwingen'

Ich bin Gabriel, der Erzengel der Klarheit und der Kraft und ich leite Dich in dieser Woche an:

Spanne einen Faden, eine Saite, ein dünnes Seil – und spanne dieses in waagerechter Richtung und so, dass es zu schwingen und zu klingen vermag, wenn Du dieses 'erklingen' lässt, indem Du daran zupfst.

Sodann finde Dich einmal am Tag für einige Zeit in der Stille und Ruhe mit Deinem Engel-Begleiter ein – sei im weißen Licht der

Klarheit, die dieser Dir stets zeigt und sodann nutze das, was Du gelernt und praktiziert hast während der letzten Woche:

Blicke ehrlich, blicke offen und blicke zum Erkennen...

... und immer wenn Du waagerechte Schwingungsrichtung in Dir vernimmst, nimm die waagerechte Richtung von Faden (Saite, Seil...), den Du gespannt hast wahr, und lasse 'erklingen' den Faden, die Saite, das dünne Seil. Sodann – während es klingt und schwingt, folge dem 'senkrechten Verlauf' des Schalls und richte Dich an diesem aus und auf, um in senkrechte Schwingungsrichtung zu finden.

Immer wieder während des Tages, so Du trennende Gedanken, Emotionen und Verhalten in Dir und Deinem Wirken vernimmst, 'wandle' waagerecht in senkrecht und mit der Wandlung der Schwingungsrichtung in Dir, verändere Dein Denken, Dein Fühlen und Dein Tun ...

Dieses sei Dein Streben, dieses sei Dein Tun – damit Wandel in Dir ist und damit dann Wandlung in Deinem Leben auf Erden.

Und betrachte Deine Gedanken, Deine Gefühle und auch Dein Hadern, Dein Zweifeln, Dein Sträuben... damit Du lernst Dich selbst zu kennen:

... und damit Du das was Du erkennst verstehst, begreifst, umarmst und liebst... denn nur dann wird Wandlung sein, nur dann wird Wandel sein...

Und so ist es.

Dieses sei der nächste Schritt und die weiteren werden folgen – so wie wir, die Engelsfürsten Dich auf Deinem Wege leiten, Dir

Deinen Weg bereiten, auf Deinem Wege mit Dir sind, mit Dir die Felder klären und Neues auch verbreiten...

Und so ist es.
AMEN"

15. Übung, 16. Woche, 1. Projektjahr - 'Friedfertigkeit'

"Ich bin Samuel, der Himmels-Bote des Engel-Frequenzen-Projektes, der im ersten Projektjahr die Botschaften der Wochen übergibt und den Himmelsbogen hält, auf dem die Menschen sich einfinden, um Teil des Projektes zu sein.

Geliebter Mensch, so bin ich mit Dir, wie wir mit Dir sind – so wie Du Dich einfindest, um mit uns und Teil des Projektes zu sein … und erneut übermittle ich Dir Wissen und eine Botschaft, die wir zu Dir tragen in unserem Licht und die wir Dir übergeben in der Liebe, die in unseren Feldern für Dich ist.

In den letzten Wochen hast Du Bewusstheit geübt durch das Wissen der waagerechten und senkrechten Schwingungsrichtung, die beide gleichermaßen in Dir wirken und schwingen … und über die Du wählst zu sein auf Erden – entweder mehr in der waagerechten, trennenden Schwingungsrichtung und in trennenden Gedanken und im dualistischen Handeln – oder vermehrt in der senkrechten Schwingungsrichtung mit der Ausrichtung auf Dein Licht oder auch auf GOTT, wenn Du ES für Dich so benennen willst.

Die Worte, die Du für Deine Wahl wählst sind weitaus weniger von Belang, als viele von Euch denken und glauben… – vielmehr geht es nicht um Worte, sondern es geht um Entscheidungen und es geht um Taten … denn viele Worte vermögen wenig zu bewirken, sofern das Tun ausbleibt – und Du weißt um diese Wahrheit, da die gegenwärtige Zeit auf Erden viele Beispiele davon zeigt…

Daher gilt:
Die Worte, die Du für Deine Wahl wählst sind weitaus weniger von Belang, als Deine Taten! Und auch wenn es Dir schwer fallen sollte in Deiner Welt, die voll von leeren Worten ist, die voll von

leeren Phrasen ist, in der Worte und Sätze genutzt werden um zu sprechen ohne Sinn und ohne Herz, ja ohne überhaupt eine eigene Meinung, Wahl oder Entscheidung damit zu verbinden… wenn es Dir schwer fallen sollte in Deiner Welt Worte zu finden, wisse, dass die Worte, die Du wählst weitaus weniger von Belang sind als Deine Taten…

Wisse dieses in Deinem Herzen und wisse dieses in Deinem Sein … und wisse uns mit Dir, so wie Du in Dir danach strebst in senkrechter Schwingungsrichtung zu sein und Dein Wirken und Dein Tun dieser Schwingungsrichtung anzupassen…

In den letzten Wochen haben wir Dich gelehrt und in den Übungen geschult, die senkrechte und waagerechte Schwingungsrichtung in Dir wahrzunehmen und dieses ohne Urteil und ohne Wertung – denn jedes Urteil und jede Wertung ruft unmittelbar die waagerechte Schwingungsrichtung und somit die Trennung auf und bindet Dich mit Deinen feinstofflichen, energetischen Feldern in das Schwingungsfeld des Kollektivs…

> Warum die Wirkung von Urteil und Wertung
> so unmittelbar und 'mächtig' ist?

Weil das Urteil und die Wertung im Feld des Kollektivs mit vielerlei Handlungen, mit Wirken, mit Taten, mit Tun bestätigt und gestärkt ist …

… und weil jedes Urteil und jede Wertung das Schwingungsfeld des Kollektivs sofort aufruft, sich sozusagen an diesem andockt und mit diesem verbindet …

… und weil das Menschheits-Kollektiv-Schwingungsfeld von vielen Menschen geformt, getragen und bestätigt wird, hat es eine große Kraft und große Wirkung… und entwickelt sozusagen einen Sog – das bedeutet, dass Du Dich mit jedem Urteil, jeder

Wertung, die Du in Dir und ebenso mit jedem Urteil und jeder Wertung, die Du über einen anderen Menschen, eine Situation oder Gegebenheit aufrufst, in diesen Sog des Kollektivs begibst und somit in die waagerechte Schwingungsrichtung 'hineingezogen' wirst, bzw. Dich hineinziehen lässt...

Aus diesem Grunde ist es so schwierig für einen einzelnen Menschen sich aus dem Schwingungsfeld des Menschheits-Kollektivs zu lösen und sich außerhalb der Wirkung des Sogs einzufinden. Und sofern einem einzelnen Menschen dieses gelungen ist, ist es von noch größerer Schwierigkeit sodann auch außerhalb der waagerechten Schwingungsrichtung zu verbleiben... denn dieses gelingt ausschließlich, sofern der einzelne Mensch sich der waagerechten und senkrechten Schwingungsrichtungen in sich selbst bewusst (geworden) ist – und dieses ohne Urteil und ohne Wertung zu betrachten und zu erkennen vermag – um sodann durch bewusstes Handeln und Tun die eigenen Schwingungsfelder immer wieder in die senkrechte Schwingungsrichtung zu bringen.

Jeder Mensch, der dieses für und in sich vollbringt, zeigt sich als Meister des Lichtes auf Erden... und all die Aufgestiegenen Meisterinnen und Meister, von denen Du Kenntnis hast sind den Weg des inneren Erkennens und des Überwindens von Urteil und Wertung gegangen.

Weil wir um Deine Schwierigkeiten wissen ohne Urteil und ohne Wertung zu sein, stehen wir Dir mit unserem Licht zur Seite und die Engel-Begleiter, die Woche für Woche zu Dir herantreten und ihren Dienst mit und für Dich vollbringen, stärken und stabilisieren die senkrechte Schwingungsrichtung in Deinen energetischen, fein schwingenden Feldern, damit Du leichter als sonst das Betrachten und das Erkennen in Dir praktizieren kannst und Dich durch Deine Wahl und Dein Wirken, Handeln und Tun aus den waagerechten Schwingungsfeldern des Kollektivs zu lösen vermagst.

Woche für Woche tritt für die Übungen in unserem Licht erneut ein Engelbegleiter aus den Heerscharen der Engelsfürsten zu Dir heran, um mit Dir zu sein und um Deine lichtvollen Felder zu stärken, mit diesen zu schwingen und mit diesen und in diesen zu sein...

Das Befrieden Deiner Felder ist für Deine Entwicklung von großer Wichtigkeit und erfordert Deine Achtsamkeit, Dein Bewusstsein und Deine Wahl...

... für Deine Achtsamkeit mögest Du Dir Deinen Wert 'benennen' und verstehen, dass Du als Mensch auf Erden die Welt zu wandeln vermagst – und dass der Wandel beginnt in Deiner Welt ... und dass die Wirkung sich breitet und mehrt, so wie Du Deine Felder in senkrechter Schwingungsrichtung ausrichtest durch Deine Wahl und sodann stabilisierst durch Deine stete Absicht und Dein wiederkehrendes Wirken und Tun...

... für Dein Bewusstsein mögest Du die Klarheit der letzten Wochen in Dir erkennen und wie sehr Du selbst Dir dieses geschaffen hast – denn jedes Wissen, jeden Impuls, jede Information können wir zu Dir herantragen – doch immer ist es Deine Wahl und Deine Entscheidung, dieses in Dein Bewusstsein aufzunehmen und dieses anzuwenden und in Dir wirken zu lassen...

... für Deine Wahl mögest Du verstehen, dass Du die Kraft und die Macht in Dir trägst, Dein Leben zu verändern – niemand mehr als Du vermag dieses zu vollbringen – niemand mehr als Du trägt die Verantwortung dafür!

Daher mache Dir bewusst Deine Wahl!

So rufen wir Dich auf, ganz bewusst Deinen inneren Weg zu beschreiten und Deinen Weg zu gestalten – und mit diesem Dein Leben und das Leben auf Erden... Nimm an Deine Wahl und nimm an Deine Verantwortung – für Dich selbst, für Deinen Weg und für die Gestaltung des Lebens...

Doch kehren wir zurück zum Befrieden der Felder in Dir:
Das Befrieden Deiner Felder wirst Du nur erfahren können, so Du Dich aus Wertung und Urteil über Dich und andere löst... Dabei werden wir Dich in dieser Woche begleiten, mit Worten lehren und in der Übung anleiten.

‚Frieden' beginnt in Dir und in Deinen Feldern! ...
... und an dieser Stelle werde ich näher beschreiben, warum Frieden in Dir selbst beginnt und sich zu allererst in Deinen eigenen Feldern zeigt und zeigen muss:

Frieden zeigt sich in Dir, so Deine Felder in Gleichklang und Gleichmäßigkeit schwingen... dafür bedarf es Deiner Bewusstheit und Deiner gelebten Wahl...

Ein Mensch, der in den Spielen der Dualität gefangen ist, wird sich in seinem Streben nach Frieden 'nach außen richten' und den Gleichklang mit den Feldern anderer Menschen anstreben....

Ein Mensch, der auf diese Art sich an energetische (mentale, emotionale...) Felder anderer anpasst und in diese einschwingt, vermag niemals in seinen eigenen Feldern Gleichklang und Gleichmäßigkeit hervorzubringen – kann also keinen Frieden mit sich selbst und in sich selbst finden!

Du kennst dieses aus den vielen Situationen, in denen Du Dich – gemeinsam mit anderen – in ein gemeinsam gewobenes emotionales Feld begibst und durch gemeinsame Worte und Taten dieses stärkst... wenn Du dann wieder Deiner Wege gehst, kannst Du das Wogen der Gedanken und Emotionen in Dir nachschwingen spüren und ebenso zu jeder Zeit das Urteil und die Wertung darin – denn eine Menschen-Gruppe / -Versammlung stärkt das gemeinsame energetische Feld durch Urteil und Wertung, weil Urteil und Wertung das gemeinsame energetische Feld von anderen Schwingungsfeldern 'abtrennen' und somit das gewobene Feld vorübergehend stabilisiert werden kann.

In der Dualität kommt dadurch ein Gefühl von Zusammengehörigkeit und 'Stärke der Gruppe' hervor. Und wenn Du in Achtsamkeit mit Dir bist, während Du diese Worte liest, werden Dir bereits einige Beispiele aus Deinem Leben einfallen und Dich an gewobenes und erfahrenes dualistisches Schwingungsfeld erinnern… und Du mögest betrachten, wie viel oder wie wenig Frieden in diesen enthalten war, bzw. aus diesen hervorgekommen ist…

Und Du wirst beim Betrachten Deiner Erinnerungen erkennen können, wie sehr das Gefühl von Zusammengehörigkeit und 'Stärke der Gruppe' Dich dazu verleitet (hat), wieder und wieder nach diesem Erfahren zu streben und wie Du dadurch Deine Antworten weniger in Dir selbst als mehr bei und mit den anderen suchst(est)…

Und beim Bedenken meiner Worte wirst Du verstehen, warum bei einer Begegnung von zwei Gruppen, in denen die beteiligten Menschen ihre energetischen Felder ohne Bewusstheit einander anpassen und 'Antwort' wie auch 'Frieden' im Außen suchen, Zwist, Kampf und Krieg entsteht – auch wenn beide Gruppen und deren 'Mitglieder' ein Gefühl des Gruppen-Friedens für sich benennen…

Viel Irrtum und viel Krieg kommt seit langer Zeit daraus hervor, dass Frieden im Außen, anstelle im Innen gesucht und erstrebt wird.

Ein Mensch, der nach wahrem Frieden strebt, wird sich darin schulen die eigenen Schwingungsrichtungen in seinen Feldern zu erkennen und den Gleichklang und die Gleichmäßigkeit darin zu stärken. Auf diese Weise werden die eigenen Felder stabilisiert, der Mensch sich seiner selbst mehr und mehr bewusst und der Frieden mit sich und in sich erfahren und gelebt.

Durch das Bewusstsein seiner eigenen Felder vermag der Mensch, der nach wahrem Frieden strebt, sodann in der Begegnung mit einem anderen Menschen in Offenheit mit diesem zu sein, ohne seine energetischen Feldern denen des anderen anzupassen.

Ein Mensch, der nach wahren Frieden strebt, erschafft einen sicheren Grund, eine stabile Basis in sich selbst und kann von dieser aus dem Leben begegnen und sein Leben gestalten. Finden sodann mehrere Menschen zusammen, von denen jeder in sich selbst den Frieden 'kultiviert' und stabilisiert hat, wird die sich formende Gruppe die Offenheit und den Frieden des einzelnen involvierten, sich einbringenden, teilnehmenden Menschen auch als Gruppe zeigen.

Selten nur gelingt bisher dieses, da im Außen gestrebt und gesucht wird und die eigene innere Arbeit gerne vernachlässigt wird – denn diese innere Arbeit findet außer dem eigenen Empfinden, der Achtsamkeit und dem Bewusstsein für sich selbst keine schulterklopfende Bestätigung von anderen – doch ist der Wunsch nach Bestätigung und das 'Gieren nach Lob' ein Spiel, das in dualistischen Feldern der Macht und 'Besonderheit' nur zu gern gespielt wird...

Daher benennen wir Dir:
Siehe Dein Bewusstsein und Deine Wahl – Dein Streben und Dein Ziel – und wie und welchen Frieden Du für Dich zu erlangen suchst…

Und mit diesem beende ich mein Wort für diese Woche und Erzengel Uriel wird die Übung anleiten und mit seinen Heerscharen mit all denen sein, die sich in Übung und aktivem Tun mit uns einfinden, um zu empfangen das Wort, das Licht, die Farbe und den Klang.

Und so ist es.
AMEN"

"Ich bin der Engelsfürst des Friedens und werde Uriel genannt.

Mit meinen Heerscharen im rot-goldenen Licht bin ich diese Woche zugegen, um mit Dir zu sein – und während sich Dein Engel-Begleiter der letzten Woche aus Deinen Feldern löst, tritt das Engelslicht aus meinem Feld an Dich heran.

Du kannst dieses deutlich spüren, während weißes Engelslicht sich löst und rot-goldenes Schwingungsfeld sich einfindet mit Dir. Heiße Willkommen Deinen Engel-Begleiter für die nächsten Tage und wisse Dich in Verbundenheit und Frieden mit ihm…

Es ist wichtig zu verstehen, dass so wie Du Deinen Engel-Begleiter willkommen heißt und Dich für diesen öffnest und ihn einlädst mit Dir zu sein, dieser in Deinen Feldern wirken kann. Zu jeder Zeit hält Dein Engel-Begleiter aufrecht das senkrechte Schwingungsfeld im rot-goldenen Licht und Du mögest Dich immer wieder diesem anpassen und in diesem einschwingen, damit dieses Schwingungsfeld Teil Deines eigenen Feldes wird – und um dieses zu festigen und zu manifestieren übergebe ich die Übung dieser Woche:

15. Übung, 16. Woche, 1. Projektjahr - 'Friedfertigkeit'

Ich bin Uriel und ich bin mit Dir im rot-goldenen Licht, in dem Dein Engel-Begleiter mit Dir ist.

Um Dich immer wieder auszurichten und einzuschwingen auf das senkrechte Schwingungsfeld im rot-goldenen Licht, mögest Du jeden Tag eine rote Kerze entzünden und ein goldenes Teil in Deine Hand nehmen. Während das Licht der Kerze strahlt, wende das goldene Teil in Deiner Hand, so dass das Licht der Kerze sich darin spiegelt und betrachte dieses mit Deinem Aug'…

Während Du das Spiegeln des Kerzenlichtes im goldenen Teil in Deiner Hand anschaust, vergegenwärtige Dir das senkrechte Schwingungsfeld im rot-goldenen Licht, in dem Dein Engel-Begleiter mit Dir ist – erlaube Dir selbst ganz sanft und frei, Dich diesem senkrechten Schwingungsfeld anzupassen und Dich in diesem einzufinden.

Somit schwingst Du mit Deinem Engel-Begleiter und im rot-goldenen Feld, das das meine ist. Spüre dabei, wie die Wellen des Lichtes in Dir schwingen und erkenne den Frieden darin, wenn Du auf diese Weise mit Dir und in meinem Lichte bist – denn das rot-goldene Licht meines Feldes schwingt im Frieden, so wie ich der Erzengel des Friedens bin.

Übung dieser Woche sei, dass Du beim Wenden des goldenen Teils im Schein der roten Kerze, den Frieden im senkrechten Schwingungsfelde in Dir spürst… und weise wählst Du, so Du das goldene Teil sodann während des Tages mit Dir trägst und jedes Mal, wenn Dein Blick darauf fällt, Du den Frieden in Dir spürst und an golden Schein im roten Flammenlicht Dich selbst erinnerst…

Denn jedes Mal, wenn Du in dieser Ausrichtung mit Dir bist, wird Dein Engel-Begleiter Deine Felder stärken, die in senkrechter Schwingungsrichtung und im Frieden sind – damit der Frieden sich in Dir mehre und Du im Frieden öfter bist – mit Dir, mit den Deinen, in Deinem Leben, in Deinem Sein.

So geht es weiterhin um das Erkennen Deiner Felder, um die Bewusstwerdung Deiner Wahl und um die Gestaltung Deines Wirkens…

Wir sind die Engelsfürsten des Lichtes, die im Engel-Frequenzen-Projekt Dir dienen, wir sind die Engelsfürsten mit unseren Heerscharen, die während der Tage einer Woche mit Dir sind…

Wir sind im Frieden mit Dir ...
... sei Du im Frieden mit uns ...
... und dieses gelingt Dir,
so wie Du im Frieden
mit Dir bist...

Und so sei es.

AMEN"

16. Übung, 17. Woche, 1. Projektjahr - 'Friedfertigkeit'

"Ich bin Samuel, der Himmels-Bote, der das Engel-Frequenzen-Projekt trägt und in diesem Himmel und Erde verbindet im gemeinsamen Wirken mit Lumina und Ma'Maha – und für diese Woche benenne ich das Thema 'Friedfertigkeit', so wie wir dieses in der letzten Woche benannten – und dieses gilt es in seiner Bedeutung und Wirkung zu verstehen, was ich mit meinen Worten Dir beschreibe:

Wir haben bereits unsere Worte an Dich übermittelt, dass das Engel-Frequenzen-Projekt in der Verbindung mit allen mitwirkenden Menschen geformt wird und sich in der Umsetzung auf Erden zeigt... denn auf Erden kann sich nur das zeigen in der Zeit der Wandlung, was von Menschen mit geformt und getragen wird – in sich, in der Materie, im irdischen Leben...

Das Engel-Frequenzen-Projekt, so wie dieses geplant und durchgeführt wird, um den Menschen wie auch der Menschheit zu dienen, bedarf der aktiv mitwirkenden, strebenden, verbindlichen Menschen. Daher ist ein Thema, das wir Dir benennen, für das ich die Worte übergebe und in dem ein Engelsfürst mit den Engel-Begleitern aus seinen Heerscharen die Übung begleitet, niemals 'ganz beendet', solange das Erwachen im Menschheits-Kollektivs noch nicht vollends gelang / gelingt...

... und aus diesem Grund ist der aktive Einstieg in das Projekt wie auch das Mitwirken durch Arbeit mit dem Buch 'Engel-Frequenzen-Prijekt – 1. Projektjahr zu jeder Zeit möglich... und dieses werde ich später in dieser Botschaft weiter beleuchten – an dieser Stelle setzt ich fort mein Wort zum benannten Thema dieser Woche:

Das bedeutet weiter, dass ein benanntes Thema in unseren Feldern bereitet wird und vielerlei 'den mitwirkenden Menschen unterstützende Frequenzen' bereitgelegt werden. Doch können wir diese immer nur soweit zum Menschen tragen und ihm dienend in seinen Licht-Körpern anbieten, soweit der Mensch das Zusammenführen, Verweben und Verankern der Licht-Frequenzen in sich und seinem Leben vollbringt.

Aus diesem Grund ist das Engel-Frequenzen-Projekt ein gemeinsames Werk von Engeln und Menschen und kann nur im gemeinschaftlichen Wirken gelingen... und jedes bereitete Feld eines Themas muss ausreichend eingebettet und verankert worden sein, bevor ein weiteres Feld mit einem neuen Thema zu den Menschen getragen werden kann.

Demzufolge wird ein neues Thema erst 'freigegeben' und benannt, sofern das anteilige Wirken der aktiv teilnehmenden Menschen und somit das Einbetten und Verankern in der Materie vollbracht wurde. Gelang dieses nur unzureichend ist es erforderlich, dass das Klären, Bearbeiten, Einbetten, Verstehen, Erkennen, Umsetzen, Leben, Integrieren, Durchlichten, Verankern, ... soweit und solange fortgeführt wird, bis eine ausreichende Verankerung in der Materie gelang.

Ich bin Samuel, der Himmels-Bote, der die Schirmherrschaft des Engel-Frequenzen-Projektes im ersten Projektjahr hält ... und gemeinsam mit den Engelsfürsten, die die Übungen der Wochen anleiten und begleiten, bin ich in Verbundenheit mit jedem Menschen, der diese Worte liest und sich über sein Herzensfeld für das Engel-Frequenzen-Projekt öffnet ...

... und bin ich in direkter Verbindung mit jedem Menschen, der in diesem Jahr des Projektes während der Seminare mit uns ist und an dessen Seite sich ein Engel-Begleiter aus den Heerscharen der Engelsfürsten einfindet, wie auch mit allen, die mit der Essenz 'Himmels-Bote Samuel – 1. Projektjahr' ihre Felder in das meine einschwingen.

Als Schirmherr und in der Verbundenheit mit den lesenden und in der Verbindung mit den teilnehmenden Menschen auf Erden, betrachte ich Deine / Eure Felder, Deine 'innere Arbeit' und Deinen Fortschritt im Umsetzen meiner Botschaft und dem Einbetten und Verankern der 'Licht-Samen'... und mein Wort an Dich möge Dir dienen im Erkennen und Verstehen, wie aufgenommenes Licht und wie auch die Engel-Frequenzen in Dir ankommen und wirken:

− so wie Du Dich einfindest für Momente − Momente des Lesens und Momente der Einkehr − Momente, um in der Ausrichtung auf die Engel-Frequenzen und das Thema der Woche zu sein ... können wir in diesen Momenten die Engel-Frequenzen zu Dir herantragen
− meist sind die Momente kurz, in denen Du in Ausrichtung und in Achtsamkeit und in Gegenwärtigkeit und in Offenheit bist... so sind dieses kostbare Momente, die wir nutzen − und dieses soweit, wie es uns durch Deine Bereitschaft möglich ist
− durch Deine Absicht und Dein aktives Umsetzen in Dir und Deinem Leben, beginnen die Engel-Frequenzen erst in Dich hinein und dann in Dir zu fliessen
− nur im Fliessen kann sich die Kraft und Wirkung des Lichtes zeigen
− sofern Du in einem kostbaren Moment die Licht-Frequenzen, die wir zu Dir herantragen in Deinen feinstofflichen Körpern aufnimmst, schwingen diese sodann in Deinen Feldern
− durch bewusstes Nutzen in Absicht und Ausrichtung geschieht sodann durch D e i n Werk das Einbetten und Verankern der Licht-Frequenzen
− findet kein bewusstes Nutzen statt, verlieren die aufgenommenen Licht-Frequenzen ihre Strahl- und Wirkungskraft und 'vergehen', wie Du dieses auch in der Materie vom Verglimmen eines Funken kennst, der ohne weitere 'Nahrung' verbleibt
− weil wir um die Schwierigkeiten und vielen Gewohnheiten wissen, die Dich daran hindern, Neues in Dir soweit aufzu-

nehmen und in Dir ankommen zu lassen, dass Dein inneres u n d äußeres Leben Veränderung zeigt, geben wir Dir die Übungen
- die Übungen dienen Deiner Anleitung und der Engel-Begleiter, der für die 7 Tage einer Übung zu Dir tritt, dient Deiner Unterstützung
- der Dienst des Engel-Begleiters ist es, die Strahl- und Wirkungskraft der von Dir in Deinen feinstofflichen Körpern aufgenommenen Licht-Funken aufrecht zu erhalten – diesen Dienst vollbringt er für die Zeit von 7 Tagen, um sich sodann zur Regeneration seiner Felder in den dafür bereiteten Licht-Feldern des Engel-Frequenzen-Projektes einzufinden
- durch Teilnahme an den Seminaren werden viele kraftvolle Licht-Funken in Deinen Körpern aufgenommen und eingebettet, so dass die Umsetzung von Veränderung leichter gelingt

Und ich füge an in der Freiheit, die im Lichte ist:
- der Dienst der teilnehmenden Menschen ist von entscheidender Wichtigkeit für das Gelingen des Engel-Frequenzen-Projektes und das Verankern der 'Licht-Samen'
- der Dienst der Engelsfürsten ist von entscheidender Wichtigkeit für das Gelingen des Engel-Frequenzen-Projektes und die Bereitung und Begleitung der Übungen
- der Dienst von Ma'Maha und Lumina ist von entscheidender Wichtigkeit für das Gelingen des Engel-Frequenzen-Projektes und ihr Bereiten des Bodens, auf dem gemeinsames Wirken von Engeln und Menschen gelingt...
- der Dienst der Engel-Begleiter ist von entscheidender Wichtigkeit für das Gelingen des Engel-Frequenzen-Projektes und die Unterstützung des teilnehmenden Menschen auf Erden...
- der Dienst der lesenden und mitmachenden Menschen ist von entscheidender Wichtigkeit für das Gelingen des Engel-Frequenzen-Projektes und das Verteilen der Licht-Frequenzen im Menschheits-Kollektiv

- der Dienst der Engel, die die Regenerationsfelder für die Engel-Begleiter bereiten, aufrechterhalten und stabilisieren ist von entscheidender Wichtigkeit für das Gelingen des Engel-Frequenzen-Projektes und die Engel-Begleitung der Menschen auf Erden
- der Dienst von Mutter Erde ist von entscheidender Wichtigkeit für das Gelingen des Engel-Frequenzen-Projektes und das Bewahren der verankerten 'Licht-Samen'
- der Dienst der vom Projekt berichtenden Menschen ist von entscheidender Wichtigkeit für das Gelingen des Engel-Frequenzen-Projektes und das Breiten der Kunde im Menschen-Wissensfeld
- der Dienst der menschengebundenen Engel (=Schutzengel) ist von entscheidender Wichtigkeit für das Gelingen des Engel-Frequenzen-Projektes und die Reinheit ~ Klarheit ~ 'Unverzerrtheit' der herangetragenen Engel-Frequenzen
- der Dienst der eine Essenz nutzenden Menschen ist von entscheidender Wichtigkeit für das Gelingen des Engel-Frequenzen-Projektes und die Bereitschaft sich im Engel-Frequenzen-Feld 'einzufügen'
- der Dienst von mir, dem Himmels-Boten Samuel ist von entscheidender Wichtigkeit für das Gelingen des Engel-Frequenzen-Projektes und das Halten des Lichtbogens zwischen Himmel und Erden für das erste Projektjahr
- ... um nur einige zu nennen

... der Dienst von Vielen im Himmel wie auf Erden ist erforderlich für das Gelingen des Engel-Frequenzen-Projektes ...

... dem Projekt, das die Hoffnung trägt, das dem Leben dient, das die Wandlung zeigt, das die Menschen führt, das die Spannung löst, das die Felder befriedet, das auf Erden heilt...

Und so ist es!
... Damit Frieden, Freude, Freiheit ist!

Und ich führe fort mein Wort zum Einschwingen eines Themas ins Menschenfeld bis Erwachen geschieht und dass da heraus wir jedes Feld aufrecht erhalten und ein Einstieg jederzeit 'gelingt':

Klar, verbindlich, direkt sei / ist Deine Teilnahme durch die Begegnung und Verbindung mit uns während der Seminare, wenn wir Dir im gemeinsamen Wirken mit Ma'Maha und Lumina die Engel-Frequenzen mit Wort, Licht, Klang und Farbe übergeben.

Durch die reinen und klaren Energiefelder in den Räumen vom 'Zentrum des Lichts und des Heils' können wir die Engel-Frequenzen tief in Deine Felder einbetten und der Engel-Begleiter, der zu Dir herantritt, kann mit seinem Licht 'stetig' in/an Deinen Licht-Körpern 'anknüpfen'. Durch das bewusste Nutzen und reflektierte Anwenden der Übungen und die Unterstützung und Begleitung, die Dir währenddessen durch Deinen Engel-Begleiter und uns zuteil wird, vermagst Du meine Botschaft der Woche immer mehr zu verstehen und für Dich zur Veränderung umzusetzen – damit mehr Freude, Freiheit und Frieden in Dir und Deinem Leben ist...

Auf diese Weise 'webst' Du mit uns das Feld des jeweilgen Themas und jedes Verändern, jeder Wandel, den Du in Dir und in Deinem Leben vollbringst, fügt sich in das Menschen-Kollektiv-Schwingungsfeld ein – denn alles ist miteinander verbunden und jeder Mensch ist Teil des Ganzen...

Somit wird durch Deine innere Arbeit / Klärung / Bewusstwerdung das jeweilige Thema auch im Menschen-Feld verändert. Verzerrungen, Missverständnisse, Irrtümer, Manipulation... all das, was allzugegen ist und tagtäglich von Menschen auf Erden gelebt und praktiziert wird, bedarf der Klärung, 'Läuterung', Durchlichtung... damit Veränderung und Wandlung sich zeigen.

Wie ich bereits beschrieben habe, kann die Veränderung nur durch Menschen selbst gelingen, denn nur der inkarnierte Mensch ist tief genug mit dem Menschheits-Kollektiv-Schwingungsfeld verbunden und verwoben, dass eine Wandlung darin gelingt. Somit hat jedes Thema im gesamten Menschensein ein Schwingungsfeld, das aus den vielen individuellen Schwingungsfeldern der einzelnen Menschen auf Erden geformt wird. Durch Veränderung Deines Feldes, verändert sich auch das Gesamt-Menschen-Schwingungsfeld.

Im Engel-Frequenzen-Projekt führen wir das Menschen-Schwingungsfeld Schritt für Schritt in die Veränderung, indem wir Menschen wie Dich anleiten, ihre individuellen Felder zu klären, zu läutern und neue Licht-Impulse praktisch und tagtäglich zu leben! Denn eine verändernde Wirkung in Richtung Licht-Bewusstsein im Menschheits-Kollektiv-Feld zeigt sich nur dann, wenn die neuen Licht-Impulse soweit in die Materie getragen und verankert wurden, dass eine 'Beständigkeit' in den energetischen Feldern aufrecht erhalten werden kann… viele, viele unzählige Engel sind im Dienst, um das für Euch zu vollbringen.

Das bedeutet, dass wir die Veränderungen in energetischen Feldern, die Du durch Deinen Dienst und das Praktizieren der Übungen in Deinen und somit (anteilig) im kollektiven Feld vollbracht hast, 'bewahren' und stabilisieren können – auch wenn es uns unmöglich ist, diese Veränderungen im Menschheits-Schwingungsfeld selbst hervorzubringen… denn wie bereits beschrieben, bedarf es dafür des inkarnierten Menschen, der in Absicht und Bewusstheit seinen Dienst und sein Werk vollbringt.

Jeder Mensch, der sich iin den Seminaren zum ersten Projektjahr mit uns einfindet, bringt durch Praktizieren der Übungen Veränderungen im jeweiligen Themen-Schwingungsfeld von sich selbst und somit des Kollektivs hervor. Damit wir Engel unseren Dienst der 'Beständigkeit' vollbringen können, bedarf es einer Veränderung der Frequenz-Folge im Schwingungsfeld des Kollektivs um mindestens 0,0000001%.

Jeder Mensch also, der sich im Verlauf des Projektes einfindet, um sich mit seinem Licht und seinem Dienst einzufügen und aktiv einzubringen, wird von uns mit seinen Feldern mit dem Beginn seines Einfindens in das jeweilige Themen-Feld verwoben. Auf diese Weise ist ein Beginn der Teilnahme jederzeit möglich – wohl empfehlen wir für alle, die in diesen Wochen erstmalig beginnen die Übungen zu praktizieren, die Einnahme 'meiner' Essenz in den ersten Wochen, damit eine 'Anpassung' der individuellen Licht-Felder an die vielen bereits erfolgten Veränderungs-Impulse im Engel-Frequenzen-Feld leichter gelingt.

Sofern durch die Menschen, die die Übungen in der Woche des Themas umsetzen, die Klärung und Läuterung der eigenen Felder nur soweit gelingt, dass die Veränderung in der Frequenz-Folge des Kollektiv-Schwingungsfeldes weniger als den Mindestwert beträgt, setzen wir fort das Thema, um die Veränderung mit neuer Übung soweit voranzutragen, dass 'Beständigkeit' möglich ist.

Je mehr Menschen sich aktiv einfinden, um mit uns da Engel-Frequenzen-Projekt zu gestalten und zu formen, desto mehr Veränderung im Kollektiv geschieht und 'Beständigkeit' gelingt...

Dazu werde ich in der nächsten Woche weiteres zum Verstehen übergeben – damit die Größe, die Bedeutung und die Chance für jeden Menschen sichtbar wird ... denn nur durch aktives Gestalten der Menschen gelingt, was in Worten des Lichtes übermittelt wird...

... und Du mögest Dich erinnern meiner Worte in der Botschaft der 14. Woche, als ich die / Deine 'Leichtgläubigkeit' beschrieb ...

und für Dich betrachten Deine Wahl, Teil des Projektes zu sein und aktives Wirken zu vollbringen…

Und erneut bereitet und begleitet Erzengel Uriel mit seinen Heerscharen die Übung dieser Woche und übermittelt Wort und Botschaft.

Und so ist es.
AMEN"

"Ich bin Engelsfürst Uriel, der erneut die Worte übergibt und die Woche leitet, denn das Thema der vergangenen Woche, das bereitete Feld, das Schwingungsfeld der 'Friedfertigkeit' bedarf vermehrter Klärung in Dir und der Umsetzung in Deinem Leben.

Somit berufe ich den Engel-Begleiter der vergangenen Tage aus Deinen Feldern zurück und leite diesen an, sich einzufinden in den Feldern der Regeneration, die für die Engel-Begleiter in den lichten Reichen bereitet wurden.

Sage Dank und Herzensgruß, während Begleiter der letzten Woche sich von Dir löst und neuer Begleiter aus meinen Heerscharen zu Dir tritt, um für die Tage dieser Woche mit Dir zu sein.

Und Du mögest lesen diese Woche erneut die Botschaft und Worte von Himmels-Bote Samuel, die dieser für die letzte Woche übergab und in der er die 'Friedfertigkeit' beschreibt.

Denn:
Veränderung kommt hervor
durch Erkennen und Verstehen
in der Verbindung mit
bewusstem Tun

Und so übergebe ich die Übung dieser Woche:

16. Übung, 17. Woche, 1. Projektjahr - 'Friedfertigkeit'

Sei achtsam mit Dir, sei gegenwärtig in Dir und praktiziere die Übung für Dich und in Dir – und dieses in der Verbindung mit Deinem Engel-Begleiter, der Dir zur Seite steht, die 'Friedfertigkeit' aufrecht erhält und diese in Deinen Feldern stabilisiert.

Finde Dich dreimal am Tag ein, um in der Stille mit Dir und Deinem Engel-Begleiter zu sein – betrachte in dieser Zeit wieder das goldene Teil im rot scheinenden Kerzenlicht und spüre die 'Friedfertigkeit', die in Dir ist.

Sodann mögest Du in der 'Friedfertigkeit' ein 'Tönen in Dir' (= Singen / Brummen von tiefem Ton) hervorbringen. Mit dem Vibrieren und der Verbreitung der Schwingung in Deinem Körper, mögest Du die 'Friedfertigkeit' in Dir dehnen, so dass diese in Dir schwingt.

Immer wieder in Deinem täglichen Leben, rufe auf das 'Tönen in Dir', um Dich einzuschwingen durch Deine Wahl auf die 'Friedfertigkeit', die ist – und achte darauf, dass aktives Tun nun Einkehr hält und Deine Tat sich neu Dir zeigt.

Es gilt für Dich das Erkennen zu mehren, wo und wie 'Friedfertigkeit' in Dir und Deinem Leben zugegen ist – und wo überall Du diese nun anwenden kannst durch Deine freie Wahl.

Nur sofern Dir 'Tönen in Dir' unmöglich, sei Deine Wahl zu schlagen einen Gong, zu läuten eine Glocke oder zu klingen mit Glas…

Und so ist es.
AMEN"

17. Übung, 18. Woche, 1. Projektjahr - 'Weichheit'

"Ich bin Himmels-Bote Samuel, der die Worte der Woche übergibt und der mit Dir ist – so wie Du dieses wählst für Dich – und für unser Wirken ebenso...

Wie ich in der letzten Woche beschrieb ist der Dienst von vielerlei Wesenheiten im Himmel und auf Erden von entscheidender Wichtigkeit für das Gelingen des Engel-Frequenzen-Projektes und so werde ich weiter beschreiben den Dienst der Menschen und die Wirkung der Engel-Frequenzen in diesem...

Jedem Menschen, der sich einfindet, um die Übungen des Projektes durchzuführen, steht ein Engel-Begleiter für die 7 Tage der Übung zur Seite – dieses betrifft jeden Menschen, der sich in den Seminaren einfindet wie auch all die Menschen, die mit dem Buch arbeiten... und so magst Du Dich fragen:

Gibt es einen Unterschied in der Begleitung und der Wirkung von dieser?

Dieses werde ich in dieser Woche näher beschreiben, damit Du beginnst zu erfassen und zu verstehen Dein wundervolles Wirken, so wie Du Dich als Teil und Anteil des Projektes einfindest und Dein Werk für Dich und das Leben auf Erden vollbringst.

Von Seiten der Engel – aus unserem Licht und unserer Liebe heraus – gibt es keinen Unterschied in der Kraft der Begleitung, die jedem einzelnen Menschen zuteil wird, der sich als Teil des Engel-Frequenzen-Projektes einfindet... – egal ob während der Seminare oder mit der Lektüre der Bücher, in der Arbeit und Anwendung der Übungen. Das heißt, dass sich für jeden bereiten Menschen ein Engel-Begleiter für die Zeit der 7 Tage einfindet, um mit dem Menschen zu sein und diesem zu dienen.

Jedes Einfinden eines Engel-Begleiters findet in vollkommenem Dienst und grenzenloser Bereitschaft und Hingabe statt:

Und doch kommt ein unterschiedliches Ausmaß an Nähe, an Verbundenheit, an Verbindung hervor – und dieses ist abhängig vom Menschen, der einen Engel-Begleiter zu sich ruft und zu sich bittet...

Am einfachsten gestaltet sich das Herantreten für die Engel-Begleiter während der Seminare. In diesen werden die Lichtkörper der Teilnehmenden vorbereitet über das Wort, den Klang, das Licht und die Farbe – so wie die Anwesenden das Schwingungs-Licht-Feld und Schwingungs-Farb-Feld spüren können, das Ma'Maha in der Verbindung mit den Engelsfürsten einschwingt...

Und so wie die 'angebotenen' Licht-Frequenzen der Woche und des Themas durch das Trinken des energetisierten Wassers im körperlichen Sein aufgenommen werden. Auf diese Weise werden die Schwingungs-Farb- und Schwingungs-Licht-Frequenzen sowohl über die Licht-Körper, als auch im physischen, materialisierten Sein eingeschwungen und eingebettet.

Weil das Licht-Frequenzfeld des Engel-Begleiters in der jeweiligen Woche und Übung, dem mit Licht und im Wasser eingeschwungenen Licht- und Farb-Frequenzfeld sehr ähnlich ist und daher eine Konvergenz, ein Gleichklang und Affinität sich zeigt, sind die Licht-Körper der TeilnehmerInnen bereits in Resonanz und diese sozusagen für das Herantreten und 'Einlassen' des Engel-Begleiters 'geöffnet' und vorbereitet.

Aus diesem Grund ist dem Engel-Begleiter ein Herantreten in großer Nähe an den teilnehmenden Menschen möglich und geschieht, sofern der Mensch keinen Widerstand aufruft... dazu kommt, dass das Einfinden in den Seminaren eine Bereitschaft mit Tat und im Wirken beinhaltet, was ebenso die Licht-Körper der Teilnehmenden prägt und in diesen sich sichtbar zeigt.

Wie ich bereits in früheren Wochen betonte, ist das dichte Herantreten und Verweben der Energiefelder vom Engel-Begleiter mit den Feldern des teilnehmenden Menschen von entscheidender Bedeutung für die Wirkung der vom Engel-Begleiter ‚dargebotenen' Frequenz-Folgen. Je größer die Nähe von Engel-Begleiter zum Menschen, desto direkter, kraftvoller und wirkungsvoller wird die Begleitung sein und der Dienst des Engelslichtes sich in den Licht-Körpern des Menschen zeigen können.

Ungeachtet des Dienstes der unzähligen Engel-Begleiter, ist es von Wichtigkeit zu verstehen, dass zu jeder Zeit der freie Wille des Menschen das Werk auf Erden gestaltet – denn auch der hingebungsvollste Dienst eines Engel-Begleiters vermag nur Licht-Frequenzen, Unterstützung, Ausrichtung und 'senkrechte Schwingungs-Richtung' a n z u b i e t e n – die Wirkung geschieht sodann im Rahmen der freien Wahl und Annahme des Menschen... und je nachdem, wie dieser in Verbundenheit, in Verbindlichkeit und Hingabe seinen Dienst des Lebens für sich und das Leben auf Erden vollbringt.

Daher werden all die vor Ort an den Seminaren teilnehmenden Menschen in dem Ausmaß 'Licht-Samen' im Erdenschwingungsfeld verankern, wie der einzelne Mensch die Übung vollbringt und das Tun und Wirken praktiziert.

Jeder Mensch nun, der sich in diesen und den folgenden Jahren mit den Büchern zu einer Teilnahme am Projekt und dem Praktizieren der Übungen entschließt, wird ebenso einen Engel-Begleiter für die 7 Tage der Übung an seine Seite bitten und dieser wird sich mit grenzenloser Bereitschaft und Hingabe für diesen Dienst einfinden.

Das Herantreten und die 'Nähe' des Engel-Begleiters zum bittenden Menschen gestaltet der (lesende) Mensch in diesem Fall alleinig durch seine freie Wahl, seine aufrichtige Bereitschaft, seine wahrhaftige Offenheit, seine ehrliche Verbindlichkeit und seine fokussierte Ausrichtung und Absicht. Doch nachdem die letzten Jahrzehnte die Schwierigkeiten der Menschen gezeigt haben, sich in Offenheit und Verbindlichkeit auszurichten, haben wir Engel, Erzengel und Engelsfürsten für das Engel-Frequenzen-Projekt weiterführende Unterstützung bereit gelegt.

So kann der lesende und in der Absicht Die-Übungen-Zu-Praktizierende Mensch die Gaben und 'Schlüssel' nutzen, die wir in der Verbindung mit Ma'Maha hervorgebracht haben und die in Form der energetisch wirksamen Essenzen zur Verfügung stehen.

Um seine persönlichen Licht-Körper für die bereiteten Frequenzfelder des Projektes und die bereits von den bisherigen Teilnehmern verankerten 'Licht-Samen' zu öffnen, ist die Verwendung der Engel-Essenz des jeweiligen Projektjahres anzuraten.

Somit ist auch in späteren Jahren des Projektes für jeden Menschen, der sich mit den Übungen des ersten Projektjahres einfindet, meine Essenz 'Himmels-Bote Samuel - 1. Projektjahr' anzuwenden – denn mein Wirken und mein Dienst werden nicht enden mit dem Ablauf des ersten Jahres, sondern vielmehr werde ich den Bogen der Übungs-Felder des ersten Projektjahres auch weiterhin halten und mit mir die Engelsfürsten mit ihren Heerscharen zugegen sein, die in diesem Jahr die Worte der Übungen übergeben und die Begleitung der Menschen leisten.

Jeder Mensch, der sich mit den Übungen einfindet und einen Engel-Begleiter zu sich bittet, wird gebeten sich soweit möglich für diesen zu öffnen… denn der Engel-Begleiter an der Seite des Menschen wird zu jeder Zeit seinen größtmöglichen Dienst vollbringen und doch wird dieser 'begrenzt' in seiner Wirkung durch die Wahl des Menschen – besonders, sofern dieser Unverbindlichkeit und Ablenkung wählt...

... Die Öffnung der persönlichen Licht-Körper, das Einschwingen der Verbindungen mit den bereiteten Frequenzfeldern und verankerten 'Licht-Samen' für die gewählte Übung gelingt dem Menschen leichter mit der Verwendung der jeweiligen Engel-Frequenz-Essenz.

Das heißt, beim Lesen der Übungen während der Arbeit mit den Büchern werden die entsprechenden Licht-Frequenzen dem lesenden Menschen von den Engeln 'angeboten' – ein Einbetten in die individuellen Licht-Körper (feinschwingenden Felder, Aura) geschieht dann erst durch die klare Absicht und Verbindlichkeit des Menschen. Darin kann dieser sich selbst unterstützen durch die Verwendung der jeweiligen Engel-Frequenz-Essenz.

Für das Verstehen des Engel-Frequenzen-Projektes gilt es des weiteren zu erfassen, dass es einer Veränderung der Frequenz-Folge im Schwingungsfeld des Kollektivs um mindestens 0,0000001% bedarf, um 'Beständigkeit' aufrecht erhalten zu können... somit sind für jeden 'Schritt' eine Vielzahl an verankerten 'Licht-Samen' erforderlich – und viele Schritte erst ergeben ein solches Maß an Veränderung im Menschheits-Schwingungsfeld, das sich eine sichtbare Wirkung im Leben der vielen (auch am Projekt 'unbeteiligten') Menschen auf Erden zeigt.

Mit der Zahl der Übungen praktizierenden Menschen mehrt sich daher die Wirkung – wie auch mit der Hingabe, der Bereitschaft, der Offenheit und Verbindlichkeit derer, die sich als teilnehmende Menschen im Projekt einfinden und sich mit ihrem Licht, ihrem Wirken und Tun in den Dienst des Ganzen stellen – denn auch wenn zu jeder Zeit die Entwicklung des einzelnen Menschen geschieht und das individuelle Menschenwesen Schritte des Erkennens, Verstehens, Durchlichtens, Verankerns... geht – so ist doch die Wirkung im Menschheits-Kollektiv-Feld von entscheidender Bedeutung für die weitere Entwicklung des Lebens auf Erden... und daher benenne ich wieder und wieder den Dienst, den ein jeder teilnehmende und am Projekt mitwirkende Mensch vollbringt.

An dieser Stelle geben wir die Botschaft, dass jeder Mensch, der durch die Verwendung meiner Essenz sich auf das erste Projektjahr einschwingt, uns das Wirken mit seinen Licht-Körpern erlaubt – auf diese Weise findet einerseits ein Einschwingen der Engel-Frequenzen in den individuellen Licht-Körpern des Menschen statt (ohne dass die Engel-Frequenzen verankert werden, da dieses erst beim aktiven Praktizieren und Durchführen der Übungen geschieht) – andererseits können wir mit den, in die individuellen Licht-Körper eingeschwungenen 'Engel-Frequenzen', die bereits verankerten 'Licht-Samen' verweben und vernetzen und so deren Einfluss und 'Strahlkraft' im Kollektivfeld der Menschen weiter stärken.

Immer wieder zeigt es sich als schwierig, die erforderliche Veränderung von 0,0000001% im Menschheits-Kollektiv-Schwingungsfeld zu erlangen – dieses liegt einerseits an der Trägheit des Kollektivs, wie auch daran, dass bei stärkeren Veränderungsimpulsen in den Kollektiv-Schwingungsfeldern durch Kriege, Seuchen und Erfahrungen der bäumenden Elementarenergien, eine Starre im Kollektiv sich zeigt... dieses 'Erstarren' ist eine Reaktion, die sowohl im individuellen, wie auch kollektiven Menschheits-Feld aufgerufen wird, sofern in kurzer Zeit große Veränderung geschieht... und für diese Reaktion ist ohne Belang, ob die Veränderung dem Leben schadet oder dient...

Somit gilt es bei allen Projekten des Lichtes, die Impulsfolge so zu dosieren und zu gestalten, dass die Veränderung, die sich aufgrund der eingebetteten und in das individuelle, wie auch kollektive Menschenfeld eingebrachten Erweckens-Impulse zeigt, nur so groß ist, dass keine Starre oder Verhärtung aufgerufen wird... oder aber dass die Veränderung so groß ist, dass Erschütterung erfolgt – da jedoch Erschütterung im Menschheits-Kollektiv durch Katastrophen geschieht und mit viel Leid und Tod sich zeigt, streben wir nach Veränderung in vielen kleinen Schritten...

Bereits unsere Worte, die wir Woche für Woche übermitteln und durch die Hand von Lumina'Eshana niederschreiben, rufen immer wieder ein 'Erstarren' in den Licht-Körpern der Lesenden hervor, da die benannte Verbindlichkeit, wie auch das Erfordernis des aktiven Wirkens die Kraft der Veränderung in sich tragen und somit 'Abwehr' durch 'Erstarren' geschieht.

Dazu findet sich immer wieder die 'Leichtgläubigkeit' in den Feldern der lesenden Menschen, um in alten Strukturen, Gedankenmustern und vertrauten Grenzen verbleiben zu können.

Daher laden wir Dich ein, die Licht-Kraft des 'Engel-Frequenzen-Projektes' zu erfahren, indem Du die Engel-Frequenz-Essenz des jeweiligen Jahres verwendest und Dir mit dieser erlaubst, Dich mit Deinen Licht-Körpern und somit mit Deinem persönlichen Erleben einzuschwingen – somit kannst Du in Dir und Deinem Leben erfahren, wie viel Licht, Freiheit, Freude und Frieden durch das Engel-Frequenzen-Projekt für die Menschen auf Erden bereit gelegt wurde und wird – und wie sehr Du diese Gaben für Dich, Dein Leben und Deinen Dienst auf Erden nutzen kannst und mögest.

Je mehr Menschen sich einfinden und durch aktive Teilnahme, Verwendung der Essenzen und auch Lektüre / Arbeit mit den Büchern sich selbst, ihr Licht und ihr Sein einbringen in das Engel-Frequenzen-Projekt, ihre Licht-Körper zur Verfügung stellen und einbinden, desto leichter und kraftvoller vermögen wir – die Engel, Erzengel und Engelsfürsten – unseren Dienst zu vollbringen – und desto kraftvoller wird sich die Wirkung im Menschheits-Kollektiv zeigen können, so dass mehr Frieden, Freude und Freiheit ist – für alle Menschen und alles Leben auf Erden ….

Und während die Wirkung des Engel-Frequenzen-Projektes beginnt sich als Licht-Spur in den Feldern des Kollektivs zu zeigen streben wir danach die Felder all derer zu stabilisieren, die sich einfinden um Teil des Projektes zu sein.

Und so benennen wir nach der 'Friedfertigkeit' der vergangenen Wochen, die hervorkommt aus dem Gleichklang und der Gleichmäßigkeit in den persönlichen, individuellen Feldern des Menschen, die 'Weichheit' – damit mehr als bisher jeder Mensch, der eingebunden ist in das Projekt, die Stabilität in sich spürt und weniger 'schnell' als bisher Starre und Verhärtung aufruft, wenn Veränderung sich zeigt:

Denn wenn Freiheit sich mehrt,
greift der Mensch nach bekannten Grenzen – so wie der Vogel
im geöffneten Käfig verbleibt…

Denn wenn Freude sich mehrt,
misstraut der Mensch seinem Wert, seinen Gaben, seiner
‚Berechtigung' zu empfangen….

Denn wenn Frieden sich mehrt,
wird aus alter Gewohnheit und jahrhundertelanger Prägung nach Außen geblickt und das eigene, innerlich bestellte Feld verbleibt ohne Pflege und verliert sodann wieder Stabilität und Wirkung…

… wenn Du Starre und Verhärtung aufrufst, verfestigst Du Deine Felder und verschließt Dich nicht nur unserem Einfluss, sondern ebenso der Veränderung, die im Annehmen, Reflektieren, Erkennen und Verstehen enthalten ist.

In Festigkeit und Starre stocken die Energien, und die Kraft und Kreativität des Leben versiegt... und Du weißt dieses von den Momenten, in denen Du nach neuen Antworten suchst und diese in den Feldern der Festigkeit und Starre nicht finden kannst ... und dass Du – je mehr Du Dich anstrengst und weiter verfestigst, mehr und mehr Deine Lebendigkeit verlierst...

Starre bindet Dich an alte Strukturen, da diese fester und 'härter' sind als all das, was wir Dir im Licht als Veränderung und Wandel zeigen und anbieten (können). Somit dient Dir die Starre in keiner Form in diesen Zeiten, in denen Veränderung und Wandlung erforderlich sind – sondern jede Starre bindet Dich vielmehr an altes Spiel, an alte Sicht und an das träge Schwingungsfeld des Kollektivs...

Aus diesem Grunde haben wir erwählt die 'Weichheit' als das Thema dieser Woche... um Dir zu zeigen die Kraft, die in der 'Weichheit' ist, wie auch das Potential der Veränderung... und damit Du weniger und seltener als bisher Härte, Starre und Abwehr wählst... und so spricht Erzengel Amethyst die Worte der Übung und begleitet diese...

So ist es.
AMEN"

"Ich bin Amethyst, der Erzengel des Wandels und der Weichheit in diesem… Ich übermittle Dir die Worte und die Übung dieser Woche, so wie ich Dich begleite auf den Schritten, während denen Du die 'Weichheit' in Dir als Kraft erkennen mögest…

Ein Engel-Begleiter aus meinen Heerscharen tritt zu Dir heran und zeigt sich Dir im violett-weißen Licht des Lebens, während der Engel-Begleiter aus den Heerscharen Uriels, der in den Tagen der letzten Übung mit Dir war, sich aus Deinen Feldern löst.

Heiße willkommen das Engelslicht aus meinen Reihen, so wie dieses herantritt, um Dir zu dienen und um mit Dir zu sein…

Und Du kannst spüren Dein innerliches Entspannen und Weiten, während die Energien des violett-weißen Lichtes in Dir ankommen … und die Erinnerung an mütterliche Wärme, die damit verbunden ist. Denn wie die Liebe einer Mutter, umfange ich Dich mit meinem Licht und tritt Engelslicht zu Dir heran – in Sanftheit, in Leichtigkeit, in Weichheit…

Und mit diesen Worten übergebe ich die Übung dieser Woche:

17. Übung, 18. Woche, 1. Projektjahr - 'Weichheit'

Ich bin Amethyst, der Erzengel des Wandels und der Weichheit, die in den göttlichen Feldern der Engel ist.

Für die Übung dieser Woche nutze ein Tuch mit den Farben violett und / oder weiß. Wähle ein Tuch aus leichtem Stoff, das Du glätten mögest zu Beginn der Übung.

Lasse schweben, wehen, sich bewegen das violette, weiße, violett-weiße Tuch mit der Bewegung der Luft oder auch dem Wind und nimm wahr die Weichheit, die Sanftheit, das leichte Spiel der Bewegung, das wie in Wellen sich Dir zeigt… tanze innerlich mit dem Tuch, folge den Bewegungen, die das Tuch im Wind und der Bewegung der Luft formt und vollbringt – werde innerlich fließend und frei, weich und leicht...

Sodann winde das Tuch zu einem Seil und spüre die Festigkeit darin – nimm wahr den Halt, die Kraft, die Verlässlichkeit und verknüpfe dieses Empfinden mit der Weichheit in Dir...

Auf diese Weise fügst Du der Weichheit neue Aspekte hinzu, die außerhalb des bisherigen Schwingungsfeldes des Kollektivs sind – diese Aspekte stärke täglich mit der Übung in Dir...

... und sofern Du während des Tages Widerstand in Dir spürst, Angst vor Neuem, Abwenden vom Licht, spüre die Weichheit in Dir, nimm wahr und nimm an die Leichtigkeit darin, die Sanftheit, die Bewegung ... und ebenso die Kraft, die Verlässlichkeit und den Halt...

... damit Du weniger als bisher Starre und Härte in Dir aufrufst und damit Du weniger als bisher damit den Energien das Fliessen verwehrst...

... denn mit dieser Übung kreierst Du in Dir mehr Halt, auf den Du zurückgreifen kannst immer dann, wenn Du das Aufrufen von Starre und Härte in Dir spürst.

Weichheit sei Dein 'Leitfaden' in diesen Tagen – und immer wieder finde mit der Weichheit Antworten auf und in Deinem Leben...
... damit Du fließt,
... damit Du lebst,
... damit Du im Licht zugegen bist...

Und so ist es.
AMEN"

18. Übung, 19. Woche, 1. Projektjahr - 'Sanftheit'

"Ich bin Himmels-Bote Samuel, der mit Dir ist und mit jedem Menschen, der sich im ersten Projektjahr und zu späterer Zeit mit den Übungen des ersten Projektjahres einfindet.

In der Verbindung mit den Engelsfürsten des Lichtes, die in das Engel-Frequenzen-Projekt durch ihren Dienst eingebunden sind und Dir für die Übungen des ersten Projektjahres zur Seite stehen, benenne ich das Thema dieser Woche: 'Sanftheit'

Nachdem das Thema der letzten Woche wir mit 'Weichheit' benannten, verstärken wir unsere Botschaft und mit dieser die Übung dieser Woche, indem wir benennen die Sanftheit.

So was unterscheidet Weichheit von Sanftheit, wenn Du dieses in Deiner Gefühlswelt benennen und beschreiben willst?

Weichheit ist zugegen und wir haben in der Übung der letzten Woche darin geschult, die Weichheit anzunehmen und zu leben, sowie die Kraft der Veränderung in dieser zu erkennen und zu spüren… und während Weichheit ein allgemein offenes, schwingendes Empfinden ist, wirst Du in der Sanftheit mehr Ausrichtung und 'Ziel', sowie den bewussten Aspekt, bzw. den ‚Adressaten' erkennen können.

Daher werden wir in dieser Woche darin anleiten und begleiten, die Sanftheit gezielt aufzurufen und zu nutzen … und dieses auf der Basis der Weichheit, deren Kraft Du in der Übung der letzten Woche erfahren und erleben konntest. Denn da Weichheit und Sanftheit – in Deiner Empfindungswelt – ähnliche Emotionen sind, wird jede/r Übungs-Praktizierende/r nach dem Erfahren und Erkunden der Weichheit leichter als bisher die Sanftheit annehmen und nutzen können.

Doch warum, magst Du Dich fragen, ist es so wichtig, dass Weichheit und Sanftheit Du in Deinem Erleben benennen und aufrufen kannst?

Weichheit gibt Dir die Impulse der Annahme – denn wenn Du bei einer Veränderung in die Starre und in die Spannung gehst und Ablehnung und Abweisung aufrufst, b e v o r Du überhaupt erkundet und betrachtet hast, vermag sich nur wenig Neues in Dir und Deinem Leben zu zeigen... – auf diese Weise verbleiben viele, viele Menschen immer und immer wieder in alten Mustern und in den alten Spuren vergangener Zeiten – sowohl in ihrer Sichtweise, wie auch in ihrem Denken, Fühlen und Handeln – ...

... weil jedoch zu dieser Zeit des Wandels das Annehmen und Umsetzen von Veränderung von entscheidender Wichtigkeit für die Entwicklung der Menschen und des Lebens auf Erden ist, werden wir alles in Dir und in den Menschen stärken und unterstützen, was eine Annahme von Veränderung erleichtert.

Und so gilt es mehr noch als bisher in Dir zu verstehen, w a n n und w a r u m Du Starre und Ablehnung aufrufst und weshalb es Dir, Deinem Leben, Deiner Entwicklung und der Entwicklung der Menschen auf Erden dient, wenn es Dir möglich ist, weniger Starre und Ablehnung im Abwenden und Abweisen zu nutzen...

Je verbindlicher eine Botschaft ist und je konkreter die Impulse der Veränderung in ihr, desto mehr wird Dein Streben nach Abwenden und Abweisen sich Dir zeigen... daher wirst Du gerade bei Botschaften, die viel Licht und viel Kraft der Wandlung in sich tragen, Dein Streben nach Abwenden und Abweisen, wie auch nach Verurteilung, beobachten können.

Sofern Du Dein Streben nach Abwenden und Abweisen unreflektiert vernimmst und diesen Impulsen mit Deiner 'Leichtgläubigkeit' folgst, wirst Du keine Differenzierung vernehmen, ob die abgewiesene Botschaft 'aus der Dunkelheit kommt' – so wie Du bei aufkommenden Impulsen des Abwendens und Abweisens für Dich so oft benennst – oder ob das Licht und die Kraft der Veränderung darin Dich zum Abwenden und Abweisen ver--leiten….

Viele, viele Botschaften des Lichtes, die das Potential der Veränderung und neuen Wissens und Erkennens in sich trugen und tragen, wurden und werden abgewiesen, bzw. sich von diesen abgewendet, da in der 'Leichtgläubigkeit' dem Urteil von 'dunkel' und 'negativ' nur zu leicht gefolgt wird….

Wir, die Engel des Lichtes, die das Engel-Frequenzen-Projekt gemeinsam mit den teilnehmenden Menschen gestalten, werden in den Wochen des Projektes und in den Übungen, in denen das Thema im praktischen Tun in die Materie getragen wird, zu jeder Zeit die Freiheit, die Freude und den Frieden mehren – sowohl im einzelnen Menschen, der die Übung vollbringt und praktiziert, wie auch im Menschheits-Kollektiv-Schwingungsfeld, in dem die Licht-Funken aus unseren Reichen von den teilnehmenden Menschen eingeschwungen und 'integriert' werden.

Und so ist auch das Thema der Sanftheit ein Schritt auf dem Weg in die Freiheit, die auf Erden sein möge – im Menschen und mit den Menschen… denn kannst Du wohl verstehen, dass jede 'Leichtgläubigkeit', jedes Abwenden und Abweisen ohne Reflektieren und ohne 'Verstand' Dich in Grenzen und somit in Unfreiheit hält?

Daher benennen wir die Grenzen und wir benennen die Freiheit, damit Du den Unterschied spürst und damit Du Deine Grenzen – Deine selbst gewählten und selbst erwählten und auch Deine selbst bewahrten und immer wieder bestätigten Grenzen… – damit Du diese Deine Grenzen erkennst und Freiheit für Dich wählst! Freiheit wählst, indem Du alte Grenzen überschreitest und neue Wege gehst...

... doch es ist für Euch Menschen gar nicht so einfach, neue Wege zu gehen, sofern Ihr Euch das Erkennen und Verstehen Eurer Grenzen und der 'Spiele' und Glaubenssätze darin, Eurer Leichtgläubigkeit und den Wiederholungen im Aufrufen... nicht bewusst werdet...

... und Du kennst die vielen alten Schriften, in denen es um Bewusstwerdung und Erkennen geht? – und glaubst Du noch immer, dass es genug Bewusstwerdung und Bewusstheit in Dir gibt?

... oder beginnst Du zu verstehen, dass jedes 'Trotten auf vertrauten Pfaden' und jedes 'Folgen vorgeprägter Spur' Dich daran hindert Bewusstwerdung zu leben? – und dass jeder vertraute Pfad und jede vorgeprägte Spur Dir Deine Freiheit nimmt?

Und wir benennen es noch klarer:

        Dir k e i n e Freiheit zeigt?

... denn 'Freiheit nehmen' kann ja nur sein, sofern Dir die Freiheit bewusst ist – doch jedes Folgen, jedes Trotten, das erfolgt und unbemerkt verbleibt, b e w e i s t dem Menschen seine Grenzen und die Unfreiheit, in der er ist... und dieses, ohne dass er dieses dabei erkennt...

Und so benennen wir die Sanftheit und die Freiheit, die sich zeigt, wenn der Mensch sich selbst betrachtet, seine Grenzen wohl erkennt und danach trachtet, diese zu weiten, diese zu dehnen und sich aus diesen zu erheben...

Denn siehe, was Du tust:
Du öffnest und weitest Dich für lichtvolles Neues, um dieses sodann aus alter Gewohnheit und unreflektierten Ängsten wieder abzuweisen und erzeugst somit Spannung in Dir und Deinen Feldern... – und das geschieht auf folgende Weise:

Das neue Licht mit all der Freiheit, Freude und Gnade, die das Licht des Lebens trägt, rufst Du zu Dir... und wenn wir dieses als Antwort auf Deinen Ruf zu Dir tragen und das herangetragene Licht beginnt, sich in Deine Felder einzubetten und in Dich hineinzuströmen, beginnt Dein (unreflektiertes) Weichen vor der Kraft des Lichtes in Dir zu wirken ... und Abwenden und Abweisen findet statt – wodurch Spannung sich in Deinen Feldern und auch in Deinem physischen Körper zeigt...

Vieles von dem, was zu dieser Zeit als 'Krankheit' benannt wird, ist ein Ausdruck, ja ein Ergebnis des Rufs nach Licht und dem Abweisen der Antwort durch den rufenden Menschen selbst...

... und um dieses Spiel der Spannung in Dir zu lösen und in Dir zu klären, wird Engelsfürst Hope die Übung dieser Woche leiten und mit den Heerscharen im Lichte Dich begleiten – denn in der Sanftheit öffne Dich, in der Sanftheit zeige Dich, in der Sanftheit offenbare Dich... damit Freiheit in Dir ist, damit Deine Gedanken neue Wege gehen, damit Deine Gefühle neues Land erkunden, damit Deine Taten neues Feld bestellen... und damit Freiheit und damit Hoffnung in Dir ist...

Und so sei es.
AMEN"

"Ich bin Engelsfürst Hope und zeige mich im weiß-rosa-farbenen Licht der Sanftheit in der ich in diesen Tagen mit Dir bin und Dein Engel-Begleiter aus meinen Heerscharen mit mir.

Aus meinen Feldern tritt hervor das Engelslicht, das Dich begleitet in den nächsten 7 Tagen und das weiß-rosa-farbene Licht der Sanftheit zu Dir trägt und 'bei Dir hält'...

Das weiße Licht aus meinem Feld möge Dich klären und erinnern an die Übungen der Wochen mit den Engel-Begleitern aus den Heerscharen Gabriels – und das rosa Licht aus meinem Feld möge Dich erweichen und Dich öffnen für das Neue, für das Reine, für 'das Weitere' und 'das Folgende' in Dir – denn mit jedem Öffnen, mit jedem Weiten erklärst Du Dich in Deinen Feldern bereit, Neues anzunehmen und nächsten Schritt zu gehen...

Daher gilt es, jede aufkommende Spannung des Abwendens und des Ausweichens in Dir zu erkennen und zu lösen ... und mit diesem übergebe ich die Übung dieser Woche:

18. Übung, 19. Woche, 1. Projektjahr - 'Sanftheit'

Ich bin Hope, der Erzengel der Sanftheit und ich lehre Dich zu erkennen das Abwenden, das Ausweichen und die Spannung, die Du selbst damit kreierst...

Für diese Woche finde Dich 5 Mal am Tag mit Deinem Engel-Begleiter ein – schwinge in dem weiß-rosa-farbenen Licht, das er Dir wieder und wieder zeigt, damit Du mehr und mehr dieses in Dir spürst... und ankommen lässt in Dir...

In der Verbindung mit Deinem Engel-Begleiter nehme ein Gummiband in Deine Hand und spanne und dehne dieses, während Du Deine Abwehr, Dein Abwenden und Dein Ausweichen betrachtest – und erkenne, wie die Spannung dadurch ist – in Dir und in Deinem Leben, in dem die Spannung sich Tag für Tag Dir zeigt...

Sodann spüre in der Verbindung mit dem Engel-Begleiter Dir zur Seite das weiß-rosa-farbene Licht und erlaube dem Gummiband und ebenso auch Dir, sich wieder zu entspannen und spüre und fühle, wie sich dieses in Deinen Feldern zeigt...

Immer wieder – in Dankbarkeit für Deinen Begleiter, wie auch zum Lösen der Spannung in Deinen Feldern – entzünde eine rosa-weiße Kerze, die Du jeweils brennen lässt, bis sie zur Neige geht – denn jedes Löschen der Kerze wird den sanften Strom der transformierenden Flamme in Deinen Feldern unterbrechen und 'Aufwallen' bewirken...

Sei sanft mit Dir und sei bereit, immer und immer wieder während Deines Tages Dein Denken, Dein Fühlen und Dein Handeln zu betrachten und wo sich Spannung darin zeigt...

... und so Dein Tag es Dir erlaubt, nimm Gummiband sogleich zur Hand – spüre die Spannung im Band und löse diese in der Sanftheit, die mit Deinem Engel-Begleiter mit Dir ist – und die Du ankommen lässt in Dir, so wie Du von Mal zu Mal die Übung praktizierst und weiß-rosa-farbenes Licht verankerst in Dir...

Und so ist es.
AMEN"

19. Übung, 20. Woche, 1. Projektjahr - 'Zartheit'

"Ich bin Himmels-Bote Samuel, der mit Dir ist und Dir beschreibt die 'Zartheit', die in unseren Reichen und auch auf Erden ist.

Nachdem wir in den letzten Wochen mit den Schwingungsfeldern der 'Weichheit' und der 'Sanftheit' mit Dir waren, diese für Dich erfahrbarer gemacht haben und Dir zeigten, wie Du diese für Dich und auf Deinem Weg nutzen kannst und mögest, setzen wir unsere Begleitung fort mit der 'Zartheit'.

Zartheit ist ebenso wie Weichheit und Sanftheit ein oft unterschätztes Feld, denn Ihr strebt nach 'Erreichen' und nach ‚Vollbringen' und neigt dazu, Euch dafür zu verhärten und zu verfestigen – und einiges dazu haben wir in den letzten Wochen bereits beschrieben.

Es ist ein Irrtum, dem Ihr in Eurem dualistischen Erleben in der Materie folgt, dass 'Erreichen' und 'Vollbringen' leichter gelingt, sofern Ihr Euch und Eure Felder spannt und verfestigt. Denn für das Vollbringen körperlicher Arbeit weißt Du, dass es erforderlich ist, durch die Anspannung Deiner Muskeln Materie zu bewegen und Du weißt ebenso, dass nach der Spannung die Entspannung folgen muss, damit Bewegung stattfinden kann...

Denn nur in Spannung zu verbleiben, bringt keine Bewegung hervor, sondern verursacht Schmerz und Stau... und Du kennst dieses von Deinen Muskeln und erfährst es im Krampf... Beobachte, dass Du, wenn Du intensiv nach Vollbringen strebst, dazu neigst, durch viel Spannung die Wirkung Deines Strebens zu mehren – und dieses in allen Bereichen Deines Lebens ... auch wenn Dein Körper Dich wieder und wieder lehrt, dass dieses nicht gelingt.

In den letzten Wochen haben wir Dich darin geschult, die Spannung in Dir wahrzunehmen und die wundervolle Wirkung von Weichheit und Sanftheit, wenn Du diese aufrufst und für Dich nutzt... und wir haben Dich gelehrt, dass Du mit dem Aufrufen von Spannung in Dir und Deinen Feldern das Fliessen des Lichtes behinderst und somit Dir selber Deine Lebendigkeit nimmst, wie auch die Möglichkeit, Neues und Veränderung anzunehmen.

Und wir betrachten die Zartheit, denn mehr noch als die Weichheit und die Sanftheit, benennst Du mit 'zart' etwas, das Du in der Materie erfährst... sei es eine Berührung oder auch zur Beschreibung eines beweglich-fragilen materialisierten Ausdrucks... und erneut wirst Du feststellen können, dass Du allem, was sich Dir als zart zeigt, wenig Kraft und wenig Macht zuschreibst – und daher immer, wenn Du in Deinem Streben nach Vollbringen Spannung in Dir aufrufst, die Zartheit unbeachtet lässt.

Durch die Übungen der letzten Wochen kannst Du spüren, wie Du beginnst eine Brücke in Dir zu bauen, die es Dir erlaubt leichter als bisher Weichheit und Sanftheit aufzurufen und für Dich zu nutzen, wenn Du Dich durch aufgerufene Spannung selbst beengst und begrenzt und Dir das Fliessen des Lichtes nimmst...

Und um Dein Verständnis zu vertiefen, leite ich Dich an Dein Denken, Deine Gefühle und Dein Handeln zu betrachten:

Siehe und verstehe, wie Du in Dir trennst und wie Du Sanftheit, Weichheit, Zartheit 'vergisst', wenn Du nach Leistung und Vollbringen strebst... und wie sich im 'Vergessen' Deine 'getrennten' Felder zeigen...

Stelle Dir vor, dass Du verschiedene 'getrennte' Räume (Energiefelder) in Dir (errichtet) hast ... und Dich mal in dem einen und mal in dem anderen aufhältst. In jedem Raum (Energiefeld) sind verschiedene Gedanken- und Verhaltensmuster aufgrund Deiner bisherigen Erfahrungen und Deines Wissens enthalten – schwingen sozusagen in einer bestimmten Frequenz, die Du aufrufst und nutzt, um Dein Leben auf Erden zu gestalten.

Während Du selbst wählst mal den einen und mal den anderen Raum (Energiefeld) zu betreten und zu nutzen, je nachdem, welche Aufgaben Du lösen willst, welche Taten zu vollbringen (oder auch zu vermeiden) sind, lässt Du die Erfahrungsfelder in den anderen Räumen 'unbeachtet'... denn Du trennst in Dir und 'vergisst' in dem einen Lebensbereich, was Du in einem anderen durchaus nutzt – einfach weil es in einem 'anderen Raum' (in Dir) ist.

Du selbst weißt am besten, wie schwierig sich es für Dich oft gestaltet, das 'in der Meditation' oder 'in einer stillen Stunde' oder 'mit einem guten Buch' oder 'durch das Wort eines Meisters' erfahrene Wissen in Deinem Leben umzusetzen. Diese Schwierigkeit kommt u.a. daher, dass Du in Dir verschiedene, 'getrennte' Räume (Energiefelder) aufrecht erhältst und somit das freie Fliessen und den freien Austausch zwischen diesen nicht erlaubst.

Der Weg, den freien Austausch Deiner Felder bewusst hervorzubringen und die 'Trennungen' in Dir aufzuheben, wird Bewusstwerdung genannt und ist Dein Weg des Erkennens, des Verstehens und Erfassens – bringt Dir Freiheit, Frieden und Freude... diesen inneren Weg der 'Verbindung der Felder' muss jeder Mensch für sich gehen und dieser beinhaltet die Aufgabe von Urteil und Wertung in jeder (Ausdrucks-)Form ... und somit vermag der Mensch die 'Trennung in der Materie' zu überwinden und seine Meisterschaft zu erlangen.

Doch verstehe, dass Du n i e m a l s die Felder in Dir im Innen verbinden kannst, ohne dass dieses im Außen ebenso geschieht durch Deine freie Wahl! ... und dass daher im Abwenden und Abweisen niemals ein Weg der Meisterschaft gegangen werden kann.

Kennst Du die Worte, dass eine Menschen-Seele beim Inkarnieren die 'Schleier des Vergessens' anlegt und damit eintaucht in die Dualität? ... und glaubst Du bei diesen Worten, dass diese Schleier irgendwo um Dich herum sich zeigen? ... und dass diese Dich trennen von der Einheit, von dem Licht und dem ALL-EINEN... und dass die Schleier Dir den Blick auf das ‚Erkennen im Außen' nehmen? ... wie viel Irrtum ist darin enthalten!

... Du mögest erfassen, dass Du die Trennung und die Schleier i n D i r lebst und in Deinen Feldern zeigst und dass Dein Erfahren und Erkennen sich wandelt, wenn Du das Innen und Außen in Deinem Verstehen verbindest:

Verstehe, dass wenn Du die Dualität durch das Aufrechterhalten der Trennung in Dir und damit auch die Spannung Deiner Felder l e b s t – und dieses durch Deine freie Wahl! – bestätigst und stärkst Du auf diese Weise die Dualität und Spannung auf Erden ...

Und dass ebenso jedes Mal, wenn Du eine Bücke in Dir baust, in Dir verbindest und das Fliessen des Lichtes erlaubst – und dieses durch Deine Sicht, durch Deine Wahl und Deine Tat – Du die Spannung sowohl in Dir wie auch auf Erden minderst.

Das Brücke-Bauen geschieht in Dir, wenn Du das Aufrufen von Spannung in Dir erkennst und Deine Felder verbindest, indem Du Weichheit, Sanftheit und Zartheit nutzt... auch und gerade im Streben nach Vollbringen.

Und erneut bitten wir Dich zu betrachten, wie das Licht in Klarheit und in Reinheit, in Sanftheit und in Zartheit wirkt – und wie wenig wahrhaftiger Erfolg im Versuch gelingt, dem Licht zu widerstehen, indem verfestigt und gespannt wird.

Und mit diesen Worten beende ich für diese Woche meine Botschaft und Engelsfürst Grace wird die Übung der Woche beschreiben und begleiten.

Und so ist es.
AMEN"

"Ich bin Engelsfürst Grace, der im weiß-perlmutt-farbenen Licht der Zartheit sich Dir zeigt.

Dein Engel-Begleiter der letzten Woche löst sich sanft aus Deinen Feldern und Engelslicht aus meinem Reich tritt im weiß-perlmutt-farbenen Licht zu Dir heran.

Nimm Dir die Zeit, die Ruhe und die Einkehr, um das Eintreten des Engelslichtes aus meinen Feldern deutlich zu vernehmen – denn gar zart ist seine Präsenz und tief in Dir mögest Du die Resonanz verspüren… sei offen, sei bereit und weit, sei weich, sei sanft, sei zart… sei Mensch auf Erden und sei willens zu lernen, zu erfahren und zu erkunden Deine Felder in Dir…

Und mit diesen Worten übergebe ich die Übung dieser Woche:

19. Übung, 20. Woche, 1. Projektjahr - 'Zartheit'

Ich bin Grace, Erzengel im weiß-perlmutt-farbenen Feld der Zartheit und ich leite Dich an und Dein Engel-Begleiter aus meinem Feld mit mir – immer wieder am Tage finde Dich ein, in der 'Zartheit' zu sein – erkunde die Zartheit in Dir, erkunde die Zartheit in Deiner Welt und erlaube Dir ganz bewusst, Zartheit zu erfahren:

- durch einen Windhauch, den Du auf Deiner Haut spürst

- durch eine Hand, die sich zart Dir zeigt

- durch ein Wort, das in Achtsamkeit gesprochen wird

- durch einen Blick, in dem Liebe Dich berührt

- durch eine leichte Bewegung, mit der Du Dich erfährst

- durch den Anblick einer Blume und ihrer Farben

- …

So mögest Du Zartheit erfahren in Dir, in Deinem Erleben, in Deiner Welt und mögest verstehen, dass Zartheit allüberall ist – so wie a l l e s ALLüberall ist... und Du mögest verstehen, dass Du Zartheit erkennst und auch die Kraft und Wandlungsmacht darin, sobald Du bereit bist, diese wahrzunehmen, diese anzuerkennen ... und diese zu leben ebenso...

... und so siehe, wie in diesen Wochen der Übungen von Weichheit, Sanftheit und Zartheit Deine Felder 'erweichen' und Deine Felder sich weiten, Deine Felder sich harmonisieren und Deine Felder sich verbinden ...

... und siehe, wie Du mit Weichheit, Sanftheit und Zartheit Brücken in Dir baust, sobald Du in der Bereitschaft Dich einfindest, Urteil und Wertung 'aufzugeben', damit die Wahrheit und das Licht, die Reinheit und der Segen, die Gnade und das Leben IST...

Und so ist es.
AMEN"

20. Übung, 21. Woche, 1. Projektjahr - 'Feinheit'

"Ich bin Himmels-Bote Samuel, der in den Monaten des ersten Projektjahres und darüber hinaus mit Dir ist – so wie Du wählst für Dich und für die Welt im Engel-Frequenzen-Projekt zu wirken – und Dich einfindest, um die Übungen zu vollbringen. So fahre ich fort, in der Verbindung mit den Engelsfürsten des Projektes Dir zu berichten von der Weichheit, der Sanftheit, der Zartheit und in dieser Woche von der 'Feinheit' – denn in all dem ist Kraft und ist Stärke enthalten…

… und dieses wahrzunehmen und anzuwenden, darin werden wir Dich weiter anleiten. Und in der Übung dieser Woche werden wir dieses für Dich in der Materie verdeutlichen – denn viele, viele lichtvolle Worte wurden in den vergangenen Jahrzehnten den Menschen übermittelt, mit Wissen und Weisheiten des Lichtes – und doch hat sich gezeigt, dass die Umsetzung des Wissens, das Anwenden der Weisheiten auch den nach Verwirklichung und Licht strebenden Menschen nur unzureichend gelingt.

Dieses liegt an der Trennung, die jeder Mensch, der in der Dualität sich eingefunden hat, in sich, in seinen Feldern und in seiner Wechselwirkung mit anderen Feldern aufruft und durch seine Sicht, seine Gefühle und sein Handeln sich selbst Tag für Tag erneut bestätigt und verfestigt.

Im Engel-Frequenzen-Projekt leiten wir Dich an, das Wissen und die Weisheiten des Lichtes in Dein Leben in die Materie zu tragen und darin anzuwenden und umzusetzen – damit Deine Sicht der Trennung vergeht, damit Du Innen als Außen erkennst – damit Du den Austausch und die Wechselwirkung im Oben und im Unten und im freien Fliessen erlaubst – damit Du die Felder in Dir öffnest und verbindest, die Du bisher getrennt gehalten hast… – damit Du Dich einfindest im Schwingungsfeld der neuen

Zeit, das wir bereiten und das wir weben, damit Frieden, Freude, Einheit auf Erden ist!

... und in das wir alle Menschen führen, die mit den Übungen und im Liebesfeld des Engel-Frequenzen-Projektes die Brücken in sich bauen, das Licht in sich erkennen, annehmen und wahrhaftig fliessen lassen und die bereit sind, im Kleinen und im Großen sich zu klären, ihre Felder zu bereinigen, sich ihrer trennenden Gedanken, Gefühle und ihrer trennenden Taten bewusst zu werden und diese nach und nach zu wandeln.

Dafür bedarf es der Wahl, wie auch des fokussierten Willens des Menschen, der sich einfindet, im Engel-Frequenzen-Projekt mit uns zu sein – denn so wie wir das Wissen übermitteln, so wie wir die Übungen bereiten und begleiten, bedarf es doch zu jeder Zeit der Bereitschaft des Menschen, damit das Brücke-Bauen wahrlich gelingt... Denn ohne die Taten, ohne das Wirken, ohne das Tun des Menschen, vermögen wir die Materie nicht zu durchlichten... immer wieder benenne ich dieses, da (fast) jeder Mensch in seinen Feldern vor dieser Wahrheit weicht – und warum ist das so?

Weil darin die Kraft des Menschen geborgen ist!

Denn jeder Mensch, der sich als Wesen GOTTES sieht, annimmt und erkennt, wird sich in seinem Licht spüren... und damit ebenso die Aufgabe erkennen, die jeder MENSCH auf Erden durch GOTTES WILLE und GOTTES WORT hat:

Das Bewusstsein des Lichtes in der Materie zu leben.

Das hast Du bereits oft gehört und ebenso oft dazu genickt – doch Dein Bestätigen kommt daher, dass Du noch nicht vollends erfasst, was an Botschaft darin enthalten ist. Denn wie mit allem Wissen, das an Dich herangetragen wird aus lichten Reichen, fügst Du auch dieses nur in einigen Deiner Felder ein und setzt somit das Aufrechterhalten der Trennung in Dir fort – und weil alles, was Du in Dir vollbringst sich ebenso im Außen zeigt, kann die gelebte Trennung auf Erden nicht vergehen…

Das Bewusstsein des Lichtes in der Materie zu leben beinhaltet Folgendes und dieses (alles) zu jeder Zeit: – also nicht einmal das eine zu der einen und das andere zu der andere Zeit, denn das wäre wieder Trennung… Trennung, die wohl (noch) auf Erden, doch niemals im Lichte ist –
- die Annahme, Wertschätzung und 'Pflege' Deines Körpers
- die Klärung Deiner Gedanken von Wertung und Urteil
- die Lösung Deiner Gefühle von Schwere und Leid
- die Öffnung Deiner Felder für fliessenden Austausch im Licht
- die Anerkennung jedes Lebens als Ausdruck und Teil GOTTES
- …

All das Benannte geschieht, wenn Du gelernt hast Deine Gedanken ehrlich zu betrachten und zu lenken, Deine Gefühle wahrhaftig zu erkennen und zu klären, Deine Taten aufrichtig zu reflektieren und im Licht zu vollbringen.

Dafür geben wir Dir das Wissen und die Übungen:
Das Wissen – das Dich darin anleitet, Deine Gedanken ehrlich zu betrachten, Deine Gefühle wahrhaftig zu erkennen und Deine Taten aufrichtig zu reflektieren…
Die Übungen – damit Du beginnst, Deine Gedanken zu lenken, Deine Gefühle zu klären und Deine Taten im Licht zu vollbringen.

Und siehst Du erneut, dass mein Wort Dir erklärt, Dir aufzeigt und Dir ein neues Verstehen für Dich, Dein Denken, Dein Fühlen und Dein Wirken auf Erden übermittelt – und dass D u sodann wählst das Wissen anzunehmen in j e d e m Aspekt Deines Seins – und dass D u der Mensch auf Erden bist und wählst die Übungen zu nutzen, um das Bewusstsein des Lichtes in die

Materie zu tragen und in Deinen Gedanken, Gefühlen und Taten zu vollbringen... und Wesen GOTTES zu sein in jedem Aspekt, den Du auf Erden lebst.

Nichts Geringeres gilt es zu vollbringen!

... Und wenn Du Deine Gedanken erkennst, dass das Werk zu groß sei für Dich, erinnere Dich meiner Beschreibung Deiner 'Leichtgläubigkeit' und meiner Worte, dass Du vor Deiner Kraft weichst...

... denn ich sage Dir:
Dieses Werk ist niemals zu groß für Dich, denn es ist das Werk, für das Du auf Erden bist! Es ist das Werk, das Du gekommen bist zu vollbringen! Es ist das Werk, für das Du Zugang zu all dem erforderlichen Wissen hast, für das Du den Mut und die Kraft in Dir findest, für das Du in Deinem physischen Körper in der Materie bist – um Licht zu leben, um Licht zu sein, um das Licht in der Materie 'zu bestätigen'.

... und dabei hilft Dir die Feinheit, die wir diese Woche als Thema benennen und die ich Dir weiter beschreibe, damit Du nach der Weichheit, der Sanftheit und der Zartheit nun die Kraft und Macht der Feinheit in Dir erkennst:

Feinheit findest Du in der Materie in Strukturen, die 'klein' und 'exakt' gearbeitet sind... und wie in der Materie, zeigt sich Feinheit ebenso in den Schwingungsfeldern und diese werde ich Dir näher beschreiben, damit Du verstehst, wie alles im Innen wie im Außen, im Kleinen wie im Großen sich zeigt – und wie alles miteinander verbunden ist ...

Schwingungsfelder zeigen sich als fein, wenn die Frequenzen des Feldes geklärt, rein und klar sind... denn es ist ein menschlicher Irrtum, dass die Wellen / Amplituden des Lichtes ohne Abweichungen sind. Wie sollte das auch möglich sein, wenn doch das Licht in den Feldern der verzerrten, gespannten, gestauten Materie fliesst und alles sich im Kleinen wie im Großen zeigt… das bedeutet, dass die Licht-Wellen im irdischen Feld vielerlei Abweichungen aufweisen – und Eure Wissenschaft wird dieses bald erkennen, denn dieses Wissen wurde nur deshalb noch nicht 'entdeckt', weil keiner den 'glatten Verlauf der Wellenform des Lichtes' hinterfragte – und auch hier ist es auf Erden wie in den lichten Reichen, im Unten wie im Oben:

> Nur wer fragt, wird Antwort erhalten
> und
> nur wer strebt, wird Ziel erreichen…

Wenn eine Licht-Wesenheit im Erden-Schwingungsfeld wirkt, beginnen im Verlauf der Zeit – weil alles miteinander in Wechselwirkung ist – die Schwingungsfelder des Licht-Wesens ebenso 'Unregelmäßigkeiten' im individuellen Schwingungsverlauf aufzuzeigen. Dieses ist eine 'Anpassung', die sich in den letzten Jahren deutlich verstärkt und beschleunigt hat – denn die Schwingungsfelder der Menschen haben sich durch die Wirkung der Erwachens-, Erweckens- und Aufstiegs-Impulse und damit beständig fortschreitender Frequenzerhöhung immer weiter in die Schwingungsfeldern der hohen Reiche gedehnt.

Die 'Anpassung' der Schwingungsfelder und die 'Unregelmäßig-keiten' im individuellen Feld bereiten dem Licht-Wesen Schwierigkeiten, so dass es sich immer wieder und immer häufiger zur Klärung der eigenen Felder in die hohen Reiche ‚zurückziehen muss' – und allein dieses Erfordernis trägt mehr und mehr 'reibende Trennungsimpulse' in die Lichtreiche hinein, die ausgeglichen werden (müssen) …

Die Dehnung der menschlichen Schwingungsfelder erzeugt vermehrte Spannung auf Erden, weil das Umsetzen durch praktiziertes Wirken der Menschen bisher ausblieb – und um dieses zu klären und die Spannung zu lösen, übergeben wir Übungen, die Dich in der praktischen Umsetzung anleiten.

Das bedeutet, dass bisher kaum feine Licht-Schwingungsfrequenzen mit 'glattem' Wellen-/Amplitudenverlauf im Menschen und auf Erden schwingen – und das bedeutet ebenso, dass Du mit diesem Wissen und der Annahme und im Umsetzen von diesem, Deine Licht-Schwingungsfrequenzen mehr als bisher glätten und gestalten kannst.

Und mit diesen Worten beende ich meine Botschaft und Engelsfürst Himalia wird die Übung dieser Woche übergeben.

Und so ist es.
AMEN"

"Ich bin Engelsfürst Himalia und trage die Feinheit mit meinem Licht im weiß-rosa-fliederfarbenen Schwingungsfeld zu Dir.

Und während sich Dein Begleiter der letzten Woche im weiß-perlmutt-farbenen Licht der Felder von Engelsfürst Grace nach den 7 Tagen vollbrachten Dienstes sanft aus Deinen Schwingungsfeldern löst, um in den Regenerations-Schwingungen sich einzufinden, die für die Engel-Begleiter in den Engelreichen bereitet wurden und werden, tritt ein Engelslicht aus meinem weiß-rosa-fliederfarbenen Schwingungsfeld zu Dir heran.

Ganz bewusst spüre, erfahre und erfasse dieses: Das Lösen aus Deinen Feldern des Engel-Begleiters der vergangenen Tage und sodann das Herantreten und Einschwingen in Deinen Feldern vom Engelslicht in meinem Licht.

Immer wieder, wenn Du Dich einfindest, um einen Engel-Begleiter vergangener Tage und Übung zu verabschieden, ihm Dank und Gruß zu entrichten, sei in Achtsamkeit, sei in Stille, sei in Präsenz mit Dir und dem Licht der Engel, die mit Dir sind – entzünde eine Kerze, lasse erklingen leise Musik, finde Dich ein an ruhigem Ort, erlaube keine Unterbrechung oder Ablenkung Dir... denn je bewusster Du das Lösen des Engel-Begleiters vergangener Tage und Übung vernimmst und das Herantreten des Engels-Lichtes für die weiteren 7 Tage im Licht und Frequenzfeld des Themas der nächsten Übung, wird Dir die Gegenwärtigkeit Deines Engel-Begleiters präsent sein – auch während Deines Tages... und verstehe, wie 'klein' und 'fein' der Unterschied im Einfinden mit Deinen Engel-Begleitern ist – und wie groß die Wirkung...

Und mit diesen Worten übergebe ich die Übung dieser Woche, die Dir die Kraft der Feinheit zeigt und das Potential der Wandlung darin:

20. Übung, 21. Woche, 1. Projektjahr – 'Feinheit'

Ich bin Engelsfürst Himalia und übergebe die Übung für diese Woche, während der das Engelslicht aus meinen weiß-rosa-fliederfarbenen Feldern mit Dir ist:

Fülle eine Schale oder Schüssel mit feinkörnigem Sand und siehe, wie Du und die Schale mit Dir erfüllt und durchdrungen sind vom weiß-rosa-flieder-farbenen Licht Deines Engel-Begleiters mit Dir – spüre diesen in seiner Feinheit und seine Schwingung mit Dir.

Sodann lasse rieseln den feinen Sand in Deinen Händen und durch Deine Finger – spüre die feinen Bewegungen der Sandkörner und wie diese fast ohne Widerstand über Deine Hände und Finger 'streicheln'. Verstärken kannst Du Dein Empfinden der 'Feinheit', wenn Du den Sand etwas erwärmst, so dass keine Kälte sich in ihm Dir zeigt...

Als weiteres nehme die Schale oder Schüssel, die mit dem Sand gefüllt ist und schüttle sie leicht hin und her, so dass der Sand sich in ihr setzt und die Sandkörner sich verdichten und ineinander sinken. Wenn Du dieses tust, bildet sich eine Form aus Sand in Deinem Gefäß und zeigt Dir eine stabile Oberfläche – deren Festigkeit und Kraft mögest Du nun spüren, indem Du Deine Hand oder Faust darauf drückst...

So siehe, spüre und erfahre, wie das, was als fein rieselnder Sand Dir zart durch die Finger strömte, sich nun in Festigkeit und Kraft zeigt – und verstehe, dass jede Feinheit ebenso Festigkeit und Kraft besitzt und Du diese hervorbringst durch Dein Wirken und Dein Tun...

Und so ist es.
AMEN"

21. Übung, 22. Woche, 1. Projektjahr - 'Verbinden'

"Ich bin Himmels-Bote Samuel, der Dir zur Seite steht, so wie Du das Buch zur Hand nimmst und diese Worte liest. Ich bin der, der den Licht-Bogen hält zwischen Engel-Reichen und Menschen-Erde, während der Monate des ersten Projektjahres im Engel-Frequenzen-Projekt und damit für all die, die sich zu dieser und späterer Zeit einfinden, um die Worte zu lesen und die Übungen zu vollbringen – zum Wohl und Heil von sich selbst und zum Wohl und Heil der Welt.

Gemeinsam mit den Engelsfürsten des Engel-Frequenzen-Projektes benenne ich für diese Woche das Thema 'Verbinden' – denn nach den Übungen der vergangenen Wochen, in denen es darum ging, dass Du die Kraft und Stärke in Weichheit, Sanftheit, Zartheit und Feinheit erkennst und in Dir spürst, gilt es in dieser Woche, in Dir zu verbinden:

Die 'getrennten' Räume der Weichheit, Sanftheit, Zartheit und Feinheit, die von den Schleiern Deiner Sicht und Deiner Gewohnheiten von Dir selbst 'getrennt' gehalten werden von Deinen inneren 'Räumen' der Kraft und der Stärke.

Zwischen diesen, bisher meist klar getrennten Räumen in Dir, haben wir Dich in den letzten Wochen angeleitet, Verbindungen zu erkennen und Verbindungen zu spüren – und dieses werden wir in dieser Woche weiter fortsetzen, indem wir Dich anleiten, die neu geschaffenen Verbindungen deutlicher wahrzunehmen, aktiv zu nutzen durch Deine freie Wahl, diese Verbindungen dadurch zu dehnen und Weichheit, Sanftheit, Zartheit und Feinheit vermehrt in Deinem Leben einfliessen zu lassen.

Um Neues in Dir zu stärken, ist es wichtig:

Neues in Dir bewusst zu machen
– denn nur das Bewusste vermagst Du aktiv zu stärken und durch Deinen Fokus und das Fliessen Deiner Energien in Dir deutlicher werden zu lassen...

Neues in Dir zu dehnen
– denn nur dann können wir Dir mit unserem Licht vermehrt zur Seite stehen... und

Neues in Dir zu weiten
– denn nur das Weiten der neuen Verbindungen erlaubt Dir, Neues auch zu leben und somit dessen Kraft in Dir zu mehren...

All das können wir Dir aufzeigen, können wir Dir erklären und Dich darin unterweisen – doch die Umsetzung unserer Worte und das Einfügen in Deinem Leben und Stärken in Deinen Feldern obliegt Deiner Wahl und Deines Wirkens. Kein anderer als Du selbst trifft Deine Wahl und gestaltet den Weg Deiner Entwicklung:

Daher ist es auch müßig, wenn Du auf einen günstigen Moment wartest, um mit Veränderung zu beginnen... denn immer wirst Du Müdigkeit oder Schwäche oder Ablenkung oder anderes Wichtiges 'finden', um günstigen Moment zu meiden...

Daher ist es auch unsinnig, wenn Du auf das Vollbringen anderer hoffst und Dein Warten damit begründest, dass Du Dich diesen dann vielleicht anzuschließen bereit sein wirst... denn so unverbindlich wie Dein Hoffen ist wird Deine Entscheidung, Dich anzuschließen und ebenfalls ins Wirken und aktive Verändern zu kommen, unverbindlich sein... und in Deinem 'Alltags-Trott' ohne Kraft vergehen.

Daher ist es auch ein Zeichen von Unbewusstheit – ja Frevel von allen, die darum wissen – wenn das Gestalten, Erschaffen und

Formen des Lebens auf Erden dem Wirken von feinstofflichen Wesen ohne physischen Körper zugeschrieben wird… und die Verantwortung für das Leben auf Erden gemieden und von sich gewiesen wird.

Jede Wahl, die Du triffst, mögest Du Dir bewusst machen und reflektieren ob Deiner Bereitschaft klar zu entscheiden, Veränderung hervorzubringen, selbst in die Tat zu kommen und mit Verantwortung das Leben zu gestalten.

Denn kein anderer als Du selbst trifft Deine Wahl und gestaltet den Weg Deiner Entwicklung! – und als Schöpfer, Erschaffer, Gestalter des Lebens auf Erden triffst Du ebenso die Wahl und gestaltest den Weg der Entwicklung für die Vielen und die vielen…

So trifft jeder Mensch die Wahl sich würdig zu erweisen vor sich selbst und seiner Absicht als göttliches, inkarniertes Wesen das Leben zu hüten, zu bewahren, zu lobpreisen… und dem Leben, allem Leben und jedem fühlenden Wesen den Ausdruck in Fülle, Freude und Frieden auf Erden zu bereiten, der allezeit in GOTTES ABSICHT war und ist…

… denn das ist es, was Dir obliegt, was in Deine Händen liegt und was ebenso in Deiner Verantwortung ist:

Du als Mensch auf Erden besitzt alles Wissen, alle Fähigkeiten, alle Kraft und Macht, die dafür erforderlich ist, um eine Welt in Fülle, Frieden und Freude zu erschaffen – und um dieses zu erkennen und Deine Fähigkeiten und Möglichkeiten einzusetzen zur Gestaltung Deines Lebens auf Erden, geben wir Dir unsere Worte, unsere Botschaften und geben wir Dir die Übungen, bei denen wir Dich begleiten und Dir zu Seite stehen…

Wir berichten Dir 'Neues' – zeigen Dir auf und mehren Dein Verstehen – und wir geben Dir Übungen, damit Du für Dich erfährst, erkennst und in Dir verwirklichst – denn nur mit Worten wurde noch niemals Veränderung erreicht – immer war es erforderlich, dass das Umsetzen im Wirken und das Gestalten des Lebens einbezogen wurde und ebenso geschah:

Denn nur gelebte Worte haben Kraft, nur offenbarte Worte zeigen Macht, nur verwirklichte Worte zeigen das Neue und mehren somit Friede, Freude und Fülle auf Erden.

Und ich kehre zurück zum benannten Thema dieser Woche, dem Verbinden, denn Du magst Dich fragen, warum ich 'Dein Warten', Deine Wahl und Dein Gestalten an dieser Stelle benenne, wo Weichheit, Sanftheit, Zartheit und Feinheit die Themen dieser Wochen sind und es um das Verbinden der Felder in Dir geht?

Der Grund ist, dass jedes Verbinden und Verweben in Dir, die benannten Themen ebenso mit erfassen mögen und werden, da alles miteinander verbunden ist (auch wenn Du immer wieder 'Mauern' in Dir baust) – und dass in Zeiten der Veränderung und Umsetzung neuer Impulse Du in Dir all das einbeziehst, was sich in Resonanz zeigt, was 'in einem gemeinsamen Raum / Feld' in Dir schwingt – und durch das Benennen bringen wir diese Resonanz, diese vermehrte Schwingung in Dir hervor.

So kannst Du Veränderungsimpulse in Dir spüren – und auch die Spannung in Deinen Feldern wird Dir erkennbar und will sich lösen...

... eine Spannung, die Du selbst Dir wieder und wieder kreierst... und während Du die Spannung spürst, betrachte Deinen Impuls, Dich von dieser 'abzu'wenden, so wie Du dieses aus der Sicht Deiner Wertung und inneren Trennung bisher meist getan hast ...

und als Neues mögest Du Dich zu der Spannung jetzt 'hin'wenden!

Denn in jeder Spannung ist auch viel Kraft enthalten, da Spannung gestaute und stockende Energien zeigt – und diese Energien mögest Du nun nutzen für Deine klare Wahl, Neues zu vollbringen... und verstehe, wie Du mit einer klaren Entscheidung die Felder in Dir verbindest, die Energien in Dir fliessen und Du Freiheit und Freude in Dir spürst. Und dass Du dieses mehrst und in Dein Leben trägst mit jeder Tat, die aus Deiner Entscheidung hervorkommt – und die im Einklang mit Deiner Verantwortung für Dich und das Leben auf Erden ist.

So findet Gestaltung statt! – So wird von Dir erschaffen und geformt, denn auf diese Weise verbindest Du Deine Felder, erkennst und nutzt Du Deine Kraft und findest in das Anwenden Deiner Fähigkeiten und Möglichkeiten als Mensch auf Erden.

In unserem Dienst für Dich und dem Betrachten der Entwicklung auf Erden haben wir erkannt, dass 'Warten trotz Wissen' das größte Problem / die größte Schwierigkeit der menschlichen Entwicklung auf Erden ist – daher werde ich, daher werden wir wieder und wieder die Veränderungsimpulse auch und gerade in Deine 'wartenden Felder' tragen...

Dieses vergegenwärtige Dir ganz bewusst, denn immer wenn Du Grenzen oder Trennung in Dir und Deinem Leben aufrufst, wendest Du Dich gleichzeitig von Heilung und Frieden ab – ganz einfach, weil diese niemals in getrennten Feldern sein können.

Du kennst aus Deinem Leben auf Erden, dass Konflikte und Kriege immer erst dann in Frieden geführt werden können, wenn wahrhaftiger Ausgleich geschieht und Grenzen und Trennungen vergehen. Wenn Menschen sich die Hand reichen und Gemeinsamkeit, Wertschätzung und Anerkennung erkannt und gelebt werden.

Und dieses gilt ebenso für Kriege, die Du auf Erden siehst, wie auch für Konflikte, die Du in Dir und auch Deinem Leben lebst... Frieden in Dir, in Deinem Leben und somit auf Erden wird niemals aus Abwenden, Ausweichen, Verleugnen und Vermeiden hervorkommen können... daher ist das Verbinden der Felder, das Fliessen der Energien von so großer Wichtigkeit und dabei werden wir Dich weiter anleiten.

Und mit diesen Worten beende ich meine Botschaft und Erzengel Raphael im grün-weißen Licht der Verbundenheit wird die Übung dieser Woche übergeben und Dich bei dieser begleiten.

Und so ist es.
AMEN"

"Ich bin Engelsfürst Raphael, der sich Dir im grün-weißen Licht zeigt. In meinen Feldern und meinem Licht kommt Ausgleich und Verbindung hervor – denn nur das, was verbunden ist, kann ausgeglichen werden – denn nur das, was ausgeglichen ist, kann Heilung und Frieden zeigen.

Und so tritt Dein Engel-Begleiter aus meinen Feldern zu Dir heran, während Engelslicht aus weiß-rosa-flieder-farbenem Feld sich von Dir löst.

Nehme wahr das grün-weiße Licht Deines Engel-Begleiters aus meinen Heerscharen und heiße ihn willkommen – sei bereit und sei offen, damit in Dir und in Deinen Feldern das grün-weiße Licht der Verbindung durch Deine Wahl und Deinen Willen in Dir wirken kann.

Und mit diesen Worten übergebe ich die Übung dieser Woche:

21. Übung, 22. Woche, 1. Projektjahr - 'Verbinden'

Ich bin Engelfürst Raphael, der im grün-weißen Licht des Ausgleichs ist und ich bringe durch die Verbindung der Felder Ausgleich und Heilung hervor.

In dieser Woche finde Dich an drei Tagen dreimal und an vier Tagen zweimal mit Deinem Engel-Begleiter ein – wähle frei die Tage der Woche, an denen Du dreimal oder zweimal Dich für ein Treffen entscheidest und in die Einkehr mit Deinem Engel-Begleiter gehst – doch wähle klar und wähle verbindlich, an welchem Tag Du welches wählst und teile dieses Deinem Engel-Begleiter mit. Die Wahl ist die Deine und die Verantwortung der Einteilung Deiner Zeit in Verbindlichkeit ebenso.

Für die Übungen dieser Woche mögest Du eine Schale bereitstellen, in die Du für jede Einkehr Wasser und etwas Salz gibst und während Du die Übung vollbringst, wird sich das Salz mit dem Wasser verbinden und sich in diesem lösen – und dafür kannst Du Deine Hand im Wasser bewegen.

Während jeder Einkehr, entzünde eine grüne Kerze, die Du auf weißen Grund stellst und erlaube keiner Ablenkung Dich zu stören. So Du wünschst, kannst Du die Kerze wieder und wieder entzünden für die Zeiten der Einkehr, bis zur Neige sie gebrannt ist, bevor Du eine neue grüne Kerze wählst – oder eine neue entzünden für jedes Treffen mit Deinem Engel-Begleiter und sie brennen lassen, bis sie zur Neige geht.

Gehe in die bewusste Öffnung und Verbindung mit Deinem Engel-Begleiter, so dass Du spüren kannst, wie das grün-weiße Licht seiner und meiner Felder in Dich fliesst und in Dir ist. Sodann beobachte, wie Du Dein grün-weißes Licht darin erkennst und sich dieses in Dir bewegt – beobachte, ohne zu werten und ohne 'zu teilen' – vielmehr erlaube dem grün-weißen Licht, sich völlig frei in Dir zu bewegen und in Dir zu schwingen... in und mit Deinem Körper, in und mit Deinen Körpern, in und mit Deinen Feldern...

Je mehr Du in der Offenheit und in dem Schwingungsfeld des grün-weißen Lichtes bist, desto mehr wirst Du beobachten können, wie das Licht sich frei in Dir bewegt und auch dort beginnt zu fliessen, wo bisher noch Stocken, Weichen oder ‚Vorbeifliessen' war... doch dieses wird Dir nur gelingen, so Du in den Qualitäten von Weichheit, Sanftheit, Zartheit und Feinheit mit Dir bist.

Auf diese Weise verbindest Du: Durch Deine Wahl und Nutzen Deines grün-weißen Lichtes Deine Felder in Dir... und bringst hervor, was Du wählst und was Du sodann im Wirken zeigst – denn Veränderung gelingt Dir dort, wo Du Deiner Wahl Taten folgen lässt und wo Du Deine Absicht im Wirken kund tust... und in Dir verbindest und in Dir Neues erschaffst.

Am Ende der Übung betrachte, nimm wahr und erkenne die Verbindung, die Wasser und Salz Dir zeigen – und wie oft Du dieses bereits sehen konntest und Dein Erkennen bisher ausblieb – und wie Du nun zu jeder Zeit, so Wasser und Salz in Verbindung Dir begegnen, Du Dich der Botschaft und dieser Übung erinnern kannst, um zu lernen und um Neues zu erschaffen – in Deiner Sicht, in Deinem Verstehen und in Deinem Leben.

Daher danke dem Wasser und danke dem Salz, wie auch Deinem Engel-Begleiter für diese Lektion und das Erkennen, das sich darin für Dich zeigt und leere die Schale, damit für die nächste Einkehr Du Dir diese neu bereitest mit Wasser und mit Salz und im grün-weißen Licht.

Und so ist es.
AMEN"

22. Übung, 23. Woche, 1. Projektjahr - 'Lebensfreude'

"Ich bin Samuel – Himmels-Bote Samuel, der die Botschaft der Woche im Engel-Frequenzen-Projekt übergibt, so wie ich meine Worte Woche für Woche übermittle, damit Du Neues für Dich erkennst, annimmst, verwirklichst und lebst...

Und in der Verbindung mit den Engelsfürsten des Projektes, die jede Botschaft der Woche mit ihren Worten, ihrem Licht und ihrem Sein begleiten, Dir eine Übung für die praktische Umsetzung übergeben, wähle ich das Thema der Woche und benenne die 'Lebensfreude' für diese.

Und ich beginne damit, Dir über Lebensfreude zu berichten, so wie wir diese wahrnehmen in unseren Reichen und wie wir diese betrachten in den Feldern auf Erden:

In unseren Reichen ist Lebensfreude stets zugegen und im beständigen Ausdruck – denn Leben ist und Freude ist:

Leben ist durch GOTTES WILLE und so wie GOTTES WILLE ist, sind auch wir, die Wesen des Lichtes zu jeder Zeit. Freude ist, wo Leben fliesst und sich ausdrückt ... und weil wir Licht sind und Licht fliesst und schwingt und Ausdruck hervorbringt, sind wir, die Wesen des Lichtes, zu jeder Zeit im Fliessen – so sind wir Leben und sind wir Freude und sind wir Lebensfreude – und Lebensfreude ist...

Auf Erden gilt ebenso: Lebensfreude ist dort, wo das Licht fliesst... doch die Schwierigkeit in der Dualität beginnt bereits mit Deiner Betrachtung des Wortes – denn Du trennst 'Leben' und 'Freude'... Du glaubst, dass 'Leben' möglich ist, ohne das gleichzeitig auch 'Freude' ist... Du definierst 'Leben' für Dich und Du benennst 'Freude' – an dem, was ich Dir über Lebensfreude in unseren Reichen beschrieb kannst Du erkennen, dass Lebensfreude i s t ! … und dass Leben und Freude gleichermaßen im Fliessen des Lichtes sind und daher 'Leben' gleich mit 'Freude' ist.

Wenn Du jedoch 'Leben' benennst, betrachtest Du 'lebendige Materie' – Du blickst auf die (äußere) Form, ohne auf das Licht zu blicken. Während die Form in Deiner Wahrnehmung jedoch ohne Bewegung sein kann, ist Licht i m m e r im Fliessen, im Austausch, in Wandlung…

Das bedeutet, dass Du bereits in Deinem Blick auf die äußere Form trennst und einteilst in Materie und in Licht – in feste Form und fliessende Bewegung. Aufgrund dieser Trennung vermagst Du auch auf 'Leben' zu blicken, ohne das Fliessen des Lichtes, ohne die 'Freude' darin ebenso zu erkennen – eine Sichtweise, die uns unmöglich ist, denn wir sind Leben, wir sind Freude, wir sind Frieden, wir sind Licht… wie ich Dir bereits beschrieb…

… und wie ich Dir ebenso bereits beschrieb, bist auch Du ein Wesen des Lichtes, das einfach nur 'vergessen' hat ein Wesen des Lichtes zu sein – und das Vergessen hältst Du aufrecht, indem Du trennst, wertest, unterteilst und urteilst …

Daher übergeben wir Dir Worte für Dein Verstehen und Dein Erkennen – damit Du Dein Vergessen 'vergisst', damit Du Dein Werten 'überwindest', damit Du das von Dir Getrennte 'ver-bindest' – denn auf diese Weise wird all das auf Erden sein, was Du in unseren Reichen 'weisst' und Dir ebenso für Dich und Dein Leben wünschst: Freude, Frieden, Fülle, Freiheit, Liebe, Licht…

Und wir benennen die Lebensfreude als das Thema der Woche, damit Du Dein Trennen betrachtest, damit Du Dein Werten erkennst und damit Du Deine Wahl neu wählst! … – weil all das Genannte vermagst Du zu verändern, vermagst Du zu gestalten und neu zu formen – und dabei werden wir Dich weiterhin leiten und begleiten:

Denn jeder Schritt in Bewusstheit, in Erkennen, in Verstehen – jeder Schritt, der der Deine ist, muss von Dir gegangen werden.

Jede Trennung, die Du hervorgebracht hast und die Spannung in Dir zeigt – jede Trennung, die die Deine ist, muss von Dir ‚verbunden' werden.

Jede Wertung, die Du Dir erlaubst und die einteilt, die unterteilt, mit der Du Ungleichheit benennst – jede Wertung, die die Deine ist, muss von Dir 'überwunden' werden.

Kein anderer als Du, vermag Deinen Schritt zu gehen, vermag Trennung und Wertung 'von Dir zu nehmen' – denn solange Du Mensch bist, obliegt Dir die freie Wahl, die GOTTES GEBOT für Menschen ist. Und solange es Deine Wahl ist zu trennen und zu werten, wirst Du mit dieser Wahl Deinen Weg gestalten und Schritt in Bewusstheit bleibt aus.

Während ich Dir in dieser Woche von der Lebensfreude berichte, damit Du Deinen Blick auf Lebensfreude wandelst, erinnere Dich der Engels-Chöre und dass Du keinen Engels-Chor vor Augen hast, der stumm nur steht... und dieses, weil die Engels-Chöre dem Fliessen des Lichtes Ausdruck geben und im Vibrieren, Schwingen und Klingen jubilieren und das Leben feiern. – So ist niemals Still-Stand, sondern immer und beständig fliessendes Sein.

Und an diese Stelle möchten wir ergänzen, dass auch ein Chor auf Erden die 'Stille einer Pause' im Fliessen des Lichtes mit Leben füllt / trägt – und jeder gute, weise Lehrer wird dieses vermitteln an jeden, der Stimme für Gesang erhebt... wie auch gesprochenes Wort damit belebt...

Und so betrachten wir Dein Streben nach Freude in Deinem Leben auf Erden ... und wie Du danach trachtest die Freude zu mehren.

Und während Du bisher nach Freude gestrebt hast ohne das ‚Leben', ohne das Fliessen des Lichtes, ohne das Schwingen der Felder, ohne das Singen der Chöre einzubeziehen, erahnst Du bereits, dass im Fliessen, Schwingen und Klingen Deine Wahl für neue Sicht enthalten ist.

Und mit diesen Worten ende ich für heute und werde fortsetzen meine Botschaft der Lebensfreude in der nächsten Woche – denn nach und nach gilt es für Dich zu verstehen und zu erkennen – nach und nach in Deinem Leben neu zu wählen und neu zu gestalten – denn ohne Wahl und neues Gestalten werden meine Worte verklingen ohne Wirkung in Dir und ohne Wirkung auf Erden...

Und um Dir zu dienen in Deiner Wahl und im neuen Gestalten geben wir Dir die Übung dieser Woche, die Erzengel Gabriel übergeben, leiten und begleiten wird.

Und so ist es.
AMEN"

"Ich bin Engelsfürst Gabriel, der Erzengel der Klarheit und der Kraft, der Dir dient mit meinen Heerscharen, die im kristall-weiß-klaren Lichte sind.

Und während sich der Engel-Begleiter der letzten Tage aus Deinen Feldern löst, tritt das Engelslicht aus meinen Heerscharen zu Dir heran, das sich bereit gefunden hat für diesen Dienst mit und bei Dir zu sein für die Dauer der 7 Tage, die wir während der Übung dieser Woche mit Dir sind.

Und ich übergebe meine Worte an Dich und für Dein Erkennen und das Mehren der Lebensfreude in Dir:

22. Übung, 23. Woche, 1. Projektjahr - 'Lebensfreude'

Ich bin Engelsfürst Gabriel, der Erzengel der Klarheit und der Kraft, der mit Deinem Engel-Begleiter aus meinen Heerscharen und im kristall-weiß-klaren Licht meiner Felder mit Dir ist.

An jedem Tag der Woche mögest Du Dich – einmal zumindest – einfinden mit Deinem Engel-Begleiter, einem Glas Wasser und einer weißen Kerze.

Nutze Dein Engels-Glas im Engel-Frequenzen-Projekt, sofern dieses klar und ungetrübt wohl ist, ansonsten wähle weiteres Glas und führe darüber hinaus fort das Trinken von Wasser aus Deinem Engels-Glas von Tag zu Tag...

Fülle das Glas mit klarem Wasser und entzünde die weiße Kerze – sodann erlaube Dir, das Licht Deines Engel-Begleiters zu spüren und das Fliessen des Lichtes in diesem und in Dir. Lasse dabei und damit Deinen Atem fliessen, damit Du Deinen Körper, der verdichtetes Licht in der Materie ist, deutlicher als bisher während der Übung spürst.

Sodann halte das Glas zwischen Kerze und Auge, so dass Dein Blick das Licht 'hinter' und 'durch' das Wasser sieht. Bewege das Glas, so dass Du die Farben des Regenbogens darin vernimmst und öffne Dich innerlich für das Singen der Chöre, die in den Engel-Reichen jubeln und das Leben lobpreisen.

Gebe Dir selbst die Zeit, Dich innerlich zu öffnen und ganz weich und sanft und zart und fein und weit zu werden... – lasse das Jubeln der Chöre in Dir schwingen und erklingen, während Du das Licht der Kerze durch das Wasser betrachtest und in Dir und durch Dich fliessen lässt.

Wenn Du auf diese Weise im kristall-weiß-klaren Licht bist und offen für das Fliessen bist, wirst Du Freude wohl empfinden und Dankbarkeit ob des Lebens, das Du bist und das ist...

Um die Zeit der Übung zu beenden, trinke das Wasser aus dem Glas, nimm die Klarheit und die Farben und das Schwingen in Dir auf und spüre, wie die Freude in Dir fliesst, so wie das Wasser Teil Deines Körpers und Schwingungsfeldes wird / ist.

Sei dankbar, sei Freude, sei Leben ... und betrachte und wähle ... mit Freude und mit Leben...

Und so ist es.
AMEN"

23. Übung, 24. Woche, 1. Projektjahr - 'Lebens-Freude'

"Ich bin Samuel, der Himmels-Bote, der im ersten Projektjahr die Schirmherrschaft hält und den Lichtbogen spannt zwischen Himmel und Erde im Engel-Frequenzen-Projekt und ich berichte Dir in der Verbindung mit den Engelsfürsten des Projektes von der 'Lebens-Freude'...

Du magst Dich wundern, dass nachdem ich Dir in der letzten Woche Deine Trennung aufgezeigt habe von Leben und Freude und Du während der Übung danach gestrebt hast, diese in Dir zu verbinden, das Wort Lebensfreude in dieser Botschaft der Woche 'getrennt' ich 'schreibe' und benenne mit Lebens-Freude.

Dieses mag Dich wundern, wenn Du dazu neigst eine Aufgabe als 'erledigt' zu betrachten oder beiseite zu legen als 'unvollbringbar für Dich', wenn eine bestimmte Zeit vergangen ist, wenn das benannte Ziel (noch) nicht erreicht wurde oder auch wenn Dir jemand davon berichtet, dass anderes von größerer Wichtigkeit sei oder auch das Angestrebte als Aufgabe zu groß oder zu großartig, zu schwer oder zu schwierig, zu auf-wendig oder zu unwichtig und nicht des Aufwandes und Deines Einsatzes wert sei ... Du selbst kennst die Gründe gut, die Dich dazu verleiten eine Aufgabe beiseite zu legen... und gar zu gerne folgst Du diesen Gedanken, die Dir Ablenkung, die Dir Erklärung, die Dir ‚Entschuldigung' gleichermaßen sind, um unvollbracht zu lassen, was in Deinen Händen lag und liegt...

Das Schreiben von Lebens-Freude mag Dich wundern, wenn Du das Werk für vollbracht gehalten hast... doch weil wir Dir mehr geben als einen Impuls, der Dich erfreut und der Dich ‚beschäftigt' und Dir Deine 'Hingabe und Deinen Dienst beweist', weil wir Dir mehr geben als eine Idee, die sodann wieder vergeht, setzen wir fort unser Beschreiben der Lebens-Freude und Lebensfreude, damit Freude in Dir, damit Freude in Deinem

Leben, damit Freude im Leben, damit das Leben auf Erden Freude ist...

Denn mehr als jemals zuvor haben wir uns im Engel-Frequenzen-Projekt versammelt in der Absicht, Dich zu lenken, zu leiten, zu führen – nicht nur in Deiner Sicht und Deinen Ideen, in Deinen Gedanken und Visionen, sondern ebenso in Deinem Fühlen und Deinem Handeln, Deinem Wirken und Deinem Tun!... denn es geht um Veränderung, es geht um Wandlung auf Erden und die wird nur hervorkommen, sofern die Menschen, die sich involvieren und hingegeben diesem Ziel, nach Inspiration ihrer Gedanken, Ideen und Sicht auch ebenso ihre Taten und neues Wirken folgen lassen – und darin werden wir Dich weiter anleiten und ich Dir mit meinen Worten berichten.

So betrachten wir die Lebens-Freude und (be-)schreiben diese: 'Leben, Bindestrich, Freude' ... und während Du in den letzten Tagen eine erste, noch wankende, schwankende, unstete Brücke in Dir gebaut hast, um Leben und Freude in Deinem Verstehen und Empfinden zu verbinden, schreiben wir nun mit Bindestrich, um Dir die Verbindung weiter zu verdeutlichen und nach und nach das Verstehen und Empfinden von Lebensfreude tiefer in Dir zu verankern. Denn es wird in Deinem Leben keine Veränderung geben, sofern Du nur während der Übungen die Wirkung unserer Worte betrachtest und das Integrieren in Deinem Leben ohne die erforderliche Aufmerksamkeit und Deinen fokussierten Willen verfolgst. Denn wie ich, Himmels-Bote Samuel, bereits wiederholt beschrieb wird die Veränderung auf Erden von Menschen hervorgebracht und bedarf des aktiven T u n s von Menschen wie Dir um zu geschehen...

Somit ist jedes 'Abhaken' eines benannten Themas, einer Lektion als 'erledigt' oder vollbracht zu jeder Zeit ein menschlicher Irrtum! Denn die Sichtweise, dass ein Thema vollbracht sei, kommt nur aus der Trennung hervor und dieses werde ich Dir weiter beschreiben:

Jedes Thema, so wie wir diese im Engel-Frequenzen-Projekt benennen, zeigt Trennung, Grenze, Urteil, Spannungsbogen, Leid, Krankheit, … im Leben auf Erden.

Jedes Thema ist mit Allem und Allen verbunden und in Wechselwirkung, so dass kein Thema in vollendete Heilung (= EINHEIT) geführt werden kann, ohne dass dieses gleichermaßen ebenso jedes andere Thema der Dualität auf Erden betrifft.

Jedes Thema, das geklärt, ausgeglichen, geheilt ist / wäre… wird das Paradies auf Erden zeigen und Ausdruck gelebter EINHEIT (in der Dualität) offenbaren, da EINHEIT immer alles beinhaltet, ohne Grenzen, ohne Urteil, ohne Trennung ist – in Allem und Allen wirkt und in Allem und Allen IST.

Daher mögest Du verstehen, dass jedes Thema und somit jede Übung, die wir bisher benannten 'kein Ende hat', sondern zu jeder Zeit Dir weiterhin Impuls und Kenntnis vom Verstehen, Begreifen, Erfassen und Leben des L e b e n s auf Erden übermittelt…. Und sofern Du Thema für Thema betrachtest und vollbrachte Übung sodann als 'erledigt' im Weiteren unbeachtet lässt, trennst Du, unterteilst Du, spannst Schleier Du – in Dir, in Deiner Sicht, in Deiner Wahrnehmung… und diese Schleier sind die Deinen und wirken in Dir…

Weil Du in der Dualität auf Erden lebst, benennen wir Thema nach Thema, geben Dir Übung nach Übung – und auch wenn es Dir erscheinen mag, als würden wir verschiedene Themen beschreiben, geht es doch zu jederzeit 'nur' darum, Dir die verschiedenen Ausdrucksformen der Dualität, der Trennung aufzuzeigen, die Du durch Deine Wahl auf Erden lebst… mit der Du durch Deine Wahl das Leben auf Erden gestaltest, kreierst, erschaffst und formst...

Wir wissen um die Verbindung von Allem und wir haben erfahren, dass es nur Deine Sicht ist, die Thema von Thema trennt und den Licht-Bogen, der alles verbindet und alles vereint, unbeachtet lässt und somit Dich aus dem KOSMISCHEN SCHWINGUNGSFELD GOTTES herausnimmst durch Dein Urteil, Deine Wertung, Deine trennende Sicht... wo ein Herausnehmen niemals sein kann...

Und so halte ich den Licht-Bogen zwischen Himmel und Erde für die Energien des ersten Projektjahres und beschreibe Dir dessen 'Existenz', dessen Wirkung und mein, wie auch Dein Sein darin...

Mit diesem ende ich für diese Woche und Erzengel Jophiel wird die Übung der Woche begleiten und mit seinem sonnengelben Licht mit Dir sein.

Und so ist es.
AMEN."

"Ich bin Erzengel Jophiel, der die Lebens-Freude ist – so wie ich Freude bin, so wie ich Leben bin, so wie ich im Sonnengelb strahle, leuchte, vibriere, offenbare, schwinge und klinge... und mit Dir bin in diesen Tagen der Übung, die Dich tiefer noch in das Erleben und Erfahren der Lebens-Freude führt.

Und so tritt Dein Engel-Begleiter der letzten Woche aus den Heerscharen Gabriels beiseite, löst sich aus Deinen Feldern und findet sich ein in den Feldern der Regeneration, die in den Engel-Reichen gewoben wurden für die Engelslichter, die den Dienst der Liebe und des Lebens vollbringen und mit den Menschen auf Erden sind im Engel-Frequenzen-Projekt, das Hoffnung schenkt, das Richtung weist, das Licht offenbart, das Bewusstsein schafft, das den Licht-Bogen zeigt...

Entrichte Gruß, entrichte Dank und erlaube Dir, ganz im Hier und im Jetzt und in der Gegenwärtigkeit zu sein, damit das Heraustreten Deines Begleiters der letzten Woche und das Herantreten Deines Begleiters für diese Woche in Bewusstheit und Achtsamkeit, in Öffnung und Bereitschaft, in Freude und in Lebendigkeit geschieht...

... und aus meinen Heerscharen tritt Dein Engel-Begleiter der nächsten 7 Tage zu Dir heran, schwingt sich ein in Deinen Feldern, um mit seiner ganzen Kraft, seinem präsenten Licht, seiner Hingabe und im Dienst mit Dir zu sein...

Und so übergebe ich Dir meine Worte und die Übung dieser Woche:

23. Übung, 24. Woche, 1. Projektjahr - 'Lebens-Freude'

Jeden Tag finde Dich einmal zumindest in der Stille und Ausrichtung mit Deinem Engel-Begleiter ein. Nimm einen Gong oder eine Glocke Dir zur Hand und entzünde eine gelbe Kerze jeden

Tag – entzünde diese in dem Bewusstsein, das Licht der Freude zu entzünden – das Licht der Freude, das im Leben ist. Und spüre das sonnengelbe Licht Deines Engel-Begleiters, der in diesen Tagen mit Dir ist.

Betrachte die Flamme und siehe auf und in den gelben Kerzenschein – betrachte das Tanzen, die Bewegung des Feuers und spüre die Lebendigkeit und Freude darin. Passe Dich innerlich dem Tanzen der Flamme an, so dass Du die Bewegung der Flamme als Bewegung des Lichtes in Dir spürst.

Sodann schlage Gong oder läute Glocke und nehme das Vibrieren und das Klingen vom Klang in Dir wahr – und sodann verbinde die Bewegung des sonnengelben Lichtes in Dir mit dem Vibrieren, Schwingen, Klingen … so dass Du das Vibrieren, Schwingen und Klingen in der Bewegung des Lichtes wahrnimmst, erkennst, 'erinnerst' und spürst…

Denn Licht ist Schwingen, Klang ist Klingen, Freude ist Vibrieren, alles ist Bewegung und Fliessen im Licht… und dieses gilt es für Dich wieder zu spüren und Dir bewusst zu machen.

Wiederhole das Schlagen des Gongs und das Läuten der Glocke, während Du der Bewegung der Flamme im Schwingen und Klingen folgst – sei weich, sei frei, sei offen, sei fein, sei sanft, sei weit, sei zart, sei Schwingen, sei Klingen, sei Licht…

Und damit Du dieses Empfinden mehr und mehr in Deinem Leben nutzt und einfliessen lässt, mögest Du immer wieder im Verlauf des Tages das Schwingen und Klingen des sonnengelben Lichtes in Dir vernehmen und spüren – und lernen dessen Wirkung in Deinen Gedanken und Deinen Gefühlen zu erkennen – und Du mögest betrachten wie das Schwingen und Klingen des sonnengelben Lichtes in Dir sich als Impuls zeigt und Handlung,

Wirken, Tun hervorbringt, so wie Du dem Impuls des sonnengelben Lichtes in Dir Folge leistest und die Freude in Dir lebst.

Das was Du betrachtest und erkennst, mögest Du notieren jeden Tag und auch niederschreiben, in welchen Situationen Du die Wirkung selbst erlebst. Des Weiteren ist die Zeit gekommen, dass Du beginnst, Dich während Deines Tages immer wieder Deines Engel-Begleiters zu erinnern und sein Schwingen und Klingen im sonnengelben Licht wahrzunehmen und zu spüren – und Dir zu vergegenwärtigen, dass jederzeit Du mit Begleitung bist, dass jederzeit Anleitung und Leitung wir Dir geben und jederzeit Unterstützung und lichtvoller Dienst in Hingabe und Liebe mit Dir ist.

... immer wieder vergegenwärtige Dir den Dienst, die Hingabe, die Liebe Deines Engel-Begleiters dieser Woche und führe dieses weiter fort mit den Engellichtern, die in den kommenden Wochen mit Dir sind – denn Dankbarkeit kommt daraus hervor – Dankbarkeit, die Dich öffnet, die Dich weitet und Deine Grenzen 'erweicht' ... und so Neues in Dir sich zeigt ... im sonnengelben Licht der Freude, das des Lebens und das Leben ist.

Fühle Dich ganz durchdrungen...
fühle Dich ganz durchschwungen...
fühle Dich ganz durchklungen...
fühle das Licht...
fühle die Farbe...
fühle Dich...

Und so ist es.
AMEN"

24. Übung, 25. Woche, 1. Projektjahr - 'LebensFreude'

"So bin ich, Himmels-Bote Samuel zugegen, um die Botschaft dieser Woche zu übergeben und zu Dir zu tragen mit dem Licht der Engelsfürsten, die mit ihren Heerscharen Teil und Anteil im Engel-Frequenzen-Projekt haben und halten und gemeinsam abgestimmt benenne ich das Thema dieser Woche 'LebensFreude'.

Und erneut findest Du Deine Sicht irritiert, Dein Denken angeregt, Deine inneren Grenzen spürbar... so hoffen wir... denn das Schreiben von LebensFreude mit großem L und großem F ist außerhalb der Schreibweise, wie Du diese gelernt hast und wie dieses für richtig gehalten wurde und wird...

Nun magst Du Dich fragen, warum schreibe ich die LebensFreude auf eine Weise, die Dich irritiert, die Dich fragend macht und Dich auch innerlich 'ungehalten' stimmt ... ist doch das 'ver--kehrte' Schreiben in der Regel außerhalb der Toleranz Deines Empfindens beim Lesen.

So betrachte das Wort LebensFreude und reflektiere in Ehrlichkeit in Dir, was Deine Gedanken Dir an Bildern und Urteilen zeigen, sofern Du eine Menschenhand hinter geschriebenen Wort vermuten würdest, geschrieben als LebensFreude ... und welch Fülle an Bildern und Urteilen sich direkt in Dir zeigt und auch in Deinen emotionalen Feldern schwingt...

Daher schreibe ich Lebensfreude als LebensFreude in dieser Woche, damit Du Gelegenheit zur Betrachtung Deiner Gedanken, Deiner aufsteigenden Wertungen, Bilder und Urteile, wie auch Deiner verknüpften auftauchenden Gefühle hast... denn in der Betrachtung wirst Du über Dich selbst und von Dir lernen können ...

Und ist es nicht erstaunlich, dass diese Reaktion der Gedanken, Wertungen, Bilder und Urteile Du wieder und wieder in Dir spürst, wenn LebensFreude Du liest?

Und wie diese Reaktion erst nach und nach vergeht, so wie Du immer wieder auf LebensFreude blickst in dem Bestreben, dass kein Urteil, Erzürnen, Unbehagen mehr in Dir ist?

Die Lektion darin ist das Erkennen Deiner Muster, das Verstehen Deiner Verknüpfungen von Gedanken, Bildern und Urteilen und dem mitschwingenden emotionalen Feld... und die Unfreiheit darin.

Kannst Du erahnen, wie häufig am Tage Du ein Wort, einen optischen Eindruck, eine Situation erfährst, die Gedanke, Wertung, Bild und Urteil in Dir anregt und Du dann aufrufst, o h n e dass Du diese in ihrer Begrenzung und Deiner Unfreiheit erspürst? – sondern dass vielmehr Gewohnheit und bekannte Spuren und Verknüpfungen Dich dazu verleiten, Deine (innere) Reaktion als 'normal', in Ordnung, als vertraut und auch angemessen zu halten?

Und erahnst Du an der Fülle von Worten, Eindrücken, Situationen Tag für Tag, die Wertung, Bild und Urteil in Dir bewirken wie sehr Bewusstwerdung und Bewusstheit vonnöten sind, um Wandlung in Deiner Sicht, im Denken, Fühlen und Handeln hervorzubringen?

...

In diese Bewusstwerdung, die so dringend erforderlich ist für das Leben der Menschen auf Erden, führen wir Dich mit unseren Botschaften und Übungen Woche für Woche und Schritt für Schritt.

Wir führen Dich mit unseren Worten, wir bieten Dir das Erkennen an, wir offenbaren Dir den Weg und die Weisheit auf diesem, wir begleiten und wir bereiten Feld, Schwingung und das Licht... und doch bedarf es Deiner Bereitschaft, Deines Betrachtens, Deines Annehmens, Deines Verstehens, Deines Anwendens, Deines Wirkens und Deines T u n s ' damit das Wort das wir geben sodann auch auf Erden als Wirkung sichtbar werden kann, ... damit der Weg, den wir offenbaren und weisen, als Weg der Hoffnung für die Menschen sich zeigt...

... denn jeder Weg, der Dir aus lichten Reichen für Menschenwohl gewiesen wird, erstrahlt nur soweit hell im Licht, wie Du und weitere Menschenseelen mit Menschenwille diesen auch erkennst und Dir zu eigen machst durch Annahme und Anwenden gleichermaßen...

Die vielen Gewohnheiten, bekannten Spuren und unzählige Male wiederholten Verknüpfungen in Dir, prägen Deinen Weg, gestalten Dein Leben und weisen Dir Deine Zukunft in Unfreiheit, Enge, Starre und Leid...

... und daher geben wir Dir Wort zur Klärung und zum Erkennen und geben wir Dir Unterstützung, Begleitung und Beistand zu jeder Zeit... denn es bedarf Deiner klaren Absicht, Deines gefestigten Willens und Deiner steten Bereitschaft, um nach und nach die Gewohnheiten zu erkennen, die bekannten Spuren zu entdecken und die Unfreiheit zu spüren...

In Verlauf der Wochen und Monate, die Du mit uns an Deiner Seite die Schritte Deiner Entwicklung gehst, wirst Du anfangs die Enge, Starre und Unfreiheit viel deutlicher verspüren, um Dich sodann nach und nach daraus zu lösen...

... so wie Erkennen in Dir ist, so wie Du Dein 'Spiel' verstehst, so wie Du Bewusstheit mehrst, so wie Du im Wirken bist, so wie Du im T u n Dich zeigst...

Mit diesen Worten ende ich für heute und Erzengel Jophiel wird die Übung dieser Woche anleiten und begleiten, so wie er dieses in der letzten Woche bereits für Dich vollbrachte und getan...

Und so ist es.
AMEN"

"Ich bin Jophiel, der Erzengel der Freude, der im sonnengelben Licht des Lebens mit Dir ist und Dich begleitet…

… und während das Engelslicht aus meinen Heerscharen, das in der letzten Woche mit Dir war sich aus Deinen Feldern löst, entrichte Dank, entrichte Gruß …

… und sodann heiße willkommen mit Dir das Engelslicht aus meinen Heerscharen, das zum Vollbringen seines Dienstes für die nächsten 7 Tage an Deine Seite tritt.

Die Lebensfreude ist ein kraftvolles Feld, in dem das Leben, in dem die Freude schwingt – und so wie Du in den letzten Wochen die Lebensfreude mehr und mehr in Dir hast schwingen, klingen, vibrieren, tanzen … wirken lassen, mögest Du dieses in Dir nun nutzen für die Übung dieser Woche, die ich Dir mit meinen Worten übermittle:

24. Übung, 25. Woche, 1. Projektjahr - 'LebensFreude'

Ich bin Erzengel Jophiel, aus dessen Heerscharen ein Engel-Begleiter in diesen Tagen mit Dir ist und jederzeit das Schwingungsfeld des sonnengelben Lichtes der Lebensfreude aufrecht hält – in Deinen Feldern und in Deinem Sein.

In diesem Bewusstsein mögest Du die Übung der letzten Woche wiederholen Tag für Tag und dabei das Vibrieren, Schwingen, Klingen von Licht und Klang noch tiefer in Dir ankommen lassen. Und dieses verbinden mit einem inneren Ton, den Du sodann in Dir selbst klingen und schwingen lässt.

Diesen Ton rufe immer wieder am Tage in Dir auf – besonders auch in den Momenten, in denen Du das Aufrufen von Gewohnheit, alter Spur, von Urteil, Bild und Wertung in Dir spürst und in

Erinnerung der Worte, die Himmels-Bote Samuel in dieser Woche für Dich schrieb.

Dieses dient Deiner Bewusstwerdung der Grenzen, die Du wieder und wieder aufrufst und Dich mit diesen beengst – und dieses dient der Klärung dieser... denn so wie Leben schwingt, wie Freude klingt, wie Licht pulsiert, brechen alte Mauern und bersten starre Grenzen von Urteil, Wertung, Bild in Dir...

In diesem Sinne sehe, spüre und erkenne Grenze, Urteil, Bild und Unfreiheit in Dir – und wähle mit dem Ton des sonnengelben Lichtes, den Du in Dir erklingen lässt, neue Freiheit, neues Leben, neues Land...

Und so ist es.
AMEN"

25. Übung, 26. Woche, 1. Projektjahr - 'Lebensfreude'

"Und so bin ich, Himmels-Bote Samuel zugegen, um Dir die Worte dieser Woche zu übergeben zum Thema 'Lebensfreude' und dieses benenne ich in der Verbindung mit den vielen Engelsfürsten, die im Engel-Frequenzen-Projekt zugegen sind und mit ihren Worten und ihrem Licht Dich begleiten während der Tage der Übungen.

Während ich das Thema erneut benenne mit Lebensfreude, spüre in Dir nach, in welcher Form, auf welche Art und Weise Deine innerliche Reaktion sich in Dir zeigt und erlaube Dir die ehrliche Betrachtung, damit Du über Dich in Dir selbst lernst… denn wie ich bereits beschrieb, gebe ich Dir Worte zum Erkennen in Dir selbst und Worte zum Verstehen von Dir selbst…

… denn nur das, was Dir bekannt ist von Dir, was Dir bewusst ist in Dir und was Du in Dir verstanden hast von und über Dich, wirst Du verändern und wirst Du wandeln können… daher ist es von Wichtigkeit, dass Du immer wieder und immer öfter in Dir reflektierst, Dich selbst betrachtest und Dich erkundest – und von und über Dich lernst … um sodann den Weg Deiner Entwicklung bewusst in Dir zu gehen …

… und so wie Du den Weg mit uns, den Engeln des Lichtes im Engel-Frequenzen-Projekt gehst, indem Du Dich einfindest mit uns, indem Du einen Engel-Begleiter zu Dir bittest Woche für Woche, indem Du die Übungen des Lichtes vollbringst, die wir Dir übergeben und während denen wir mit Dir und an Deiner Seite sind… gehen wir mit Dir, begleiten wir Deinen Weg, bereiten wir die Gaben Dir zu dienen, weben wir die Felder Dir zur Unterstützung, singen wir die Lieder Dir zu Ehren, feiern wir das Fest der Freude und des Lebens – schwingen wir im Klang der Lebensfreude…

... der Lebensfreude, die allumfassend ist, die allerorten fliesst, die allzugegen klingt.... und so sind wir mit Dir im Fliessen, im Klingen, im Schwingen, in Lebensfreude jederzeit – mit Dir...

Und so ist es!
... so wie ich benenne Thema, so wie ich übermittle Wort, so wie ich vollbringe Weisung, so wie ich übergebe Lehrung und so wie ich offenbare die Hoffnung, die darin ist...

... und so ist es...

... und ich fahre fort mit Deiner Betrachtung und Deinem Spüren von Deiner Reaktion beim Nennen vom Thema dieser Woche:

Lebensfreude
- ist es ein Frohlocken, dass die Lebensfreude wieder Thema ist?
- ist es wie ein Seufzen, dass wir Dich anleiten, mit diesem Thema Dich schon wieder zu beschäftigen?
- ist es ein innerliches Grummeln, weil Du lieber weitergehst als erneut und wieder Lebensfreude und Dich in dieser zu betrachten?
- ist es Offenheit und Freiheit und Bereitschaft, Dich von uns leiten und führen zu lassen auf und bei Deinem nächsten Schritt?
- ist ein innerliches Fragen in Dir, was wohl der Grund für erneutes Nennen von Lebensfreude als Thema dieser Woche ist?
- ist es Neugierde, was Weiteres über Dich und (Deine) Lebensfreude Du erkunden und erfahren wirst?
- ist es ein Gefühl von Schwere und Schuld, weil Du glaubst, dass 'besseres' Vollbringen der Übung und dem Tun uns den Raum eröffnet hätte, ein neues Thema zu benennen?
- ist es Vertrauen in Deinen Weg mit uns?
- ist es der Eindruck, dass Du die letzten Schritte zu wiederholen hast?

- ist Unzufriedenheit in Dir?
- ist es eine Mischung von einigen oder all diesen Genannten? …

Blicke ehrlich und betrachte … und lerne, immer wieder während Deines Tages ehrlich zu blicken und ehrlich zu betrachten – in Dir Dein Denken, das Aufrufen Deiner Bilder, Dein Werten, Dein Fühlen und Dein Sein…

Und so wie Du dieses ehrlich betrachtest, vermagst Du dieses neu zu verstehen, neu zu erkennen und neu zu nutzen in Dir – und mit diesen Worten ende ich für diese Woche und Erzengel Jophiel wird die Übung dieser Woche leiten und erneut mit Dir und den anderen sein, die im Engel-Frequenzen-Projekt sich erkennen, sich formen, sich zeigen, sich einbringen, sich verändern und wandeln…

Und so ist es.
AMEN"

"Ich bin Erzengel Jophiel, der im sonnengelben Licht der Lebensfreude klingt, schwingt, strahlt und ist…

Und erneut löst sich Dein Engel-Begleiter der letzten Woche aus Deinen Feldern und Engelslicht aus meinen Heerscharen tritt zu Dir heran, um in diesen Tagen der Woche und der Übung mit Dir zu sein, Dir zu dienen mit seinem Licht, sich Dir zu offenbaren mit seiner Hingabe, mit Dir zu schwingen in der Liebe, in der das Engelslicht zu jeder Zeit und allumfangend mit Dir ist... und mit diesen Worten benenne ich die Übung dieser Woche:

25. Übung, 26. Woche, 1. Projektjahr - 'Lebensfreude'

Ich bin Erzengel Jophiel und das Engelslicht aus meinen Heerscharen im sonnengelben Licht der 'Lebensfreude' ist mit Dir und schwingt voll Freude und voll Leben, um Dir zu dienen und mit Dir zu sein.

Und so finde Dich 3 Mal am Tage in dem Bewusstsein ein, dass Dein Engel-Begleiter mit Dir ist – nehme das sonnengelbe Licht der Lebensfreude in Dir wahr… sodann stelle Dich in der Verbindung mit Deinem Engel-Begleiter und in dem Bewusstsein des sonnengelben Schwingungsfeldes aufrecht hin und erlaube Dir, das Schwingungen und Klingen des sonnengelben Vibrierens in Dir zu spüren und finde Klang in Dir mit Deinem Ton – dem inneren Ton, den Du in der letzten Woche bereits verknüpft und verwoben hast mit Deinem Empfinden und Deinem Spüren der Resonanz in Dir.

Soweit Du es dienlich findest, entzünde eine gelbe Kerze, schlage Gong und läute Glocke, während Du mit dem Rücken zur Sonne Dich wendest und in Dir erinnerst die Übung der 23. Woche und verweile in dem Empfinden, Schwingen und Klingen der Übung für einige Minuten.

Sodann drehe Dich einen Schritt zur Sonne hin und erinnere Dich der Übung der 24. Woche. Erneut spüre die Resonanz des Lichtes dieser Übung in Dir, so wie Du diese Tag für Tag vollbracht hast...

Nach einigen Minuten drehe Dich einen weiteren Schritt in dieselbe Richtung und zur Sonne hin und erinnere Dich dem Spüren, Empfinden, Erfahren und Tönen der letzten Übung, die Du in der 25. Woche täglich für Dich getan...

Erlaube Dir einige Minuten des Spürens und inneren Vibrierens und lasse erklingen Deinen inneren Ton, während Du nun zur Sonne Dich wendest und Schwingen, Klingen, Tönen in Dir ist ...

... in diesem Klingen und Schwingen verbleibe für einige Minuten, während Du das sonnengelbe Licht in Dir und durch Dich strömen lässt.

Sollte es Dir unmöglich sein die Sonne zu erblicken, nutze eine Lichtquelle anderer Art, sei es eine Kerze oder eine Lampe, die Dir für diese Übung dient.

Zu jeder Zeit wisse Deinen Engel-Begleiter im sonnengelben Licht mit Dir und spüre, dass er im Vibrieren, im Schwingen und Klingen gemeinsam mit Dir ist. Wichtig ist erneut, um die Schwingungsfrequenzen in die Materie zu tragen, zu kanalisieren und Samen des Lichtes zu legen, dass Du das Tönen in Dir erklingen lässt und Dich in diesem spürst, als würden Deine Zellen selbst im Schwingen erklingen...

Während Du Schritt für Schritt Dich drehst, erlaube Dir von Mal zu Mal Dich der jeweiligen Worte Samuels zu erinnern und spüre, wie die 'Lebensfreude' sich in Dir mehrt, in Dir aufsteigt, durch Dich strömt, in Dir vibriert, in Dir klingt und schwingt!

Wenn Du die Übung im Stehen beginnst, mit dem Rücken zur Sonne, wende Deine Schritte der Drehung das eine Mal in linke Richtung und das nächste Mal in die rechte Richtung... Erlaube Dir zu spüren, welche Richtung Dir leichter erscheint und beginne in Dir zu erkunden das 'Warum?'...

... sodann wiederhole die Übung in den Tagen öfters in der Richtung, die Dir schwerer wohl erscheint – damit alle Deine Felder in 'Lebensfreude' strahlen und alle Deine Felder 'Lebensfreude' sind.

So mehrt sich und wird Dir bewusst, die Lebensfreude in Dir – und erneut ergeht die Aufforderung an Dich Deinen Tag in dieser Schwingung zu gestalten und aufzuschreiben Deine Erfahrungen für Dich und mit Dir.

Und so ist es.
AMEN"

26. Übung, 27. Woche, 1. Projektjahr - 'Zerstreuung'

"Geliebter Mensch auf Erden, ich bin Samuel – Samuel, der Himmels-Bote, der die Schirmherrschaft über das Engel-Frequenzen-Projekt im ersten Projektjahr hält und über all die Felder, die in diesem Projektjahr gewoben, erschaffen, geformt und verankert werden…

… und in der Verbindung mit den Engelsfürsten, die die Übungen der Wochen im Engel-Frequenzen-Projekt übergeben und begleiten, übermittle ich meine Worte und benenne das Thema dieser Woche: 'Zerstreuung'.

Aus Deinem Leben auf Erden kennst Du verschiedene Ausdrucksformen der Zerstreuung und diese möchte ich – gemeinsam mit Dir beleuchten und betrachten, damit Du für Dich erkennst, was Zerstreuung ist, wie Zerstreuung wirkt und auf welche Weise sich Zerstreuung auch in energetischen Feldern zeigt…

Beginnen wir damit, das Streuen selbst zu betrachten und wo es Dir in Deinem Leben auf Erden begegnet:

Streuen kennst Du als ein Verteilen von vielen kleinen Teilen oder Anteilen – dieses praktizierst Du immer wieder, wenn Du z.B. Salz über Deine Speise gibst, um leichter diese miteinander zu vermischen…

Streuen erlaubt den Pflanzen ihre Saat und Samen zu verteilen, wie auch dem Bauern oder Gärtner neue Frucht in die Erde zu geben.

Streuen kennst Du auch vom Brechen des Lichtes, so dass die Farben des Regenbogens sichtbar werden. Auf diese Weise wird erkennbar im Streuen, was in der Bündelung (des Lichtes) unsichtbar war.

Streuen kennst Du aus dem Tierreich, wenn einige Tiere ihre Gruppierung für einige Zeit lösen, um dem Fokus anderer Arten zu entgehen.

Und ich setze fort mein Wort und beschreibe das Streuen in Dir:

Das Streuen von Deinen Gedanken, von Deiner Aufmerksamkeit, von Deinem Fokus, führt immer wieder dazu, dass Du Dein Werk unvollbracht lässt, bzw. dass Dein Werk unvollbracht vergeht...

Betrachten wir Deine Gedanken wie ein dickes Tau, das aus vielen dünnen Fäden geformt und gedreht ist. Solange die Fäden im Tau gebündelt sind, hat dieses viel Kraft und Halt – mit einem Tau, in dem die Fäden 'ausgerichtet' sind, vermagst Du schwere Lasten zu heben.

Wenn jedoch die Fäden ihre Form verlieren und streuen, also die 'Ordnung der Gemeinschaft' und ihre gleichmäßige Ausrichtung, ihren gleichgerichteten Verlauf verlieren, vergeht auch die Kraft und der Halt vom Tau.

... für Deine Gedanken bedeutet dieses, dass mit dem Streuen Deiner Gedanken Du Dir Deine mentale Kraft und deren Wirkung nimmst, bzw. nehmen lässt.

Dieses möchte ich Dir weiter beschreiben, damit Du die Wirkung vom Streuen der Gedanken, von der Zerstreuung tiefer erfasst und verstehst...

... denn wie ich bereits beschrieb, bedarf es Deines Erfassens und Verstehens, Deines Begreifens und Erkennens, und sodann Deines Annehmens und Umsetzens, um Veränderung und Wandlung in Dir und somit auf Erden hervorzubringen...

So erlaube Dir diese Gedanken:

Weil alles miteinander verwoben und verbunden ist, bist Du über Deine Gedanken(bahnen) in Wechselwirkung mit den Gedanken anderer Menschen und auch mit den Gedanken(bahnen) des Menschheits-Kollektivs.

Unbewusste Gedanken folgen (ebenso wie Elektrizität und wie das Fliessen eines Stroms) dem Bestreben nach dem 'Weg des geringsten Widerstandes'. Dieser findet sich dort – in den Bahnen – wo viele Menschen-Gedanken fliessen und in einer Richtung schwingen... dieses bedeutet, dass Du mit all Deinen unzähligen unbewussten Gedankenfeldern in den Gedankenbahnen des Kollektivs schwingst und es Deiner bewussten Wahl, Deiner Entscheidung, Deiner Absicht, Deines Fokus, Deines aktiven Wirkens bedarf, um Deine Gedanken außerhalb der Kollektivbahnen zu führen, zu lenken, zu leiten...

Jeder (neue) Gedanke in Dir, der 'allein' gedacht wird, den Du also ohne Verbindung zu anderen Gedanken(gängen) in Dir formst, hat wenig Kraft in sich und wird besonders leicht in Wechselwirkung mit und 'Fliessrichtung' der Kollektivbahnen gezogen – denn die Bewusstseins-Schwingung im Menschheits-Kollektiv ist eine trennende Sichtweise und gestreute Gedanken sind 'voneinander weichende' und immer wieder auch 'voneinander getrennte' Gedanken – und weil gleiche Schwingungs--muster leichter miteinander in Resonanz gehen, fügt sich 'einzelner' (getrennter) Gedanke leicht in das Gedanken-Menschheits-Schwingungsfeld ein... um das zu vermeiden, bedarf der klaren und steten Absicht, Ausrichtung und Achtsamkeit im Menschen, um als 'einzelne Gedankenbahn' außerhalb der Kollektiv-Schwingungs-Bahnen zu verbleiben.

Wenn Du Deine Gedanken jedoch bündelst und Dich in Deinem Fokus und Deiner Absicht klar auf ein Ziel ausrichtest, vermagst Du diese (leichter) außerhalb der Kollektivbahnen zu halten.

Aus dieser Sicht betrachten wir nun Zerstreuung des Menschen und im Menschen auf Erden – und so frage ich Dich:

... ha(tte)st Du jemals geglaubt, dass Zerstreuung Dir beim Erreichen Deiner Ziele dient, dass Zerstreuung Dir beim Streben nach Erkennen und Erwachen hilfreich sei?

... ha(tte)st Du Dir wahrhaft (in Wahrhaftigkeit) glaubhaft zu machen versucht, dass Erkennen und Erwachen ohne die innere Arbeit der Klärung und Bewusstwerdung Deiner Gedanken, Glaubenssätze und Strukturen möglich wäre?

... ha(tte)st Du Dich davon überzeugen können oder Dich davon überzeugen lassen, dass Veränderung und Wandlung zu erlangen sei, o h n e zur meisten Zeit mit Deinem Denken und Wirken außerhalb des (Bahnen des) Kollektivs zu sein?

... ha(tte)st Du Dir eingeredet oder Dir einreden lassen, dass ein, bzw. das 'Licht-Arbeiter-Feld' sich außerhalb des Kollektiv-'Feldes' befände? – und dieses auch, wenn die innere Arbeit von Vielen unvollbracht blieb und die einteilenden Gedankenmuster und Glaubenssätze in beiden 'Feldern' die 'Basis-'Schwingungsrichtung sind und somit die Resonanz und Wechselwirkung beider 'Felder' ausgeprägt und wirkungsvoll ist?

... ha(tte)st Du bisher Deine Impulse und auch inneres Streben nach Zerstreuung erkundet, um die Ursache und Absicht, das Ausweichen und Vermeiden darin zu verstehen? – und nach dem Verstehen wandeln zu können?

... und vermagst Du zu erkennen, wie sehr die benannte Sicht die 'Prägung' und den Verlauf der Kollektiv-Bahnen in Dir, Deinen Gedanken und Deinem Verhalten offenbart?

Blicke ehrlich … und erkenne und verstehe in Dir, damit Du verändern und damit Du wandeln kannst, damit Du Freiheit findest und Neues (er-)schaffst.

Und ich – Samuel, der Himmels-Bote, der der Schirmherr vom Engel-Frequenzen-Projekt im ersten Projektjahr ist – beschreibe Dir, dass Deine Gedanke in der 'Zerstreuung' sich zeigen wie die Fäden eines Taus, das Form und Halt verliert.

Weil Deine Gedanken, wie jede Form von fliessender Energie, danach streben sich zu verbinden, auszutauschen und 'auszugleichen', wird ein 'einzelner' Gedanke (,Faden') – da ohne große Kraft in sich – nach Anpassung an Kollektiv-Bahnen streben… sofern Du keine Wahl, Entscheidung, Absicht trägst, hast, nutzt und lebst, die Anpassung verhindert…

Sobald Du Dir Unbewusstheit eines 'einzelnen' Gedanken erlaubst, wirkt die Resonanz mit den kraftvollen Kollektiv-Bahnen.

Was also kannst Du tun?

Eines nannte ich bereits: Du vermagst Deine Gedanken zu bündeln, so dass der Einfluss der Resonanz mit den Kollektiv-Bahnen sich mindert.

Du kannst wählen Deine Gedanken mit der Kraft Deiner Gefühle zu stärken.

Du hast die Wahl Deine (gefühlsgestärkten) Gedanken durch das Umsetzen im Wirken und im Tun zu kanalisieren, zu verankern und zu leben – und ihnen mehr Halt, Kraft und Richtung in Dir selbst zu geben.

Aus Deiner Erfahrung weißt Du, dass Du auf vielerlei Weise angeregt wirst, ja angeleitet wirst, Deine Gedanken zu zerstreuen und immer wenn Du diesen Impulsen Folge leistest, verlierst Du die Kraft und den Halt in Dir... angeregt und angeleitet zur Zerstreuung wirst Du von Dir selbst(!) wie auch von dem, was 'im Außen' an Dich herangetragen wird.

Und in dieser Woche betrachten wir die Impulse zur Zerstreuung (Deiner Gedanken) in Dir:

Wenn Du Deine Gedanken schweifen lässt, streuen sie sich und zerfliessen – in dieser Unverbindlichkeit wirst Du keinen Fokus und keine klare Absicht halten können.

Wenn Du Dich in Traumwelten begibst – und dabei ist es unwichtig, ob diese Traumwelten nur in Dir schwingen, ob Du Dich in die Traumwelt eines Computerspiels begibst oder der gegaukelten Realität beim Fernsehen verfällst – geht Dir Ausrichtung und Fokus leicht verloren.

Wenn Du mit Rausch- oder Genussmitteln Dich beruhigst oder betäubst, egal ob dieses Nikotin, Alkohol, LSD, psychogene Drogen oder auch entsprechende Medikamente sind, trübt sich Deine Sicht und somit die Fähigkeit Deine Gedanken außerhalb der Kollektiv-Bahnen zu halten... da dieses nur durch bewusste Wahl und klare Absicht gelingt.

Wenn Du Dir den Rausch der Emotionen erlaubst, in Ängsten, Rage oder Hysterie Dich verlierst, wirst Du kein Bewusstsein für das Meiden der Kollektiv-Bahnen mehr aufrecht halten.

All das Genannte – und noch mehr – führt dazu, dass Du in Deinen Gedanken zerstreut und diese sich in Kollektiv-Bahnen einfinden. Und all das Genannte hat niemals mit Bewusstwerdung oder Bewusstheit zu tun, mit Selbsterkenntnis, Erwachen oder einem Dienst im Licht… denn jede Zerstreuung, die Du in Dir aufrufst und lebst, prägt Deine Felder mit den 'Bahnen', so wie diese im Kollektiv sich zeigen. Aus diesem Grund wird es mit j e d e r Wahl gegen Deine Klarheit und entgegen Deinem 'Ziel' und Deiner Absicht schwieriger, die Kollektiv-Bahnen wieder zu verlassen.

Trügerisch ist daher der Glaube, dass Du Dich 'unbeschadet' in die Kollektiv-Bahnen betten könntest, denn i m m e r bestätigst Du auf diese Weise die kollektiven Bahnen als die Deinen und m e h r s t somit deren Resonanz in Dir… so dass das 'Austreten' und Deine eigene Wahl zu nutzen schwieriger und schwieriger Dir dann nur noch gelingt. Ebenso prägt es Deine Felder und Bahnen, wenn Du Dir immer wieder 'Ausnahmen' erlaubst, während denen Du Dich in Kollektiv-Bahnen treiben lässt und zu anderen Zeiten mit viel Kraftaufwand das Halten außerhalb kollektiver Bahnen in Perfektion zu vollbringen versuchst.

Sinnvoll und das Ziel des Erwachens, wie auch des GOTTES Dienstes erreichend, ist die stete Achtsamkeit für die Bahnen Deiner Gedanken, ist die klare Absicht für den Fokus, den Du für Dich erwählst, ist die Bewusstwerdung und das Nutzen Deines Potentials durch Bündelung der Gedanken-Fäden zu -Bahnen selbst in Dir.

Dieses gilt es in dieser Woche für Dich zu begreifen, zu erfassen, zu verstehen und in der Übung der Woche in die Tat zu bringen – und Engelsfürst Fahamael wird die Worte übergeben und die Übung auch begleiten… so wähle weise und wähle in Absicht, die Übung zu vollbringen zur Klärung und zur Bewusstwerdung Deiner Gedanken-Bahnen in Dir.

Und so ist es.
AMEN"

"Ich bin Engelsfürst Fahamael, der im creme-gelben Licht meines Feldes mit Dir ist. Ich übermittle Gleichklang und Sammlung – und wenn mein Schwingungsfeld auch voller Sanftheit ist, trägt es doch eine große Kraft in sich und vermag mein Licht vieles zu bewirken, da in der Sammlung die Wirkung des Lichtes sich zeigt und alles 'Dunkle' weicht.

Achtsam und mit Bedacht löst sich Engelslicht der letzten Woche aus Deinen Feldern, während Engelslicht aus meinen Heerscharen sich auf Dich zubewegt. Entrichte Gruß, entrichte Dank dem Engelslicht der letzten Tage, das seinen Dienst des Lichtes mit Dir tat, voller Hingabe und Liebe an Deiner Seite war und sich nun einfindet in den Feldern der Regeneration, die für die Engel-Begleiter im Engel-Frequenzen-Projekt gewoben und gehalten werden... und während Dein Engel-Begleiter in diese Felder fliesst, mache Dir bewusst das Wirken der vielen, vielen Engelscharen, die die Felder der Regeneration weben und durch ihr präsentes Licht, ihren Gesang und ihren 'Flügelschlag' zugegen sind.

Entrichte Gruß, entrichte Dank dem Engelslicht aus meinem Felde, das sich eingefunden hat mit Dir zu sein für die nächsten 7 Tage der Übung, die Du nun vollbringst und das nun an Deine Seite tritt, um jeden Schritt mit Dir zu gehen, den Du Deines Weges gehst in dieser Woche und in meinem creme-gelben Licht.

Dein Engel-Begleiter dieser Woche wird im creme-gelben Licht der Sammlung Dir zur Seite stehen, während Du Zerstreuung in Dir und Deinem Leben betrachtest. Dieses, weil Du mit dem Blick auf Zerstreuung (und somit im Zerstreuungs-Schwingungsfeld, das Du durch Deinen Blick auf Zerstreuung in Deinen Feldern aufrufst) nur schwerlich die stete Ausrichtung und klare Absicht würdest aufrecht erhalten können, so wir Dir keinen 'Ausgleich' ebenso übermitteln würden.

Und so ist Dein Engel-Begleiter zugegen, damit Du in dem Schwingungsfeld der 'Sammlung' Dich verankert fühlst und die Zerstreuung in Dir und Deinem Leben betrachten und erkennen kannst – und damit Du verstehst, wann und wie Du Zerstreuung auf so vielerlei Weise in Dir aufrufst, nährst, belebst und Dich in dieser einfindest – denn Deine freie Wahl ist jederzeit zugegen.

Und mit diesen Worten übergebe ich die Übung dieser Woche:

26. Übung, 27. Woche, 1. Projektjahr - 'Zerstreuung'

Zweimal am Tage finde Dich ein, um in Sammlung mit Deinem Engel-Begleiter zu sein. Spüre sein Licht, spüre sein Sein und nimm wahr das creme-gelbe Licht der Sammlung, das dieser zu Dir trägt und bei Dir hält.

Nehme ein Tau, ein Seil zur Hand und betrachte dessen Ende, an dem Du mit Deiner Hand die einzelnen Fäden des Seils erspüren mögest. Erlaube Dir in jedem Faden einen Deiner Gedanken zu erkennen und wie das Tau / Seil Form und Halt verliert, so wie Du die Fäden voneinander 'trennst'.

Erlaube Dir in Dir zu spüren, wie Du den Halt in Deinen Gedanken 'verlierst', wie Dir vielleicht 'luftig-leicht' und 'wolkig' in Deinem Kopf wird oder auch leichter Schwindel sich zeigt.

Immer wieder mache Dir bewusst Deinen Engel-Begleiter an Deiner Seite, der im Schwingungsfeld der Sammlung mit Dir ist und Dich darin unterstützt, dass Du die Fäden Deiner Gedanken betrachtest, ohne dass Du Dich in der Wolkigkeit, im Schwindel, in der 'Ziellosigkeit' verlierst.

Wichtig ist in dieser Woche und Übung, dass Du beginnst zu verstehen, dass Du die Zerstreuung in Dir wahrnehmen und spüren kannst – damit Du mehr als bisher im Verlauf Deines Tages dieses erkennst und in der Verbindung mit Deinem Engel-Begleiter die Sammlung aufrufst, um stete Absicht und klare Ausrichtung zu halten.

Sodann bündle die Fäden des Taus, indem Du diese wieder zusammenfügst und umeinander windest, damit Verbundenheit und Verwebung dem Tau die Festigkeit und den Halt geben, die dieses ursprünglich besaß.

Wenn Du die Übung in der Ausrichtung auf die 'Betrachtung Deiner Gedanken' vollbringst, wirst Du an dieser Stelle spüren, wie sich Dein Fokus wieder klärt, wie Dein 'Kopf sich befreit' und weniger Durcheinander der Gedanken in Dir ist.

All dieses wird sicht- und spürbar Dir im Trennen der Fäden und der anschließenden Bündelung dieser im Tau oder Seil in Deiner Hand.

Zu Deiner Unterstützung mögest Du eine cremefarbene oder gelbe Kerze entzünden, an deren Seite Du Dich niederlässt für die Zeit der Übung. Dieses wird Dir erleichtern, die Präsenz der Absicht in der Übung aufrecht zu erhalten und weniger im Feld der Zerstreuung Dich 'zu verlieren'.

Diese Übung bedarf Deiner Offenheit, Deiner klaren Absicht und Deiner Hingabe an Dich und das Erfahren, wie auch Erkennen der Zerstreuung – so wie Du diese wieder und wieder während des Tages in Dir aufrufst und Dir diese erlaubst...

Im Verlauf des Tages mögest Du in dieser Woche danach trachten das Empfinden der Zerstreuung wahrzunehmen und zu erkennen. In Achtsamkeit mit Dir zu sein und durch das Erinnern des Bündeln der Fäden am Ende des Taus, das diesem Festigkeit, Ausrichtung und Halt dann gibt, Deine Gedanken zu klären und immer wieder Dich auf diese Weise selbst aus der Zerstreuung zu führen.

Dein Engel-Begleiter, der in dieser Woche mit Dir ist, wird zu jeder Zeit das Feld der Sammlung mit/bei/'in' Dir halten und Dir auf diese Weise wundervolle und kraftvolle Unterstützung zuteil werden lassen.

Nutze die Gaben, die die Deinen sind, nimm an das Licht, das wir bereiten, erlaube das Wirken Deines Engel-Begleiters mit Dir, damit Du für Dich verstehst, damit Du in Dir klärst, damit Du Dich erkennst und neue Wege in Dir gehst – in Sammlung, in Klarheit, in Absicht – im Fokus des Lebens, der mehr und mehr sich Dir nun zeigt und zeigen wird.

Und so sei es.
AMEN"

27. Übung, 28. Woche, 1. Projektjahr - 'Ablenkung'

"Ich bin Himmels-Bote Samuel, der Schirmherr des Engel-Frequenzen-Projektes im ersten Projektjahr und ich benenne das Thema dieser Woche in Abstimmung mit den Engelsfürsten, die die Übungen übergeben und begleiten Woche für Woche, so wie sie sich einfinden und bereitstehen, um den Dienst an und mit Dir, an und mit den Menschen zu vollbringen – und so ist 'Ablenkung' das Thema und mit dieser ergänzen und erweitern wir die Botschaft der letzten Woche, in der es um die Zerstreuung ging und wie Du diese in Dir hervorrufst.

Mit Ablenkung benennen wir in dieser Woche die Zerstreuung, deren Ursache und 'Herkunft' Du im Außen suchst und findest ... und wir betonen das 'Suchen und Finden', da Du die Ablenkung selbst benennst und aufrufst. Und dieses werde ich Dir in dieser Woche näher beschreiben, damit Du für Dich erkennst, wann und wo Du 'Ablenkung' aufrufst und wann und wo Du Ablenkung als solche als Grund benennst.

Und ich beginne damit, Dir aufzuzeigen, dass Du das benannte Thema der letzten Woche Zerstreuung viel mehr mit seiner Ursache und Herkunft in Dir selbst siehst – und dass Du aufgrund dieser Sicht die Bereitschaft zur Veränderung sehr viel leichter in Dir finden kannst und konntest... dass Du jedoch beim Thema Ablenkung viel schneller / bereiter / leichter Dein Unvermögen benennst, diese zu beeinflussen oder auch diese 'zu meiden'.

Ablenkung scheint Dir zu begegnen, wenn äußeres Geschehen Dich dazu verleitet Deine Aufmerksamkeit von dem abzuwenden, womit Du Dich gerade beschäftigst – egal ob in Deinem Denken, Fühlen oder Handeln.

Wichtig ist zu verstehen, dass ein 'äußeres Geschehen der Ablenkung' nur dadurch 'Macht' über Dich hat, weil Du Dich dafür öffnest und weil Du Dich den Gedanken, Gefühlen oder den Handlungen der Ablenkung anpasst. Anpassung geschieht, wenn Du Deine mentalen und / oder emotionalen Felder auf die Ablenkung ausrichtest und Dich auf und in die Felder der Ablenkung einschwingst.

Weil dieses jedoch nur geschieht, soweit Du in der Bereitschaft und Öffnung dafür bist, benennen wir die Ablenkung als Zerstreuung im Außen – und die Wirkung in Deinen Feldern ist ebenso gegeben, wie bei dem, was ich Dir zum Thema Zerstreuung in der letzten Woche benannte.

Jeder von Euch weiß und hat selbst schon häufig erfahren, dass das, was Dir selbst leicht als Ablenkung dient, einem Mitmenschen von Dir in der Hinsicht gar keine Schwierigkeiten zu machen vermag. Das liegt dann ganz einfach daran, dass der andere Mensch keine Bereitschaft und Offenheit zeigt, sich auf das 'angebotene' Feld der Ablenkung einzuschwingen und sich in dieses hineinziehen zu lassen.

Um Klarheit und Gegenwärtigkeit in Deinem Geist und in den Gedanken zu erlangen, bedarf es Deiner bewussten Wahrnehmung, wann und wodurch Du Ablenkung erfährst und wann und wodurch Du Dich in ein Feld der Ablenkung hineinziehen lässt, bzw. Dich in dieses begibst.

Und so wird es diese Woche darum gehen Dir die Ablenkung, der Du 'aufliegst' bewusst zu machen und Deine Kraft und Deine Macht zu nutzen um das Einschwingen in das Feld der Ablenkung zu unterlassen. Dieses beginnt damit, dass Du die Verantwortung für Deine Wahl wahrnimmst und auch übernimmst, das Feld der Ablenkung entweder aufzurufen und zu betreten oder dieses 'vorbeiziehen' zu lassen in der Entscheidung, dass Du Deine jeweils gegenwärtige Ausrichtung oder Tätigkeit fortführst.

Mit dem, was Du in der letzten Woche über Zerstreuung gelernt hast, was Du mit der Übung im Lichte von Erzengel Fahamael für Dich bereits verstehen und klären konntest und was Du bereits an beständiger Ausrichtung gemehrt hast, mit all dem wird es Dir verständlich sein, dass – wenn Du in Dir Zerstreuung erlaubst – Du besondere Bereitschaft für Ablenkung ebenso zeigen wirst – denn die gestreuten Felder zeigen sich besonders anfällig für das Einschwingen in ein dargebotenes Feld, wie es Dir in jeder Ablenkung begegnet.

Und mit diesen Worten ende ich für heute und übermittle Dir meinen Gruß – in Verbundenheit, in Ausrichtung und in der Liebe, in der ich mit Dir bin.

AMEN."

"So bin ich, Engelsfürst Fahamael, erneut zugegen, um im creme-gelben Licht meines Feldes in der Sammlung mit Dir zu sein.

Und ich berufe den Engel-Begleiter der letzten Tage aus Deinen Feldern zurück, damit dieser Einkehr hält in den Feldern der Regeneration – und rufe einen Engel-Begleiter für den Dienst an Deiner Seite, so wie sich dieser in den Schwingungsfeldern meines Lichtes für Dich zeigt.

Entrichte Gruß, entrichte Dank sowohl dem Engelslicht, das von Dir sich löst, wie auch dem Engel-Begleiter, der für die nächsten Tage mit Dir ist und sich nun einfindet in der Verbindung und Verbundenheit mit Dir.

Und ich übergebe die Übung dieser Woche:

27. Übung, 28. Woche, 1. Projektjahr - 'Ablenkung'

Ich bin Engelsfürst Fahamael und bin in meinem creme-gelben Licht und so auch Dein Engel-Begleiter mit Dir.

Für die Übung dieser Woche nehme Gong oder Klangschale zur Hand und dazu lege etwas Sand bereit. Den Gong lege auf ein festes Kissen, so dass der Rand nach oben zeigt und eine flache Schale formt. Die Klangschale stelle ebenso bereit.

Entzünde eine Kerze und erlaube Dir, im creme-gelben Licht ganz in der Sammlung zu sein – öffne Dich mit Blick in die Kerzenflamme für das Schwingungsfeld Deines Engel-Begleiters und spüre, wie Du durch die Sammlung, die Dir Dein Begleiter offenbart mit Deinem Fokus und Deiner Ausrichtung ganz auf die Flamme Deiner Kerze ausgerichtet bist.

Sodann schlage Gong, lasse erklingen die Klangschale und während das Metall in Schwingung sich zeigt, lasse etwas Sand mittig in die Schale, bzw. in den Gong rieseln. Beobachte genau, wie die einzelnen Sandkörner tanzen und sich im Schwingen des Tons bewegen. Sei mit Deiner Achtsamkeit zugegen, mit Fokus, mit Absicht, mit Bereitschaft – so als würde 'Deine Welt' nur an dieser Stelle (im Gong, in der Klangschale) wichtig und bedeutsam sein... wenn Du diese Übung mit Hingabe und in Ausrichtung vollbringst, wirst Du beobachten können, wie alles andere als unwichtig um Dich herum 'versinkt' und für die Zeit der Übung außerhalb Deiner Wahrnehmung ist.

Immer wieder während des Tages, wenn Du Ablenkung erkennst, erinnere Dich der tanzenden Sandkörner und halte Deinen Fokus in Absicht gerichtet auf das, was Du als Dein Werk zu der Zeit benennst und vollbringst.

Notiere Dir von Tag zu Tag, wie Dein achtsames Tun sich im Umgang mit Ablenkung wandelt ... und wo und wann und wie Du immer wieder die Übung und das Aufrufen von dieser für Dich nutzt.

Und so sei es.
AMEN"

28. Übung, 29. Woche, 1. Projektjahr - 'Ausweichen'

"Geliebter Mensch, ich bin Himmels-Bote Samuel, der Schirmherr des Engel-Frequenzen-Projektes im ersten Projektjahr und ich benenne das Thema dieser Woche: 'Ausweichen' … und mit diesem Thema setze ich fort die Themen der letzten beiden Wochen 'Zerstreuung' und 'Ablenkung'.

Siehe Mensch, wichtig ist für Dich zu verstehen, dass – obwohl Du Zerstreuung und Ablenkung benennen kannst für Dich... und dieses deutlicher spüren konntest durch die benannten Themen und die Übungen der letzten beiden Wochen – das zugrundeliegende Thema von Zerstreuung und Ablenkung das Ausweichen ist... und dieses werde ich Dir weiter beschreiben und aufzeigen, damit Du für Dich Dein inneres und äußeres Wirken leichter erkennst und damit Du den Weg, den Du beschreitest als Mensch auf Erden, klarer für Dich benennen, bewusster wählen und mit der Kraft Deines Lichtes wahrhaftig gestalten kannst.

So wie ich Dir in den letzten Wochen beschrieb und wie Du für Dich in den Übungen erfahren konntest, nutzt Du Zerstreuung und Ablenkung, um die Energien, die die Deinen sind 'zu verteilen' und diesen somit die Kraft des Lichtes zu nehmen...

… und dieses hat vielerlei Wirkung und Auswirkung in Deinem persönlichen Leben, wie auch auf Erden:

Das was es der Dualität erst befähigte sich zu zeigen ist die Möglichkeit (der Menschen), das Licht zu zerstreuen und somit etwas zu vollbringen, was im Licht und im Bewusstsein des Lichtes unmöglich ist – und dieses werde ich Dir näher beschreiben:

Sofern ein Mensch sich zerstreut, zieht er seine einzelnen Licht-Frequenzen und Licht-Frequenz-Bahnen 'auseinander', so wie Du dieses mit dem Seil in der vorletzten Übung Dir selbst anschaulich gemacht hast. Dieses Trennen von einzelnen Licht-Frequenzen und Licht-Frequenz-Bahnen ist i m Licht unmöglich, sofern nicht die Befähigung für das Streuen des Lichtes vorhanden ist – diese Fähigkeit benennen wir mit dem freien Willen des Menschen und diese Fähigkeit wurde den Menschen gegeben, um das Leben und damit auch das Licht, in der Trennung und Streuung zu erfahren…

Diese Fähigkeit der Menschen ist einzigartig und somit die Möglichkeit, das Licht in der Trennung und Streuung zu erfahren… denn Wesen des Lichtes, wie wir diese sind, ist es unmöglich, Erfahrungen dieser menschlichen Art zu machen… und daher ist Euer Erfahren und Erleben so kostbar für das gesamte Licht-Schwingungsfeld, das Universum und darüber hinaus…

Euch Menschen ist es aufgrund Eures freien Willens und der Fähigkeit Trennung und Streuung aufzurufen und anzuwenden möglich, 'Trennung des Lichtes' zu erfahren – eine Trennung, die unmöglich ist! – Auf diese Weise habt Ihr Euch eine eigene Realität erschaffen, die aus unseren Reichen immer wieder als 'der Irrtum der Dualität' benannt wird – und seit vielen Jahrzehnten erinnern wir Euch mit unseren Worten daran, dass jede Trennung nur eine Illusion ist und niemals Wirklichkeit sein kann…

Und obwohl jeder Mensch, der diese Kunde vernommen hat und vernimmt, in seinem Herzen die Kraft der Wahrheit dieser Kunde spürt, war es doch bisher nur Einzelnen möglich, durch die Verbindung von Herz und Verstand, dieses als Wahrheit in sich so weit, so tief und so sehr anzunehmen, dass das Leben dieser Wahrheit sichtbar werden konnte und wurde.

Weil die größte Schwierigkeit bei der Überwindung der Trennung die Trennung selbst ist, geben wir Euch die Worte und die

Übungen... damit jeder Mensch, der sich im Engel-Frequenzen-Projekt einfindet und die Worte und Übungen für sich nutzt, das Verbinden in sich vollbringt... denn nur dann und damit wird die Trennung mit ihren vielen Irrtümern und Spielen verstanden, geklärt, erkannt, erfasst und vermag überwunden zu werden – damit die Rückkehr in das Bewusstsein der Einheit gelingt...

... und auch wenn auf Erden gegenwärtig viele große Worte, verschiedenste Theorien und Praktiken verkündet werden, wirst Du bei näherem Hinsehen doch immer wieder die Trennung darin erkennen können – denn das Benannte betrachtet nur einen Teil oder Anteil und versucht, über diesen das Ganze zu erfassen – was auf diese Weise in der aufrechterhaltenen Sicht der Trennung niemals gelingen kann...

... daher ist für das Überwinden der Trennung und die Umsetzung des Verbindens, das 'Bewusstsein der Einheit' erforderlich – damit die Felder und Themen, die beschrieben und benannt werden in der Verbindung und Verbundenheit gehalten und g e l e b t werden – und dieses geschieht im Engel-Frequenzen-Projekt durch das Wirken von uns den Engeln, Erzengeln und Engelsfürsten in der Verbindung mit Ma'Maha und Lumina – denn diese sind als Menschen auf Erden zugegen in dem Bewusstsein, dass alles miteinander verbunden und alles miteinander vereint ist – dieses wissen, leben und lehren sie – und wir mit ihnen... und so zeigt sich in Verbindung und Verbundenheit, was verbunden und vereint ist... und dieses wird Dir (an-)geboten in der Freiheit, die ist, um dieses für Dich zu nutzen und Teil und Anteil zu nehmen.

Um das bisher Genannte zu vertiefen, gilt es für Dich zu erfassen, wie Zerstreuung in unseren Reichen und Feldern geschieht / gelingt... denn immer wieder wird diese benannt und es ist von entscheidender Wichtigkeit, dass Du als Mensch und in der Sicht der Dualität (und Trennung) die Benennung von Zerstreuung in unseren Reichen anders verstehst, als dieses auf Erden 'gesehen' wird:

Zerstreuung in den Feldern des Lichtes wird benannt, wenn es um die Beschreibung von Verteilen der Energien geht und um eine Dehnung des beschriebenen Licht-Feldes. Der wichtigste Unterschied gegenüber der dualistischen Sicht (auf Erden) ist, dass bei Zerstreuung in lichten Reichen keinerlei 'Aufteilung' der Licht-Frequenzen geschieht, da diese Teil des Ganzen, miteinander verbunden und in Wechselwirkung und Ausdruck des EINEN sind... all diese Worte kennst Du von der Beschreibung der Menschen auf Erden, bzw. dessen, was Du als Mensch an und in Wirklichkeit bist:

> Wesen des Lichtes,
> Essenz GOTTES,
> verbunden und vereint mit Allem,
> Teil und Anteil des Ganzen...

... auch hier geht es erneut darum, dieses nicht nur zu hören, zu bejahen und für richtig zu befinden, sondern dieses zu verinnerlichen, in Dir zu verbinden mit Allem-Was-Ist und dieses zu leben zu jeder Zeit und in jedem Moment, im Innen und im Außen, im Oben und im Unten, im Kleinen und im Großen ...

... und damit dieses gelingt und Du in der Umsetzung Schritt für Schritt gehen kannst, leiten und führen wir Dich mit unseren Worten, unseren Botschaften und Übungen – und leiten und begleiten Dich Woche für Woche während und in den Übungen.

Und mit diesen Worten kehre ich zurück zum Thema dieser Woche: 'Ausweichen' – dem Thema, von dem ich zu keiner Zeit 'entfernt' war, auch wenn Du in Deinen Gedanken und Deinem Empfinden dieses so für Dich erfasst haben magst...

Jedes 'Ausweichen' ist Deine Wahl!
‚Zerstreuung' und 'Ablenkung' sind Ausdruck Deiner Wahl...

Das bedeutet, dass Du Zerstreuung und Ablenkung nutzt, um Deiner Wahl für das Ausweichen Richtung, Form und Ausdruck zu geben...

... und Du wirst in den letzten Wochen – während wir uns diesem grundsätzlichen Thema der Dualität und Deines Erlebens und auch Erleidens (wie Du es benennst) auf Erden mit unseren Worten 'genährt' haben – gespürt und erfahren haben, wie Du immer wieder Widerstand und Schwierigkeiten im Lesen, Verstehen und Umsetzen der Übungen in Dir erleben konntest...

Dieses geschah und geschieht, weil Du mit und in Deinen unbewussten Strukturen und 'Überzeugungen' die Kraft der Wahrheit und Veränderung in den Botschaften vernommen hast... und immer wenn dieses geschieht, rufst Du Widerstand und Abwehr auf, zeigt sich Ausdruck des Ausweichens, findet Zerstreuung und Ablenkung statt...

Die letztendliche Wahl, das Ausweichen zu verstehen, zu erkennen, zu klären und zu ü b e r w i n d e n, vermag niemand anders zu vollbringen als Du selbst! – Keines unserer Worte, unserer Botschaften, der Erklärungen, Anleitungen, Übungen... vermag irgendetwas zu vollbringen, sofern Du ohne Bereitschaft dafür bist – denn Dein ist die freie Wahl!

Und das Aufrechterhalten der Dualität, das Leben der Trennung wird solange geschehen und fortgesetzt werden, wie der einzelne Mensch die Wahl für Ausweichen trifft – und solange wird Krieg, Krankheit, Leid und Tod auf Erden sein... und das zu einer Zeit, in der das Wissen und auch die (Herzens-)Weisheit in den Menschen zugegen ist, um die Wandlung zu zeigen und zu leben, um in Verbindung und Verbundenheit zu sein, um sich als

Teil und Anteil zu erkennen und im Bewusstsein von diesem sich zu verhalten und das Leben zu gestalten.

Und erneut benenne ich:

    Das 'Ausweichen' ist Deine Wahl!
    ‚Zerstreuung' und 'Ablenkung' sind Ausdruck Deiner Wahl...

So frage ich Dich:
    ... wovor weichst Du?
    ... wem oder was weichst Du aus?
    ... 'wer' weicht vor 'was'?
    ...

Und ich gebe Dir die Antwort(en):
- Du weichst vor der Wahrheit, vor Deinem Licht, vor GOTT...
- Du weichst immer nur Dir selbst aus...
- Du weichst mit Deiner Wahl vor dem, wer Du bist...

Du weichst vor der Wahrheit, vor Deinem Licht, vor GOTT...
Die Wahrheit, Dein Licht, GOTT(-‚Bewusstheit') – all das ist EINS... und darin vergeht jede Trennung, da – wie ich Dir oben bereits beschrieb – Trennung im Licht und Licht-Bewusstsein unmöglich ist...

Du weichst immer nur Dir selbst aus...
und der Verantwortung für Dich, Dein Leben und der Gestaltung des Lebens auf Erden – und der Verbindlichkeit mit Dir selbst, die in der Verantwortung ist...

Du weichst mit Deiner Wahl vor dem, wer DU BIST...
Du weichst... den Impulsen Deines (kleinen) Ich-Bewusstseins folgend und Dein ICH verleugnend und damit diesem ausweichend...

So ist Ausweichen das Thema dieser Woche und in diesem wird Engelsfürst Fahamael die Übung dieser Woche übergeben,
- damit Du das Ausweichen erkennst und ehrlich benennst – und in Dir klärst...
- damit Du das Ausweichen verstehst und dessen Wurzeln in Dir...
- damit Du nun neue Wahl triffst und Zerstreuung und Ablenkung mehr und mehr vergeht...

Und wir bitten Dich, zugegen zu sein – so sehr, wie es Dir nur möglich ist...

Und wir bitten Dich, verbindlich zu sein – so sehr, wie es Dir nur möglich ist...

Und wir bitten Dich, ehrlich zu sein – so sehr, wie es Dir nur möglich ist...

Wir bitten Dich...
... denn Wahrhaftigkeit möge nun sein und Verbindlichkeit mit Dir, Deinem Licht und Deinem Weg – dem Weg, den Du als Vision und Willen wieder und wieder benennst...

... denn Wahrhaftigkeit möge nun sein und Verbindlichkeit mit uns, unserem Wort und unserer Begleitung und Unterstützung für Dich – der Begleitung und Unterstützung, nach der Du wieder und wieder verlangst...

... denn Wahrhaftigkeit möge nun sein und Verbindlichkeit mit GOTT und dem Leben auf Erden – dem Leben, das Du gestaltest, das Du formst und dessen Ausdruck Du hervorbringst...
durch die Wahl in Dir...

Und so ist es.
AMEN"

"Ich bin Engelsfürst Fahamael, der Engelsfürst der Sammlung, der in diesen Wochen mit Dir ist, um Dich zu begleiten durch die Themen der Zerstreuung, der Ablenkung und des Ausweichens...

... und die Engel-Begleiter aus meinen Heerscharen, die in diesen Tagen der Woche mit Dir und den Menschen sind, halten aufrecht das Schwingungsfeld der Sammlung, damit Du, damit der Mensch auch in den Feldern und Themen der streuenden Ener-gien, das innere Werk des Verstehens, das innere Werk der Klärung und das innere Werk des Erkennens in Ehrlichkeit, in Wahrhaftigkeit und in Sammlung vollbringen kann...

... dieses benenne ich in dieser Form, weil Du bei kaum einem anderen Thema so viele innere Widerstände, soviel 'Leichtgläubigkeit' und soviel Ausweichen aufrufst, wie bei diesem...

Und während sich das Engelslicht der letzten 7 Tage aus Deinen Feldern löst und Dein Engel-Begleiter hervortritt, der sich eingefunden hat für den Dienst der Liebe und der Sammlung in den nächsten 7 Tagen mit Dir zu sein, tritt ein weiterer Engel heran, der aus den Heerscharen Gabriels sich zeigt.

Entrichte Dank, entrichte Gruß dem Engelslicht, das sich von Dir löst und heiße willkommen die beiden Engel, die zu Deiner Begleitung in dieser Woche mit Dir sind:

... Der Engel-Begleiter aus meinen Heerscharen, der im cremegelben Licht der Sammlung mit Dir ist und der das Feld der Sammlung beständig aufrecht hält...

... und der Engel aus den Heerscharen Gabriels, der im kristallklaren Licht der Klarheit Deinem Engel-Begleiter zur Seite steht, damit dieser das Feld der Sammlung mit der erforderlichen Klarheit und Kraft aufrecht zu erhalten vermag, um Dir zu dienen und die Sammlung Dir zu offenbaren.

Der Engel aus den Heerscharen Gabriels wird folglich nicht direkt in Deinen Feldern wirken, sondern vielmehr in den Feldern Deines Engel-Begleiters, der in meinem creme-gelben Licht der Sammlung schwingt. Damit dieser immer wieder seine eigenen Felder zu klären vermag und damit die Verzerrungen, Verschleierungen und Dissonanzen, die Du durch Dein 'Weichen vor der Klärung des jeweiligen Themas' wieder und wieder auch in den Feldern Deines Engel-Begleiters hervorbringst, nur geringe Wirkung auf den Dienst in Hingabe und Liebe zeigen…

Und mit diesen Worten übergebe ich die Übung dieser Woche:

28. Übung, 29. Woche, 1. Projektjahr - 'Ausweichen'

Ich bin Engelsfürst Fahamael und halte Wacht in dieser Woche mit dem Engel-Begleiter Dir zur Seite und in Dankbarkeit für den Dienst des Engelslichtes, das aus den Reichen Gabriels ebenso mit dem Engel-Begleiter ist…

Für die Übung dieser Woche finde Dich fünf Mal am Tag im Schein einer creme-gelben Kerze mit Deinem Engel-Begleiter ein. Die Kerze mögest Du immer wieder entzünden in der Bereitschaft und Öffnung für den Begleiter Dir zur Seite und erst nach dem letzten Beisammensein des Tages die Kerze brennen lassen, bis diese zur Neige geht.

Jedes Beisammensein beginne in der inneren Wahrnehmung Deiner Unruhe, Deines Weichens, Deines Strebens nach Ablenkung und Zerstreuung… öffne Dich für das Licht Deines Engel-Begleiters und finde Dich in Sammlung mit ihm ein.

Erlaube keinerlei Ablenkung, kein Klingeln, kein lautes Wort… soweit Dir möglich und sei einfach in Sammlung mit und in Dir – und spüre die Ruhe und den Frieden, der sich auf diese Weise in Dir zeigt.

Dieses ist die Übung für diese Woche und Du mögest diese durchführen in Offenheit, Ehrlichkeit, Wahrhaftigkeit, Bereitschaft und der Sammlung, in der wir mit Dir sind.

Und so ist es.
AMEN"

29. Übung, 30. Woche, 1. Projektjahr - 'Vermeiden'

"Ich bin Himmels-Bote Samuel, der die Botschaft dieser Woche in der Verbindung mit den Engelsfürsten übergibt, die eingebunden im Engel-Frequenzen-Projekt die Übungen der Wochen übermitteln und begleiten – und ich benenne das Thema dieser Woche: 'Vermeiden'...

... nach den Themen der letzten Wochen, in denen Du während der Übungen Deine Zerstreuung, Deine Ablenkung und in der letzten Woche Dein Ausweichen in Dir erkennen konntest, werden wir Dir in dieser Woche Dein Vermeiden benennen, aufzeigen und Dich darin anleiten, dieses für Dich und in Dir zu erkennen...

... und dieses tun wir, auch wenn wir wissen, dass diese Themen der Zerstreuung, Ablenkung, des Ausweichens und nun des Vermeidens vielerlei Unmut und Abwehr in Dir aufrufen – denn viel lieber als mit dem, was in Dir zu erkennen, zu klären, zu verstehen und zu wandeln ist, beschäftigst Du Dich mit Themen, die Dich erfreuen, die Dir 'ein gutes Gefühl' vermitteln, die Dich in bisherigen Bahnen 'weiter treiben lassen'... denn all das vermagst Du ohne große Anstrengung – und ohne Änderung in Dir ebenso...

... und viele Menschen – und Du selbst weißt am besten, ob Du einer von diesen bist – finden sich in bequemer, entspannter, erwartungsvoller inneren Haltung ein, wenn sie gechannelte Engelsworte vernehmen oder lesen...

... und wenn diese Erwartung ebenso beim übermittelnden Medium zugegen ist, werden dadurch die Worte aus unseren Engelsreichen, die durchgegeben werden können dahingehend beschränkt, dass nur das an Wort, Bild oder Klang gezeigt und gegeben werden kann, was im Einklang mit bequemer, entspannter, erwartungsvoller Haltung (des Mediums) ist…

… wenn jedoch die Offenheit und Bereitschaft ohne Grenzen ist, können lichtvolle Wesen, wie wir Engel des Lichtes dieses sind, an Euch Menschen übermitteln unser Wort zur Lehrung, zur Klärung und gar zur Läuterung ebenso…

… es ist ein Irrtum, der bei den Menschen ist und der dem von ‚Erwartung begrenzten' Übermitteln aus Engelreichen anzulasten ist, dass Engelswort das Schöne nur besingt, die Liebe nur benennt, im Licht jubiliert …

… glaubst Du denn wahrhaft, dass wir Engel, die Euch Menschen seit so ewig langer Zeit zur Seite stehen, mit Euch lernen, mit Euch reifen und mit unserem Licht Euch begleiten an jedem Tag, an jedem Ort, als Weisheit und 'Rat' für Dein, für Euer Leben das Besingen des Schönen, das Benennen der Liebe, das Jubeln im Licht nur hervorgebracht hätten? … und keine weiteren als seichte, 'sanfte', 'heilige' Worte mitzuteilen fähig wären?

… glaubst Du wahrhaft, dass GOTT als seine Boten uns den Menschen zur Seite stellte, mit nicht mehr als diesem?

So benennen wir im Engel-Frequenzen-Projekt in der Freiheit der Worte, die durch Offenheit und Bereitschaft im menschlichen Sein sich zeigt, die Themen, die Dich stören, die Themen, vor denen Du nur zu gerne weichst, die Themen, in denen Wandlung und Veränderung erforderlich sind für eine Welt des Lebens, eine Welt der Liebe, eine Welt der Hoffnung … eine Welt in der wir, die Engel des Lichtes mit den Menschen sind – mit den Menschen Seite an Seite auf Mutter Erden – mit den Menschen Hand in Hand – mit den Menschen Aug' in Aug'… so wie wir dieses bereits leben, gestalten und jubelnd zelebrieren mit Ma'Maha und Lumina im 'Zentrum des Lichtes und des Heils' …

Und ich kehre zurück zum Thema dieser Woche: 'Vermeiden' und benenne dieses, damit Du erkennst, verstehst und siehst … und an dieser Stelle wiederhole ich meine Worte, dass das Erkennen, das Verstehen und das ehrliche Sehen von großer Wichtigkeit sind, damit Veränderung und Wandlung möglich ist:

Denn nur das,
was Du erkannt und angenommen hast
   als das Deine,
was Du erkannt und angenommen hast
   als Folge Deines Denkens,
was Du erkannt und angenommen hast
   als Wirkung Deines Fühlens,
was Du erkannt und angenommen hast
   als Ergebnis Deines Wirkens,
was Du erkannt und angenommen hast
   als innerhalb Deiner Verantwortung,
     wirst Du verändern und wandeln können…

… verändern und wandeln können, so wie Du bereit bist, dieses zu tun…

Und so ist wichtig, das Vermeiden zu verstehen und dieses auch im Vergleich mit dem Ausweichen, das wir in der letzten Woche beschrieben:

Siehe, während das Ausweichen unstet und diffus ist, wie ein 'Hauptsache weg, egal wohin', ist im Vermeiden bereits eine Zielstrebigkeit erkennbar – das bedeutet, dass all das, was Du zu vermeiden suchst, Dir bereits bekannt ist…

Ja, und das bedeutet, dass Du das Vermeiden sehr viel leichter zu verändern und zu wandeln vermagst als das Ausweichen – und daher werden wir das Vermeiden noch eingehender betrachten:

Immer wieder benennst Du Unkenntnis, auch Unbewusstes und Unbewusstheit für Dein Vermeiden – und wir sagen Dir, dass Du das 'Vermeiden' in Dir, in Deinem Denken, Deinem Fühlen und Deinem Wirken erkennen kannst, sobald Du in der Gegenwärtigkeit, in der Achtsamkeit und in der Aufmerksamkeit für Dich, Dein Leben und das Leben auf Erden gleichermaßen bist.

Und darin werden wir Dich in dieser Woche begleiten und auch anleiten, damit Du für Dich erkennst, verstehst und ehrlich benennst und damit Du zu verändern und zu wandeln vermagst...

Und für dieses wird Engelsfürst Fahamael die Übung dieser Woche begleiten und mit den Engelslichtern seiner Heerscharen mit Dir sein.

Und so ist es.
AMEN"

"Ich bin Engelsfürst Fahamael im creme-gelben Licht der Sammlung, in dem Dein Engel-Begleiter der vergangenen Woche, wie auch der Engel-Begleiter für diese Woche mit Dir ist.

Und während sich Dein Engel-Begleiter der letzten Woche sanft aus Deinen Feldern löst – und der Engel-Begleiter aus den Feldern Gabriels mit ihm – entrichte Dank, entrichte Gruß an beide, die Dir dienten mit dem Feld der Sammlung und dem Feld der Klarheit, ohne die es für Dich noch um so vieles schwieriger gewesen wäre, die Übung der letzten Woche durchzuführen.

Sodann öffne Dich für Deinen Engel-Begleiter aus meinen Heerscharen, der für diese Woche zu Dir tritt – und erneut tritt ein Engelslicht aus den Heerscharen von Erzengel Gabriel ebenso heran, um im Feld der Klarheit dem Engel-Begleiter aus meinen Feldern das Aufrechterhalten der Sammlung über die Zeit der 7 Tage zu erleichtern.

Und mit diesen Worten übergebe ich die Übung dieser Woche:

29. Übung, 30. Woche, 1. Projektjahr - 'Vermeiden'

Ich bin Fahamael, der Engelsfürst im creme-gelben Licht der Sammlung, der in Verbindung mit Erzengel Gabriel in dieser Woche für Dich wirkt.

Erneut finde Dich für die Übung dieser Woche fünf Mal am Tag im Schein einer creme-gelben Kerze mit Deinem Engel-Begleiter ein. Entzünde die Kerze immer wieder in Bereitschaft und Offenheit für die Unterstützung Deines Engel-Begleiters Dir zur Seite und der Gegenwart von Erzengel Gabriels Licht – lasse die Kerze bis zur Neige brennen nach dem letzten Beisammensein des jeweiligen Tages.

'Wiederhole' in dieser Woche die Übung der letzten Woche zum Thema 'Ausweichen' nun in dieser Woche mit dem Thema 'Vermeiden' und lerne zu erkennen, wie Ausweichen und Vermeiden auf unterschiedliche Art und Weise sich in Dir zeigen und unterschiedlich Deinen Fokus 'ziehen'...

Dafür beginne jedes Beisammensein in der inneren Wahrnehmung Deiner Unruhe, Deines Weichens, Deines Vermeidens, das den Fokus zu halten Dir erschwert... sei in Sammlung und in der Verbindung mit Deinem Engel-Begleiter.

Keine Ablenkung, kein Klingeln, kein lautes Wort möge Dich stören... soweit Dir möglich, sei einfach in Sammlung mit und in Dir... spüre die Ruhe, erfahre den Frieden, der sich in Dir zeigt, so Du in Sammlung in Dir bist.

Zu jeder Zeit sei achtsam mit Dir und voller Liebe, damit kein Verhärten, das hervorkommt durch Unwillen, Urteil oder innere Diskussionen in Dir, die Übung zusätzlich erschwert.

Wichtig ist für diese Übung, in Offenheit, Ehrlichkeit, Wahrhaftigkeit und Bereitschaft für Dich und in Dir zu sein – damit Du Deine inneren Spiele des Vermeidens verstehst und viel über Dich, über Dein Denken und Dein Fühlen erkennst ... und mit dieser die Basis, den Grund und auch die Begründung für Dein Wirken, Handeln und Dein Tun ... wie auch Dein Nicht-Tun ...

In der Wertschätzung für Dich selbst, für die Übung und das Engel-Frequenzen-Projekt mögest Du notieren Tag für Tag, wie sehr es Dir gelingt in der Sammlung zu verbleiben... und Deinen Umgang mir Dir selbst, wenn Dir dieses gelingt – oder es Dir auch nicht gelingt, in der Sammlung zu verbleiben.

Und so sei es.
AMEN"

30. Übung, 31. Woche, 1. Projektjahr - 'Das Kollektiv'

"Ich bin Himmels-Bote Samuel und als Schirmherr des Engel-Frequenzen-Projektes im ersten Projektjahr übergebe ich Woche für Woche durch Lumina und im Lichte Ma'Maha's die Worte der Erklärung und der Anleitung für Dich ... damit Du als Mensch auf Erden Deine Möglichkeiten erkennst, Deine Fähigkeiten nutzt, Dein Licht Dir selbst offenbarst und in Deiner Liebe lebst – und mit all diesem Dein Leben und auch das Leben auf Erden gestaltest.

Und nachdem ich Dir in den letzten Wochen mit den benannten Themen 'Zerstreuung', 'Ablenkung', 'Ausweichen' und 'Vermeiden' einige der Grundstrukturen im dualistischen Leben und Erleben auf Erden aufgezeigt habe, werde ich Dir in den nächsten Wochen Deine Möglichkeiten verdeutlichen, wie Du bewussten Einfluss nehmen kannst… doch geht es um w e i t a u s mehr, als Deine Möglichkeiten des Einflussnehmens zu erkennen …
denn:

Im kollektiven Menschenfeld

und somit in jedem einzelnen Menschen,

ist die ' A u f f o r d e r u n g G O T T E S ' verankert,

die Möglichkeiten des verwirklichten Lichtes

im Streben der Mensch-Werdung

und dem Einfinden im Mensch-Sein

anzuwenden und zu nutzen…

und dieses zur Gestaltung des Lebens auf Erden

in Frieden und im Einklang

mit sich selbst und mit Allem-Was-Ist…

... und auch wenn Du Botschaften und Worte wie diese bereits häufiger gehört, vernommen und gelesen hast, werde ich dieses Thema neu beleuchten und Dir in den vielen enthaltenen Aspekten nach und nach aufzeigen, wie Du Dich selbst darin neu verstehen und erkennen mögest:

In Deinem Leben, in Deinem Sein, in Deinem Menschsein und in Deinem Mensch-Sein auf Erden ... daher sind diese Botschaften so kostbare Lektionen, die Du immer und immer wieder lesen und studieren mögest, damit Du tiefer und tiefer, weiter und weiter, mehr und mehr erkennst und verstehst:

Was ich Dir an Worten übergebe,
   was für Möglichkeiten Du in Händen hältst,
      womit ich Dein Herz berühre und
         wie das 'Erinnern' der 'Aufforderung GOTTES' dadurch in Dir geschieht
         und neu beLEBT in Dir erklingt...

Und ich fahre fort mit der Botschaft der Woche und dem Thema von dieser:
‚Das Kollektiv' – dieses werde ich Dir differenzierter als bisher beschreiben und Dein Verstehen von diesem, wie auch Deinen Teil und Anteil am Gestalten, Dein Wirken damit und darin, Dein Einfügen und Einbringen, Dein 'Nutzen' und Dein 'Abwehren' ... mehren.

Und ich beginne:
Immer wieder benenne ich das Menschheits-Kollektiv als Schwingungsfeld, das träge, trennend und in 'waagerechter Schwingungsrichtung' sich zeigt – und doch ist es wichtig, keinerlei ‚Abwehr' 'gegen' das Kollektiv in Dir aufzubauen – denn dieses wäre wieder nur eine neue, eine weitere Form gelebter Trennung ... und Du weißt bereits aus den vielen bisherigen Botschaften, dass Du nur das zu ändern vermagst, was Du erkannt und ange-

nommen hast – und dass Dir das Annehmen mit steigender Abwehr schwerer und schwerer fällt ...

... und so bedarf es für die Änderung des Kollektivs der Annahme durch Dich, bzw. Deines Anerkennens der Wirkung und des Einbringens Deines Lichtes, das Du Tag für Tag vollbringst, ja in jedem Augenblick und mit jeder Faser Deines irdischen und energetisch-kosmischen Seins einschwingst...

... daher ist es auch von wenig Wert, Dich vom 'kollektiven Geschehen' abzuwenden, indem Du z.B. keine Neuigkeiten des irdischen Lebens mehr in Deiner Informationsaufnahme erlaubst – denn da 'Alles miteinander verbunden' ist und Du als Teil des Kollektivs in Deinem Menschsein auf Erden 'existierst' und lebst, wird i m m e r und a l l e s, was im Kollektiv geschieht und wirkt ebenso i n D i r und Deinem Leben geschehen und wirken...

... und im Abwenden erlaubst Du dem 'kollektiven Geschehen' einfach nur, dass die Wirkung in Dir, in Deinen energetischen Feldern und auch in Deinem Leben (für Dich unbewusst) geschieht... und nach all dem, was ich Dir in den bisherigen Wochen und auch in dieser an Botschaft übermittelt habe, weißt Du bereits, dass jedes Abwenden daher unsinnig, trennend und unverantwortlich (also ohne Verantwortung) ist... und somit einer Veränderung auf Erden in k e i n e r Form dienlich sein kann.

Und so ist wichtig, dass Du Dich selbst und Deine Energien in der Verbindung und in Deiner Beziehung und Wechselwirkung mit dem Kollektiv verstehst – und dieses werde ich Dir weiter bereiten: ... wie einen Boden, auf dem Du eingeladen bist Deine nächsten und weiteren Schritte des Erkennens, Erlebens und Erfahrens 'zu gehen'...

Zum Verstehen des Kollektivs gebe ich Dir ein Bild für das Verstehen des Wirkens der Geistigen Welt in und mit den Menschheits-Kollektiv-Feldern... und Du kannst dieses Bild über das Engel-Frequenzen-Projekt hinaus nutzen, denn es mag Dir als Beschreibung dienen, was auf Erden geschieht, warum und weshalb sich die Entwicklung der Menschen so wie gegenwärtig zeigt – und auch wenn das Bild die 'ganze Wahrheit' niemals beschreiben kann, ist es doch möglich, dass Du für Dich vieles darin erkennst.

So nutze das Bild in diesem Bewusstsein und ich beschreibe:

Jeder Mensch ist ein Wesen, das aus verschiedenen Schwingungsfeldern und -bahnen besteht, aus Auren, Chakren, Meridianen, Nadis, u.a. – die Energien schwingen und fliessen in Wechselwirkung miteinander. Des weiteren findet auch Wechselwirkung und Resonanz mit weiteren Schwingungsfeldern und -bahnen statt, die 'im Außen'(-Feld) des Menschen sind.

An dieser Stelle sei ergänzt, dass der physische Körper ebenfalls ein Schwingungsfeld ist, auch wenn dieses aus stark verdichtetem Licht besteht und somit die Festigkeit von Materie zeigt.

Jeder Gedanke
zeigt sich in den Energien des Menschen: In den individuellen Schwingungsfeldern als eine Farbschwingung...
In den individuellen Schwingungsbahnen als ein mehr oder weniger beständiger Fluss (von Lichtschwingung / Energie)...
Am deutlichsten zeigen sich die Gedanken der meisten Menschen in den mentalen Feldern: Der Mental-Aura und den Energiefeldern des Kopfes.

Jedes Gefühl
zeigt sich in den Energien des Menschen: In den individuellen Schwingungsfeldern als eine Farbschwingung...

In den individuellen Schwingungsbahnen als ein mehr oder weniger beständiger Fluss (von Lichtschwingung / Energie)…
Am deutlichsten zeigen sich die Gefühle der meisten Menschen in den emotionalen Feldern: Der Emotional-Aura und den Energiefeldern des Bauches.

Und anhand dieser 'beiden' Felder und der Mental- und Emotional-Bahnen werde ich Dir Dein energetisches Sein weiter beschreiben und Dir dieses 'Seins-Bild' von Dir in der Verbindung mit dem Kollektiv erklären – denn das Kollektiv besitzt ebenso Felder und Bahnen… und in unserem Bild betrachten wir demzufolge die Mental- und Emotional-Felder und -Bahnen des Kollektivs, und wie diese in Wechselwirkung und Resonanz mit den Mental- und Emotional-Feldern und -Bahnen des einzelnen Menschen sind.

In all den Anteilen und Bereichen Deiner Mental- und Emotional-Felder und -Bahnen, in denen Du unbewusst mit Dir bist, schwingst Du Dich in die Felder und Bahnen des Kollektivs ein. In unserem Bild der Energiefelder und -bahnen stelle Dir einfach vor, dass die Kollektiv-Energien wie ein kraftvoller Fluss sind und der einzelne Mensch in diesem Fluss mit treibt und daher seine Energien 'in diesen kollektiven Strom' mit hinein gibt. In unserem Bild ist es ein breiter und tiefer Fluss, in dem die Menschen treiben und keinen Grund unter ihren Füssen spüren / finden können. Wie in jedem breiten Fluss ist der Sog und die Kraft des Strömens in der Mitte des Flusses am größten – an dieser Stelle ist die Wirkung des Kollektivs auf die individuellen Mental- und Emotional-Felder und -Bahnen auch am stärksten.

Um dem einzelnen Menschen überhaupt die Möglichkeit zu geben, aus diesem Kollektivfluss herauszufinden, halten wir – aus der Geistigen Welt – sozusagen vom Ufer aus Äste hinein und darüber, an denen sich der einzelne Mensch sodann festhalten kann. Und Du weißt, dass Äste in ihrem Ansatz am stärksten sind und sich zur Spitze hin verjüngen und zarter werden, so dass sie weniger Kraft haben und weniger Gewicht tragen können.

Doch was geschieht nun, wenn ein Mensch, der im Fluss treibt, nach einem der Äste greift?

Je unbewusster ein Mensch lebt, je weniger er sich seines wirklichen Seins bewusst ist, desto mehr treibt er in der Mitte des Kollektiv-Flusses… in diesem Bereich vermag er nur die zarten Spitzen der Äste zu erreichen, die wir bereit halten. Sofern ein Greifen geschieht, findet für die (sehr) kurze Zeit, die der Ast die 'Last des Menschen' halten kann ein 'Erfahren im Licht' statt. Die Zeit ist deshalb so kurz, weil die Geschwindigkeit in der Mitte des Stroms am größten ist und die Kraft des Astes am geringsten.

Das bedeutet auch, dass ein Mensch, der nach Selbsterkenntnis, nach dem wahren Sinn seines Lebens auf Erden, nach Verwirklichung und nach gelebter Menschlichkeit strebt, sich mehr im Randbereich des Flusses einfindet. Dieses bedarf bereits der Absicht und der bewussten Entscheidungen des Menschen. Geführt, angeleitet und inspiriert wird er 'auf diesem Weg' von den Momenten, in denen er einen Ast ergreift und Momente des 'Erfahrens im Licht' erlebt.

Aus meinen Worten kannst Du die Kenntnis ableiten, dass keinem Mensch jemals ohne die Unterstützung der Geistigen Welt Verwirklichung gelang.

Je mehr der einzelne Mensch sich durch wiederholtes Ergreifen der dargebotenen Äste nach und nach in die Randbereiche des Flusses bewegt, werden die Zeiten länger, in denen er sich an einen von uns gehaltenen Ast klammern kann – einmal weil die Äste mit zunehmender Nähe zum Ufer stärker sind und weniger leicht der 'Last des Menschen' nachgeben und des weiteren, weil der Strom zum Ufer hin langsamer fliesst und somit die Sogwirkung des Kollektiv-Flusses geringer ist.

Um das gegebene Bild zu ergänzen, möchten wir Dich bitten zu betrachten, wie jedes Greifen nach einem Ast und 'Abreißen' von dem ergriffenen Zweig das Licht innerhalb des Flusses mehrt. Denn jeder Ast ist ein Ast der Liebe, des lichtvollen Dienstes und der Begleitung, die Euch Menschen aus den lichten Reichen zuteil wird. Jeder Ast erstrahlt im Licht, berichtet den Menschen von der Verbundenheit die ist, von den Möglichkeiten GOTTES … und wenn eine Menschenhand nach einem Ast greift und einen Teil davon festhält bis er sich vom Ast löst, fällt dieser Teil dann in den Fluss und wird von diesem mitgetragen – und die Licht-Frequenzen des Astteils schwingen sich im Kollektivfluss ein, bis die Kraft des Lichtes nach und nach vergeht….

… demzufolge ist kein Licht jemals 'verloren', kein Greifen nach GOTT, nach ANTWORT, nach NEUEM LEBEN jemals ohne Wirkung… und auch diese Botschaft hast Du bereits häufig und auf vielerlei Weise vernommen.

Das Menschheitskollektiv ist also wie ein großer Fluss, in dem die Menschen mehr oder weniger bewusst treiben … in dem Fluss gestaltet sich das von den Menschen erschaffene Erfahrungsfeld der Dualität mit Trennung, Krieg, Krankheit und Leid.

Als weiteres werde ich Dir anhand des gegebenen Bildes beschreiben, wie Erwachen und Aufstieg des einzelnen Menschen geschieht und wie Erwachen und Aufstieg des Kollektivs verwirklicht werden kann… und an dieser Stelle ergänze ich, dass zur gegenwärtigen Zeit dem einzelnen Menschen und auch dem Menschheitskollektiv alles bereitet wurde, um sowohl das individuelle wie auch kollektive Erwachen zu erlangen – und dass für den einzelnen Menschen der individuelle Aufstieg bereits möglich ist und die Entwicklungsschritte des Kollektivs soweit vollbracht hätten sollen sein, dass Krieg, Krankheit und Leid sich mindert und die Trennung vergeht...

Zum Erwachen des einzelnen Menschen:
Wenn ein Mensch beständig nach den Ästen greift und dieses Erleben nutzt, um sich mehr und mehr zum Ufer zu bewegen, wird er immer häufiger und immer längere Zeiten (während des Haltens eines Astes) erleben, in denen er sich in seinem Blick und Bewusstsein außerhalb des Kollektiv-Feldes befindet, so als würde er mit seinem Kopf aus dem Kollektiv-Fluss auftauchen – in diesen Momenten erkennt, erfährt und erlebt der einzelne Mensch die Gegenwart und Präsenz der Geistigen Welt – es findet für eine mehr oder weniger lange Zeit Erwachen statt und der einzelne Mensch erkennt, erfährt und erlebt sich selbst als ein Wesen des Lichtes, das in Verbindung und Verbundenheit mit allem ist.

Zum Erwachen des Kollektivs:
Je mehr Bewusstsein des Lichtes im Kollektiv eingeschwungen wird, desto stärker wird die Wirkung des Lichtes im Kollektivfeld und die Erkenntnis der 'Verbindung und Verbundenheit mit allem was ist' zeigt sich zunehmend im Kollektiv-Schwingungsfeld. Jeder Mensch wird dieses sodann leben und erleben, womit das Bewusstsein der Trennung überwunden wird. Für die bestehenden Disharmonien und deren Auswirkung im dann gegenwärtigen Leben auf Erden werden neue Antworten gesucht werden – diese werden dann zum höchsten Wohle allen Lebens gefunden und umgesetzt werden.

Zum Aufstieg des einzelnen Menschen:
L e b t ein Mensch das Erwachen, bedarf es sodann des schrittweisen Verlassens des Flusses, um sich mit all seinen Feldern und Bahnen im 'Alles ist Eins' einzufinden.

Kehren wir zurück zum Blick auf das Ganze und betrachten, was sich in der gegenwärtigen Zeit zeigt:

Im Strom des Menschheitskollektivs streben immer mehr Menschen zum Ufer, ohne dieses jedoch zu betreten oder den Kollektiv-Fluss zu verlassen. Viele von diesen einfach deshalb, weil ihnen die gelebte Anleitung zur täglichen Selbstreflektion und der praktischen Umsetzung im Leben 'fehlt'…

… im Uferbereich ist von entscheidender Wichtigkeit, dass Ihr Eurem Nächsten die Hände reicht und Euch gegenseitig Hilfestellung gebt, damit Schritt für Schritt Ihr weiter geht und Boden für weitere bereitet (wird)…

… überall dort, wo die erfahrenen Lektionen des Lichtes nicht in allen Feldern und Bahnen gelebt werden, zeigt sich vermehrte Spannung und Diskrepanz im Menschen und der Fortschritt auf dem Weg des Lichtes misslingt.

… die bestehende Spannung auf Erden zeigt sich in wogenden Wellen des Flusses und erschwert das Ergreifen der Äste – doch ebenso stärkt das Wogen der Wellen den inneren Ruf und das Streben des Menschen nach ANTWORT.

Viele der Menschen, die Momente und Zeiten des Erwachens (meist in ihren Mentalfeldern und gelegentlich in ihren Emotionalfeldern) erleben und erfahren, streben nach einer 'schlichten' Wiederholung dieser Momente, ohne die eigene Entwicklung durch Einbeziehen der weiteren individuellen Felder und des physischen Körpers fortzuführen und voranzutragen. Dazu findet häufig eine 'Abwendung' / 'Abgrenzung' vom Kollektiv-Feld statt, womit die Trennungsaspekte wieder vermehrt gelebt und somit verstärkt werden. Dadurch findet ein 'Festhängen' in(nerhalb) dieser Entwicklungsstufe statt, was durch das wiederkehrende Aufnehmen von Licht-Impulsen ohne angemessenes 'Weiterleiten' oder 'Verbreiten' ins Kollektiv-Feld zu einem individuellen Stau führt. Aus diese Grund erleben viele spirituell 'entwickelte' Menschen vermehrte Symptomatiken körperlicher, emotionaler und auch sozialer Art.

Jeder Mensch, der sich in den Erwachensmomenten im freien Fliessen der Liebe öffnet und das Erfahren in seinem Leben auf Erden zeigt und lebt, baut – in der Verbindung mit der Geistigen Welt – eine Brücke des Lichtes über den Fluss und von dieser können wir sodann starke Äste in der Mitte des Flusses anbieten, was die Entwicklung derer, die noch in der Mitte des Flusses in Unbewusstheit treiben, in kurzer Zeit sehr kraftvoll vorantragen kann, bzw. wird.

Und ich vertiefe:
Das Bauen von Brücken über den Fluss des Kollektivs können wir nur in der Verbindung mit Menschen vollbringen – denn auch hier wirkt der freie Wille der Menschen / Menschheit und somit wird ohne entsprechendes Mitwirken von Menschen kein 'Herablassen' oder Anbieten starker Äste in der Mitte des Flusses möglich sein.

Wenn dieses jedoch geschieht, wenn also durch das gemeinsame Wirken von Menschen und der Geistigen Welt die 'Brücke des Neuen Lebens' gebaut wird, können wir die bis dahin in der Mitte des Flusses unbewussten, treibenden Menschen mit den starken Ästen erreichen ... und wenn diese Menschen sodann in ihrem Sehnen nach Licht und Leben nach diesen Ästen greifen, werden sie die Kraft und Liebe darin spüren und die Erinnerung an GOTT in ihnen erweckt...

Dieses Bild gibt Dir eine Erklärung für die wiederkehrende Botschaft, dass es (nur) einer bestimmten Anzahl bewusster, erwachter und im Tun lebender Menschen bedarf, um das Kollektiv in das Erwachen zu führen. Und ebenso sei es Dir Erklärung für unsere wiederkehrende Botschaft der Hoffnung und das Überbringen der Botschaften und Übungen im Engel-Frequenzen-Projekt – denn durch das Vollbringen der Übungen wird der wahrhaftig teilnehmende und verbindliche Mensch in das Bauen einer Brücke geführt… und je wahrhaftiger und verbindlicher der einzelne Mensch agiert und vollbringt, desto kraftvoller vermag die Brücke zu wirken und uns das Anbieten starker Äste in der Mitte des Flusses zu erlauben…

Weiteres Wissen und auch Ergänzung zu dieser Botschaft übermittle ich in meinen Offenbarungen, die ich übergebe – für Dich und jeden Menschen, der nach Verstehen und Erkennen strebt:

Das Buch 'Aufklärende Offenbarungen von Engel Samuel' steht Dir bereits zur Verfügung, die Botschaften für das zweite Buch 'Ergänzende Offenbarungen' übermittle ich in diesen Wochen und folgen wird das Buch 'Heilende Offenbarungen'…

Und bevor der Engelsfürst dieser Woche die Übung übermittelt, füge ich an:
Wenn Du als einzelner Mensch also 'neue' Gedanken denkst – Gedanken, die aus der Verbindung mit Deinem Herzen heraus entstehen, die ihre Wurzeln in Deinem Streben nach gelebter Menschlichkeit und Mitgefühl haben, die das Fliessen des Lichtes in Dir und Deinen Feldern mehren, streckst Du Dich den von uns angebotenen Ästen entgegen. Es ist sogar so, dass Du diese durch Deinen inneren Ruf nach GOTT und GOTTES ANTWORT sozusagen zu Dir heranziehst, so dass leichteres Ergreifen Dir gelingt… doch sofern Du das Erleben und Erfahren des Lichtes – wenn dieses sich in Dir und Deinen Feldern zeigt – sodann ungenutzt beiseite liegen lässt, anstelle mit diesem Deine nächsten Entscheidungen 'zu färben' und Dein weiteres Leben zu gestalten, wird sich keine Veränderung in Dir und damit keine Veränderung im Leben auf Erden zeigen.

Als Mensch auf Erden, der die Worte dieser Botschaft liest, weißt Du um die Vielzahl von Krankheit, Schmerz und Pein, von Vertreibung, Flucht und verlorener Heimat, von Armut, Hunger und Leid... Du weißt um Ungerechtigkeit, Missgunst und Neid allerorten – und dieses, obwohl wir jedem Menschen Äste reichen, obwohl wieder und wieder Erleben im Licht geschieht, obwohl der Weg seit Jahren bereitet ist, dass Erwachen im Einzelnen und auch im Kollektiv geschieht...

... und so forme ich meine Worte und weise in Verbindlichkeit den Weg – damit Du als einzelner Mensch verbindest, damit Du als einzelner Mensch erwählst, damit Du als einzelner Mensch die Wahl ins Licht erhebst und Deine Fähigkeiten und Deine Möglichkeiten lebst....

... in nichts anderem leiten wir Dich an – denn so wie Du Dich als Mensch auf Erden im Engel-Frequenzen-Projekt einfindest, führen wir Dich in das Ergreifen der Äste, die wir Dir reichen, führen wir Dich in die Verbindung Deiner Felder, führen wir Dich in Deinem Streben das Ufer des Flusses zu erreichen – und wir tun dieses zu jeder Zeit in der Unterstützung für den Weg, den Du für Dich erwählst... – denn egal welche Technik, welchen Weg, welches Erfahren Du auch wählst, wichtig ist vor allen Dingen, dass Entscheidung ist und Veränderung geschieht – damit das Fliessen des Lichtes neu sich zeigt und im menschlichen Sein endlich sei...

... mit diesen Worten ende ich für diese Woche und verbleibe mit herzlichem Gruß – denn mein Wort sei Dir Hilfe, Erklärung und Leitfaden gleichermaßen, damit Du verstehst, kraftvoll wählst und verbindlich vollbringst...

Und so sei es.
AMEN"

"Ich bin Engelsfürst Fahamael, der im creme-gelben Licht der Sammlung mit Dir ist... und während sich die Engel-Begleiter der letzten Woche aus Deinen Feldern lösen, entrichte Dank, entrichte Gruß...

... und heiße willkommen die Engel-Begleiter dieser Woche, von denen drei zu Dir treten, die aus verschiedenen Feldern sind:

Ein Engelslicht aus meinem Reich tritt zu Dir heran im creme-gelben Licht der Sammlung, damit Du weiterhin die Ausrichtung und den Fokus in Dir finden mögest, um Kollektiv zu betrachten, ohne zu jeder Zeit in diesem 'willenlos' zu treiben...

Ein Engelslicht aus den Feldern Gabriels tritt im kristall-klaren Licht zu Dir heran, um Deinem Engel-Begleiter aus meinem Feld zu dienen und mit diesem und mit Dir zu sein – um die Felder klar und rein zu halten und das Gelingen in Dir somit zu stärken... – denn zu jeder Zeit ist das was wir vollbringen, was wir Dir anbieten und offenbaren Angebot und Unterstützung, Eröffnung und bereitetes Feld, doch das Annehmen und Nutzen obliegt Deiner Wahl, Deines Fokus, Deiner Absicht, Deines Wirkens und des Tuns...

Und ein weiteres Engelslicht aus den Heerscharen Uriels tritt zu Dir heran, um 'geborgene Sicherheit' Dir zu übermitteln – und somit Deinen Mut zu mehren, das zu betrachten, was Himmels-Bote Samuel Dir beschrieb, und wieder und wieder Wahl für Dich zu treffen... und während Engelslicht aus meinem Feld im creme-gelben Licht sich zeigt, schwingt Engelslicht aus Uriels Reihen im tiefen Rot und auch wenn dieses Engelslicht zu Deinen Füßen hin vermehrt sich zeigt, wirst Du doch wohl die 'Farbe der Sammlung' dunkler in dieser Woche spüren, sehen, vernehmen...

... gelingen kann dieses, weil Du für vier Wochen bereits, die Kraft der Sammlung im creme-gelben Licht erfahren hast und somit sich weniger Verwirrung in Dir zeigt und so wirst Du erkennen können, dass creme-gelbes Licht in dieser Woche sich 'dunkler' schwingend im roten Schein Dir zeigt.

Zu jeder Zeit hält Engelslicht aus Gabriels Scharen die Felder klar und rein und es obliegt Deiner Wahl und Deines Wirkens, die Kraft der Sammlung im Creme-Gelb und der Geborgenen Sicherheit im roten Schein in Dir zu spüren, anzunehmen und zu nutzen gleichermaßen... und mit diesen Worten übergebe ich die Übung dieser Woche:

30. Übung, 31. Woche, 1. Projektjahr - 'Das Kollektiv'

Ich bin Engelsfürst Fahamael, der im creme-gelben Licht der Sammlung mit Dir ist...

Täglich sei im Bewusstsein Deiner Engel-Begleiter, sei in Gegenwärtigkeit und sei in Dank – entzünde täglich eine Kerze, die creme-gelb-rot an Farbe sei oder nutze rot gefärbtes Papier, auf das Du eine gelbe Kerze stellst... Sei in der Verbindung mit Deinem Engel-Begleiter aus meinen Heerscharen und sei in Sammlung, wisse Engelslicht von Erzengel Uriel zu Deinen Füssen und klärendes Lichte aus den Feldern Gabriels durch drittes Engelslicht mit Dir...

... und betrachte wieder und wieder die Kraft des Kollektivs, so wie Du dieses in Dir und Deinem Leben erkennen und spüren kannst. Lerne dieses zu betrachten mit der Sammlung, Sicherheit und Kraft in Dir und somit das Wissen in Dir zu stärken, dass Du wählst, dass Du gestaltest und dass Du Dein Leben formst...

... und des weiteren wähle in dieser Woche 2-3 Mal zumindest, Dich einzufinden an einem Fluss, Bach oder einem anderen strömenden Gewässer und wähle einen Zweig gleichermaßen... sodann senke in das fliessende Wasser den Zweig hinein und spüre die Kraft des Stroms, indem Du den Zweig mal weiter mittig, mal mehr zum Ufer hin ins Wasser hältst.

Während Du den Zweig in das strömende Wasser hältst, lasse wandern Deine Hand, die den Zweig wohl hält mal hierhin mal dorthin, mal mittig, mal zum Ufer... denn Leben ist Bewegung, Leben ist Fluss, Leben ist Entscheidung u n d das Tun...

Beobachte, wie die Kraft des Stroms sich wandelt an der einen oder anderen Stelle und verstehe, dass Du durch Dein Gestalten in Deinem Leben selber wählst, an welcher Stelle im Strom des Kollektivs Du bist, wie groß die Kraft des Flusses sich an dieser Stelle zeigt und in welche Richtung Du entscheidest Deinen Weg zu lenken... und erkenne, dass im dynamischen Fliessen die Bewegung am leichtesten gelingt – und jede Härte, jedes Kämpfen die Spannung im Zweig wohl mehrt...

Diese Übung nutze, um die Wahrheit in den Worten Samuels deutlich wohl in Dir zu spüren und um Dir immer wieder zu vergegenwärtigen im Verlauf Deines Tages, an welche Stelle im Strom des Kollektivs Deine Wahl Dich führt, die Du triffst zu dieser Zeit, in diesem Moment, in der jeweiligen Situation – denn nur dann wird das Wissen um die Kraft Deiner Wahl und Deiner Macht in Dir reifen und Du mehr und mehr verstehen, dass Du selbst wählst, dass Du selbst wandelst und dass Du selbst gestaltest – sowohl Deine Entwicklung wie auch Deinen Weg – und somit das Geschehen auf Erden...

... denn jeder Mensch ist Teil davon... jeder Mensch nimmt Anteil... und jeder Mensch gestaltet mit:

> Das Leben,
> das Fliessen,
> das Vollbringen...

... und so wie Du wählst in Weisheit, mit Mut und Kraft, so wie Du wählst in Bewusstheit für Deine Entscheidungen zu sein, wirst Du durch Deine Wahl u n d das Einfinden im Umsetzen und Tun, Deine Brücke des Lichtes bauen und sowohl Hoffnung wie auch das Leben auf Erden mehren...

Und so sei es...

... denn Wandel zeigt sich im Menschen, so wie Mensch die Wahl des Lebens trifft und sich klärt und sich stärkt im Wissen des Lichtes und der Kraft und Macht in diesem...

AMEN"

31. Übung, 32. Woche, 1. Projektjahr - 'Bereitschaft'

"Ich bin Samuel, der Himmels-Bote, der die Schirmherrschaft hält im Engel-Frequenzen-Projekt im ersten Projektjahr und ich benenne das Thema dieser Woche: 'Bereitschaft' … und werde Dir diese beschreiben mit dem Bild des Kollektivs, das ich Dir in der letzten Woche beschrieb… und so wie ich in dieser Woche das gegebene Bild der letzten Woche vertiefe und erweitere, werde ich auch in den weiteren Wochen dieses Bild ergänzen und für Dein vermehrtes Verstehen des Menschen-Seins auf Erden erläutern.

Ohne Bereitschaft ist keine Wandlung und keine Veränderung auf Erden möglich – so, was ist Bereitschaft?

Bereitschaft ist eine 'Grundstruktur' des (menschlichen) Lebens, denn immer und zu jeder Zeit bedarf es der Bereitschaft, damit der Mensch sich in einer fliessenden Bewegung des Strebens nach Einklang mit der 'Aufforderung GOTTES' einfindet… und in diesem benannten Kontext verwende ich das Wort Bereitschaft auf den nächsten Seiten, um Dir Dein Streben und auch Deine Möglichkeiten aufzuzeigen:

Ohne Bereitschaft zeigt sich Härte, Starre, Unbeweglichkeit und zunehmende Abgrenzung, ja Abwehr von jedem Impuls zur Veränderung…

Betrachten wir die Bereitschaft im gegebenen Bild des Kollektivs als einen großen, strömenden Fluss und wie sich Bereitschaft auf zweierlei Weise zeigt:

Bereitschaft mit Blick auf 'falsches Ziel':
Einerseits haben sich die Menschen, die sich im kraftvoll strömenden Kollektivstrom mittreiben lassen, in einem Leben von Ablenkung und 'Streben nach falschen Göttern' eingefunden…

und das was der einzelne Mensch mit seinem Blick auf 'falsches Ziel' in seinem Leben an Veränderung erstrebt, ist keine Veränderung in Richtung Mensch-Werdung (nach GOTTES Absicht), sondern zeigt sich als Streben nach Macht, nach Anerkennung, nach Geld, nach 'aufregender Ablenkung' – und letztere werde ich an dieser Stelle näher beschreiben, weil diese in der gegenwärtigen Zeit so vielfältig sind und ebenso viele Irrtümer der 'Verwirklichung' enthalten:

Als Ausdruck 'aufregender Ablenkung' benenne ich das (vorrangige) Streben nach dem (äußeren) Erlangen von:
- Reisen in ferne Länder, ohne dass eigenes Sein und Land erkundet wurde
- 'kurzweilige' Herausforderungen, die ohne Wert für Sein und Leben sind, wie Bungee-Springen, Achterbahn-Loopings, JetSki-Fahren, kollektives 'Feiern' und Betrinken
- Beschäftigung mit dem Leben anderer (realer oder fiktiver) Personen, während der das eigene Mensch-Sein und -Empfingen 'vergessen' (im Sinne von abgetrennt) wird
- Erreichen eines Levels, Scors, 'Sieges'... in einer virtuellen Welt
- Gezieltes Zufügen von Schmerz und Leid bei anderen Menschen und Tieren, oder auch bei sich selbst
- usw.

... und weil jeder Mensch die 'Aufforderung GOTTES' nach Mensch-Werdung tief in sich verankert trägt – wie ich zu Beginn der letzten Woche beschrieb – wird diese 'Aufforderung GOTTES' mit jedem Ergreifen eines Astes ins Strahlen gebracht und wirkt wie eine 'Durchlichtung' und Erinnerung an die ursprüngliche Absicht des irdischen Daseins:

>Das Licht in sich selbst und in der Materie zu erkennen,
>sich dessen in jedem Augenblick bewusst zu sein
>und zu jeder Zeit im Einklang mit diesem Wissen
>zu wählen, zu entscheiden, zu gestalten, zu leben...

Bereitschaft ist also erforderlich, damit der Mensch nach einem der von uns (der Geistigen Welt) dargebotenen Äste greift... und je mehr das Streben nach 'aufregender Ablenkung' in den Gedanken, Gefühlen und Handlungen des Einzelnen verfestigt ist, desto weniger Impulse zum Ergreifen sind gegeben...

Die persönliche, wie auch kollektive Bereitschaft mehrt sich, wenn Leid, Krankheit oder anderes 'Schicksal' geschieht und somit ein Öffnen der bisherigen Gedanken- und Verhaltenskreise stattfindet.

Weil sich gegenwärtig das Streben nach 'aufregender Ablenkung' bei so vielen Menschen mehrt, zeigt sich in gleichem Maße eine Häufung von Leid, Krankheit und 'Schicksal' ... denn in seinem Innersten strebt jeder Mensch nach Einklang mit der 'Aufforderung GOTTES', nach Erkennen von sich selbst, nach Bewusstwerdung als Mensch... auf diese Weise geschieht durch Leid und Krankheit eine Mehrung von Bereitschaft...

... und Dir sind die unzähligen Berichte der Menschen bekannt, die nach durchlebter Krankheit oder erlebtem 'Schicksal' dieses als Glück und Grund für Wandlung und neue Sinngebung ihres Lebens benennen...

Und ich benenne die zweite Weise, wie sich Bereitschaft bei Menschen zeigt, die sich in der Mitte des Flusses mittreiben lassen und Bereitschaft mit Blick auf 'falsches Ziel' leben:

Die Bereitschaft ist tief in den Menschen verborgen, wird meist gar nicht vernommen und selten nur zaghaft gespürt, weil bequeme Gewohnheiten, stumpfe Ablenkungen, wiederkehrende Routine, dumpfes Sich-Treiben-Lassen, unreflektiertes Anpassen (Übernehmen) von benannten Lebenswegen und Zielen... Abstumpfung gegenüber dem Leben anderer... dem Treiben in der

Mitte des Kollektivstroms entspricht und es keinerlei eigener Initiative oder bewusster, reflektierter Wahl bedarf.

Für jeden Menschen, der in der Mitte des Flusses treibt, findet mit jedem 'Einbringen von Licht' in den Fluss eine Stärkung der eigenen Bereitschaft statt... und wie ich in der letzten Woche bereits beschrieb, mehrt sich das Licht im Fluss durch jedes Ergreifen eines Astes, Abreißen eines Teils und das Einschwingen des Lichtes, das darin enthalten ist.

Daher stärkt jeder Mensch durch seine Bereitschaft nicht nur die eigene Entwicklung, sondern trägt ebenso zur Mehrung von Bereitschaft in den vielen Menschen bei, die gegenwärtig noch in Ablenkung und im 'Streben nach falschen Göttern' in der Mitte des Flusses treiben (sich treiben lassen).

Wenn Du für Dich Deine Bereitschaft mehrst, indem Du Dich in Offenheit und dem Ruf nach Unterstützung an uns wendest, beginnst Du durch diese Absicht, die bereitgehaltenen Äste zu Dir heranzuziehen. Damit ist Dir das Ergreifen der Äste dann leichter und gelingt Dir häufiger...

... und die Entwicklungsimpulse, die im erfahrenen und aufgenommenen Licht enthalten sind, werden Dir Deinen Weg im dualistischen Leben auf Erden, hin zu einem bewussten und wahrhaftig wirkenden Menschen erleichtern.

Aus dem bisher Beschriebenen geht hervor, dass die Möglichkeiten und damit die 'Geschwindigkeit' der Entwicklung des einzelnen Menschen, wie auch des Kollektivs sich verändern und mehren, in dem Maße, wie die Bereitschaft sich verändert und mehrt...

Somit ist insbesondere jede Bereitschaft, die sich in der Verbindung mit Verbindlichkeit und dem Willen zu Veränderung zeigt, von unschätzbarem Wert... sowohl für den einzelnen Menschen, als auch für die Entwicklung des Kollektivs – denn weil alles miteinander verbunden ist wird das Erlangen des Einzelnen zu jeder Zeit gleichermaßen auch Wirkung im Kollektiv zeigen.

Und während ich meine Worte forme, im Lichte Ma'Maha's bin und meine Botschaften durch Lumina übermittle, die diese niederschreibt und Dir zugänglich macht, gebe ich Dir weitere Kunde:

Es mag Dich wundern und vielleicht auch stören, welche Worte und Beispiele ich wähle, um Dir Dein Leben und das Leben auf Erden zu beschreiben – doch ohne das Verstehen, das Erkennen, das Erfassen, wird es keine dauerhafte Veränderung auf Erden geben... daher ist es von Wichtigkeit, dass Du das Erdenleben neu betrachtest – denn dieses ist auch das Deine und Du (selbst) gestaltest dieses... auch mit Deinem Verstehen und Erkennen... und weitaus mehr noch mit Deinem Wirken und Deinen Taten.

... und dieses weißt Du bereits und hast Kenntnis davon – daher möchte ich Dich bitten, diese niedergeschriebenen Worte einfach wieder und wieder in Bereitschaft und in Offenheit zu lesen, um immer mehr und immer tiefer die Botschaft und die Wahrheit darin in Dir ankommen zu lassen und nach und nach zu verstehen... denn jedes Wort wähle ich mit Bedacht, jedes Beispiel benenne ich nach Beratung und in Abstimmung mit den vielen, vielen Engeln und Engelsfürsten, die im Engel-Frequenzen-Projekt zugegen sind und sich mit ihrem Licht und ihrer Liebe in dieses einfügen und hingeben...

Wichtig ist, dass Du beim Lesen immer wieder in Bereitschaft und in Offenheit bist... und dass jedes 'Ich muss verstehen' verstummt und damit das Verhärten und Verfestigen vergeht – erlaube Dir vielmehr, dass meine Worte wie ein steter Fluss des Lichtes in Dir ankommen und wirken und dass Du die Botschaft so verstehst, wie es für Dich zu dieser Zeit angemessen und passend ist...

... und wisse, dass mit wiederholtem Lesen Du ein anderes Verstehen in Dir erfahren wirst und freue Dich daran! – und wisse, dass jedes neue Verstehen Dein bisheriges keinesfalls als 'falsch' oder 'minderwertig' zeigt... Mache Dir vielmehr bewusst, dass jedes Verstehen wie ein Schritt auf dem Weg ist und jeder bisher vollbrachte Schritt Dich zu der Stelle gebracht und getragen hat, an der Du gegenwärtig stehst, bist und gehst... und dass somit jedes Abwerten Deines bisherigen Verstehens, Deiner bisher gegangenen Schritte, Deines bisherigen Erlebens und Erfahrens Dir ganz einfach in keiner Form dient... und dieses gilt für Dein gesamtes Erdenleben:

Weniger als bisher mögest Du Dich selbst schwächen, verunsichern und Deine Energien an alte Muster binden durch ein Abwerten Deines Weges, Deines Seins, Deiner Person...

... vielmehr mögen meine Worte Dir Anleitung sein, für Dich mit Dir, mit Deiner Entwicklung und mit Deinem von Dir gewählten und gegangenen Weg in Wertschätzung und auch Anerkennung zu sein... denn auf diese Weise schätzt Du den Wert des bisher Erlangten und Du erkennst an, wer und was und warum Du bist, zu dieser Zeit und an diesem Ort ... und damit stärkst Du Dich selbst und richtest Deine Energien auf das aus, was Du zu erlangen suchst...

... und Du mehrst Bereitschaft – in Dir und somit auf Erden... mit diesen Worten beende ich die Botschaft dieser Woche und Erzengel Gabriel wird die Übung benennen, anleiten und begleiten...

Und so ist es.
AMEN"

"Ich bin Gabriel, der Erzengel der Klarheit und der Kraft – und ich heiße Dich willkommen im kristall-weiß-klaren Licht, das das meine ist und in dem Du in dieser Woche schwingen, klingen und Dich finden mögest.

Während sich die Engelslichter der letzten Woche aus Deinen Feldern lösen…

… entrichte Gruß, entrichte Dank an Deinen Engel-Begleiter aus den Feldern Fahamaels, der im creme-gelben Licht der Sammlung mit Dir war,

… entrichte Gruß, entrichte Dank dem Engelslicht aus meinem Feld, das die kristall-klare Schwingung zur Klärung der Felder eingeschwungen hat,

… entrichte Gruß, entrichte Dank dem Engelslicht aus Uriels Scharen, das mit dem Schwingungsfeld der 'geborgenen Sicherheit' an Deiner Seite war…

… und entrichte Gruß, entrichte Dank in die Runde all der Engelwesen, die im Dienst zugegen sind, damit das Engel-Frequenzen-Projekt für Dich hervorgebracht und durchgeführt werden kann – zu jeder Zeit und an jedem Ort, an dem Du Dich in Bereitschaft einfindest, um mit Dir und mit uns zu sein…

Sodann öffne Dich in Bereitschaft für Deinen Engel-Begleiter, der in dieser Woche für die nächsten 7 Tage mit Dir ist und nun aus meinen Feldern zu Dir tritt. Kristall-weiß-klar ist seine Schwingung, kristall-weiß-klar ist sein Sein und kristall-weiß-klar ist das Feld, das er Dir offenbart, damit Du dieses nutzen mögest für Dich und Deinen Weg – für Deinen Weg i n Dir …

Und ich übergebe die Übung dieser Woche:

31. Übung, 32. Woche, 1. Projektjahr - 'Bereitschaft'

Ich bin Gabriel, der Erzengel der Klarheit und der Kraft und ich leite Dich an in dieser Woche, in der Bereitschaft zu sein.

Dafür finde Dich ein- bis dreimal am Tag mit Deinem Engel-Begleiter, mit einer Schüssel aus Glas, die mit klaren Wasser gefüllt ist, mit einer weißen Kerze und einem farbigen Papier ein. Das Papier wähle – soweit Dir möglich – in strahlenden Farben des Regenbogens – auf jeden Fall wähle ein Papier, das mindestens 3 Farben in sich trägt... und so Du wünschst, kannst Du jeden Tag ein anderes Papier mit weiteren, mindestens drei, Farben wählen und für Dich und Deine Übung nutzen.

Entzünde die weiße Kerze und sei in Offenheit und Bereitschaft für das kristall-weiß-klare Licht Deines Engel-Begleiters mit Dir. Sodann fülle die Schüssel mit Wasser und stelle diese auf das farbige Papier.

Die Aufgabe der Übung dieser Woche ist, dass Du die Farben des Papiers durch das Wasser hindurch betrachten mögest – siehe deren Strahlkraft und sei in der 'Bereitschaft', deren Wirkung und Schwingung in Dir zu spüren. Erlaube Dir die Freude, die Weite, die Dankbarkeit ob der Vielfalt und ebenso die Traurigkeit oder Schwere, die sich bei der ein oder anderen Farbe in Dir zeigen wird... es wäre Irrtum Deinerseits, wenn Du nur 'positive' Empfindungen Dir erlauben würdest – wisse einfach, dass jedes Fühlen, jedes Empfinden, jedes Erleben wundervoll und wahrhaft ist, soweit Du in Bereitschaft bist.

Nutze den Schein der Kerze, um die Farben 'zu beleuchten' und Dir die Wirkung des kristall-klaren Wassers immer wieder zu vergegenwärtigen... und verstehe, dass Du Dich dem Schwingungsfeld des Lebens öffnest, so wie Du in Bereitschaft bist... und dass Bereitschaft weitaus mehr damit zu tun hat, dass Du Dich öffnest und die Wirkung des Lichtes und der Farben in Dir erlaubst, als dass Du im Wollen und in Anstrengung, in Anspruch an Dich selbst und im Klammern an selbst gestecktes Ziel Dich verfestigst und Dich selbst beengst.

In diesem Sinne, spüre die Klarheit und die Kraft, spüre Deine Bereitschaft und die Freiheit darin, so wie Du keine Grenzen Dir selbst auferlegst sondern Offenheit Dir erlaubst... und spüre Dich in Dir, in Deinem Körper, in Deinem Sein und im Leben auf Erden...

Immer wieder während des Tages erinnere Dich der Farben, die Du durch das kristallklare Wasser betrachtest – und erinnere Dich der Bereitschaft in Dir...

Am Ende der Übung mögest Du mit dem Wasser eine Pflanze gießen oder es auch selber trinken – wichtig ist die Wertschätzung dafür ... und für die Schwingungen und Farben des Lebens und des Weges...

Und so sei es.
AMEN"

32. Übung, 33. Woche, 1. Projektjahr - 'Klärung'

"Ich bin Samuel, der Schirmherr vom Engel-Frequenzen-Projekt im ersten Projektjahr und ich berichte Dir mit meinen Worten von den Möglichkeiten, die die Deinen sind und in deren Bewusstwerdung und deren verantwortungsvolle Anwendung wir Dich führen in den Monaten und Jahren des Engel-Frequenzen-Projektes.

Wir berichten Dir von Deinem Leben auf Erden, zeigen Dir auf was an Wahl die Deine ist und wie Du durch diese Deine Welt und die Welt auf Erden gestaltest... dieses tun wir

- indem wir Dir Deine Wahl benennen – auch dort, wo Du Dich ohne Wahl glaubst...
- indem wir Deinen Blick schulen – auf Dich selbst wie auf das Leben...
- indem wir Dir die Irrtümer in Deiner Sicht aufzeigen – damit Du diese somit zu klären vermagst...
- indem wir Dir die Schleier Deines dualistischen Erlebens verdeutlichen – und die Wahrheit, die 'dahinter' ist...
- indem wir Dich lehren, Dich selbst zu erkennen – und in der Umsetzung des Erkennens ebenso...
- indem wir Dir von Deinen Spielen berichten, mit denen Du Dich beengst und ablenkst – und wie Du diese für Dich beenden kannst...
- indem wir Dir Bilder für Dein Verstehen geben – und Dir den Weg zeigen, wie Du Deinem Verstehen in Deinem Leben Ausdruck verleihen kannst...
- indem wir Dich anleiten Deine Möglichkeiten zu nutzen – und mit diesen Dein Leben neu zu gestalten...
- ...

Und dieses benenne ich wieder und wieder, damit Dir zu jeder Zeit bewusst sei, dass das Engel-Frequenzen-Projekt ein Projekt ist, das Dich in die Freiheit führt, das Dir den Weg in ein neues Leben weist, das die Hoffnung für Frieden und Freude auf Erden trägt und das das Leben auf Erden neu gestalten wird, so wie Menschen wie Du sich einfinden, diese Worte lesen (hören) und in der Umsetzung meiner und unserer Botschaften die Kraft des Lichtes mehren. Denn dadurch wird sich das wahre Wesen der Menschen zeigen und Menschlichkeit gelebt werden:

Mit und in sich selbst wie mit (allen) anderen Menschen auf Erden und auch allem Leben, das auf Erden und das in den Reichen ist, das sichtbar und das unsichtbar, das benennbar und das ohne Worte ist… in dieses Leben und Erleben werden wir Dich führen, so wie Du bereit bist unseren Worten zu folgen – und sowohl Dein Denken, Deine Sicht, Dein Fühlen und Dein Handeln wieder und wieder zu betrachten, zu reflektieren und zu wandeln…

Mit diesen Worten benenne ich das Thema dieser Woche: ‚Klärung' … und dieses weil all das, was ich in den letzten beiden Wochen Dir beschrieb Dein Interesse und auch Dein Gefallen fand… und Du doch die Essenz meiner Worte und die Kraft der Veränderung darin mehr als bisher noch anwenden mögest … und weniger zurückhältst die verbindliche Anwendung dieser …

Und so eröffnen wir Dir mit dem Thema Klärung dieser Woche die kraftvolle Möglichkeit Dein Zurückhalten zu betrachten – und auf welcher Basis und mit welcher (zum Teil bisher noch verborgenen) Absicht Du Zurückhaltung in Dir aufrufst… dieses tun wir, damit Du Dich selbst besser verstehst und Deine eigenen 'Fallstricke', die Du Dir wieder und wieder 'auferlegst', erkennst und Deine verschleierte Sicht auf diese klärst… damit Du Dich aus dieser verschleierten Sicht befreist, Deine 'Fallstricke' beiseite legst und neue Schritte i n (die) Verantwortung Deiner Wahl und Gestaltung Deines Lebens gehst…

… so blicken wir auf das, was möglich ist weit mehr als auf das, was bisher geschah… denn Blick zurück bindet, während Blick voraus eröffnet:

Neues Erkennen, neues Verstehen, neues Gestalten, neue Wahl…

Und so betrachte ich mit Dir das Bild des Kollektivflusses und benenne, dass es zu jeder Zeit Deine Wahl ist in den (Un-)Tiefen vom Strom des Kollektivs Dich treiben zu lassen, dem Sog des Kollektivs Folge zu leisten und (oder) die Bilder und Dogmen des Kollektivs als die Deinen unreflektiert zu übernehmen und Dich auf diese Weise (tiefer) in den Kollektivstrom zu begeben.

… und wenn Du achtsam gelesen hast geht es um das unreflektierte Übernehmen von Bildern und Dogmen, von Glaubenssätzen und Wertungen, von Einteilungen und 'Zuständigkeiten' … und das Erkennen von diesen…

Denn immer wenn Du etwas unreflektiert übernimmst findet eine Einschränkung Deiner freien Sicht statt – dieses geschieht in den vielen Jahren Deiner Entwicklung und Deines Dich-Anpassens an irdisch-menschlichen Leben… und mit jeder Einschränkung Deiner freien Sicht erlaubst Du (Dir selbst) die Einschränkung Deiner freien Wahl… der freien Wahl, die Dir von GOTT g e g e b e n wurde um Dich, Dein Licht, Dein Sein, Dein Erdenleben zu gestalten, zu erfahren, zu erfassen…

… und das wiederum bedeutet, dass Du mit der Bewusstwerdung der Bilder, Dogmen, Glaubenssätze, Wertungen, Einteilungen und (zugeteilten) 'Zuständigkeiten' die bewusste Wahrnehmung und Anwendung Deiner freien Wahl wieder in Deine eigenen(!) Hände nimmst, die Verantwortung für Dich und die Gestaltung Deines Lebens wahrnimmst (im Sinne von Annehmen und Nutzen) und mit / in Deiner Kraft und Macht das Leben auf Erden gestaltest…

Weil wir um die vielen Jahre Deines bisherigen Erdenlebens wissen, in denen Du Dir die unbewusste Anpassung erlaubt hast und weil wir ebenso über die Macht der Gewohnheit Kenntnis haben, die im unbewussten und gleichfalls im sich bewusst werdenden Menschen sichtbar wird, geben wir Dir eine Woche der Klärung…

… und ganz bewusst:
- sei ohne Urteil für Dich und Deinen Weg
- sei offen (und) in Bereitschaft
- sei verbindlich mit Dir und Deinem Licht
- wertschätze Dich und ehre Dich
- sei liebevoll im Umgang mit Dir
- nutze Deine Kraft
- finde Deinen Mut
- sei ehrlich
- sei gewahr der Bedeutung Deiner Wahl
- wisse um die Unterstützung unseres Dienstes
- fühle Dich begleitet
- …

Und mit diesen Worten der Klärung ist Erzengel Gabriel zugegen, der mit seinen Heerscharen mit Dir ist, die Worte der Übung übergibt und Dich anleitet für Klärung in Dir…

Und so ist es.
AMEN"

"Ich bin Engelsfürst Gabriel, der Erzengel der Klarheit und der Kraft – und leite an die Übung dieser Woche.

Wenn Du Dich eingefunden hast, die Übung dieser Woche zu beginnen, sei achtsam mit Dir und Deinem Engel-Begleiter aus meinen Heerscharen, der in der letzten Woche mit Dir war – entrichte Dank, entrichte Gruß für den Dienst, den dieser Engel für Dich vollbrachte – in all seiner Klarheit, mit all seiner Kraft, zugegen in Hingabe und Liebe für Dich und Dein Sein – entrichte Dank, entrichte Gruß... und strebe danach mit gleicher Klarheit, gleicher Kraft, gleicher Hingabe und gleicher Liebe die Worte zu lesen, die Übung zu vollbringen, den Weg der Veränderung und Wandlung in Dir zu gehen, die Verantwortung der Wahl wahrhaft zu übernehmen, um Mensch auf Erden zu sein...

Und beobachte in Dir wie sehr mein Wort, dass Du gleich Deinem Engel-Begleiter der letzten Woche Klarheit, Kraft, Hingabe und Liebe leben mögest, Du dieses in Dir abwehrst und die Fähigkeiten und Möglichkeiten des Engels, ja jedes Engels, dieses zu tun und zu vollbringen, (weit) über Deine Fähigkeiten und Möglichkeiten des Vollbringens stellst – und wie Du allein durch diese Sicht Dich selbst beengst, 'abwertest', Deine Wahl und Deine Verantwortung gleichermaßen Dir verwehrst... so wie Samuel Dir beschrieb...

... atme frei und sei mit Dir...

... und in all der Offenheit und Bereitschaft, die Du in Dir 'findest', mit Mut und durch Deine freie Wahl Dir selbst gewährst, heiße nun willkommen drei Engel-Begleiter dieser Woche, die aus meinen Heerscharen herantreten, um mit Klarheit und Kraft, in Hingabe und Liebe die nächsten 7 Tage mit Dir zu sein und für ihren Liebesdienst Dich zu begleiten. Immer wieder, wenn Du Dich einfindest, um in der Übung und in der Ausrichtung auf die Klärung zu sein, wirst Du spüren können, wie die drei Engel-

Begleiter Dich umringen und das Feld der Klärung um Dich legen – damit Du neu Dich in Dir klärst:

Deine Gedanken, Deine Sicht, Deine Gefühle, Deine Felder, Dein verschleiertes Mensch-Sein...

Und mit diesen Worten übergebe ich die Übung dieser Woche:

32. Übung, 33. Woche, 1. Projektjahr - 'Klärung'

Ich bin Gabriel, der Erzengel der Klarheit und der Kraft, der im kristall-weiß-klaren Licht erstrahlt – und ich leite an die Übung dieser Woche:

Die weißen Kerzen:
Während der gesamten 7 Tage lasse eine weiße Kerze brennen – sowohl am Tag wie auch zur Nacht mögest Du die Flamme erhalten, indem Du eine weiße Kerze zu jeder Zeit entzündest, wenn brennende Kerze sich dem Ende neigt. Dieses dient der Aufrechterhaltung der klärenden Flamme, die Deinen Engel-Begleitern bei ihrem Dienste dient.
Soweit Dir möglich, nutze weiße Kerzen, die Du in Sand stellst und mit Glas ummantelst, damit Du sicher weißt das 'Klärungs-Licht'.
Wenn eine Flamme während der Nacht erlischt, gräme Dich nicht, sondern beginne Deinen Tag mit dem Entzünden (im Bewusstsein Deines Tuns) einer neuen weißen Kerze.

Das klare Wasser:
Jeden Tag wähle mindestens 1 Liter, besser 2 Liter klaren Wassers zu trinken und dieses aus klarem Glas oder klarer Flasche.
Das Wasser für den nächsten Tag bereite Dir, indem Du die Flaschen und Trinkgefäße am Abend neben die weiße, brennende Kerze stellst.

Mache Dir die Klarheit des Wassers, wie auch des Gefäßes aus dem Du trinkst, bei jedem Schluck bewusst und wie Du Klarheit und Klärung in Dir aufnimmst und durch Deine freie Wahl annimmst, damit es wirken kann in Dir.
Bei jeder Reinigung, die Du durchführst besonders auch Deines Körpers, mache Dir bewusst die Wirkung des klaren Wassers zur Klärung Deiner Felder.

Der Kristall:
Zur Kerze lege einen Kristall, der weiß-klar in seiner 'Farbe' sei – diesen kannst Du wählen als Bergkristall oder anderen weiß-klaren Stein – oder auch aus geschliffenem Glas.
Während der Nacht lege den Kristall zwischen brennende Kerze und Wasser für den nächsten Tag.

Die Wertschätzung:
Immer wieder in den nächsten Wochen, Monaten und Jahren, mögest Du eine Zeit von 7 Tagen nutzen, um Klärung für Dich zu wählen – und dieses mögest Du immer anwenden in Wertschätzung für das Engel-Frequenzen-Projekt, den Dienst der Engel, Engelscharen, Engelsfürsten und Erzengel, wie auch aller beteiligten und involvierten Menschen, von Ma'Maha und Lumina.
Denn in der Wertschätzung öffnest Du Deine Felder und erlaubst uns das Einschwingen in diesen und im Fliessen die Klärung von diesen – denn in Wertschätzung zeigt sich das Fliessen, in dem sich das Leben auf Erden in Freude, im Austausch und im Einklang zeigt.

Die Essenz:
Zu Deiner Unterstützung der Klärung wird Ma'Maha eine Essenz bereiten, so wie sie dieses – in der Verbindung mit uns – bereits im Licht von Chamuel vollbrachte und vollbringt. Diese Essenz der 'Klärung' wird zur Verfügung stehen für all die, die im Feld

des Engel-Frequenzen-Projektes wirken und die eine Zeit von 7 Tagen zur 'Klärung ihrer Felder' für sich wählen.

Die Anwendung der Essenz 'Erzengel Gabriel - Klärung' möge sein wie folgt:
Täglich nehme 3 x 5 Tropfen bis 3 x 10 Tropfen davon ein.
Deiner Creme für Gesicht und Körper füge einige Tropfen hinzu – in der Menge, wie Du diese in den Tagen der Woche verbrauchst.
In jedes Bad gebe 15 Tropfen der Essenz – ein Fußbad bereite Dir mit 7 Tropfen.

Dein Bewusstsein:
Damit all das Genannte Wirkung in Dir zeigt und zeigen kann, ist es von entscheidender Wichtigkeit, dass Du Dir Deiner Sicht, Deines Fühlens, Deines Wirkens bewusst bist – denn nur dort, wo Du in Absicht, Bereitschaft und Bewusstheit bist, wird die Klarheit und Kraft des Lichtes für Deine Klärung wirken können.

... Denn all das was wir bereiten, kann nur in dem Maße für und in Dir wirken und klären, wie Du dieses für Dich wählst und durch Deine Absicht und Dein Tun (in Dir und Deinem Leben) annimmst und anwendest – denn ohne Anwenden kann kein Fliessen sein, wenn (doch) Bewusstsein (bereits) ist...

Wenn in den Tagen der Klärung 'Altes' sich zeigt...

egal ob vertraute Bilder, nach denen es Dich immer wieder verlangt...

egal ob bekannte Gefühle, die Du gerne weiter halten würdest...

egal ob gewohntes Verhalten, in dessen Rahmen Du Dir Sicherheit 'versprichst' ...

... immer wenn Altes im Licht der 'Klärung' sich Dir zeigt und Loslassen und Lösung möglich ist, blicke d u r c h Dein Verlangen, Dein Halten, Dein 'Versprechen' und erlaube Dir neue Wahl, nimm an neue Wahl und nutze die neue Freiheit für neue Wahl! – damit Du in Dir Neues formst...

Und so bin ich, Erzengel Gabriel, der Erzengel der Klarheit und der Kraft mit meinen Heerscharen mit Dir und bereite das Feld der Klärung, damit Du dieses annehmen und anwenden mögest...

... denn Dein ist die Wahl...

... und Dein ist das Gestalten des Lebens auf Erden...

Und so ist es.
AMEN"

33. Übung, 34. Woche, 1. Projektjahr - 'Veränderung'

"Ich bin Samuel, der Himmels-Bote und ich halte im ersten Projektjahr die Schirmherrschaft im Engel-Frequenzen-Projekt und übergebe meine Botschaften Woche für Woche – zu meinen Worten übermittelt sodann einer der versammelten Engelsfürsten eine Übung, die er mit seinen Heerscharen leitet und begleitet.

Und in der Verbindung mit den vielen, vielen Engelsfürsten, die sich für dieses Projekt eingefunden haben, um mit Dir / Euch Mensch(en) zu sein, benenne und beschreibe ich das Thema dieser Woche: 'Veränderung'...

Und erneut blicken wir auf das Bild, das ich Dir gegeben habe vom Menschheitskollektiv als einen großen strömenden Fluss, in dem jeder Mensch für sich wählt und entscheidet sich mit und in diesem Fluss treiben zu lassen oder nach dem Ufer des Erkennens zu streben.

Und wir betrachten das benannte Thema Veränderung und wie sich dieses im Bild des Kollektivstroms darstellt und zeigt:

Veränderung zeigt sich auf vielerlei Weise in der Bewegung des Wassers und auch des Einflusses auf das Ufer... die Veränderung, die der einzelne Mensch durch das Strömen und die Bewegungen des Wassers erfährt, erfordert Anpassung, ohne jedoch das eigene Gestalten wahrhaft zu nutzen. Das bedeutet, dass der einzelne Mensch im Strom des Kollektivs die Strudel, Strömungen, Einflüsse und Kräfte des strömenden Wassers erfährt, ohne durch eigene Wahl die Richtung, 'Bahn' oder auch seine formende und fügende Kraft zu nutzen.

Jede erforderliche Anpassung an diese Kräfte des Kollektivs 'beschäftigt' den einzelnen Menschen in seinen Möglichkeiten der

Anpassung, so dass die Worte: "Ich habe zuviel zu tun... ", "Ich habe keine Kraft... ", "Ich habe keine Zeit... ", "Ich weiß nicht... ", "Ich kann nicht... ", "Es ist zu schwer... ", ... benannt werden und der Mensch für sich erlebt und erfährt 'gelebt zu werden' von dem Äußeren, von Zwängen und Gegebenheiten, von all dem, was als unabänderlich, als vorgegeben, als formend und 'erforderlich' angesehen wird... und für sich selbst sodann auch angenommen wird...

Du selbst weißt, wie häufig Du auf die beschriebene Weise Dein Leben gestaltest, bzw. gestalten lässt – und Du selbst weißt, wie sehr Du damit Deine Kraft der Gestaltung, Deine Verantwortung für Dich und Dein Leben, Deine Kraft und Deine Macht aus Deinen eigenen Händen gibst und dieses durch Deine Wahl und Deine Entscheidung...

Denn kein anderer als Du selbst wählt für Dich:
Dich mit und in dem Strom des Kollektivs treiben zu lassen – oder Deine Möglichkeiten der Gestaltung durch bewusste Wahl und Entscheidung zu nutzen.

Das bedeutet:
Während der Kollektivstrom fliesst, bewegt sich das Wasser in Wellen, in Strudeln, im langsameren Dahinfliessen oder auch im strömenden Sog... und demzufolge findet sich der Mensch innerhalb des Kollektivstroms einer ständigen Bewegung ausgesetzt und viele Menschen in dieser Zeit der Veränderung und des Wandels, lassen sich so 'angepasst-passiv' im Kollektivstrom treiben, dass sie all ihre Kraft für die Anpassung an die Bewegungen des Kollektivstroms benötigen und immer weniger selbst aktiv 'entscheiden', was in ihrem Leben sich formt und wie sie ihr Leben sich gestaltet...

Dieses formuliere ich und habe bereits mehrfach benannt, dass jedes Treibenlassen von Dir innerhalb des Kollektiv-Menschenstroms Deiner Entscheidung und Deiner Wahl bedarf – und dass deshalb jeder Mensch, der das (Mit-)Treiben(-Lassen) 'für sich nutzt' ebenfalls seine Wahl damit trifft, auch wenn das Unvermögen, ja die Hilflosigkeit des eigenen Gestaltens oft laut betont wird...

... doch (auch) hier gilt:
Auch wenn lautes Wort ertönt und die (eigene) Verantwortung verwiesen wird 'nach Außen': An andere Menschen, an Situationen, an 'Zwänge' und 'Gegebenheiten' – so ist und bleibt die Wahrheit doch:

Jeder Mensch gestaltet selbst!

... und somit entscheidet auch jeder Mensch für sich, ob er sich treiben lässt und ohne Einfluss auf Richtung, Tiefe, Höhe, innerhalb des Kollektiv-Menschenstroms ist... denn Dein ist die Wahl, Dein ist das Reich und Dein ist die Welt, so wie Du mit Mut, mit Verantwortung und mit Achtsamkeit des Lebens, dieses gestaltest, heiligst und formst.

Und so fahre ich fort und wiederhole das, was ich in den vergangenen Wochen immer wieder über Veränderung übermittelte:

Menschen meiden Veränderung...
... und das bedeutet mit Blick auf das bereits Beschriebene, dass ein Mensch, der sich im Kollektivstrom treiben lässt, seine Möglichkeiten der Veränderung und des 'Neues hervorbringen' als sehr beschränkt erlebt und erfährt und in der Regel auf Momente oder kurze Zeiten des Tages begrenzt, wenn Ausrichtung auf GOTT, wenn Gebet, Meditation oder eine andere spirituelle, bewusstseinsmehrende Übung vollzogen wird.

Menschen lieben das Gewohnte, Bekannte, 'Bewährte' und die scheinbare Sicherheit, die darin zu finden geglaubt wird ... selbst wenn Dir dieses schadet, Du Dich selbst damit in Deinem Ausdruck begrenzt und beengst… und daher bedarf es Deines Mutes, Deiner Initiative und Deiner Bereitschaft, um Veränderung hervorzubringen.

Und erkennst Du den Widerspruch? – oder ist Dir dieser so vertraut, dass Du ihn nimmer mehr oder auch gar nicht wahrnimmst?...:

Siehe, wie einerseits
   das Treibenlassen im Strom des Kollektivs Dir Veränderung in jeder Form 'abverlangt'…
und wie andererseits
   Du Veränderung meidest 'um jeden Preis'…

Und dieses werden wir genauer betrachten, damit Du in den weiteren Wochen bewusster als bisher Veränderung wählen kannst und wählst:

Veränderung im Strom des Kollektivs wird an Dich herangetragen – Du erfährst sozusagen die Bewegung, den Einfluss, die Kräfte von Strömung, Wellen, Sog und reagierst darauf, bzw. passt Dich in Deinem Ausdruck des Lebens auf Erden diesem an.

Darin enthalten ist eine 'Unkenntnis' der weiteren, als nächstes folgenden Bewegungen des Kollektivstroms und damit des Einflusses auf den einzelnen Menschen, der in diesem treibt. Diese 'Unkenntnis' führt zu einem tiefen Gefühl der Unsicherheit, immer wieder auch des Ausgeliefert-Seins und wird dann benannt mit: Den Mächtigen, den Anderen, dem Geschehen, den Erfordernissen… usw.

… und viele Menschen verknüpfen diese Gefühle der Unsicherheit oder Ausgeliefert-Seins mit ihren tiefen und tiefsten Ängsten, die ein jeder Mensch durch die 'Abtrennung' und

Abkehr von GOTT in sich verankert, wenn das Eintauchen in die Dualität geschieht und die erst 'erlöst' wird, so wie Hinwendung zu GOTT geschieht und Bewusstwerdung dessen, was in der Wahrheit und im Licht als EINS sich zeigt und ist…

Diese Gefühle der Unsicherheit und des Ausgeliefert-Seins sind die Ursachen für das 'blinde' Streben Vieler nach Macht, nach Einfluss, nach Geld… und dabei kann dieses doch niemals die tiefen und tiefsten Ängste verstummen lassen – sondern wird diese vielmehr nur besänftigen, einwickeln und bedecken…

Es ist wichtig zu verstehen, dass wir Dich aufrufen, Deine Wahl bewusst zu treffen und somit die Veränderung, die Dir zuteil wird, die Du erfährst und erlebst selbst zu gestalten… und Du magst Dich fragen, warum Du dieses bisher so häufig gemieden hast und unsere Kunde an Dich ist:

Mit jeder bewussten Wahl und bewussten Entscheidung übernimmst Du die Verantwortung für das, was Dir 'geschieht' und somit wird das Benennen der Mächtigen, der Anderen, des Geschehens und der Erfordernisse ohne Inhalt und ohne Wert – und Du erkennst die Worte der bewussten Wahl und bewussten Entscheidung … und den Weg, die Entwicklung der Bewusstwerdung darin…

So wird es Dich kaum wundern, dass wir Dir dieses als Deinen Weg der Entwicklung benennen – bist Du doch als Mensch auf Erden aufgerufen, bewusste Wahl und bewusste Entscheidung zu treffen, um Dich und Dein Sein zu erfahren und Dein Leben auf Erden zu gestalten – und somit das, was sich auf Erden zeigt für Dich und alle Wesen zu erschaffen und zu formen.

Und des Weiteren benenne ich:

Jede Veränderung, um die Du im Gebet, in Meditation oder sonstiger Übung bittest oder nach der Du strebst, bedarf der bewussten Wahl und der bewussten Entscheidung durch Dich,

denn:

Gewusste Wahl und bewusste Entscheidung
ist zu jeder Zeit die Basis für Veränderung auf Erden!

Dazu rufen wir Dich auf und darin leiten wir Dich an:
- indem wir Dir zur Seite stehen für Deine Klärung
- indem wir Dich Anleiten im Verstehen
- indem wir Dir Wissen offenbaren
- indem wir Dich stärken und unterstützen
- indem wir Dir Deine Kraft und Macht benennen
- indem wir Dir Beispiel geben
- indem wir Dir Übungen geben und Dich in diesen begleiten
- indem wir 'Samen des Lichtes' verankern mit den Menschen, die mit uns wirken und Dich mit diesen Samen verbinden
- indem wir Dir Halt und Richtung zu geben, so wie Du dieses annimmst und wählst
- indem wir Dir von der Hoffnung und Zuversicht berichten, die in Deiner bewussten Wahl und bewussten Entscheidung sich zeigt
- und indem wir Dir zeigen, wie Du selbst all das, was wir benennen zu vollbringen vermagst: Durch Deine Wahl, durch Deine Entscheidung und mit der Unterstützung, die Dir zuteil wird durch uns und unser Wirken

Und ich ergänze meine Botschaft zur Veränderung:
Jedes Mal, wenn Du durch bewusste Entscheidung Veränderung wählst, wirst Du den Druck des Kollektivs deutlich spüren –
dieses geschieht weniger, weil der Druck durch bewusste Wahl größer oder stärker wäre, als der Druck, den Du erlebst und erfährst, wenn Du Dich mit und im Kollektivstrom treiben lässt

– der Grund für das deutlichere Spüren ist vielmehr, dass Du Dich durch Deine bewusste Entscheidung dem Druck zuwendest:

Durch Dein Bewusstsein, durch Dein Wählen, durch Deine Sicht, durch die Verantwortung, die Du für Dich übernimmst, durch Dein Gestalten… und wir benennen dieses, damit Du kein Weichen in Dir aufkommen lässt, wenn Du nach bewusster Wahl und bewusster Entscheidung das stärkere Spüren und Wahrnehmen des Drucks erlebst – sondern vielmehr in Dir frohlockst und Dich auf Deinem Weg der Veränderung weißt…

Und ich ergänze weiter:
In dieser Zeit, die auf Erden ist, beginnt das Wissen vom 'Ende des Lebens' im Kollektivfluss sich zu zeigen – denn jeder Mensch, der sehenden Auges und fühlenden Herzens ist, weiß um das 'Wirken gegen das Leben' das auf Erden geschieht – jedes Jahr wird benannt der 'Tag der Regeneration', an dem das, was im Einklang des Lebens an Ressourcen zu nutzen sei für den Verlauf des aktuellen Jahres erlangt ist – und auch wenn diese Sicht auf diesen Tag so vieles unberücksichtigt lässt, was für ein Leben im Einklang zu betrachten ist, erfolgt doch das Hineintragen der Informationswellen ins Kollektiv, dass mit jedem weiteren Tag 'das Leben sich kürzt' – da genommen wird, was für weiteres Leben gebraucht wird und erforderlich ist.

Weil die Menschen, die sich im unbewussten Strom des Kollektivs treiben lassen, diese Information (unbewusst) erhalten / erfahren, mehren sich dadurch ihre tiefen / tiefsten Ängste und somit das Benennen der Ursache, des 'Verschuldens' bei den Mächtigen, den Anderen, dem Geschehen, den Erfordernissen…

… und die drängenden Impulse der Veränderung, die in jedem Menschen, in jeder Menschen-Seele, in jedem Menschen-Herzen ankommen – Impulse der 'Veränderung', um das Leben auf Erden zu erhalten und zu bewahren – führen bei den meisten

Menschen gegenwärtig zu einer Mehrung von Zerstreuung, Ablenkung, Ausweichen und Vermeiden... so wie wir diese bereits benannten.

Und verstehe, wie jeder Mensch, der bewusste Wahl und bewusste Entscheidung trifft und lebt(!) das Informationsfeld des Kollektivstroms ebenso mit seiner Kraft und seinem Licht beeinflusst – und somit das (unbewusste) Schwingungsfeld des Kollektivflusses für die vielen, vielen Menschen verändert, die noch ohne Bereitschaft für das Wissen ihrer Kraft und Macht sind, die noch ohne die Wahrhaftigkeit für ihr Gestalten und Formen auf Erden sind, die noch ohne ehrlichen Blick auf eigenes Werk und Wirken sind, die noch ohne Annahme der Verantwortung als Mensch auf Erden sind... für all diese vielen, vielen Menschen gilt es das Schwingungsfeld des Kollektivflusses zu verändern... und somit formt jeder Mensch, der bewusst wählt und seine Wahl der Veränderung sodann im Ausdruck lebt(!) das Menschheits-Kollektivfeld...

... auf diese Weise wird Veränderung im Kollektivfluss mit mehr Aspekten des bewussten Erkennens, der verantwortungsvollen Bereitschaft, der Hoffnung durch Umsetzung im eigenen Leben... verknüpft und verwoben – und mehr Menschen als bisher werden auf die Information vom 'Ende des Lebens' mit einer Hinwendung zu bewusster Wahl und Veränderung reagieren (können)... denn jeder Mensch, der Kenntnis darum hat, ist aufgerufen in dem Wissen und als göttliches Wesen auf Erden, Veränderung bewusst zu wählen und das eigene Leben durch Entscheidung und dann folgendem Tun zu gestalten.

Und mit diesen Worten ende ich für heute meine Botschaft der Veränderung und Erzengel Charity wird die Übung dieser Woche leiten und begleiten.
Und so ist es.
AMEN"

"Ich bin Erzengel Charity, der Engelsfürst im weiß-rosa-farbenen Licht, der ich mit meinen Heerscharen den Menschen zur Seite stehe, wenn Verhärtung und Ängste sich zeigen – damit das Fliessen, die Weichheit, die lebendige Beweglichkeit aufrecht erhalten werden kann.

Denn Du weißt aus Deinem Erdenleben, dass jede Härte, jede Starre, (Dir) das Leben erschwert, die Energien stockend fliessen und Lebendigkeit vergeht – und das auf diese Weise Veränderung nur schwerlich gelingt.

Nachdem Samuel die Information vom 'Ende des Lebens' in seiner Botschaft benannte, kannst Du Deine Spannung spüren und wie Deine Ängste sich in Dir zeigen:

Und dieses, obwohl Samuel mit seinen Worten nur das benennt, was Dir bereits bekannt ist – und kannst Du spüren, wie Du durch Dein Dich-Verhärten die Impulse der Veränderung in Dir beengst? – Wie Du Deine Kraft hemmst? – Und wie Du dadurch Deine Möglichkeiten des Wirkens und des Wandelns begrenzt? – Einfach nur, weil Du bereits beim Benennen dessen, was doch (offensichtlich) ist, in Dir selbst Dich spannst?

Und damit Du die Worte von Samuel in dieser Woche wieder und wieder lesen wirst / kannst, ohne dass Du die Spannung in Dir wieder und wieder aufrufst (oder das Lesen und Annehmen der Worte von Samuel direkt (ver-)meidest), werde ich, Erzengel Charity die Übung dieser Woche benennen und mit meinen Heerscharen begleiten…

… und während meine bisherigen Worte der Botschaft Samuels angefügt wurden, damit all die Menschen, die diese lesen und noch keine Kenntnis von der Übung nehmen / haben, weniger Spannung in sich formen, finde ich mich mit Dir ein und Dein Engel-Begleiter in meinem Lichte mit Dir:

So spüre, wie sich die drei Engel-Begleiter der letzten Woche aus Deinen Feldern lösen und sich einfinden in den Regenerations-Feldern, die in den Engel-Reichen für die Engel-Begleiter des Engel-Frequenzen-Projektes gewoben, geformt und gehalten werden, bevor sie sich erneut im Schwingungslichte Gabriels zeigen und in seinem Felde sind.

Entrichte Gruß, entrichte Dank, den Engel-Begleitern, die sich lösen nach vollbrachtem Dienst der Klärung für Dich – und heiße willkommen das Engelslicht im weiß-rosa-farbenen Schein, so wie dieses aus meinen Feldern zu Dir tritt, um die 7 Tage dieser Übung mit Dir zu sein – und mit diesen Worten übergebe ich die Übung, die Dir Anleitung, die Dir Weisung und die Dir Richtschnur gleichermaßen sei – und dieses in der Verbindung mit den Worten, die Samuel in dieser Woche übergab:

33. Übung, 34. Woche, 1. Projektjahr - 'Veränderung'

Immer wieder finde Dich im Verlauf des Tages in der Verbindung mit Deinem Engel-Begleiter ein, spüre das Fliessen des weiß-rosa-farbenen Lichtes und nimm' wahr dessen sanften Schein. Erlaube Dir in diesem Licht, Dich zu entspannen, damit Deine Felder sich beruhigen und Du Deine Kraft und Deine Macht in Dir spürst... nach der Klärung der letzten Woche im Lichte Gabriels wird Dir dieses leichter gelingen...

Zur Unterstützung für Dich selbst kannst Du
- eine Kerze entzünden
- Deinen Gong oder Glocke läuten
- klares Wasser mit Bewusstheit trinken
- Einkehr in der Ruhe halten
- das Farbenspiel weiß-rosa für Dich nutzen, durch Tuch, durch Licht, durch farbiges Glas oder Papier...
- was immer auch Dir dienlich ist...

… und auf diese Weise kannst Du lernen, die Worte Samuels mit der Bereitschaft für Veränderung zu lesen und in dem Wissen, dass Du durch Deine bewusste Wahl Dein Leben gestaltest … und das Schwingungsfeld des Kollektivstroms ebenso.

Das bedeutet, dass Du in der Verbindung und Sammlung mit Deinem Engel-Begleiter aus meinen Heerscharen wieder und wieder betrachten mögest die Worte Samuels und wo Dir in Deinem Leben Kenntnis zuteil wird vom Ausdruck und Erleben dessen, was im Informationsfeld 'Ende des Lebens' sich zeigt… damit Du lernst, auf dieses zu blicken, ohne dass Du Spannung in Dir aufrufst und damit Deine Felder und auch Deine Wahl begrenzt.

Und so wie Du blickst,
sehe, erkenne und verstehe
in Deinem ganzen Sein
das Erfordernis der Veränderung:
Der Veränderung
für Dich,
für das Leben auf Erden
und für das menschliche Sein…

Sammle die Impulse des Lebens, die Impulse der Veränderung in Dir, lasse diese 'in Dir zusammen fliessen' wie in einer großen Schale und spüre die Kraft des Wandels darin – so wie Du Dich Tag für Tag einfindest, auf den Ausdruck des Lebens auf Erden schaust und das Erfordernis der Veränderung wahrnimmst und sodann annimmst… auf diese Weise formst Du Deine Kraft mit Ruhe und mit Macht… und wir werden Dich in den nächsten Wochen anleiten, diese zu nutzen für Veränderung in Dir und in Deinem Leben.

… und so ist es wichtig, dass Du in diesen Tagen bei Deinem Streben nach 'Machen' immer die Aspekte des Vermeidens, Ausweichens und Ablenkens betrachtest – denn diese zeigen sich als eine (innere) Reaktion auf Impulse der Veränderung und verleiten Dich gar zu leicht zu kurzfristigen Aktionen, zu formulierter Absicht, die ohne Basis ist, zu gesprochenem Wort, das schnell verkündet und ebenso schnell verklungen ist...

Denn in den Jahren des Engel-Frequenzen-Projektes leiten wir Dich an, Veränderung und Wandlung in Dir und Deinem Leben zu gestalten – und dieses bedarf des neuen Erkennens, des neuen Verhaltens, des neuen Formens ...

... und auf diese Weise des Erschaffens einer neuen Welt:

In Dir,

wie auch auf Erden...

Und so ist es.

AMEN"

34. Übung, 35. Woche, 1. Projektjahr - 'Ehrlichkeit'

"Ich bin Samuel, der Himmels-Bote, der den Licht-Bogen hält zwischen Himmel und Erde für das Engel-Frequenzen-Projekt des ersten Projektjahres und ich bin der, der Dir die Worte übergibt für Dein Verstehen und Deine Entwicklung...

Und im Verlauf der vergangenen Jahre wirst Du Dich immer wieder gefragt haben, warum das Leben auf Erden eine Entwicklung zeigt, die mehr und mehr Krieg und Leid hervorbringt... und ich berichte Dir mit meinen Worten, die ich Dir Woche für Woche übergebe von den Gründen für Krieg und Leid auf Erden... und auch von Deinen Möglichkeiten all das, was in Deinen Händen liegt zu wandeln.

Und in dieser Woche benenne ich die 'Ehrlichkeit' als Thema, damit Du diese nutzt, um den Krieg und das Leid, das Du in der letzten Woche gelernt hast zu betrachten, in Deinem Leben beginnst zu sehen / siehst... denn solange Du auf die Schwierigkeiten in der Ferne blickst und auf die Größe und Komplexität der Spiele, die sich Dir in diesen zeigen, wirst Du immer das Gefühl der Hilflosigkeit, der Machtlosigkeit, des Unvermögens für Dich selbst aufrufen, ja bewahren und somit den 'Abstand' zwischen Dir und dem was Du (in der Ferne) betrachtest aufrecht erhalten.

Diesen 'Abstand' gestaltest Du Dir selbst durch Deine Bilder und Deine 'Wünsche' von Dir selbst – durch das, was Du Dich für Dich selbst darstellen willst, wie Du Dich selbst betrachten willst und auch, was Du von Dir zu denken und zu fühlen bereit bist...

... und weil all das Benannte einen 'Abstand' aufrecht erhält, der nur 'in Dir' existiert, der nur 'durch Dich' erhalten wird, der nur 'von Dir' wahrlich anerkannt wird, benennen wir die Ehrlichkeit als Thema dieser Woche...

... denn auch wenn Du in all den Aspekten, in denen Du im Einklang mit dem Menschheits-Kollektivstrom schwimmst und treibst, Bestätigung in dem von Dir benannten 'Abstand' erhältst, weißt Du doch inzwischen, dass dieses Trugbild ist, das dieses Irrtum enthält und das dieses Dich auf Deinem Weg in das Leben in Freiheit, Freude und Fülle hindert, zurückhält, ja, Dir genau dieses verwehrt... – und dieses werde ich Dir genauer beschreiben, damit Du mit Herz und Verstand verstehst, damit Du mit Herz und Verstand erkennst, damit Du im Einklang von Herz und Verstand mit Dir bist...

Der 'Abstand', den Du für Dich benennst, ist ein Ausdruck der Trennung und der Sichtweise der Dualität. Diesen nutzt Du, um das beschriebene Bild von Dir selbst aufrecht zu erhalten:

> Vor Dir selbst,
> vor anderen Menschen
> und auch vor GOTT...

... und weil Du in Deinem Herzen um die Wahrheit weißt und wie sehr das Bild, das Du in Dir von Dir selbst zeichnest geschmeichelt, gelogen, verzerrt, beschönigt und auch unwahr ist, strengst Du Dich an und beschäftigst Dich mit Deinen Gedanken, Deiner Absicht, Deinen Energien damit, um es aufrecht zu erhalten und Bestätigung Dir selbst immer wieder geben zu können ...

... und weil Du in Deinem Herzen weißt, dass es Dich erleichtert und das Spiel in Dir stärkt, wenn andere Menschen Dein gezeichnetes Bild anerkennen, strebst Du danach, dass dieses geschieht, auch wenn Du damit und dadurch noch mehr Gedanken, Absicht und Energien darin bindest... und auch wenn Du in Deinem Herzen weißt, dass nur die anderen Menschen Dein Bild als wahr sich benennen lassen, die dieses Spiel ebenso in sich selbst spielen und ihr eigen Bild kreieren und aufrecht erhalten und dass diese deshalb für Dein Spiel 'blind' sind und sich 'blind' machen / zeigen… und dass diese Menschen mit der Anerkennung Deines Bildes die Bestätigung von ihrem 'im Austausch' erhalten… und somit geschmeicheltes Bild, gelogenes Bild, verzerrtes Bild, beschönigtes Bild, unwahres Bild… immer wieder aufgerufen und bestätigt und die damit verbundenen Spiele aufrecht erhalten werden…

… und weil Du in Deinem Herzen weißt, dass Du für Dein gezeichnetes Bild, nach unermesslicher Bestätigung durch Dich und beständiger Anerkennung durch Andere suchst, damit Du Dich sodann GOTT zu zeigen erlaubst und die Bestätigung und Anerkennung dafür niemals groß genug sein werden, weil Du um deren Schmeichelei, Verlogenheit, Verzerrung, Beschönigung und Unwahrheit weißt… und so setzt Du fort Dein Streben nach Bestätigung und Anerkennung…

… und Du weißt in Deinem Herzen, wie viel Absicht, wie viel Gedanken(-Zeit), wie viel Kraft und Energie Du da hinein gibst und dieses ohne Wirkung für die Wandlung auf Erden… sondern vielmehr als eine Bestätigung von dem, was bisher gelebt wurde und weiterhin gelebt wird und Krieg und Leid hervorbringt… und diese Verbindung habe ich Dir wieder und wieder gezeigt und benannt – auch damit Du Deine Spiele erkennst und damit Du beginnst, mehr von Deiner Zeit, Kraft und Macht zu nutzen, um Neues hervorzubringen: In Dir, in Deinem Leben und im Leben auf Erden…

… und in Deinem Herzen ist im Verlauf der vergangenen Monate mit den Worten, die ich Dir übergab und den Übungen, mit und in denen wir Dich geleitet und begleitet haben, das Wissen in Dir angekommen, dass jede Wandlung in Dir beginnt… und nur Du kannst das 'Spiel des Bildes' für Dich beenden:

Mit ehrlichem Blick in Dir, mit ehrlichem Blick auf Dich, mit ehrlichem Blick auf all das was Du denkst, fühlst, gestaltest und erschaffst….

Aus diesem Grund benenne ich die Ehrlichkeit als Thema dieser Woche und nach der Übung der letzten Woche und dem Betrachten von dem, was auf Erden ist, weißt Du um das Drängen und das Erfordernis der Wandlung... und somit weißt Du um das Drängen und das Erfordernis, dass Du ehrlich blickst und dass Du Dein 'Spiel des Bildes' erkennst und beendest...

... und bei diesem, werden wir Dich in der Übung dieser Woche begleiten und anleiten und Erzengel Uriel wird diese übergeben, begleiten und die Felder aufrecht halten für Dich, den Wandel in Dir und das Erkennen, das daraus hervorkommt und ist.

Und so ist es.
AMEN"

"Ich bin Uriel, der Erzengel des Friedens und der Hoffnung und als dieser begleite ich die Übung dieser Woche – und während sich das Engelslicht aus den Feldern Charitys mit seinem weiß-rosa-farbenen Licht von Dir löst, entrichte Dank, entrichte Gruß…

… und heiße willkommen das Engelslicht aus meinen Heerscharen, das nun im rot-goldenen Feld des Friedens und der Hoffnung zu Dir tritt – und sei gewahr Deiner inneren Abwehr nach den Worten Samuels und dass Du gar zu gern das 'Spiel des Bildes' weiterführen und aufrecht erhalten würdest und willst… und sei ebenso gewahr der Klärung, die Dir zuteil wurde in der vorletzten Woche und der Impulse für Veränderung und Wandel, die Du in der letzten Woche in Dir formtest – denn all dieses wird Dir dienen, um Deine Kraft zu stärken und in Ehrlichkeit zu blicken…

… und an dieser Stelle benenne ich des weiteren, dass es mehr und mehr Deines Nutzens bedarf von all dem, was wir Dir im Verlauf der Monate aufzeigen, was Du lernst und verstehst, was Du erkennst und annimmst… und dass all dieses Dir Basis wie auch Handwerkszeug sei für das Gestalten Deines Lebens in den kommenden Monaten und Jahren – damit die Welt sich wandelt und der Menschen-Erden-Leben sich in Freude, Fülle, Frieden zeigt…

… und mit diesen Worten übergebe ich die Übung dieser Woche:

34. Übung, 35. Woche, 1. Projektjahr - 'Ehrlichkeit'

Ich bin Uriel, der Erzengel des Friedens und der Hoffnung und ich bin mit Dir… so wie Du Dich mit Deinem Engel-Begleiter einfindest, um in Ehrlichkeit mit Dir zu sein…

Für diese Woche ist es wichtig, dass Du mit Achtsamkeit, mit Wertschätzung, mit Liebe, Dir D(einen) Platz gestaltest, um Dich mit Deinem Engel-Begleiter einzufinden wieder und wieder. Diesen Platz gestalte in den Farben rot und gold und gestalte jeden Tag aufs Neue – mit Achtsamkeit, mit Wertschätzung, mit Liebe...

Jeden Tag aufs Neue gestalte den Platz, den Ort Deiner Einkehr in dem Bewusstsein, dass Du alte Bahnen verlässt und Neues erschaffst...

Und so entzünde Tag für Tag eine rot-goldene Kerze oder stelle rote Kerze auf goldenen Untergrund oder nutze goldene Kerze mit roter Umgebung... wie auch immer Du wählst – wähle jeden Tag erneut eine Kerze, einen Untergrund, eine Gestaltung von all diesem...

Mit dem Entzünden der Kerze finde Dich mit Deinem Engel-Begleiter ein und finde Ruhe und Frieden in Dir, so wie sich dieses in Dir mehrt wenn Du im rot-goldenen Schein zugegen und mit Dir bist.

Sodann spüre die Impulse der Veränderung, die Du in der letzten Woche in Dir 'gesammelt' hast und die Kraft der Wandlung, die in diesen ist, erinnere Dich der Worte Samuels von dieser Woche, in der er Dir das 'Spiel des Bildes' beschreibt und sei bereit, ehrlich zu blicken:

- auf Dein Bild, das Du für Dich kreierst
- auf Dein Streben, dass dieses die Anerkennung anderer erfährt
- auf Dein Hoffen, dass dieses vor GOTT Bestand haben wird
- auf Dein Weichen, die Wahrheit in all dem zu sehen
- auf Dein Wünschen, dass Wandel auf Erden ohne Veränderung in Dir und die Beendigung Deiner Spiele möglich wäre...

... und während Du auf dieses blickst, wirst Du wohl immer wieder in Dir spüren eine Unsicherheit, ein Gefühl des Weichens, ja der 'Flucht'... und gerade in diesen Momenten, sei gewahr des rot-goldenen Lichtes, das Dein Engel-Begleiter in Deinen Feldern hält – denn dieses Licht gibt Dir Halt, gibt Dir Hoffnung und gibt Dir Frieden... und so nutze all dieses für Dich und in Dir... und blicke ehrlich und sei gewahr dessen, was sich Dir auf diese Weise zeigt...

Und so sei es.
AMEN"

35. Übung, 36. Woche, 1. Projektjahr - 'Wahrhaftigkeit'

"Ich bin Himmels-Bote Samuel, der Woche für Woche die Botschaften im ersten Projektjahr übergibt, den Lichtbogen hält, die Felder verbindet und dieses in 'Absprache' mit den vielen Engelsfürsten, die die Übungen übergeben und mit den Engeln ihrer Heerscharen begleiten... und als dieser benenne ich das Thema dieser Woche: 'Wahrhaftigkeit'

... und es mag sein, dass Du nach der Ehrlichkeit der letzten Woche Dich bereits in Wahrhaftigkeit glaubst, weil Du für Dich den Unterschied von Ehrlichkeit und Wahrhaftigkeit nur schwer benennen kannst... und so werde ich damit beginnen, Dir dieses aufzuzeigen:

Ehrlichkeit vermagst Du meist recht gut zu erkennen – und vermagst auch für Dich zu formulieren, was Du darunter verstehst. Wahrhaftigkeit zu benennen ist in der Regel schon schwieriger und somit leite ich an:

Wahrhaftigkeit ist
Ehrlichkeit in Aufrichtung

... und dieses werde ich Dir näher beschreiben:

Im Verlauf des bisherigen Projektes und auch der letzten Übung konntest Du erkennen, wie Du immer wieder beim ehrlichen Blicken, das Urteil über Dich (oder andere) gefällt hast, die Demütigung von Dir selbst (oder anderen) aufgerufen hast, das Klein-Machen von Dir selbst (oder anderen) praktiziert hast... und Dich mit all diesem beschwert hast.

Somit verbindest Du häufig mit meiner wiederkehrenden Aufforderung zum ehrlichen Blicken bereits das gleichzeitige Verfestigen und Verhärten in Dir – so als müsstest Du Dich für das

Ergebnis Deines ehrlichen Blickens wappnen und Dich darauf vorbereiten, so wie Du Dich wappnest und vorbereitest, wenn Du weißt, dass Dir etwas Unangenehmes oder Herausforderndes begegnen wird... na, geliebter Mensch, erkennst Du Dich in meinen Worten? Hast Du die Verhärtung in Dir schon beobachtet, die Du hervorbringst, bereits b e v o r Du ehrlich blickst? – und verstehst Du, dass Du somit Deinen ehrlichen Blick in ein verfestigtes Schwingungsfeld einbettest und das Erkennen in Ehrlichkeit, das Annehmen des Erkannten und sodann die Umsetzung des Angenommenen Dir dadurch selbst oft unendlich erschwerst?...

Was glaubst Du... ob Dir dieses dienlich ist und ob dieses im Einklang mit Deinem Wunsch nach Veränderung ist? Oder kannst Du verstehen, dass Du mit dem Verhärten und Verfestigen Deine Energien in bisherigen Grenzen bindest und somit ein Stocken in Deinen Feldern ist... in den Feldern, die doch der fliessenden Lebendigkeit bedürfen, um sich leicht verändern und an Neues anpassen zu können?

So was ist Wahrhaftigkeit in diesem Kontext? – Wahrhaftigkeit beinhaltet das Annehmen der Wahrheit, der göttlichen Wahrheit, so wie diese ist – ja mehr noch als ein Annehmen, geht es bei Wahrhaftigkeit um das Aufrechthalten der Wahrheit – immer in dem Ausmaß, wie der einzelne Mensch diese für sich erkennt und versteht...

... das wiederum bedeutet, dass ein Mensch, der nach GOTTES Wahrheit strebt und dieses im Rahmen seines derzeitigen Verstehens mit Hingabe und in Bereitschaft tut, mehr Wahrhaftigkeit lebt, als ein Mensch, der um GOTTES Wahrheit weiß und diese für sich selbst (in seinem Verstehen) 'biegt' – auch wenn zweiter Mensch in seiner 'gebogenen Wahrheit' mehr GOTTES Wahrheit zeigt, als der Mensch, der einen engen Rahmen des Verstehens noch den seinen nennt...

... somit entzieht Wahrhaftigkeit jedem Urteilen, Demütigen und Klein-Machen den Boden, denn GOTTES Wahrheit ist...

Und an dieser Stelle greife ich zurück auf das Bild des Kollektivstroms, um Dir mit Hilfe von diesem die Ehrlichkeit und Wahrhaftigkeit deutlicher noch zu zeigen:

Je mehr Verlogenheiten und Unwahrheiten, Schmeicheleien und Betrügereien im Menschenfeld zugegen sind, desto trüber zeigt sich das Wasser im Strom des Kollektivs – und weil sich Gleiches gern zu Gleichem gesellt, zieht trübes Wasser weiteres trübes Wasser an...

Und das bedeutet, dass die Menschen, die sich in diesem Bereich des Kollektivstroms treiben lassen, mehr Schwierigkeiten haben werden, ehrlich und wahrhaftig zu blicken und zu sein... zumindest bis zu der Zeit, wenn diese Menschen dann durch Absicht und Bereitschaft und somit durch 'Hinwendung zum Ufer' ihre eigenen Felder soweit klären, dass weniger Trübung in ihnen ist.

Während nun Ehrlichkeit – um bei dem Bild zu bleiben – vom Ausmaß der Trübung des Wassers und den damit verbundenen, verknüpften und verwobenen Spielen der Unwahrheit, Wertung und Trennung in direkter Wechselwirkung ist, d.h., der Einschränkung des Genannten unterliegt, vermag Wahrhaftigkeit gelebt zu werden, auch wenn 'das Wasser trübe ist' ... wobei auch hier, wie in jedem Fall persönlicher Entwicklung klares Wasser den individuellen Fortschritt sehr erleichtert ...

... und verstehst Du nun, warum wir Dir die Übung mit der Essenz zum Thema 'Klärung' gegeben haben und dieses in der Freiheit (Deiner Wahl), dass Du diese wieder und wieder für Dich anwenden und nutzen kannst und mögest?

… und verstehst Du nun, warum Dir das Empfangen von Segen auf so vielfältige Weise dient und dienlich ist?

… und verstehst Du nun, warum wir Dir immer wieder Worte des Verstehens geben, die der Klärung Deiner Gedanken- und Verstandesfelder dienen und somit 'trübe Wasser klären' – so wie Du dann annimmst und anwendest in Deinem Leben?

… und verstehst Du nun, warum es der Ehrlichkeit und der Wahrhaftigkeit bedarf bei all denen, die in Reinheit und Klarheit übermitteln (wollen) Wort wie Botschaft aus den Reichen, die die Unseren sind?

… und verstehst Du nun … mehr Dich selbst?

Und mit diesen Worten, beende ich die Botschaft für diese Woche und Erzengel Michael wird die Worte der Übung übermitteln und jeden Menschen begleiten, der sich einfindet um Wort und Tat zu verbinden, um wahrhaft und wahrhaftig Mensch zu sein.

Und so ist es.
AMEN"

"Ich bin Erzengel Michael, der Engelsfürst der Heerscharen, die im Göttlichen Willensfelde sind und ich berufe ein Engelslicht aus meinen Heerscharen, sich einzufinden mit Dir …

… und während sich Dein Engel-Begleiter der letzten Woche aus Deinen Feldern löst und sein rot-goldenes Licht sich Dir schwindend zeigt, entrichte Dank und entrichte Gruß…

… und heiße sodann willkommen das Engelslicht aus meinem blau-weißen Feld, das sich einfindet, um mit der Kraft des GÖTTLICHEN WILLENS in den nächsten 7 Tagen mit Dir zu sein.

Und bevor ich die Übung Dir benenne, mögest Du betrachten, inwieweit Du mehr Augenmerk auf neues Gestalten Deines Platzes gelegt hast, als auf Ehrlichkeit in Deinem Blick… und wenn Du dieses für Dich bestätigst, inwieweit sich Weichen darin zeigt … und dieses bereits im Tun und mit der Kraft, die das Weichen dadurch erfährt.

Und nach diesem Hinweis, der Dir dient und dienen möge, benenne ich die Übung dieser Woche:

35. Übung, 36. Woche, 1. Projektjahr - 'Wahrhaftigkeit'

Erneut geht es um das Gestalten Deines Platzes jeden Tag aufs Neue… und in dieser Woche nutze eine blaue Kerze auf weißer Unterlage oder Boden – oder eine weiße Kerze auf blauem Untergrund, die Du entzünden mögest jeden Tag erneut, wenn Du Dich einfindest, um mit Deinem Engel-Begleiter im blau-weißen Licht und in Wahrhaftigkeit zu sein.

Während der Übung mögest Du stehen, soweit Dir dieses möglich ist ohne großen Schmerz oder anderes Hindernis… ganz bewusst stehe aufrecht und falls Dir Stehen unmöglich ist, so sei

Dir umso mehr Deiner inneren Haltung in einem 'Aufrecht'-Sein bewusst.

In dieser Ausrichtung sei sodann bereit in Wahrhaftigkeit zu blicken:

- auf Dein Bild, das Du für Dich kreierst
- auf Dein Streben, dass dieses die Anerkennung anderer erfährt
- auf Dein Hoffen, dass dieses vor GOTT Bestand haben wird
- auf Dein Weichen, die Wahrheit in all dem zu sehen
- auf Dein Wünschen, dass Wandel auf Erden ohne Veränderung in Dir und die Beendigung Deiner Spiele möglich wäre…

… und von großer Wichtigkeit ist, dass Du Dir jedes Urteil, jede Demütigung, jedes Klein-Machen bewusst machst und Dir gewahr bist, wie dieses in der Wahrhaftigkeit vergeht – dafür spüre das blau-weiße Licht und die Kraft des göttlichen Willens darin…

Denn
dieses ist mein Licht,
dieses ist mein Feld,
dieses ist mein Sein
…
und das Deines Engel-Begleiters
aus meinen Heerscharen
ebenso.

Und so ist es.
AMEN"

36. Übung, 37. Woche, 1. Projektjahr - 'Resonanz'

"Ich bin Samuel, der Himmels-Bote, der den Licht-Bogen hält im Engel-Frequenzen-Projekt im ersten Projektjahr – und als dieser bin ich in der Verbindung mit den vielen Engelsfürsten, die sich im Projekt eingefunden haben, um den Menschen zu dienen und den unzähligen Engeln und Engelslichtern, die in den Heerscharen der Engelsfürsten sind und ihren Teil und Anteil 'geben', damit das Werk gelingen kann – und ich füge an, dass die Zustimmung und Einwilligung für dieses Werk von jedem einzelnen Engel der Heerscharen erforderlich war, damit der Engelsfürst sich einfinden konnte im gemeinsamen Dienst...

... und ebenso war erforderlich das verbindliche Einfinden von Ma'Maha und Lumina, ohne die wir das Werk des Engel-Frequenzen-Projektes keinem Menschen zugänglich machen könnten... und diese Verbindlichkeit ist so grundsätzlich, dass die Anpassung des Werkes (Projektes) an die Entwicklung der Menschen auf Erden zu jeder Zeit gegeben ist... und verstehst Du die Freiheit, den Dienst, das Geben, das darin enthalten ist?

... und aus diesem vermagst Du vielleicht das Ausmaß an Hoffnung für die Menschen auf Erden zu erfassen, welches das Engel-Frequenzen-Projekt trägt und das wir Dir wieder und wieder offenbaren, damit Du beginnst, meine und unsere Worte und Botschaften wahrlich in Dir anzunehmen, zu erfassen und in Deinem Denken, Fühlen und Handeln sodann zu leben.

Und aus dieser Sicht heraus berichte ich Dir heute von meinem Erfahren mit 'Resonanz' im Menschenfeld, dem Thema dieser Woche – denn dieses wird Dir helfen zu verstehen, wie sehr all das was wir Dir offenbaren Dir dienlich ist genau in dem Ausmaß, wie Du bereit bist anzunehmen und zu nutzen.

Um Dir Resonanz mit einfachen Worten zu beschreiben, wähle ich:

Wenn zwei Menschen oder Wesen sich begegnen, findet Austausch und Wechselwirkung in und mit ihren Feldern statt – dieses wird benannt mit Resonanz und bedarf der Ergänzung, dass das Ausmaß an Austausch und Wechselwirkung in dem Maße stattfindet, wie dieses von beiden gleichermaßen erlaubt oder auch abgelehnt wird – wobei Resonanz in jedem Fall ist, auch wenn in einer Begegnung mit Ablehnung und Abwehr wenig Austausch geschieht – verstehe, dass auch Ablehnung eine Resonanz ist…

Um Dir von einem Beispiel zu berichten:
Vor einigen Tagen konnte ich vor vielen Menschen mein Wort erheben und dieses, weil Lumina sich eingefunden hat, mit den vielen Menschen zu sein und in dem Dienst, den sie in der Verbindung mit Ma'Maha, mit uns und mir vollbringt. Es war das erste Mal für mich vor vielen Menschen zu sprechen und außerhalb der Räume vom 'Zentrum des Lichtes und des Heils'… und die Heerscharen der Erzengel und Engel waren zugegen und bereiteten das Feld, um jeden der anwesenden Menschen einzuladen, sich für meine Worte zu öffnen und diese in sich anzunehmen.

Nachdem Lumina bereits in den Stunden vor dem Erklingen meiner Worte mit einigen der anwesenden Menschen in persönlicher Begegnung Engels-Worte übermittelt hatte und dadurch mit diesen Menschen einen Austausch des Lichtes in Achtsamkeit und Hingabe hervorbrachte, trugen diese Menschen die Offenheit der Begegnung sodann in das gemeinsame Feld der Versammelten – auf diese Weise war uns das Einschwingen der Vielen leichter, als dieses gewesen wäre ohne den Austausch vorab.

Lumina begann zu berichten von mir und meinem Sein und wir konnten in den anwesenden Menschen die Neugierde betrachten, die Vorfreude auf das Neue, das sich ihnen zeigen würde und gleichzeitig auch das innerliche Verfestigen, da 'unbekanntes' und neues Wort an sie herangetragen wurde und werden würde – und ich habe Dir in den letzten Wochen immer wieder berichtet von der Wirkung des inneren Verfestigens...

Im Feld der Versammelten zeigte sich das innere Verfestigen des Einzelnen verbunden mit der Erwartung an ein Engels-Wort, wie dieses im Kollektivfeld der Menschen verankert ist:

Engels-Worte sind schöne Worte der Sanftheit, die in entspannendem, angenehmen Liebeslicht übergeben werden und kein unangenehmes Gefühl 'hervorbringen dürfen'. Sobald ein unangenehmes Gefühl auftaucht, wird die 'Echtheit' von Engels-Wort in Frage gestellt und dessen Inhalt abgewehrt...

Während ich also begann meine Worte zu wählen und die Botschaft der Hoffnung zu verkünden, die darin enthalten ist, dass der einzelne Mensch ehrlich auf das Geschehen auf Erden blickt und sein eigenes Wirken zum Erhalten des Lebens und Gestalten neuen Lebens nutzt, begann sich das Feld der Gruppe zunehmend zu verfestigen – das bedeutete, dass wir auch über die Menschen, die vorab den Austausch mit Lumina erfahren hatten und die persönlichen von uns übermittelten Engels-Worte für sich angenommen hatten, die 'weiche Wechselwirkung' mit dem Feld der Versammelten nicht aufrecht erhalten konnten.

Die Wellen des Lichtes, die mit und durch meine Worte und über die Körper Luminas an die Menschen herangetragen wurden, begannen dadurch weniger in den Feldern der Versammelten anzukommen, sondern wurden abgewiesen und die Resonanz mit diesen 'abgelehnt'. Diese unsere Gaben, die ich mit meinen Worten übergab und die in unserem Licht erstrahlten, begannen dadurch 'zurückzufliessen' – wie Wellen, die im dynamischen Vorwärtsstreben aufgehalten und zurückgeworfen werden...

... Unverändert setzten wir fort das Hingeben meiner Worte mit Wellen des Lichtes, um das zu übergeben und zur Annahme anzubieten, was einige der Versammelten bereit waren in sich ankommen zu lassen – daher staute sich das Licht und wurde 'hörbar' wie ein rhythmisches Pulsieren, das neben meinen Worten erklang... während Welle für Welle des Lichtes von uns herangetragen und von vielen der Versammelten abgewiesen wurde. Alle Versammelten konnten das Pulsieren vernehmen und viele erfuhren dadurch Ablenkung, Irritation oder auch ein inneres Aufbegehren.

An dieser Stelle wurde von vielen der Anwesenden bei diesem Problem des unangenehmen pulsierenden Geräusches 'erwartet', dass Engels-Wille und -Wirken sichtbar wird und vollbringt, was doch in Menschen-Wille und -Hand lag und liegt... und vermehrt noch wurde im Denken und Fühlen der Versammelten dadurch sowohl Echtheit als auch Klarheit meiner Botschaft 'beschränkt'.

Also wiederholte ich die Kunde, damit all die, die in Bereitschaft der Annahme diese würden vernehmen und annehmen können – auch wenn die Abwehr des gemeinsamen Menschen-Feldes das Durchfliessen des Lichtes erschwerte... denn wie ich Dir bereits beschrieb, vermag ein jeder Mensch für sich ein kollektives Feld 'zu weiten' und sich darüber hinaus 'zu spannen' durch klare Absicht und Bereitschaft in der Verbindung mit dieser...

... und ich ließ ungesprochen Weiteres, was wir bereitet hatten um es zu übergeben...

Und nun mögest Du für Dich betrachten, wie Dein eigenes Denken und Fühlen in Begebenheiten wie der beschriebenen ein Reflektieren und 'Überprüfen' Deiner eigenen Absicht, Deiner

Bilder und Deines Wollens zeigt und ob Du prüfst, inwieweit Dein inneres und äußeres Werk und Wirken im Geschehen sichtbar wird – oder betrachtest und glaubst Du sowohl Ursache als auch Möglichkeit und Erfordernis des Handelns im Außen und 'ohne Dich'...

... und kannst Du verstehen, dass darin Grundlagen der Trennung sichtbar werden und dass jede Sichtweise, die sich i n Dir auf diese Weise zeigt, Dir die austauschende Resonanz mit Botschaften des Lichtes erschwert?

Auf diese Weise blickend, mögest Du Dich in den Feldern des Engel-Frequenzen-Projektes betrachten und inwieweit Du durch Deine Sicht das Ankommen meiner Botschaften und der Worte der Engelsfürsten, wie auch das Wirken Deiner Engel-Begleiter und die Wirkung der Übungen beschränktest und beschränkst...

Und so benenne ich nach der Ehrlichkeit und der Wahrhaftigkeit der vergangenen Wochen die Resonanz – denn Du wählst mit der Ehrlichkeit Deines Blickes und der Aufrichtigkeit in Dir, inwieweit Resonanz im Austausch und in der Wechselwirkung ist oder Abwehr, Abkehr und Ausweichen sich zeigt...

... mit diesen Worten ende ich für heute und ergänze,

dass jede Wahl, die Du triffst die Deine ist,
dass jedes Wort, das wir Dir übergeben, Dir dienen möge,
dass jede Hoffnung auf Erden sich als Teil Deines Wirkens zeigt und
dass die Botschaft zu lesen wieder und wieder und dabei Deine Gedanken und Gefühle zu betrachten, Dir von Deiner Offenheit, von Deiner Abwehr, von Deinem Austausch berichten und lehren wird – und welche Resonanz Du mit all diesem Dir kreierst.

Ich bin Himmels-Bote Samuel, der Dir dient, der den Weg bereitet mit den vielen Engelsfürsten, die im Engel-Frequenzen-Projekt zugegen sind und der auch das benennt, was kein Willkommen in Dir findet:

… damit Du erkennst …

… damit Du verstehst …

… damit Du neu wählst …

… damit Du Dich öffnest …

und

… damit Du das Leben gestaltest
in Frieden, in Freude, in Fülle
für Dich und das Leben auf Erden…

Und so ist es.

AMEN"

"Ich bin Engelsfürst Galandriel, der Engelsfürst der Offenbarung, der im pastell-weiß-klaren Licht der Offenbarung zu Dir tritt und Dir den Weg des Lichtes weist... und während sich Dein Engel-Begleiter im blau-weißen Licht der Kraft des Göttlichen Willens aus Deinen Feldern löst, entrichte Dank, entrichte Gruß ...

... und nimm wahr, wie Erleichterung sich in Dir zeigt, weil Du hoffst und glaubst, dass Dein Blick in Ehrlichkeit und Wahrhaftigkeit nun zur Genüge vollbracht wurde von Dir ... und gleichzeitig erkenne den Irrtum darin, denn zu jeder Zeit in diesem, Deinem weiteren Leben auf Erden ist es ein Erfordernis, ehrlich und wahrhaftig zu blicken – denn wie sonst willst Du erkennen die Irrtümer, die Schleier, die Verzerrungen, Deine Bilder, Deine Spiele... und all diese mehr und mehr in den Einklang mit (D)einem göttlichen Leben in Frieden, Freude und Fülle führen, indem Du für Dich wählst, indem Du für Dich entscheidest, indem Du Deine Welt gestaltest und somit die Welt auf Erden wandelst...

Und in diesem Felde Deines Seins tritt Dein Engel-Begleiter der nächsten 7 Tage aus meinen Heerscharen zu Dir heran – um mit Dir zu sein, um Dir zu dienen und um das Wissensfeld der Offenbarung Dir 'anzubieten' Tag für Tag...

... und mit diesen Worten übergebe ich die Übung dieser Woche:

36. Übung, 37. Woche, 1. Projektjahr - 'Resonanz'

Ich bin Galandriel, der im pastell-weiß-klaren Licht der Offenbarung die Übung dieser Woche 'gibt':

Jeden Tag finde Dich ein- bis dreimal mit Deinem Engel-Begleiter ein und entzünde eine weiße Kerze in dem Dank für dieses Werk und Wirken, an dem Du teilnimmst und teilhast im Engel-Frequenzen-Projekt...

Sodann nehme ein Tuch in Deine Hände, strecke Deine Arme vor Dir aus und halte das Tuch, so dass Spannung in diesem ist und Du auf dieses gespannte Tuch blickst... die brennende Kerze stelle hinter das Tuch, damit bei gespanntem Tuch die Sicht auf die Kerze und das Licht Dir für den Blick Deiner Augen verborgen ist... in der Verbundenheit mit Deinem Engel-Begleiter erlaube Dir zu spüren, wie sehr das gespannte Tuch Deinen Austausch in Resonanz beschränkt, verfestigt und begrenzt – und nur wenig möglich ist mit dem, was 'auf der anderen Seite des Tuches' sich Dir zeigt, Dir begegnet und auch mit Dir ist...

Erlaube Dir die Abwehr, die Spannung, die (Ab-)Trennung in Dein Halten des Tuches zu geben und für Dich – auch durch die Spannung Deiner Arme – deutlich Dir zu machen. In der bewussten Verbindung mit Deinem Engel-Begleiter und im pastell-weiß-klaren Licht der Offenbarung, gebe sodann die innere und äußere Spannung frei, so dass das Tuch sich senkt, Dein Blick die Kerze sieht und das Licht der Offenbarung sich Dir darin zeigt...

Erlaube Dir die Weite in Dir zu spüren und die Freiheit, die in dieser schwingt – und mache Dir zu jeder Zeit bewusst, dass Du selbst die Resonanz wählst:

Dich zu spannen in Abwehr und Abschirmung
oder
Dich auszutauschen im Geben und Nehmen, im Empfangen und Vollbringen, in Lebendigkeit und im Erkennen...

Für diese Übung mögest Du stehen und die Höhe des Platzes der Kerze variieren... denn es wird Dir auf verschiedene Weise spürbar sein, die Spannung zu lösen, je nachdem ob Du die Kerze Dir zu Füßen, in gleicher Höhe oder Dir zum Haupte stellst...

So fahre fort mit ehrlichem Blick, mit wahrhaftigem Blick und lerne von Dir, Dein Spannen, Dein Wehren, Dein Verhärten und wie Du dieses lösen kannst durch Deine Wahl und Dein Gestalten... und mit diesem formst Dein Leben...

Und so ist es.
AMEN"

37. Übung, 38. Woche, 1. Projektjahr - 'Achtsamkeit'

"Als Schirmherr vom Engel-Frequenzen-Projekt benenne ich, Himmels-Bote Samuel und in der Abstimmung mit den vielen Engelsfürsten des Projektes das Thema dieser Woche: 'Achtsamkeit'...

Und ich erkläre:
Mit dem Wort Achtsamkeit wird von den Menschen vielerlei und dazu auch noch vielerlei Unterschiedliches verbunden...

Die einen verstehen Achtsamkeit im Sinne von 'Achtung!', dieses bereits auf zweierlei Art und in beiden Fällen in der Verbindung mit innerer Anspannung:

Einige vernehmen die 'Achtung' in der Achtsamkeit als (Er-)Mahnung vor einer Gefahr oder Unannehmlichkeit und spannen sich daher innerlich an ...

Andere verstehen Achtsamkeit als Aufruf zur 'Achtung' im Sinne von erhöhter Aufmerksamkeit, also dem Anspruch (an sich selbst), in oder voller 'Achtung' zu sein – was ebenfalls mit dem Aufrufen innerer Spannung einhergeht.

In beiden Fällen findet Achtsamkeit in der Verbindung / Betrachtung von äußerem Geschehen statt und wird für eine gewisse Zeitspanne aufgerufen ... ein Anwenden auf das eigene innere Erleben und Empfinden bleibt unberücksichtigt.

Ein anderes Empfinden haben die Menschen, die sich mit Meditation beschäftigen – diese werden Achtsamkeit als einen Aufruf zur Gegenwärtigkeit verstehen und weniger mit einer inneren Anspannung, als mit einer inneren Ausrichtung 'reagieren'.

Auch bei diesen zeigt sich in der Achtsamkeit jedoch wenig oder auch kein Austausch – sowohl durch ehrlichen Blick mit sich selbst, oder auch mit anderen... dieses, weil Achtsamkeit in Unbeweglichkeit, als eine Geisteshaltung ohne Handeln und Wirken praktiziert wird und da heraus keine Bewegung, keine Lebendigkeit und auch nur sehr langsam und verhalten eine Art der Veränderung erkennbar wird.

So was also ist Achtsamkeit in dem Kontext, wie wir diese benennen und mit der wir Dir als Mensch begegnen? ... und vermagst Du zu spüren, dass Du weder Zweifel in Dir trägst, dass Achtsamkeit unsererseits für Dich zu jeder Zeit zugegen ist, noch dass Du Dich über Deine Erwartung, ja Dein 'Fordern' von Achtsamkeit (von uns für Dich) wunderst – oder dieses hinterfragest? – und dieses, obwohl Du selbst gar kein klares Bild und Verstehen für Dich von Achtsamkeit besitzt?

Und wie der Gedanke von unserer Achtsamkeit für Dich, Dich wärmt, Dich tröstet und Dich umfängt...

Und ich benenne:
Achtsamkeit beinhaltet die ehrliche, aufrichtige Wertschätzung in jeder Begegnung – sowohl für das eigene Sein, wie auch für das des Menschen oder Wesens, mit dem Begegnung stattfindet. Auf diese Weise beinhaltet Achtsamkeit die Offenheit und Aufrichtigkeit des Wissens / Erkennens, dass alles miteinander verbunden und alles miteinander in Wechselwirkung ist, dass alles Teil des (einen) Ganzen ist...
Das bedeutet:

Achtsamkeit
ist
die 'gelebte Achtung vor dem Leben'
...
egal in welcher Form oder welchem Ausdruck
es sich Dir zeigt und Dir begegnet

… und wundert es Dich an dieser Stelle, wenn ich Dir übermittle, dass Du danach streben mögest, beginnend mit Dir selbst Achtsamkeit zu leben – und dieses sodann auch in der Begegnung mit anderen Menschen, mit Mutter Erde, der Natur, mit Tieren und Pflanzen und auch mit uns … in all den vielen Situationen Deines Tages Achtsamkeit zu leben? – und dieses weniger, indem Du Dich verhärtest und in Dir spannst, als vielmehr, indem Du Dich öffnest und Dir Begegnung erlaubst.

Daher werden wir Dir nach den vergangenen Wochen des Erkennens, des Klärens und ehrlichen Blickens in Dir, Dich auf Deinem Schritt der Achtsamkeit anleiten und führen – denn so wie Du ehrlich und wahrhaftig blickst, wirst Du in der 'gelebten Achtung vor den Leben' die Aktivität erkennen:

Die Bewegung, die Begegnung, das Wirken, Handeln und Tun – und wie sehr und wie viel Fliessen und Austausch – und da heraus Fortschritt (im Sinne von vorwärts Schreiten) darin enthalten und geborgen ist … und dieses als Potential, als Möglichkeit und auch als Chance… und dieses gilt es für Dich zu erkunden, indem Du auf diese Weise blickst:

Mit Achtsamkeit auf Dich, Dein Leben und all die Menschen und Wesen, die Dir begegnen, eröffnet Dir das Feld für Neues – neues gemeinsames Sein, neues gemeinsames Lernen und das gestalten einer neuen gemeinsamen Welt…

Und wie Du im Verlauf des Projektes wieder und wieder gehört und gelesen, erlebt und erfahren hast, bedarf es für jeden Aspekt eines neuen Lebens, mit dem Beginn vom Praktizieren der Achtsamkeit mit Dir selbst… damit Du sodann beginnen kannst, diese zu spüren, zu erkennen, nach dieser zu streben und erst dann diese zu leben in all den anderen und weiteren Begegnungen, die die Deinen sind und die Du während Deines Tages erlebst und erfährst.

Somit rufen wir Dich auf, dass Du jeden Anspruch, ein Mensch oder ein Wesen möge und solle Dir mit Achtsamkeit begegnet, dahingehend in Dir klärst und 'läuterst', dass Du beginnst, Achtsamkeit für und in Dir zu praktizieren – und darin wird Dich die Übung dieser Woche anleiten und Dir den ersten Schritt aufzeigen, wie Du Achtsamkeit erkundest, erfährst und (er-)lebst...

Und mit diesen Worten übergebe ich die Übermittlung der Übung an Engelsfürst Galoanel, der Dir berichtet und Dich anleitet in der Achtsamkeit in Dir.

Und so ist es.
AMEN"

"Ich bin Engelsfürst Galoanel, der im burgund-blauen Licht zugegen ist und Dich in der Achtsamkeit anleitet.

Um Achtsamkeit Dir zu erlauben, ist es wichtig, dass Du auf die vielen verschiedenen Erkenntnisse und Erfahrungen 'zurückgreifst', die Du bisher im Engel-Frequenzen-Projekt verstanden, erkannt und angenommen hast – und dieses im Wirken zu verbinden durch das Einbringen in Deinem Leben... darin werde ich Dich anleiten und begleiten.

Und während Dein Engel-Begleiter der letzten Woche sich aus Deinen Feldern löst, entrichte Dank, entrichte Gruß an dieses Engelslicht im pastell-weiß-klaren Licht, das aus den Heerscharen Galandriels mit und bei Dir war und mit seinem Licht und seiner Präsenz Dir diente, damit Du die Resonanz in Deinem Leben betrachten und erkunden konntest.

Sodann tritt Engelslicht aus meinen Feldern zu Dir heran und zeigt sich Dir im burgund-blauen Licht, das das meine ist und Halt, Rückhalt wie auch Offenheit zu Dir tragen wird, damit Du in Achtsamkeit Dich einfindest, in Achtsamkeit Dich siehst und in Achtsamkeit (neu) lebst...

So wie Du in der Übung der letzten Woche erfahren und auch lernen konntest, formst Du selbst durch Deine Wahl die Resonanz in Dir und gestaltest mit dieser den Austausch im Geben und Nehmen, im Empfangen und Vollbringen, in Lebendigkeit und im Erkennen – immer in dem Ausmaß wie Du dieses wählst, annimmst und lebst ... und dieses werden wir in dieser Woche 'fortführen', indem wir Dich anleiten die Resonanz zu erweitern um die 'gelebte Achtung vor dem Leben' – und dieses in den Ausdruck zu bringen – in Dir und in Deinem Leben gleichermaßen...

... und mit diesen Worten übergebe ich die Übung dieser Woche, bei der Du Dich begleitet und geführt spüren und erfahren mögest:

37. Übung, 38. Woche, 1. Projektjahr - 'Achtsamkeit'

Für den einen Tag wähle eine klare Schüssel mit Wasser, die Du auf ein burgund-farbenes (burgund = tiefes Rot) Tuch oder Papier stellst und in diese Schüssel stelle eine blaue Kerze – für den weiteren Tag wähle eine klare Schüssel mit Wasser, die Du auf ein blaues Tuch oder Papier stellst und in diese Schüssel stelle eine burgund-farbene Kerze. So wechsle Tuch oder Papier und Kerze Tag für Tag...

Jeden Tag finde Dich zweimal zumindest mit Deinem Engel-Begleiter ein, entzünde die Kerze und betrachte die Farben, die Du im Licht der Kerze sehen, spüren und erfahren kannst – lasse das Burgund-blau sozusagen in Dich einfliessen, so dass es sich in Dir weitet und 'Dich innerlich auskleidet' – erkunde, wie sich dadurch Achtsamkeit in Dir zeigt, die ich Dir mit einer 'ruhigen Aufmerksamkeit' auch benenne.

Während Du auf diese Weise in Dir und mit Dir bist, mache Dich frei von Urteil, von Wertung, von Bildern... löse Dich aus Anspannung und Härte... all dieses, indem Du Dich erinnerst der Übungen und Deines Erkennens und Verstehens der letzten Monate und Wochen.

Wenn Du Dich in diesem eingefunden hast:
In der Ruhe, der Offenheit, der Freiheit und Entspannung in Dir und dieses in der Wachheit, die im burgund-blauen Licht zugegen ist, erlaube Dir wahrzunehmen, während Du einen Gong schlägst oder eine Glocke läutest (so es sich Dir als dienlich zeigt) und freizugeben, was sich Dir (im Schwingungsfeld des Klangs) an Situation, an Gegebenheit aus Deinem Leben zeigt...

und mit diesem der Impuls der Klärung, der Lösung, des Gestaltens...

Wichtig ist, dass Du Dich wahrlich öffnest und in Achtsamkeit mit und in Dir bist, ohne Dich zu begrenzen oder auch zu belasten mit Deinen Bildern, Deinem Anspruch, Deinem Erwarten – ohne also zu 'lenken' oder durch Dein Wollen vorzugeben oder auch vorab zu benennen, was sich Dir innerlich in der Achtsamkeit zeigt.

Den Impuls der Klärung, der Lösung, des Gestaltens folge sodann im fliessenden, strebenden Vollbringen – und wisse Dich bei den Taten, die Du sodann vollbringst im burgund-blauen Licht der Achtsamkeit – spüre dieses während Du Dein Werk dann tust ...

... und auch wenn Dir die Situationen, Gegebenheiten und Impulse der Klärung, Lösung und des Gestaltens, nichtig und unbedeutend erscheinen (vor Deinem urteilenden, wertenden inneren 'Richter'), vergegenwärtige Dir mein Wort, dass die Kraft des Neuen darin ist und das Umsetzen dessen, was sich Dir an Impuls der Klärung, der Lösung, des Gestaltens zeigt, Wandlung hervorzubringen vermag – im Kleinen erst, so wie Du vollbringst... damit sich fügt im Kleinen, was sodann im Großen sich zeigen wird auch nach und nach...

So ist die Übung vielgestaltig und jeder trägt für sich die Wahl der Achtsamkeit und dieses im burgund-blauen Licht, das das meine ist und mit Dir ist durch Deinen Engel-Begleiter aus meinen Heerscharen in diesen Tagen der Übung:

- offen mit Dir selbst zu sein
- entspannt zu sein Dir zu erlauben
- ehrlich und aufrichtig zu blicken
- wertschätzend Dich zu betrachten

- mutig die Impulse zu nutzen
- tatkräftig zu vollbringen
- und in Achtsamkeit für Dich und mit Dir zu sein.

Auf dieses Weise sei, auf diese Weise forme, auf diese Weise gestalte und erkenne, wie Du Neues hervorbringst in Dir und Deinem Leben, wenn Du in Achtsamkeit mit Dir bist – denn 'gelebte Achtung vor dem Leben' bringt Frieden, Freude, Fülle Dir im Innen wie im Außen.

... und so ist es.

AMEN"

38. Übung, 39. Woche, 1. Projektjahr - 'Aufmerksamkeit'

"Ich bin Samuel, der Himmels-Bote Samuel, der im ersten Projektjahr den Lichtbogen vom Engel-Frequenzen-Projekt hält zwischen Himmel und Erde und der ich in diesem Wirken den Menschen diene – damit Entwicklung ist, damit Hoffnung ist, damit das Leben auf Erden Bestand haben wird und jeder einzelne Mensch erkennen und erfassen möge und wird, seine Möglichkeiten des Wirkens, des Gestaltens, des Erhaltens, des Formens... und somit beginnt, die eigenen Gedanken, Gefühle und sein Wirken und Tun einzusetzen, um das wundervolle Leben hervorzubringen für sich, die Seinen und alle Wesen auf Erden, das er im Herzen trägt, von dem seine Träume ihm berichten und das er bisher in den Reichen des Lichtes 'weiß'...

... und mit diesem benenne ich das Thema dieser Woche 'Aufmerksamkeit'.

Und ich erkläre:
Jeder Mensch wählt für sich, womit er seinen Geist 'beschäftigt' – das bedeutet, jeder Mensch entscheidet, worüber er sich Gedanken macht, auf welche Art und Weise ... und ob er diese auf ein Ziel ausrichtet, das er für sich benennt...

Das bedeutet folgendes:
Durch Deine Gedanken lenkst und leitest Du als Mensch Deine Energien, Dein Licht, Deine Schaffens- und Gestaltungskraft... Jeder Gedanke trägt die Kraft des Formens in sich und Du weißt aus Deinem Leben, dass jede Tat, ja jedes Gefühl von einem Gedanken 'vorab geformt' wurde, bzw. dass Deine Gefühle und Taten ohne vorherige Gedanken unmöglich wären...

Demzufolge bereitest Du mit Deinen Gedanken bereits die Grundlage für Dein weiteres Erfahren und Erleben auf Erden – und mit diesem die Kraft des Erschaffens und Gestaltens:

- Deine Gedanken formen das Feld, auf und in dem Du lebst.
- Durch die Ausrichtung Deiner Gedanken, gibst Du Deinen Energien und damit Deinem (Lebens-)Weg die Richtung.
- Durch Aufrechterhaltung Deiner Ausrichtung finden sich Deine emotionalen Felder im Einklang mit Deinen Gedanken ein.
- Sind Deine Gedanken und Gefühle im Einklang, folgst Du (automatisch und zwangsläufig) mit Deinem Wirken und Handeln diesen.
- Durch Einklang von Gedanken, Gefühlen und Handeln nutzt Du Deine Schaffenskraft zur Gestaltung Deines Lebens, wie auch des Lebens auf Erden.

... und dieses Benannte werde ich näher erläutern:

Jeder Gedanke trägt Energie in sich und Du mögest Dir diesen vorstellen wie einen Lichtstrahl – viele, gebündelte Gedanken zeigen somit gebündelte Energie, so wie dieses hervorkommt, wenn Du Dich in Deiner Absicht ausrichtest und lernst, Deinen Fokus zu halten auf Dein Ziel (vor Deinem inneren Auge).

Damit dieses gelingen kann, ist es erforderlich, dass Du für Dich Dein Ziel benennst – denn nur dann wird es Dir möglich sein, Dich mit Deinen Gedanken und Deiner Absicht darauf auszurichten und somit Deiner Gedankenkraft Richtung und somit bewusste Formungs- und Gestaltungskraft zu geben.

Deine gebündelten, auf einen Fokus ausgerichteten Gedanken beginnen eine Kraft zu entwickeln, die Deine Gefühle 'an sich heranziehen' – das bedeutet, dass in Deinen Licht-Körpern die Kraft der gebündelten Gedanken sich nach und nach auch in Deinen Gefühlen dahingehend zeigt, dass Deine Gefühle sich in ihrer (Wirkungs-)Richtung ebenfalls auf das Ziel und den Fokus Deiner Gedanken ausrichten. Auf diese Weise entsteht dann Einklang von Gedanken und Gefühlen und Deine Gestaltungskraft wird in Dir spürbar.

Das bedeutet zweierlei:

Einerseits ist das langfristige Aufrechterhalten des Fokus auf Dein Ziel in Deinen Gedanken erforderlich, damit die (langsamer schwingenden) Gefühlsfelder sich Deinem Gedankenfeld anpassen. Somit ist eine unstete Gedankenwelt oder auch eine Gedankenflut, die mal hierhin und mal dorthin treibt wahrlich hinderlich, oder anders benannt: Eine sichere 'Methode', um den Einklang von Gedanken und Gefühlen zu (ver-)meiden.

Des Weiteren zeigt sich Dir Deine Kraft für die Formung und Gestaltung Deines Lebens und viele, viele Menschen beginnen an dieser Stelle die eigenen Gedanken (erneut) zu streuen, da sie sich vor ihrer eigenen Kraft fürchten, bzw. die 'Folgen' des Einklangs von Gedanken und Gefühlen…

… denn mit dem Einklang zeigt sich Klarheit und es entsteht Bewusstheit für das, was Du als Mensch auf Erden hervorbringst – und darin ist ebenso die Verantwortung enthalten wie auch die Verbindlichkeit für Dein Wirken und Dein Tun, das sodann daraus hervorkommt…

… so mag es Dir als einzelnen Menschen 'einfacher' erscheinen, Deine Energien mit unsteten Gedanken zu zerstreuen, anstatt diese mit der Kraft Deines inneren Lichtes und Deiner Absicht auf dem Fokus Deines Ziels zu halten… doch Angesicht des aktuellen Geschehens auf Erden wird es mehr und mehr Menschen bewusst, dass das bisherige Anwenden und Nutzen der eigenen Möglichkeiten anders gestaltet werden muss, damit eine Welt entstehen kann, die mit neuer Freude und Leichtigkeit erfüllt ist und allen Wesen ein Leben in Frieden und Freiheit erlaubt und ermöglicht.

Mit diesem Wissen mögest Du Dir Deine eigenen Gedanken betrachten und wie sehr Du Deinen Fokus nutzt, um die Welt, die Du Dir erträumst, auf die Du hoffst, die Du Dir für Dich selbst und die Deinen wünschst, zu erschaffen und zu gestalten.

Immer wieder 'zeigen' einzelne Menschen auf Erden durch ihr Beispiel, was Hingabe, Ausrichtung und Wille zu vollbringen vermag – und doch nutzt Du dieses Wissen und die Kenntnis davon für Dich selbst bisher in noch zu geringem Maße... und lässt somit jeden Tag vielerlei Situationen und Gelegenheiten ‚verstreichen', in denen Du in der Klarheit der Ausrichtung und des gehaltenen Fokus sowohl Deine Gedanken und Gefühle in Einklang bringen oder halten kannst, wie auch das daraus hervorkommende Handeln und Wirken vollbringen kannst und könntest.

Dieses bedeutet, dass Du in jeder einzelnen Situation, in der Du den Fokus aufgibst durch (aufregende) Ablenkung, durch Benennung anderer wichtigerer 'Ziele', die Du Dir von Deinen Ängsten, dogmatischen Normen und auch Gewohnheiten 'vorgeben' lässt, Dich im trägen Menschheits-Kollektivstrom einfindest und mittreiben lässt.

Dieses ist Deine Wahl! ...
Und als inkarnierter Mensch auf Erden ist Dir sowohl die Möglichkeit der Wahl, wie auch die Verantwortung und das Erleben der 'Folgen' Deiner Wahl zu jeder Zeit sowohl gegeben wie auch auferlegt...

So gibt es unsererseits keinerlei Urteil, kein Verlangen und kein Werten ... doch sind wir mit dem Streben an Deiner Seite, Dich auf dem Weg zu führen, der Dich in das Erleben und Erfahren im Einklang führt – in eine Welt, in der Du als bewusstes Wesen mit uns bist, wir Seite an Seite im Lichte dienen und in Freude die grenzenlose Vielfalt des Lebens auf Erden feiern...

Dieses haben wir begonnen im 'Zentrum des Lichtes und des Heils', dieses gelingt an einigen wenigen Orten auf Erden und dieses laden wir Dich ein, gemeinsam mit uns für Dich zu erkunden, für Dich zu erschaffen, für Dich zu gestalten und für Dich zu formen...

Nun wissen wir um Deinen Wunsch, ja Dein Sehnen, Deine Kraft und Deine Macht zu nutzen, um eine neue Welt auf Erden hervorzubringen – denn warum sonst solltest Du unsere Worte lesen / hören, Dich im von uns gewobenen Feld des Engel-Frequenzen-Projektes einfinden und Woche für Woche die Übungen in die Tat bringen, die wir Dir übergeben und bei denen wir Dich begleiten...

Und so benenne ich die 'Aufmerksamkeit' als den Schlüssel für die bewusste und gelenkte Nutzung Deiner Gedankenkraft – und in dieser wird Erzengel Gabriel Dich mit der Übung der Woche anleiten und begleiten...

Und so sei es.
AMEN"

"Ich bin Engelsfürst Gabriel, der Erzengel der Klarheit und der Kraft und erneut leite und begleite ich die Übung der Woche mit der Klarheit und der Kraft meines Lichtes – und während Dein Engel-Begleiter, der im burgrund-blauen Licht während der 7 Tage der letzten Übung mit Dir war, sich aus Deinen Feldern löst, entrichte Dank, entrichte Gruß...

... und heiße Willkommen drei Engelslichter aus meinen Heerscharen, die sich einfinden mit Dir zu sein für die Klärung und die Kraft, die Du diese Woche erkunden und erfahren mögest, indem Du Deine 'Aufmerksamkeit' für Dich nutzt... und die das kristall-weiß-klare Licht der Klärung bei Dir halten, damit Du Deine Gedanken 'siehst', spürst und erkennst – und wann Du Deinen Fokus hältst – und wann Du Deine Gedanken streust...

Weil Deine 'Aufmerksamkeit' von Ablenkungen und Gewohnheiten erschwert wird, bzw. weil Du Dich ablenkst und in Gewohnheit 'treiben lässt', bedarf es der 'Klärung' in Dir, um neue Wege in Dir zu gehen und Deine Gedanken neu (auszu-)richten.

Und so mögest Du erneut nutzen die 'Erzengel Gabriel - Klärung' der 32. Übung, die in meinem Lichte ist und wirkt und die Dich dabei unterstützen wird, 'alte (Gedanken-)Felder' zu klären und Raum für neues bewusstes, ausgerichtetes, gezieltes Denken Dir zu geben...

Und mit diesen Worten übergebe ich die Übung dieser Woche:

38. Übung, 39. Woche, 1. Projektjahr - 'Aufmerksamkeit'

Verwende die Essenz der Klärung, so wie ich Dir dieses in der Woche der 32. Übung beschrieben habe, damit Du den Boden in Dir bereitest, Deine Gedanken neu auszurichten auf den Fokus Deines Ziels und gestalte des Weiteren wie folgt:

Immer wieder während des Tages finde Dich ein mit Dir, um Deine Gedanken zu betrachten und inwieweit diese ausgerichtet sind auf Dein Ziel – das Ziel, das Du für Dich benennst, das Ziel, das dem Leben auf Erden dienen möge, das Ziel, zu dem Du mit Deinem Leben strebst – wisse dabei Deine 3 Engel-Begleiter mit Dir und siehe, wie sich in ihrem Licht Deine verschleierten, verzerrten, verworrenen Gedanken klären – und sodann fühle Dich aufgerufen, durch Dein Wissen und Deine bekundete Absicht, Deine Gedanken auszurichten auf Dein Ziel. Diese Ausrichtung Deiner Gedanken spüre in Dir – und nimm' wahr das Fliessen des Lichtes in diesen.

Halte aufrecht die Absicht und den Fokus und gebe Deine Gefühle frei – dieses gelingt Dir, indem Du jedes Festhalten und willentliche Aufrufen Deiner Gefühle meidest – vielmehr erlaube diesen, sich dem Fokus und Strom Deiner Gedanken anzupassen und sich im Einklang mit diesen einzufinden... dieses wird Dir wieder und wieder gelingen, so wie Du in Klarheit und in Ausrichtung auf Dein Ziel, in Bereitschaft für Veränderung und Hingabe für das Leben in Dir bist.

So wie Dir die Übung gelingt, für kurze oder auch längere Zeit, wirst Du die Freiheit und die Freude, wie auch die Kraft des Lichtes in Dir spüren – aus den von Samuel benannten Gründen wirst Du immer wieder erkennen und erfahren können, wie Du der Kraft in Dir (sodann) weichst... versuche einfach, den Fokus zu halten und Einklang Deiner Gedanken und Gefühle Dir zu erlauben... und wisse, dass Du mit jedem Moment, den Du im Einklang kreierst, Neues in Dir formst und sowohl die Klarheit, wie auch den Fokus in Dir stabilisierst ... und dieses Dir dienen wie auch nutzen wird auf Deinem weiteren Weg des Erkennens, des Annehmens, des Gestaltens... – als Mensch auf Erden.

Sei achtsam mit Dir, sei ohne Urteil mit Dir, sei wertschätzend mit Dir und sei voller Freude mit Dir für jeden Moment der

Klarheit und der Ausrichtung auf das Ziel, das Du für Dich benennst.

Und so sei es.
AMEN"

39. Übung, 40. Woche, 1. Projektjahr - 'Annahme'

"Als Schirmherr des Engel-Frequenzen-Projektes leite ich, Himmels-Bote Samuel, dieses im ersten Projektjahr und bin zugegen mit meinem Wort, meinem Licht und meinem Dienst für jeden Menschen, der sich einfindet, um meine Worte für sich anzunehmen und die Übungen unter der Leitung und Begleitung der Engelfürsten zu vollbringen – und in der Verbindung mit den Engelsfürsten und als Schirmherr benenne ich das Thema dieser Woche: 'Annahme'.

Immer wieder in den bisherigen Botschaften habe ich Dir beschrieben, wie wichtig es ist, dass Du Deine Möglichkeiten siehst, Deine Fähigkeiten erkennst, Deinen Einfluss begreifst und Deine Macht annimmst – und dass all dieses erforderlich ist, damit Du die Wandlung in Dir vollbringst und mit dieser den Wandel auf Erden...

Immer wieder in den bisherigen Botschaften habe ich Dir beschrieben von Deinem Weichen, Deinem inneren Hadern und von den Spielen, die Du aufrufst, um aus der 'Annahme' Dich herauszunehmen und dieses werde ich Dir in dieser Woche verdeutlichen, damit sich mehr 'Annahme' als bisher zeigt in und mit all dem, was Du für Dich benennst angenommen zu haben.

... und Du kannst an meinen Worten erkennen, dass 'Annahme' nicht gleich Annahme ist – sondern dass mein Wort dieses anders benennt als das Deine und dieses werde ich im Folgenden erklären:

Du benennst Annahme immer dann, wenn Du etwas verstanden hast und Du dieses im Verlauf einer Übung in den 7 Tagen der Woche durchgeführt hast. Sodann machst Du sozusagen innerlich einen Haken hinter dieses und benennt es für Dich als angenommen – so wie Du die vielen, vielen Gegenstände und

'Besitztümer' einst angenommen hast, die Du nun als die Deinen benennst... und ahnst Du bereits den Unterschied in unserem Wort und Verstehen von 'Annahme'?

Ich beschreibe weiter:
Du besitzt ein energetisches Feld, in das Du alles hinein gibst, das Dir in Deinem Leben begegnet (ist) und von dem Du vermutest, denkst oder hoffst, dass es Dir in irgend einer Form noch einmal dienlich wird sein (können)... und auf diese Weise hast Du auch die meisten Informationen des Projektes bisher angenommen – und die Erfahrungen der Übungen ebenso:

Du hast meine Worte gelesen, Du hast die Übungen vollbracht und nach der einen vollbrachten Übung Dich der neuen Übung zugewandt... und damit beginnst Du sozusagen jede Übung von vorn – und auch wenn wir Dich mit unseren Worten immer wieder gebeten haben die Übungen in Dir zu verbinden und das, was bisher Du in einer Übung erkannt hast, sodann in Deinem Leben weiter zu nutzen und ebenso in den weiteren Übungen als Basis zu nehmen... dieses ist schwirig für Dich und mit den Übungen der letzten beiden Wochen haben wir Dir dieses verdeutlicht und aufgezeigt, denn:

Wenn Du meine übergebenen Worte hörst oder liest, ohne dass Du diese in Deinem eigenen Erfahren erkennst, erinnerst und ‚wiederfindest', wirst Du meine Botschaft betrachten wie ein neues, 'unbekanntes Bild' und ohne dass Du Dich mit der Bereitschaft der Veränderung öffnest ... meine Worte können dann nur wenig Wirkung in Dir zeigen...

... Sofern Du meine Worte und deren Inhalt und Bedeutung jedoch i n   D i r spürst und mit Deinem Erfahren verbindest, ist sehr viel mehr Bereitschaft und Offenheit in Dir ... und die Botschaft meiner Worte schwingt 'anders in Dir ein'...

Jederzeit geht es im Engel-Frequenzen-Projekt um das, was Dir dient und wie Du die Anleitung, Unterstützung und Begleitung erfahren kannst und erfährst, um Deine Schritte der Veränderung und Wandlung in Dir zu gehen…

… und ich setze fort die Betrachtung der Annahme, so wie Du diese bisher in Deinem Leben verstehst und praktizierst:

Die Handhabung von Annahme als ein Sammeln und 'sicheres Wegpacken' kennst Du von Wissen, das Du in Dir erinnerst und 'speicherst', indem Du lernst und es Dir merkst … – und Du weißt selbst, wie schwierig es für Dich ist, Dich des Wissens zu erinnern, das ohne Verbindung mit Deinem Leben ist, das ohne Anwendung in Deinen Gedanken, Gefühlen und Deinem Handeln ist – denn es ist dieses Wissen, an das Du Dich versuchst zu erinnern und es doch 'nicht finden kannst in Dir'…

Ebenso kennst Du diese Handhabung von Annahme als das Sammeln und 'sichere Wegpacken' von Gegenständen, die Dir nützlich erscheinen und von denen Du denkst, dass Du diese irgendwann und auf irgendeine Art und Weise wirst nutzen und gebrauchen können… – immer wieder räumst Du diese hin und her oder lagerst sie verpackt in Kisten und Schränken und findest doch häufig das einstmals 'Angenommene', Gesammelte, Weggepackte nicht wieder, wenn das 'irgendwann' dann gekommen ist…

Und bei meinen Worten kannst Du wohl erahnen, vielleicht bereits erkennen und auch in Deinem Körper spüren die Last, Enge und Schwere, die mit Deinem bisherigen Verständnis von Annahme verbunden ist – und an dieser Stelle erinnere Dich meiner Worte, dass Dein inneres 'Erwarten' den Boden gestaltet – was in diesem Fall bedeutet, dass bei meiner wiederkehrenden Aufforderung zur Annahme meiner / unserer Worte und Deinem bisherigen Verständnis von Annahme immer auch die Assoziation und Verbindung mit Last, Enge und Schwere in Dir angeklungen ist – vielleicht kannst Du nun verstehen, weshalb Dein Atem sich so oft beschwerte und Du Dich vor einer großen, kaum benennbaren Aufgabe gesehen / gespürt hast bei der Aufforderung der Annahme der Botschaften und Inhalte vom Engel-Frequenzen-Projekt ...

... daher haben wir Dir eine Woche der Klärung gegeben und in den letzten zwei Wochen Übungen, in denen Du für Dich erkennen konntest, wie sehr Du die Übungen und deren Erfahrungen in Dir gesammelt, verpackt, beiseite gelegt, 'archiviert', 'sicher verwahrt' hast...

An dieser Stelle nun ist es Zeit, Dir von Annahme zu berichten, so wie Annahme in unseren Feldern schwingt, wie wir diese an Dich herantragen und Dich zu dieser auffordern:

Annahme beinhaltet:
- die Aufnahme der Information in Deinen persönlichen Feldern- das Einschwingen, Verbinden, Verweben mit dem, was Du bisher erfahren und gelernt hast
- die Anwendung vom Angenommenen, so dass dieses von Deinen daraus hervorkommenden und sich ableitenden neuen Erfahrungen geprägt und geformt wird
- das beständige Einbringen in Deinem Leben durch wiederholtes Anwenden...
- damit das, was Annahme erfahren hat von Dir selbst erfahren wird im Fliessen, im Austausch, in Lebendigkeit...
- damit das, was 'Annahme' erfahren hat zum Teil Deines Handwerkzeugs, Deines Bewusstseins, Deines Verstehens, Deines Lebens wird
- damit Du integrierst und in Deine Lebendigkeit Weiteres und Neues auf- und annimmst und dieses ebenso in Dir 'einfügst' und 'in Einklang bringst'...

Dieses beschreibe und benenne ich Dir,

… damit Du die Lebendigkeit in der Annahme verstehst …
und wie wir mit Annahme niemals ein Beiseitelegen, 'Archivieren', sicher Verwahren benennen, das Dich belastet und beschwert, sondern vielmehr Dich auffordern, das Benannte in Deinem Leben einzubringen und einfliessen zu lassen, damit zu gestalten, daran und damit zu lernen, für Dich zu erfahren, daran und damit zu reifen, zu erkennen, zu erfassen, zu begreifen, zu spüren, zu leben…

… damit Du Deine Wahl in der Annahme erkennst …
und wie Du selbst im lebendigen Anwenden unsere Worte für Dich wählst, welche Kunde / Botschaft Du mit viel Kraft und Wandlungspotential in Deinen Feldern einfügst und damit Dein Leben (neu) gestaltest und was Du in Nuancen nur einschwingst. Denn mit jeder Aufforderung zur Annahme klopfen wir (nur) an Deine (innere/n) Tür(en), geben Dir Hinweis, Botschaft, Ausrichtung, Erklärung und Unterstützung… doch die Wahl des Öffnens, des Einlassens und auf welche Art und Weise Du Annahme dann praktizierst, obliegt zu jeder Zeit alleinig Dir …

… damit Du die Leichtigkeit, die Hoffnung, die 'Quelle des irdischen Lebens' in der Annahme (er-)spürst …
und wie Du diese nutzen mögest in Freude, in Neugierde, im Frohlocken ob der Vielfalt der Möglichkeiten. Und die Hoffnung darin erkennst, dass Du durch unsere Worte im Engel-Frequenzen-Projekt in kurzer Zeit Wissen und Kunde erfährst:

Mit Erklärung, mit Beispiel, mit Beschreibung und zur Klärung Deines Blickes… und dieses in der Verbindung der Anleitung, Begleitung und Unterstützung zur praktischen Umsetzung, damit Dein Erleben, Dein Erfahren, Dein Erkunden, Dein Spüren, Dein Erkennen, Dein Erfassen … sei und ist.

Verstehst Du nun, dass Annahme Dir Neues zeigt?

… und dass jedes Beschweren, jede Last, jede Enge, die Du darin spürst aus Deinen eigenen alten Bildern sich zeigt?

… und verstehst und erkennst Du Deinen inneren Umgang und Deine bisherige(n) Reaktion(en), wenn wir die Aufforderung zur Annahme an Dich herangetragen haben?

Und wie Du dieses durch die Übung dieser Woche zu wandeln vermagst?...

… so wie Du wählst … so wie Du annimmst – mit Herz und Verstand, mit Betrachten, Erspüren, Erfahren und Erleben…

Denn wie sonst sollte das Engel-Frequenzen-Projekt Dich mehr lehren als die Bücher, die Du bisher gelesen und die weisen Worte, die Du bisher gehört hast? …

… wie sonst sollte das Engel-Frequenzen-Projekt Dir dienlicher sein als die Seminare und Anleitungen, an denen Du bisher teilgenommen hast? …

… wie sonst sollte das Engel-Frequenzen-Projekt mehr Hoffnung in sich tragen als die vielen Worte, Botschaften und Weisheiten, von denen Du bisher durch Deinen Wunsch und Ruf nach Veränderung Kenntnis erhieltest und die doch in Schwere, Last und Enge verblieben?

Erkenne, erfasse, erfahre:

Annahme ist fliessend…

Annahme ist lebendig…

Annahme ist bereichernd…

Annahme ist Hoffnung für Neues

                … so wie Du wählst …

… und Annahme fliessend, lebendig und bereichernd Dir selbst eröffnest durch Deine Wahl und durch Dein Wirken…

Und so ist es.
AMEN"

"Ich bin Erzengel Haniel, der Engelsfürst im türkis-grün-weißen Licht der Klärung und des Ausgleichs, der alles ins Fliessen bringt und ich finde mich mit meinen Heerscharen ein, um die Übung dieser Woche zu begleiten.

Siehe, wie in dieser Woche nach der Klärung der letzten Woche wir Dich nun in das Sortieren führen, damit Du Deine 'Annahme' ins Fliessen bringst / bringen kannst... und siehe, wieviel Freude, Hoffnung und Frohlocken darin ist...

... und während sich die 3 Engel-Begleiter der letzten Woche aus Deinen Feldern lösen und mit diesen das kristall-weiß-klare Licht von Erzengel Gabriel, das Dir so sehr dienlich war zur Klärung Deiner Felder, entrichte Dank und entrichte Gruß von Herzen ...

... und spüre, wie sich das Engelslicht aus meinen Heerscharen im türkis-grün-weißen Licht, das das meine ist, einfindet und mit Dir ist als Engel-Begleiter dieser Woche – und ebenso tritt weiteres Engelslicht aus den Heerscharen Gabriels zu Dir heran, um ebenso zugegen zu sein und die Wirkung der Essenz 'Erzengel Gabriel - Klärung' zu stärken und zu leiten... und wisse, dass dieses Engelslicht aus Gabriels Reichen noch mit Dir ist bis die Essenz zur Neige geht und dieses für höchstens weitere 5 Tage mit dem Herantreten zu Dir ... so dass Du (spätestens) die letzten beiden Tage der Übung dieser Woche alleinig im Licht der Klärung und des Ausgleichs und im Fliessen meines türkis-grün-weißen Seins dann bist und Dein Wirken vollbringst.

Und mit diesen Worten übergebe ich die Übung dieser Woche:

39. Übung, 40. Woche, 1. Projektjahr - 'Annahme'

Täglich finde Dich mit Deinem Engel-Begleiter ein – in Ruhe, in Sammlung, in Offenheit und Absicht ... und in Bereitschaft der 'Annahme' – sodann entzünde eine Kerze, in deren Licht Du sodann bist und wende Dich einer Kiste, Schublade oder anderen 'Stauraums' zu... öffne oder betrete diesen und blicke auf das, was sich Dir zeigt – erinnere Dich Deiner ursprünglichen Absicht, was Du mit diesem Teil / Gegenstand... ursprünglich einmal dachtest vollbringen zu wollen oder für welchen Nutzen Du dieses einstmals 'bewahrtest'... sodann ergreife, nutze und vollbringe – damit Du das, was Du bisher Dir selbst als 'angenommen' benanntest durch Beiseitelegen und Bewahren, mit der Kraft Deines Handelns in ein Fliessen und fliessendes Gestalten bringst... auf diese Weise erleichtert sich, löst sich, klärt sich ... und Du erlebst und erfährst die Wirkung der Annahme im Anwenden und Tun.

Dieses mögest Du in den Tagen dieser Übung immer wieder am Tage für Dich nutzen – und einmal am Tage zumindest die Annahme im Anwenden und Tun vollbringen... damit Fliessen in Dir ist, damit Neues sich für Dich formt, damit Gestautes sich löst, damit 'Bewahrtes' seine Kraft zeigen kann ...

... und damit Du verstehst, dass Annahme im Leben nur geschieht, dass Annahme im Fliessen Ausdruck findet, dass Annahme die Hoffnung in sich trägt ....

... und mit diesem Ende ich für diese Woche und berichte Dir von Deinem Engel-Begleiter im türkis-grün-weißen Lichte, der nun mit Dir ist...

Und so ist es.
AMEN"

40. Übung, 41. Woche, 1. Projektjahr - 'Hoffnung'

"Ich bin Samuel, der den Licht-Bogen hält und Schirmherr ist im Engel-Frequenzen-Projekt des ersten Projektjahres und als dieser schreibe ich von der 'Hoffnung' und benenne diese als Thema dieser Woche.

Hoffung in unseren Reichen wird immer wieder benannt, doch ich erkläre, dass diese in dem Sinne, wie Menschen Hoffnung verstehen, nicht zugegen ist. Und ich beginne, indem ich Dir beschreibe die Hoffnung der Menschen:

Hoffnung im Menschen-Sein zeigt sich als ein Schwingungsfeld, das in mehr oder weniger 'weiter' Distanz zum eigenen Erleben und Erfahren 'gehalten wird', bzw. besteht. Das bedeutet, dass Hoffnung etwas ist, wonach ein Mensch strebt und woran er sich ausrichten kann als ein Ziel – ebenso ist es so, dass ein Mensch sich mit dem Schwingungsfeld der Hoffnung in seiner Ausrichtung selbst zu stabilisieren und zu unterstützen vermag. Aus diesem Grund ist Hoffnung von so großer Bedeutung im Menschen-Sein auf Erden und für das, was an Entwicklung sich weiter zeigen wird.

In den Engel-Reichen bedarf es keiner 'zusätzlichen' Ausrichtung und Stabilisierung der Ausrichtung auf ein Ziel, da wir als lichtvolle Wesen zu jeder Zeit ausgerichtet und in dieser Ausrichtung stabil sind – anderenfalls könnten wir in unserem Sein keinerlei Stetigkeit aufweisen und somit ist 'Stabilität in sich' sozusagen eine Eigenschaft, die jedem Wesen des Lichtes, das sich im Dienst für die Menschen eingefunden hat, zu eigen ist.

Immer wieder habe ich die Hoffnung benannt, die das Engel-Frequenzen-Projekt trägt und hervorbringt und dieses deshalb, damit jeder Mensch, der davon Kenntnis erhält, seine Ausrichtung stabilisiert und sich leichter in der erforderlichen

Verbindlichkeit einfindet, um mit uns zu sein und seinen Teil und Anteil im Projekt zu vollbringen – und dieses, ohne dass durch instabile Ausrichtung Verzerrungen und 'Unruhe' in die Felder des Projektes getragen werden, die wir sodann ausgleichen und an die ursprüngliche Absicht in Reinheit und Klarheit anpassen 'müssen'.

Weil das Letztgenannte in den Engel-Reichen vieler Energien bedarf und dieses durch das Benennen der Hoffnung sehr viel leichter zu erreichen ist, benenne ich diese wieder und wieder für die Menschen auf Erden, die sich im Engel-Frequenzen-Projekt einfinden und sich auf dieses ausrichten.

Doch geht es im Engel-Frequenzen-Projekt nicht nur darum, die Hoffnung zu benennen, damit eine Stabilisierung in den menschlichen Feldern geschieht, sondern es geht darum, dass die benannte Hoffnung in das Menschen-Erdenfeld getragen wird in der Form, dass ein Leben der Hoffnung geschieht.

Und um dieses zu erklären und zu verdeutlichen, um Dir dieses verständlich zu machen, haben wir das Thema dieser Woche als Hoffnung gewählt:

Wenn Du von Hoffnung Kenntnis erhältst, weitet sich Dein Sein und Ausrichtung auf die benannte Hoffnung findet statt – dieses geschieht, weil Du tief in Dir vielerlei Wünsche trägst, die allesamt mit dem Benennen von Hoffnung in schwingende Resonanz gebracht werden. Auf diese Weise richten sich Deine Felder und auch Dein Fokus aus. Solange Du jedoch die schwingenden Resonanzen Deiner Wünsche ohne direkte Verwebung mit dem benannten Feld der Hoffnung belässt, wird die Hoffnung recht bald vergehen und enttäuschte Hoffnung zeigt sich in Dir.

Wie ich beobachten konnte, geschieht dieses recht häufig im menschlichen Sein und viele enttäuschte Hoffnungen werden vom involvierten Menschen trotzdem nur als ein unangenehmes, oft stumpfes Gefühl vernommen und führen zu einer Verhärtung der 'Wunsch-Felder'. Dieses, weil die 'Wunsch-Felder' wie eine 'Oase der angenehmen Aussichten' bewahrt, festgehalten und aufrechterhalten werden (sollen). Das führt wiederum dazu, dass der Mensch eher dazu neigt, seine 'Wunsch-Felder' abzugrenzen und abzuschirmen... mit der Folge, dass eine Verwirklichung der Wünsche erschwert wird.

Aus diesem Grund benenne ich die Hoffnung und ich benenne Dir die Abschirmung Deiner 'Wunsch-Felder', damit Du beginnst Deine 'Wunsch-Felder' in ihren Schwingungsfrequenzen zu öffnen und mit den Feldern der Hoffnung vom Engel-Frequenzen-Projekt zu verweben. – Auf diese Weise wirst Du sowohl die Verwirklichung Deiner Wünsche als greifbarer erleben und erfahren, wie auch Deine Absicht und Verbindlichkeit für Deine Teilnahme am Projekt stärken.

So wie das Schwingungsfeld der Hoffnung sozusagen oberhalb Deines 'alltäglichen Erfahrens' ist, hast Du Deine Wünsche in Dir 'versenkt' und abgeschirmt... und vermutlich ahnst Du bereits, was es für Dich zu vollbringen gilt:

Verbinde Deine Wünsche mit dem Schwingungsfeld der Hoffnung, damit beides in Deinem Leben Lebendigkeit und Ausdruck erfährt und damit ein Fliessen, ein Austausch und bewusste Wechselwirkung ist...

In diesem Verbinden werden wir Dich in dieser Woche anleiten und begleiten, denn:

... alle Hoffnung wird ohne große Wirkung sein, sofern es Dir als Mensch auf Erden nicht geling, diese in Dir einzuschwingen und mit dem Feld Deiner Wünsche zu verbinden...

… und ebenso wird die Hoffnung vom Engel-Frequenzen-Projekt ohne große Wirkung (auf Erden) sein, sofern Du als teilnehmender Mensch das Schwingungsfeld der Hoffnung oberhalb Deines 'alltäglichen Erfahrens' belässt und keine Verbindung und Verknüpfung mit Deinen Wünschen für Dich findest.

Und mit diesen Worten benenne ich Erzengel Uriel als den Engelsfürsten, der die Übung der Woche benennt, begleitet und in Dir bereitet – so wie Du erlaubst, Dich einfindest und durch Deine Wahl in Dir gestaltest.

Und so ist es.
AMEN"

"Ich bin Erzengel Uriel, der Engelsfürst der Hoffnung, der die Felder auf Erden verwebt und Dir dabei dient, Dich in diesen einzufinden in Dankbarkeit, im Frieden und im Einklang mit Dir selbst.

Und während sich Dein Engel-Begleiter der letzten Woche aus Deinen Feldern löst und sich nach der Zeit der Regeneration in den Feldern der Engel wieder in den türkis-grün-weißen Feldern von Engelsfürst Haniel einfinden wird, entrichte Gruß und entrichte Dank dem Engelslicht, das seinen Dienst in Hingabe und Annahme vollbrachte, um Dir auf Deinem Weg zur Seite zu stehen und ins Fliessen zu bringen, was Du im Fliessen bereit warst zu zeigen, Dir zu eröffnen und für Dich zu leben...

Vielleicht kannst Du erkennen, wie viel Hoffnung bereits auch Thema der letzten Woche war, als Dein Engel-Begleiter Dir offenbarte, wie sehr Du im Annehmen das Fliessen in Dir hervorbringst und Altes, Starres und 'Verstaubtes' neues Leben und neue Freiheit fand... – und Du mit diesem... Während Du in Dir nachklingen lässt das Erfahren der letzten Woche und die Bereitschaft der Annahme in Dir 'bestätigst', tritt ein Engelslicht aus meinen rubinrot-goldenen Heerscharen zu Dir heran, um mit Dir zu sein für die Tage der Übung und die Hoffnung aufrecht zu erhalten in Deinen Feldern in dieser Zeit...

Und mit diesen Worten übergebe ich die Übung dieser Woche:

40. Übung, 41. Woche, 1. Projektjahr - 'Hoffnung'

Immer wieder in dieser Woche – mindestens dreimal am Tage – finde Dich in der Einkehr mit Deinem Engel-Begleiter ein und besinne Dich der Wünsche, die die Deinen sind – und einmal am Tage mindestens entzünde dabei eine Kerze, die rot-gold, rot oder gold sei und betrachte und erkenne, wo und wie diese oder andere Übungen im Engel-Frequenzen-Projekt, die Du bisher vollbracht, Dir auf die eine oder andere Art und Weise auf

Deinem Weg der Verwirklichung Deiner Wünsche dienlich waren… und im Licht der Kerze verwebe die Wünsche mit der Hoffnung, indem Du dafür ergreifst zwei Fäden von zweierlei Farbe – am passendsten sind rote oder goldene Fäden, die die Dicke von starker Wolle haben sollten oder auch dünne Seile sein können.

Diese Fäden nehme in die Hände, benenne die einen mit Deinen Wünschen und die anderen mit Deiner Hoffnung und verwebe sodann im rot-goldenen Licht Deines Engel-Begleiters, der im Engel-Fequenzen-Projekt mit Dir und an Deiner Seite ist, die Fäden auf diese Weise, dass sich ein Tuch Dir zeigt … so wie ein Weber Kette und Faden spannt, um Stoff zu weben und Tuch zu formen…

Nach vollbrachtem Weben, ergreife das Tuch, den Stoff, das Material, das Du gewoben hast – und spüre die Kraft, die Festigkeit, die Struktur darin und erkenne, wie Neues entsteht, wie Halt und Frieden sich zeigt, wie Erleichterung und Freude in Dir ist, wenn Du Deine Wünsche mit Deiner Hoffnung verbindest und diese miteinander verwebst…

So kannst Du lösen die Fäden nach vollbrachter Übung um erneut zu verwenden die Fäden am nächsten Tag… Immer wieder blicke auf diese Weise, damit Du lernst, Deinen Blick dahingehend zu schulen und damit Du beginnst immer wieder zu verweben Deine Wünsche mit Deiner Hoffnung und den Frieden darin erkennst – und damit Du leichter als bisher erkennst, was Du bereits erlangt hast, was Du bereits vollbracht hast, was Du in Dir bereits verändert, gewandelt, geklärt, ausgerichtet und befriedet hast – und dass Du all das sodann in Deinem Blick und Deiner Betrachtungsweise mit Deinen Wünschen, wie auch Deiner Hoffnung verbindest und verwebst…
Und so ist es.
AMEN"

41. Übung, 42. Woche, 1. Projektjahr - 'Wertschätzung'

"Geliebter Mensch, ich bin Himmels-Bote Samuel, der Dir die Botschaft der Woche übergibt und dieses in der Wertschätzung, die ich als Wesen des Lichtes für Dich, der / die Du ebenfalls ein Wesen des Lichtes bist sehe, spüre, gegenwärtig habe/halte und bin... und um Dir dieses zu erklären und zu verdeutlichen und um Dir Dein Empfinden für die Wertschätzung für Dich und in Dir zu zeigen und zu stärken, benenne ich das Thema dieser Woche: 'Wertschätzung'.

... und dieses benenne und trage, bereite und webe ich in der Verbindung mit den vielen Engelsfürsten des Projektes, die zu jeder Zeit zugegen sind und mit mir sind, um das Feld des Engel-Frequenzen-Projektes zu halten, die Hoffnung zu lobpreisen und das Leben zu feiern...

Und so beschreibe ich Wertschätzung, so wie Du diese auf Erden für Dich anwendest, benennst und 'lebst':

Mit Wertschätzung betitelst Du etwas, was für Dich einen besonderen Wert hat, eine Kostbarkeit beinhaltet, die Du für Dich bewahren willst. Das Wort und Dein 'Leben' von 'Wertschätzung' bedeutet sowohl die Anerkennung des Wertes, wie auch den Schatz darin, den es zu 'schützen' und Für-Sich-Erreichbar-Zu-Halten gilt...

... und bereits bei diesen Worten wirst Du in Dir spüren können, dass Deine Wahrnehmung und Dein Leben von Wertschätzung sich unstimmig zeigt im Feld der Freiheit, der Liebe, des neuen Lebens auf Erden, so wie ich dieses Dir beschreibe und benenne und wie wir dieses weben, damit Du Kenntnis davon erhältst und es in Dir erfährst.

So was geschieht in Deinen Feldern, wenn Du etwas mit Wertschätzung benennst... und an dieser Stelle gilt es bereits zweierlei Gegebenheiten zu betrachten:

Wenn Du Wertschätzung aufrufst für etwas, was Dir 'weiter' entfernt erscheint, verbindest Du mit der Benennung dessen Wertes Dein Sehnen, Dein Wünschen und immer wieder auch eine Art Verbitterung, Enttäuschung und Neid... weil Du das mit Wertschätzung Benannte nicht Dein eigen nennen kannst...

Wenn Du Wertschätzung für etwas aufrufst, was Dein ist, was Dir zugänglich und erreichbar ist, neigst Du dazu diesen 'Schatz' zu bewahren, ihn für andere zu benennen ohne jedoch diesen den direkten Zugang und Zugriff darauf ebenso zu übermitteln – denn wenn Dein 'Schatz' anderen zugänglich werden würde, glaubst Du diesen mit weniger 'Anteil' für Dich – und Dich mit weniger Macht und Einfluss... – denn mit jedem 'Schatz' verbindest Du in der Dualität auch 'Wissen' um dessen 'Existenz', Lage und Ort, und da heraus sowohl Macht wie auch Einfluss.

Während diese meine Worte in Dir wirken und Du die letzte Seite vielleicht erneut liest, um Deine Gedanken, Deine Gefühle und auch Deine innere Verwirrung und 'Unannehmlichkeit' ehrlich zu betrachten, rufe ich den Blick auf Vergangenes in Dir auf, damit Du Dich erinnerst:

In vielen Geschichten und Erzählungen, in Überlieferungen und auch in Euren Heiligen Schriften wird immer wieder von Hütern gesprochen und den Dienst, den diese vollbringen... Hüter dienen, denn sie bewahren den Schatz, das Wertvolle, was der 'Wertschätzung' gebührt... und dieses in all der Freiheit, der das Bewahren eines Schatzes bedarf, um sowohl zu schützen, als auch um diesen zeigen und 'übergeben' zu können, wenn der (Mensch) herantritt, für den der Schatz bewahrt wurde...

Du erinnerst Dich der Geschichten? – und erinnerst Du Dich auch Deiner Gedanken und Gefühle, wenn Du die Worte und Beschreibung eines Hüters vernommen hast? Seine Hingabe, seinen Dienst, seine Klarheit und Kraft ... und sein Wirken, ohne das die Menschen, für die er bewahrt ihren eigenen Dienst und Lebensweg nicht gehen / vollbringen könnten...?

Und erinnerst Du Dich Deiner Gedanken, Deines Sehnens, dass Du selbst den Dienst eines Hüters vollbringen wolltest in dem Moment des 'Sichtbarwerdens' und seines Offenbarens und ‚Übergebens' des Schatzes... dass Du ihn in dem Moment anerkannt hast für und in seinem Dienst, seiner Hingabe und auch seinem Vollbringen für das 'gesamte Werk?... und dass Du doch gleichzeitig die Jahre oder auch Jahrzehnte seines stillen Dienstes nicht ebenso für Dich als erstrebenswert befunden hast?

Betrachte dieses in Dir – erinnere Dich der Geschichten, der Überlieferungen und vielleicht ist es hilfreich für Dich an dieser Stelle eine von diesen nachzulesen ... und Deine Gedanken und Gefühle währenddessen ehrlich zu beobachten und wahrzunehmen.

... Und ich ergänze, dass in vielen Geschichten der Dienst des Hüters dann beendet ist, wenn der 'Schatz' von ihm offenbart und übergeben wurde...

In der Betrachtung des bisher Benannten, wirst Du vieles über Dich erkennen und lernen können mit Blick darauf, was 'Wertschätzung' für Dich bedeutet und wie Du selbst mit 'Wertschätzung' umgehst... und dazu gibt es weiteres aufzuzeigen:

Die Aspekte des Bewahrens, des Schützens und auch des Aufrecht-Erhaltens, das Teil des Dienstes des Hüters ist, kannst Du ebenso in Dir spüren, wenn Du etwas mit 'Wertschätzung' betrachtest... doch sobald Du diese Aspekte, die ein Hüter im Dienen (und somit wie schon benannt in der Freiheit) vollbringt, außerhalb des Dienstes für Dich benennst und 'anwendest', wirst Du Deinen Einfluss und Deine Macht benutzen, um für Dich selbst einen Vorteil zu erlangen und dieses zeigt sich dann wie folgt:

Stellen wir uns einmal vor, Du seist der Hüter eines Schatzes, um dessen Wert Du weißt und der Dir anvertraut ist, diesen zu bewahren für die Menschen, die sich einfinden werden, um den Schatz aus Deinen Händen oder auch durch Dein Wort zu empfangen.

Als Hüter bist Du sodann aufgerufen, dem 'Berechtigten' den Schatz zu übergeben – ein Zurückhalten Deinerseits, weil Du den 'Berechtigten' vielleicht als unwert oder unwürdig ansiehst und somit 'einteilst', bedeutet dann eine Missachtung Deines hütenden Dienstes, einen Missbrauch Deiner Macht und zeichnet sowohl in Deinem Lebensweg wie auch im 'Berechtigten', der keine angemessene Kunde und ohne 'seinen' Schatz weiterzieht (weiterziehen muss) Spuren der Spannung, der Manipulation und des Leids...

Das Bild des Hüters zeichne und benenne ich in Klarheit und mit meinen Worten, weil allüberall Menschen auf Erden etwas mit 'Wertschätzung' betrachten und sodann für sich benennen, für sich bewahren, für sich behalten... und dieses in der (unbewussten) Verknüpfung mit dem 'Hüter eines Schatzes', der in jedem Menschen 'schlummert' – doch ohne die Freiheit des Dienstes, sondern aus der Benennung einer Berechtigung heraus, die keine ist, die ohne Basis ist, die Manipulation und Frevel ist... denn jedes Bewahren und Behalten in Unfreiheit bedeutet eine Manifestation der Dualität, der Trennung, der Wertung... und somit eine Stärkung der alten Spiele und des (alten) Leidens auf Erden.

Daher prüfe in Dir, wo Du den 'Hüter' in Dir benennst und aufrufst wie ein 'schönes Bild' und ein 'ehrbares Tun', ohne dass Du die 'Freiheit des hütenden Dienstes' ebenso siehst, ausdrückst und lebst... und somit einem manipulativen Spiel nur einen 'schönen Titel' gibst...

Und ich setze fort meine Botschaft der Woche und berichte Dir von der Wertschätzung, so wie wir diese sehen, leben und sind:

Wertschätzung bedeutet für mich, den Wert zu schätzen, anzuerkennen, zu lobpreisen, zu benennen, zu teilen... und ich lade Dich ein, auf gleiche Art zu blicken, zu leben und zu sein:

- in Wertschätzung für Dich
- in Wertschätzung für das Leben auf Erden
- in Wertschätzung für mich, Himmels-Bote Samuel, und die vielen Wesen des Lichtes
- in Wertschätzung für das Engel-Frequenzen-Projekt
- in Wertschätzung für alles, was ist...

Dieses gelingt Dir, wenn Du bei der Wertschätzung kein 'Bewahren des Schatzes' durch Abgrenzung, durch 'Horten' und 'Für-Dich-Behalten' siehst, sondern verstehst, dass Wertschätzung nur durch ein 'Bewahrung des Schatzes' i n   D i r gelingen kann:

- durch die Lobpreisung (des Schatzes) in Dir
- durch die Anerkennung des Wertes (vom Schatz) in Dir
- durch Leben (des Schatzes/ Wissens) in Dir & Deinem Leben...

Die Kenntnis von einem 'Schatz', von Wissen, auch von Erfahrungen, kannst Du (und jeder Mensch) nur dann in Wertschätzung leben, wenn Mitteilen, Kundtun und 'Dem-Berechtigten-Übergeben' geschieht... und mit jedem (angemessenen) Teilen, Kundtun und Übergeben mehrst Du den Wert des Schatzes, seine Kraft und auch seine Macht – und das ist dann g e l e b t e Wertschätzung – so wie diese zu jeder Zeit in unseren Reichen ist...

Jedes Wort, das ich Dir übergebe, übergebe ich in Wertschätzung für das Licht, für unsere Felder, für unsere Reiche...

Jedes Wort, das ich Dir übergebe, übergebe ich in Wertschätzung für mich, für Ma'Maha & Lumina, für das Engel-Frequenzen-Projekt...

Jedes Wort, das ich Dir übergebe, übergebe ich in Wertschätzung für Dich, für die Menschen, für das Leben auf Erden...

Jedes Wort, das ich Dir übergebe, übergebe ich in Wertschätzung für das Wissen, für das Erfahren, für die Wahrheit, die ist...

Jedes Wort, das ich Dir übergebe, ist ein Wort der Lobpreisung, der Anerkennung, der Wertschätzung ... und mit und in diesem mehre ich die Kraft meiner Worte und der Wahrheit in diesen, mit und in diesem stärke ich die Wirkung des Engel-Frequenzen-Projektes und die Hoffnung in diesem und mit und in diesem erfreue ich mich des Lichtes und meines Dienstes...

... und so ist es...

... denn kein (wahrer) Hüter hält fest, benennt als 'Mein' den Schatz oder auch das Wissen ... denn Freiheit ist und Wissen dient und Leben fliesst ...

... und darin werden wir Dich weiter unterweisen, anleiten und Dich begleiten bei Deinen Schritten, dieses ins Leben zu tragen und 'im Leben zu sein'.
Und so ist es.
AMEN"

"Ich bin Engelsfürst Handavariel, der der Hüter der Engelsfelder ist — und als dieser trete ich hervor und offenbare Dir in meinem senfgelb-weißem Licht die Wertschätzung, die ich bin, in der ich wirke, mit der ich schwinge, die ich zeige zu jeder Zeit: Dem Hüten, dem Licht, dem Leben, dem Sein...

... und während sich Dein Engel-Begleiter der letzten Woche aus Deinen Feldern löst und sein rubinrot-goldenes Licht sich noch einmal deutlich Dir vor Deinem inneren Auge zeigt, entrichte Gruß, entrichte Dank...

... und finde Dich ein in meinem Licht und mit dem Engelslicht aus meinen Heerscharen, das zu Dir tritt und senfgelb-weißes Licht — und mit diesem die Wertschätzung — Dir offenbart...

Und ich benenne die Übung dieser Woche:

41. Übung, 42. Woche, 1. Projektjahr - 'Wertschätzung'

Ich bin Handavariel, der Erzengel der die Engelsfelder hütet und mit meinen Heerscharen erfüllt von Wertschätzung in diesen und für diese dient...

Jeden Tag finde Dich in Einkehr ein — entzünde eine weiße Kerze und mache Dir bewusst Deinen Engel-Begleiter aus meinen Heerscharen, der in diesen Tagen der Woche mit Dir ist und zu jeder Zeit aufrecht erhält das senfgelb-weiße Licht der Wertschätzung in Deinen Feldern.

Blicke auf einen 'Schatz', den Du für Dich benennst und den Du gut geborgen und bewahrt hast — in Dir, in Deinem Inneren, in Deinem Sein... Sodann gebe diesem, Deinem 'Schatz' einen Ausdruck (z.B. einen Stein) und nehme diesen in Deine Hand und mache Dir bewusst, wie sehr Du bewahrst durch Festhalten, durch Beengen und Begrenzen... und wie sehr Du damit das Fliessen in Dir und auch den Austausch (des Lebens) hinderst.

Nutze die Kraft Deiner Hand, um Dir Dein Halten und Dein Greifen zu verdeutlichen – und den Irrtum des Hütens darin.... als Nächstes löse die Spannung Deiner Hand und gebe frei, was immer Du im Halten zu bewahren (ver)suchtest...

Für den weiteren Verlauf der Übung trage sodann den Ausdruck Deines 'Schatzes' (z.B. den Stein) mit Dir und finde einen Menschen, dem Du dieses in Wertschätzung übergeben und weitergeben kannst.

Wenn Du Dir das Bewahren und Festhalten von Wissen bewusst machst, nutze den Druck Deiner Lippen und die Spannung Deines Mundes, um Dir dieses zu verdeutlichen und in der Materie bewusst erfahrbar zu machen – und sodann gebe weiter Dein bisher bewahrtes Wissen mit Worten – in Achtsamkeit und Wertschätzung für das Wissen, für den/die Menschen, für das Leben ... und Deinen Platz darin...

Darüber hinaus mögest Du im Verlauf der Woche – am besten jeden Tag einmal zumindest – eine Geschichte oder auch Bericht lesen über einen Hüter und dessen Werk und Wirken auf Erden... und dabei beachten und betrachten Deine Gedanken und Gefühle über den Dienst des Hüters, seine Kraft und seine Macht – und die Freiheit, in der er seinen Dienst vollbringt...

Und so ist es.
AMEN"

42. Übung, 43. Woche, 1. Projektjahr - 'Bewahren'

"Ich bin Samuel, der Himmels-Bote, der die Schirmherrschaft hält im Engel-Frequenzen-Projekt des ersten Projektjahres – das Jahr, in dem die Felder vibrieren, in dem die Elemente bäumen und in dem sich dem achtsamen Menschen auf Erden das Erfordernis der Wandlung im Innen wie im Außen zeigt ... und mit diesem benenne ich das Thema dieser Woche: 'Bewahren'.

Und Du magst Dich wundern, dass wir nach dem Thema der letzten Woche und dem Betrachten des Wirkens eines Hüters und der Übung, in der Du das Frei- und Weitergeben praktiziert hast (haben mögest), in dieser Woche mit Bewahren ein Thema Dir benennen, mit dem Du Festhalten und Verstecken verbindest – zumindest weitaus mehr als mit Weitergeben und (Ver-) Teilen...

Also lasse uns betrachten Deine Sichtweise von Bewahren und sodann, wie wir als Wesen des Lichtes Bewahren sehen und auch praktizieren...

Auf Erden beinhaltet Bewahren ein An-Sich-Nehmen, ein Zurückhalten, ein Verbergen und Verstecken... Ihr baut Tresore und Archive, um 'Wertvolles' zu 'bewahren' und vor dem Zugriff anderer 'zu schützen'. Und wenn Du betrachtest, wie sich Bewahren auf Erden und in Deinem Leben zeigt, kannst Du erkennen, dass das, was bewahrt wird in seinem Wert von denen benannt wird, die das Bewahren praktizieren...

Das Bewahren von Wissen ist damit ebenso gemeint, wie das Bewahren von Gütern und Gegenständen, die mit einem (hohen) Wert bemessen werden. I m m e r gehört es bei diesem Spiel dazu, um die Macht zu nutzen und um den Wert des Bewahrten zu bestätigen und zu 'erhalten', dass all die, die keinen Zugriff oder Zugang haben, davon Kenntnis erhalten, dass das Bewahrte bewahrt wird und unerreichbar gehalten wird...

Warum das?
... Weil das Bewahrte nur dadurch (s)einen Wert erhält und behält, dass die (vielen anderen) Menschen davon Kenntnis haben und ihnen Kenntnis gegeben wird... und kannst Du bereits erkennen, wieviel Macht und damit Potential zum Missbrauch und zur Manipulation der Macht darin enthalten ist?

Und auch wenn Du bei diesen Worten wohl an die Mächtigen und 'Oberen' der Welt denkst und deren Bewahren und deren Macht, verbleibe ich gemeinsam mit den Engelsfürsten des Projektes mit unserem Blick auf Dich, auf Dein Bewahren, auf Deine Macht und auch Deine Manipulation der Macht (darin) ...

... denn im Engel-Frequenzen-Projekt geht es zu jeder Zeit um Dich, um den (einzelnen) Menschen auf Erden und die Möglichkeiten und Fähigkeiten des Wandels, die Du in Dir trägst, die Dir zu eigen sind und die wir Dir benennen und aufzeigen, damit Du diese nutzt ... denn es geht zu jeder Zeit um die Veränderung im Kleinen und in Dir, damit Veränderung im Großen und im Außen hervorkommen kann und gelebt werden wird ...

Und so gilt es nun Dir das Bewahren zu erklären, wie wir es in den lichten Reichen der Engel und anderer Licht-Wesenheiten 'sehen', verstehen und leben:

Bewahren beinhaltet das Wort und die Bedeutung -wahr- ... und somit ist es für uns von vorrangiger Wichtigkeit die Wahrheit des Bewahrten anzuerkennen, bzw. was ohne Wahrheit ist, bedarf keines 'Bewahrens' und was ohne Wahrheit ist, ist des 'Bewahrens' nicht wert...

Jeder, der den Dienst des Bewahrens in den Lichtreichen übernimmt, bedarf der Klarheit, der Aufrichtigkeit, der Hingabe, des Erkennens und Anerkennens der Wahrheit im Bewahrten... all dieses ist in unseren Reichen untrennbar mit dem Bewahren verbunden. Ein Bewahren ohne das Genannte ist unmöglich... denn was, außer der Wahrheit, ist oder wäre des 'Bewahrens' wert...

Und wenn Du Dich an dieser Stelle wunderst über das 'Bewahren' der Wahrheit in unseren Reichen, so gibt es dazu zweierlei zu übermitteln:

Das Bewahren in unseren Reichen und für unsere Reiche findet zu jeder Zeit in Freiheit und damit Zugänglichkeit für jedes Wesen des Lichtes statt... Bewahren ist ein Dienst zur Stabilisierung der Felder, in denen die Wahrheit in Klarheit schwingt...

Das Bewahren in unseren Reichen und für das Menschenfeld bedarf einer Art Abschirmung, weil ansonsten jedes Einschwingen in und mit menschlich-dualistischer Sichtweise, bzw. Absicht Verzerrungen und Trübungen hineintragen würde. Aus diesem Grund gibt es viele Wesen des Lichtes, die die Felder der Wahrheit durch Stabilisieren 'bewahren' – und es gibt viele Wesen des Lichtes, die als Hüter ein 'unberechtigtes Betreten' der 'bewahrten Felder' unterbinden...

Letzteres findet erst seit einiger Zeit statt – denn in alten Zeiten des Wissens auf Erden wurde das Hüten und Bewahren von Wissen (über den direkten bewussten Zugang und den Eintritt) in lichte Reiche mit Wertschätzung und Anerkennung praktiziert, so dass die Felder in Klarheit und Reinheit erhalten wurden... denn es erfolgte nur Weitergabe des Wissens an jene, die die Reinheit, Hingabe und Bereitschaft zum Dienen lebten und somit in all ihren Feldern verwirklichten...

Erst in den vergangenen Jahrzehnten wurde durch die vermehrte Schwingungsanhebung des Menschenfeldes der Zugang den Menschen leichter möglich und ohne, dass eine entsprechende Klärung, Bewusstseinsschulung und 'Prüfung im Leben' geschah – womit ein Hineintragen von Verzerrungen in großem Maße geschah und geschieht... und 'Miss-Verstehen' hervorbrachte auf vielerlei Weise – wovon der Planetare RAT berichtet und worüber er lehrt...

Und so mögest Du nun betrachten, inwieweit die Klarheit, die Aufrichtigkeit, die Hingabe an das Leben und das Erkennen und Anerkennen der Wahrheit in dem ist, was Du bewahrst ... und einiges davon konntest Du bereits erkunden in der Übung der letzten Woche – und so führen wir Dich bei Deinen weiteren Schritten und Erzengel Michael, der die GÖTTLICHE WAHRHEIT benennt und ist, wird Dich leiten bei der Übung dieser Woche und ein Engelslicht aus seinen Heerscharen mit Dir sein.

Und so ist es.
AMEN"

"Ich bin Engelsfürst Michael, der Erzengel der die Kraft des GÖTTLICHEN WILLENS und der GÖTTLICHEN WAHRHEIT in die Felder der Menschen auf Erden trägt... und ich benenne dieses, weil es in dieser Woche um die Wahrnehmung und die Anerkennung der Wahrheit geht...

Und während sich das Engelslicht aus den Heerscharen Handavariels aus Deinen Feldern löst, entrichte Dank, entrichte Gruß Deinem Engel-Begleiter der letzten Tage, der mit Hingabe und Liebe mit Dir war und das Licht des Hütens und der Wertschätzung in Dir und für Dich bewahrte...

Aus meinen Feldern tritt hervor ein Engelslicht, das im sanft-gelben Licht sich Dir nun zeigt und zu Dir tritt, um für den Dienst der Woche mit Dir zu sein und das Bewahren Dir zu zeigen und den Irrtum der Menschen darin – und wenn Du Dich wunderst, dass nicht blau sondern sanft-gelb das Licht des Engel-Begleiters Dir erscheint, so wisse:

ICH BIN der Erzengel der GÖTTLICHEN WAHRHEIT – ICH BIN Erzengel Michael und so wie die GÖTTLICHE WAHRHEIT alle Facetten des Lebens in sich trägt, so sind diese auch Teil meines Lichtes und meines Seins – wie sonst könnte ich der sein, der ICH BIN.

Somit sind alle Farben des Lichtes in meinem Licht zugegen, auch wenn ich mich den Menschen meist in blauen Farben zeige – dieses weniger, weil ich blau-schwingendes Licht bin, sondern mehr, weil mein Dienst für die Menschen sich im Farbspektrum des blauen Lichtes am deutlichsten offenbart und ich daher in diesem meist auf Erden zugegen bin.

In dieser Woche des Bewahrens geht es darum, dass Du das, was Du in der letzten Woche betrachtet, erkannt und ins Fliessen gebracht hast, erneut betrachtest, noch mehr erkennst und das

Fliessen vermehrst – denn wir wissen um Dein Halten, Dein Bewahren, Dein 'In-Petto-Halten', Deine Hintertürchen und die vielen Hindernisse, die Du Dir auf Deinem Weg benennst und (selbst) 'erbaust' ... und geben Dir mit dieser Woche weitere Tage zur Betrachtung des Wissens, das Du bisher als 'Schatz' bewahrtest ... und den Missbrauch der Macht im Bewahren darin...

Und mit diesem benenne ich die Übung dieser Woche:

42. Übung, 43. Woche, 1. Projektjahr - 'Bewahren'

Ich bin Erzengel Michael und Dein Engel-Begleiter ist im sanft-gelben Licht mit Dir... Täglich finde Dich mit Deinem Engel-Begleiter ein und blicke auf das, was Du in der letzten Woche Dir bewusst gemacht hast – dafür setze Dich nieder und spüre das sanft-gelbe Licht und die Kraft der GÖTTLICHEN WAHRHEIT darin, die die meine ist.

Nehme einen Teller oder flache Schale zur Hand und bedecke diese/n mit einer dünnen Schicht von Sand oder feinen Steinen. Forme eine dünne Schicht, so dass der Teller / die Schale bedeckt ist und 'zeichne' in den Sand sodann ein 'Bild', wie Du für Dich Dein Wissen in einem Ausdruck Form geben würdest – dabei geht es keinesfalls um aufwendige Gestaltung, sondern um einen passenden Ausdruck Deines Wissens für Dich ... und dieses wird sich Dir wohl als einfache geometrische Figur zeigen:

Als Folge von Punkten, ein Dreieck oder auch Kreise... Erlaube Dir die Freiheit, Deiner Intuition und Deinem tiefen Wissen zu folgen und den Ausdruck zu finden, der für Dich passend ist...

Verstehe, wie Du dem Boden, den Feldern in Dir, Form gibst (durch Punkte, Dreieck oder Kreis) und spüre, wie Du diese bewahren willst... im Licht Deines Engel-Begleiters schütte sodann mit der Bereitschaft der WAHRHEIT Raum zu geben und dieser zu dienen den Sand / feinen Kies in eine Schüssel und gebe somit frei, das was Du bisher bewahrtest...

Spüre, wie dieses in Dir wirkt und Dich innerlich bewegt...

Soweit Dir möglich, finde eine Möglichkeit der aktiven Weitergabe des Bewahrten in Deinem Leben, so wie Du dieses in der letzten Woche bereits begonnen hast... damit mehr Fliessen in Dir ist, damit mehr Freiheit sich in Deinem Leben zeigt, damit alte Grenzen fallen und damit die GÖTTLICHE WAHRHEIT Ausdruck findet – im Innen wie im Außen, im Oben wie im Unten, in Dir, in Deinem Leben und im Leben auf Erden.

Und so ist es.
AMEN"

43. Übung, 44. Woche, 1. Projektjahr - 'Frohsinn'

"Ich bin Samuel und ich bin mit Dir als der Schirmherr des Engel-Frequenzen-Projektes im ersten Projektjahr – so wie Du Dich einfindest, mit meinen Worten und Botschaften des Jahres zu arbeiten und Deine Schritte des Erkennens, des Verstehens und des Wandelns in Dir zu gehen… und bei diesen begleite und leite ich Dich und benenne das Thema dieser Woche: 'Frohsinn'

… und nach den Themen der letzten Wochen und der Schwere, die Du bei Deinen Schritten immer wieder in Dir gespürt hast, magst Du Dich (erneut) wundern über das Thema der Woche, das ich – in der Verbindung mit den Engelsfürsten des Projektes – Dir benenne…

… doch verstehe, dass zu jeder Zeit der Frohsinn Teil Deines Erkennens, Verstehens und Wandelns sei, damit die Veränderung Deiner Felder leicht(er) gelingt, damit das Einschwingen unseres (Engels-)Lichtes zu Deiner Unterstützung möglich ist, damit das Heran- und Hineintragen der Impulse des Lichtes in Dein irdisches Sein durch Einbetten und Verankern geschieht …

Wenn Du Deine Gedanken und Bilder zu den Engeln betrachtest, wirst Du kaum einen Engel Dir vorstellen, der traurig und gebeugt sich Dir zeigt – und dieses, weil wir Engel zu jeder Zeit im Licht erstrahlen und den 'Frohsinn' in uns tragen, schwingen lassen, vibrieren in diesem und unsere Felder damit stabilisieren, klären und 'erhalten'…

Aus Sicht eines Engels macht es keinen Sinn in Schwermut, Schwere oder Traurigkeit zu sein und ohne die Begegnung mit Menschen wären uns diese Schwingungsfelder unbekannt, da wir selber diese weder hervorbringen noch aufrufen oder uns in diesen aufhalten.

Daher benenne ich an dieser Stelle des Projektes, dass der 'Frohsinn', der 'frohe Sinn' Dir sehr dient, dienlich ist und dienen wird, so wie Du danach strebst Deine Sicht zu wandeln, Deine Felder zu klären, Dein Bewusstsein zu schulen, Deine Absicht zu stärken und Dein Werk und Wirken in Einklang mit dem Licht zu bringen.

Du kennst aus Deinem Leben auf Erden, wieviel einfacher es gelingt eine Veränderung hervorzubringen, wenn das 'Material' flexibel und beweglich ist – und obwohl Du dieses weißt und selbst Veränderung im Innen und im Außen als wichtiges Ziel Deines Weges benennst, verhärtest Du Dich und beschwerst Du Dich... aus diesem Grund benenne ich den Frohsinn und gebe Dir die Sichtweise, dass Du Dich und Deine Felder mit Frohsinn in Leichtigkeit bringst, dass Du mit Frohsinn uns erlaubst näher mit und bei Dir zu sein... einfach weil Dein Schwingungsfeld sich im Frohsinn klärt und Du in Deinem ganzen Sein feiner, höher und klarer schwingst und wir Engel (und auch alle anderen Wesen des Lichtes) bei Dir sein können, ohne dass (Deine) Schwere oder Traurigkeit unsere Felder 'zieht', trübt oder beschwert...

Somit ist jeder 'frohe Sinn', den Du in Dir aufrufst, jeder Ausdruck von Frohsinn, den Du Dir erlaubst auch ein Dich-Öffnen für uns, unser Wirken, unser Licht und unsere Unterstützung und Begleitung für Dich.

Jeder Engel, der mit Dir ist – egal ob es die Engel sind, die ständig mit Dir sind, oder Engel, die Du zu Dir bittest mit einer Frage oder dem Ruf nach Begleitung, Rückhalt und Unterstützung oder Deine Engel-Begleiter im Engel-Frequenzen-Projekt – jeder Engel, der mit Dir ist, vermag Dir leichter zu dienen, sein Licht und die Energien, die er zu Dir trägt leichter in Deinen Lichtkörpern einzubetten, wenn Du im Frohsinn schwingst. Denn dann öffnen sich Deine Felder für das einfließende Licht, nehmen dieses auf und Veränderung wird leichter möglich.

Ich bin Himmels-Bote Samuel und ich benenne den Frohsinn in unseren Reichen als das Feiern des Lebens, das Jubilieren im Licht, das Lobpreisen GOTTES zu jeder Zeit … und in dieser Sicht mögest Du Dich ebenso einfinden und lernen den Frohsinn in Dir aufrecht zu erhalten, damit weniger Schwere in Dir ist und Veränderung leichter gelingt...

An dieser Stelle des Projektes, nach den vielen Botschaften und Übungen der vergangenen Monate, wirst Du Frohsinn in Dir aufrufen können... so wie Du die Schritte gegangen bist, die wir Dich geleitet und geführt haben. Du kannst zu jeder Zeit wählen die bisherige Veränderung in Dir und Deinem Leben wahrzunehmen und Dich daran zu erfreuen. Wir haben Dir das Verstehen und das Handwerkszeug gegeben, damit Du Dich selbst mit frohem Sinn erfüllen kannst, wenn Du Schwere und Traurigkeit in Dir verspürst. Wir haben Dir Anleitung gegeben, damit Du Deine Felder soweit klärst, bzw. geklärt hast, dass diese sich Deiner Ausrichtung und Absicht schneller als jemals zuvor anpassen... und Dir somit die Möglichkeit gegeben durch Deine Wahl von Frohsinn Dich selbst in ein feineres, klareres, 'höheres' Schwingungsfeld zu bewegen:

Durch Deinen Blick auf die wundervolle Vielfalt des Lebens, die herrlichen Farben des Lichtes, die unerschöpflichen GABEN GOTTES und die Anerkennung all dessen in Dir.

Wieder und wieder bist Du aufgerufen, Deine Felder zu klären und in ein feineres Schwingen zu führen, indem Du Dir Frohsinn erlaubst und damit Dir den Weg der Veränderung und des Wandelns erleichterst.

Und so ist es.
AMEN"

"Ich bin Engelsfürst Rosata, der das Licht des Frohsinns zu Dir trägt und ich bin der, der mit einem Farbspektrum sich zeigt, denn im Feiern der Farben bin ich, im Zelebrieren der Farben schwinge ich, im Lobpreisen der Farben vibriere ich...

Und während Dein Engel-Begleiter der letzten Woche, der im sanft-gelben Licht von Erzengel Michael mit Dir war sich sanft aus Deinen Feldern löst, entrichte Dank und entrichte Gruß ... entrichte Dank, entrichte Gruß diesem Engelslicht, das seinen Dienst vollbrachte für Dich und sich nun einfindet in den Feldern der Regeneration, die in den Engelreichen gewoben und gehalten werden für die Engel-Begleiter des Engel-Frequenzen-Projektes nach vollbrachtem Dienst...

... und es tritt ein Engelslicht aus meinem Feld zu Dir heran, das sich im brillierenden Farbenspiel des Frohsinns einfindet, um mit Dir zu sein während der Tage der nächsten Woche und der Übung, die ich für diese übergebe:

43. Übung, 44. Woche, 1. Projektjahr - 'Frohsinn'

Ich bin Engelsfürst Rosata und leite Dich an bei der Übung dieser Woche:

Jeden Morgen finde Dich ein mit Deinem Engel-Begleiter aus meinen Feldern und wähle eine Farbe des Lichtes, die Dein Herz erfreut, deren Strahlen Du spürst und deren Klingen Du vernimmst – wähle diese, Deine Farbe des Tages in der Verbindung mit dem Engelslicht, das mit Dir ist und nehme ein Teil in Deine Hand, das die gewählte Farbe in einem Strahlen und Leuchten zeigt.

Blicke auf das Teil in Deiner Hand, blicke auf die Farbe und erlaube Dir, das freudige Vibrieren Deines Engel-Begleiters dabei zu spüren. Sodann vollbringe Dein Tageswerk mit innerem Blick auf die gewählte Farbe für den Tag und sei offen für jedes Erkennen, jedes Erblicken der Farbe in dem, was Dir im Verlauf des Tages (an Farben) begegnet.

Soweit Dir möglich wähle ein Kleidungsstück als Garderobe für den Tag, das die gewählte Farbe zeigt und kleide Dich mit Blick und Gespür für den Frohsinn …

Soweit Dir möglich entzünde eine Kerze in der von Dir gewählten Farbe des Tages und tue dieses im Dank an die Vielfalt und Fülle des Lebens auf Erden …

Und immer wenn Du die gewählte Farbe im Verlauf Deines Tages in irgend einer Form erblickst, halte kurz inne und erfreue Dich daran – nimm wahr die Leichtigkeit, das Vibrieren Deines Engel-Begleiters und das Vibrieren in Dir …

… nimm wahr den Frohsinn und die Lebendigkeit – und das Feiern der Vielfalt der Farben und des Lebens darin… und werde Teil davon:

Durch Deine Wahl und Deine Entscheidung, Frohsinn in Dir zu spüren, Frohsinn in Dir weit werden zu lassen, im Frohsinn zu vibrieren, zu schwingen, zu klingen … und im Frohsinn zu leben.

Spüre, wie sich dadurch Deine Felder weiten und wie Du Dich selbst dadurch mit mehr Leichtigkeit erfüllst … spüre, wie Du das freudige Vibrieren Deines Engel-Begleiters vernimmst und das Feiern des Lebens darin…

Und so ist es.
AMEN"

44. Übung, 45. Woche, 1. Projektjahr - 'Freude'

"Meine Worte übergebe ich Dir als der Schirmherr des Engel-Frequenzen-Projektes im zweiten Projektjahr, denn ich bin Himmels-Bote Samuel, der den Lichtbogen hält und der ich Dir Botschaften gebe mit Worten vom Erkennen, vom Klären, vom Verändern, vom neuen Gestalten...

... und ich bin der, der im Namen der vielen, vielen Engel des Engel-Frequenzen-Projektes die Botschaft der Woche übergibt und mit Ma'Maha und Lumina zu Dir und anderen Menschen trägt... und als dieser benenne ich das Thema dieser Woche: 'Freude'

Die Freude ist in unseren Reichen allgegenwärtig, so wie ich es Dir von dem Frohsinn bereits beschrieb... denn das Schwingen und Klingen des Lichtes bringt die herrlichsten Farbenspiele und Resonanzen hervor und kein Wesen, das dieses vernimmt, vermag 'außerhalb' von Freude zu sein...

Auf Erden wird mit Freude dagegen ganz anderes benannt, obwohl Euch Menschen Freude wohl bekannt ist – Du brauchst nur einem Baby zuschauen, wie dieses sich freut und in dieser Freude mit jeder Faser Freude ist... und Du weißt von Dir, dass ein inneres Einteilen und Unterteilen im weiteren Verlauf Deines Erdenlebens dazu führt(e), dass Du Freude sodann nur auf einzelne Bereiche des physischen und~oder energetischen Seins begrenzt spürst, wahrnimmst und Dir erlaubst... und das, was Du auf diese Weise dann mit Freude benennst, ist in unserer Wahrnehmung gar keine... denn wie könnte Freude sein, wenn irgendetwas aus deren Schwingen und Klingen (heraus) genommen wird?

Für uns, die Engel des Lichtes, ist dieses ein wundersames Rätsel… für Dich als Mensch auf Erden ist dieses Dein eigenes Gestalten, Erleben und Erfahren.

Und so benenne ich die Freude als das Thema dieser Woche, damit Du durch meine Worte in Dir die Trennung erkennst und damit Du im Licht der Übung und in der Begleitung Deines Engel-Begleiters Deine Schritte des Verbindens in Dir gehst – und Dir mehr als bisher Freude erlaubst in dem Sinne, was und wie Freude in den Reichen der Engel ist…

Nach diesen Worten setze ich fort, meine Worte über Freude und beschreibe, wie diese sich im Verlauf der Entwicklung eines Menschen zeigt, der danach strebt, den Weg des Lichtes (in sich!) zu gehen…

Wenn Du als Mensch beginnst, Dich dem Licht zuzuwenden, kann folgendes geschehen:

Du empfindest das, was Du kennenlernst als angenehm und wirst angeleitet, verschiedene Bilder in Dir hervorzubringen, mit, aus und an denen Du Dich sodann neu betrachtest – und häufig wirst Du in dem Zusammenhang angeleitet, dass dieses (in Dir) gut zu bewahren und zu behüten sei … und Du mögest Dich in dem Zusammenhang meiner Worte beim Thema 'Behüten' erinnern … Dir werden Aufgaben genannt, die Du in der Einkehr, in der Meditation oder auch in Gruppen durchführst und wodurch Du Dich als anders, als besonders, als 'das Licht suchend' und 'nach dem Licht strebend' erlebst… und darin findest Du eine (scheinbar neue) Art von Frieden, Zufriedenheit und 'Sinn' in Dir und für Dich…

Die Menschen, die ihren Weg auf diese Weise gehen, werden mit dem Weg des Lichtes auch eine Mehrung von Freude und innerer Zufriedenheit verbinden… denn ihr Streben nach dem Licht findet bei Aufrechterhaltung der Trennung (im Innen) und Neuerschaffung von Trennung (im Außen durch die Bildung von Gruppen) statt und die alten Strukturen der Trennung werden sanft ummantelt, in schönes Kleid gehüllt und ein trügerischer Frieden zeigt sich in dieser Oberflächlichkeit...

Ganz anders bei den Menschen, die nach spiritueller Wahrheit und Entwicklung streben – denn diese Menschen werden durch ihre wahrhaftige Ausrichtung ebenso eine neue Ausrichtung ihrer feinstofflichen Felder erfahren und mehr als jemals zuvor werden dadurch deren Verzerrungen, Irrtümer und 'Verdichtungen' in ihnen spür- und erkennbar... für den einzelnen Menschen ist damit ein Erkennen und Erfahren verbunden, das erst einmal als belastend, traurig oder auch schmerzhaft empfunden wird... – und aus diesem Grunde wenden sich so viele Menschen, die in ihrem Herzen nach dem Licht rufen, bereits an dieser Stelle dem vorab beschriebenen (scheinbaren) Weg (des Lichtes) zu, der mit dem Aufrechterhalten der alten Bilder und Trennungen, dem sanften Ummanteln und (der Illusion von) Frieden lockt...

Erkennst Du Dich, Dein Streben, Deinen Weg in meinen Worten?

So benenne ich die Freude als das Thema dieser Woche, denn all denen, die wahrhaft in neue Ausrichtung auf das Licht, auf innere Veränderung und neues Gestalten sind, wird es sehr dienlich sein, wenn sie die Freude in sich mehren – damit die Last, Schwere, Traurigkeit sich weniger schmerzhaft zeigt und dieses durch Verbinden der Felder, die bisher beim Erleben der Freude getrennt gehalten wurden...

Wichtig ist auch zu verstehen, dass einige dieser wahrhaft strebenden Menschen sogar, im Sinne einer selbstauferlegten Strafe, die innerliche Trennung verstärken und den Schmerz dadurch mehren... doch ist das wenig dienlich, weil sich dann nur noch sehr wenig Freude zeigt... und der Ruf des Weichens,

Meidens und Verschleierns und der vermeintlich leichtere Weg des Lichtes mit Aufrechterhaltung der Illusionen verführerisch lockt...

Und bevor ich fortfahre mit meinem Wort, benenne ich erneut und deutlich, dass ein spirituelles Streben niemals Dir nur Freude und Frieden bringt... denn wenn Deine im dualistischen Spiel des irdischen Lebens verzerrten Felder, durch klare Absicht und stete Ausrichtung auf GOTT, dann überhaupt erst einmal als verzerrt erkannt werden und auch werden müssen, bedeutet dieses immer auch eine Aufgabe von altem Bild, altem Spiel, alter Struktur – und das bereitet Last, Schwere und Schmerz... und wenn Du das von Dir weist, gebe ich Dir das WORT:

Noch haben wir keinen Menschen auf Erden gefunden, der in der Dualität inkarnierte und die Lösung aus altem Spiel mit steter Freude vollbrachte ... denn i m m e r ist ein Teil der erforderlichen Entwicklung die Lehrung und sodann Meisterung des Egos, des kleinen Ichs ...
... und dieses spielt nur gar zu gern(e altes Spiel)...

Und wenn ich Dich nun auffordere, die Freude in Dir zu mehren, kannst Du dann spüren, wie ein Teil in Dir direkt widerspricht und aufbegehrt allein ob dieser Möglichkeit? – Und wie schnell Du den Gedanken abtust, Freude zu empfinden wie ein Engel dieses tut? – Und denkst Du, Du solltest auf diese widersprechenden Teil in Dir hören? – Denkst Du weiterhin, es sei hilfreich für Dich, Dir Freude zu verwehren? – Denkst Du wirklich, dass es der Schwere und Trübsal bedarf, um auf Deinem spirituellen Weg und auch auf Erden voranzukommen?...

Und neben dem Erkennen der Verzerrungen Deiner Felder und deren Klärung, mögest Du ebenso danach trachten, die Bereitschaft und den Willen in Dir zu stärken, Deinen Weg des spirituellen Strebens, Deinen Weg des Erkennens von Dir selbst, Deinen Weg der Erkenntnis und Verwirklichung zu gehen ...

... diese Stärkung ist erforderlich, um den Verlockungen des trügerischen Scheins zu widerstehen und dabei ist die Freude Dir sehr dienlich, denn:

... in Freude gelingt das Lernen leichter,
... in Freude ist Veränderung leichter zu vollbringen
und
... in Freude erweichen sich die Felder ...
... und Du mit diesen...

Und so ist es.
AMEN"

"Ich bin Erzengel Jophiel, der Engelsfürst der Freude, der im Jubel des Lichts mit Dir ist – sonnengelb zeigt sich Dir meine Farbe, sonnengelb schwinge ich in meinem Licht...

Während sich das Engelslicht der letzten Woche aus Deinen Feldern löst, entrichte Dank, entrichte Gruß und erinnere Dich noch einmal des Frohsinns, so wie Du diesen erfahren, erkundet und erkannt hast in Dir und in Deinem Leben ...

... und auf diese Weise, allein durch Dein Erinnern bringst Du Deine Felder bereits in ein Schwingungsfeld, das sich weitet und das sich erweicht und in diesem tritt nun Dein Engel-Begleiter für die nächsten Tage zu Dir heran, der aus meinen Feldern stammt und im sonnengelben Licht in dieser Woche mit Dir ist...

Und mit diesem benenne ich die Übung dieser Woche:

44. Übung, 45. Woche, 1. Projektjahr - 'Freude'

Ich bin Erzengel Jophiel und das Klingen und Schwingen der Freude ist in diesen Tagen zu jeder Zeit mit Dir und in Deinen Feldern – denn das Engelslicht, das aus meinen Reichen mit Dir ist, hält die Freude am Schwingen und am Klingen... und so bedarf es nur Deiner Bereitschaft, Deiner Annahme und des Nutzens, damit Du die Freude in Dir und Deinem Leben mehrst...

Um das zu vollbringen gilt es in dieser Woche, Dir Deine inneren Trennungen bewusst zu machen und Deinen Widerstand, mit dem Du Dir bisher die Freude versagtest... verstehe einfach, dass das Annehmen und Leben der Freude ebenso Teil des Weges und auch Teil des Dienstes ist, um als Wesen des Lichtes auf Erden in das Erkennen, in die Bewusstwerdung und die Verwirklichung zu finden...

In diesem Wissen, entzünde jeden Tag eine gelbe Kerze und schenke Dir selber und dem Engel-Begleiter mit Dir gelbe Blumen, die Dich erfreuen und das Sonnengelb Dir zeigen – soweit Dir möglich, wende Dich immer wieder am Tag (innerlich) der Sonne zu und nimm wahr und an deren Wärme, deren Licht und die (Lebens-)Freude darin...

In der Verbindung mit dem Engel-Begleiter Dir zur Seite wirst Du sehr viel leichter als zu anderen Zeiten die Freude in Dir spüren können und dieses mögest Du im Verlauf der Woche wieder und wieder praktizieren – und dabei erkennen und verstehen, wo Du Dir selbst durch auferlegte Trennung, Schwere und Last ein Wahrnehmen und Leben der Freude bisher versagst...

... und gerade in diesen Momenten, wenn Du die Trennung in Dir erkennst, halte inne und lasse in der Verbindung mit Deinem Engel-Begleiter aus meinen Reichen das Licht, Schwingen und Klingen der Freude in Dir wirken ... und nimm deren Wirkung in Dir an! – Damit sich Deine bisher getrennten Felder verbinden und mehr Freude in Dir ist...

Zur Unterstützung Deines Erkennens wähle einen Teller oder eine Schale, auf die Du eine dünne Schicht aus gelbem Sand oder ähnlichem gibst – in dem Bewusstsein Deiner inneren Trennungen, ziehe Linien durch den Sand, so dass der Teller sichtbar wird in diesen...

... in der Verbindung mit Deinem Engel-Begleiter spüre sodann die Freude in Dir und deren Schwingen und Klingen – und halte den Teller in einer Hand, während Du mit der anderen von unten sanft gegen den Teller klopfst, so dass dieser ins Schwingen und Klingen kommt und der gelbe Sand auf diesem sich zu einer Fläche formt...

Beobachte den Sand dabei und dieses mit dem Bewusstsein, dass Du Deine inneren Felder betrachtest, die sich verbinden und dem sonnengelben Licht der Freude Resonanz und Raum und Schwingen geben…. und spüre, wie sich die Freude in Dir mehrt.

Dieses nutze, dieses praktiziere und dieses lebe, damit Dein Weg sich leichter zeigt und Du Dir weniger Schwere und Last auferlegst – und damit die Freude mit und in Dir ist und damit Du Deine Schritte in wahrhaftiges Erkennen, wirkliches Verändern und lebendiges Wandeln mit mehr Freude in Dir gehst…

Und so ist es.
AMEN"

45. Übung, 46. Woche, 1. Projektjahr - 'Freude'

"Ich bin Himmels-Bote Samuel, der mit Dir ist, so wie Du meine Worte der Wochen für Dich nutzt und die Übungen des ersten Projektjahres im Engel-Frequenzen-Projekt für Dich annimmst und im Licht der Engelsfürsten Deine Felder klärst, Deine Gewohnheiten veränderst, Dein Wirken und Schaffen auf Erden ausrichtest auf die neue Welt, das neue Licht, das neue Sein... auf all das, von dem wir Dir berichten, wonach Du Dich sehnst und wonach Du auch fragst – und für all das weisen wir Dir den Weg:

Den Weg in Dir, den Du gehen mögest mit Klarheit, mit Kraft und mit Freude... und mit diesen Worten benenne ich das Thema dieser Woche: 'Freude'

Und Du magst Dich wundern, dass nach Frohsinn und nach dem Thema Freude der letzten Woche, diese erneut als Thema ich benenne und dieses in der Verbindung mit den Engelsfürsten, die zugegen sind zu jeder Zeit im Engel-Frequenzen-Projekt und sich mit ihrem Dienst der Liebe hingeben, um mit Dir und Euch Menschen zu sein.

Nachdem ich Dir die Freude beschrieb, wie diese in unseren Reichen zugegen ist und wie wir stets in Frohsinn und Freude, im Jubeln und Vibrieren sind, gilt es für Dich zu verstehen, dass die Freude Deine Felder in die Frequenzen bringt und 'hebt', die es Dir erlauben das Neue, die neue Welt, das neue Licht, das neue Sein als das Deine zu erkennen...

Denn solange Du in Schwere bist, solange Du das Licht und die Leichtigkeit in unseren Reichen 'siehst', ohne dieses in Dir ebenso zu spüren, zu erkennen und zu erfassen, wirst Du sozusagen wie vor einer zu hohen Stufe stehen, die Dir unmöglich zu beschreiben ist...

… wohl vernimmst und siehst Du, was an Herrlichkeit auf dieser Stufe ist, doch findest Du aufgrund der Schwere in Dir keinen Zugang, um Dich auf der Stufe des Lichtes, der neuen Zeit, der neuen Welt einzufinden… und so bleibt es bei Deinem Betrachten, Deinem 'inneren Fernhalten', Deinem Sehnen, … und Du erkennst einige der Botschaften der Wochen in meinen Worten und mögest Dich dieser erinnern.

Um die Stufe zu beschreiten, bedarf es der Freude in Dir, denn im Schwingungsfeld der Freude verfeinern sich Deine Felder und Du findest die Leichtigkeit in Dir, um die Stufe zu erklimmen… und ich sage Dir, dass die Freude, die Du Dir erlaubst, sozusagen die 'Eintrittskarte' ist, um Dich im Licht, in der neuen Zeit, in der neuen Welt einzufinden…

Dafür bedarf es der wiederkehrenden Klärung in Dir, so wie Du die Verzerrungen, Irrtümer, Verschiebungen und Verschleierungen in Dir erkennst – und damit all das, was Dich beschwert und Dir Last auferlegt… und diese Worte sind Dir bereits vertraut und ich ergänze, ja korrigiere diese und benenne: Womit Du D i c h   s e l b s t beschwerst und Dir selbst Last auferlegst…

Um dieses nach und nach zu klären bedarf es des wiederkehrenden Erkennens in Dir, dass die Wahl die Deine ist und dass Du selbst entscheidest, ob und inwieweit Du Schwere in Dir spürst und Dir selbst Last auferlegst… dafür bedarf es der wiederkehrenden Hinwendung an Dein Licht und an Dich selbst, um in Mitgefühl mit Dir selbst zu sein und Dir die Annahme und das Leben Deiner vielfältigen 'Gaben des Lichtes' zu erlauben – und diese zeigen wir Dir nach und nach, Schritt für Schritt, so wie diese in Dir sind…

… denn als ein Wesen des Lichtes, das Du (ebenso) bist, trägst Du die 'Gaben des Lichtes' in Dir – so wie jedes andere Wesen des Lichtes diese auch in sich trägt (und lebt)… und als inkarnierter Mensch auf Erden gilt diese WAHRHEIT für Dich gleichermaßen, auch wenn Du in Deinen Gedanken, in Deinen Gefühlen und in Deinem Wirken dieses immer und immer wieder verneinst...

Um in die Annahme und das Leben Deiner vielfältigen 'Gaben des Lichtes' zu finden, bedarf es des wiederkehrenden Verbindens Deiner Felder in Dir, denn ohne das Verbinden Deiner Felder, ohne dass Deine Felder im Gleichklang schwingen, wird Dir kein Vibrieren in Freude möglich sein – denn wie ich Dir bereits beschrieb, schwingt und klingt die Freude in jedem Aspekt, im gesamten Sein...

Und so leiten wir Dich in der wiederkehrenden Annahme und dem Leben der Freude in Dir – denn mit der Annahme der Freude triffst Du Deine Wahl und mit dem Leben der Freude schwingen Deine Felder in den Frequenzen des Lichtes, die in der neuen Welt, in der neuen Zeit zugegen sind – und so beginnst Du Teil und Anteil zu nehmen, Teil und Anteil zu sein... und bei diesen Schritten werden wir Dich weiter führen, anleiten und begleiten – denn jede Wandlung beginnt in Dir, jede Klärung sei die Deine, jedes Streben nutze weise, um in Freude zu sein: Mit Dir und in Dir...

Und so wird Erzengel Jophiel auch die Übung dieser Woche begleiten und Dich unterstützen mit der Essenz 'Erzengel Jophiel - Freude', die Ma'Maha bereitet in ihrem Dienst und ihrem Sein im Engel-Frequenzen-Projekt in dem sie Teil und Anteil und in dem sie Freude i s t.

Und mit diesen Worten ende ich für diese Woche und bin zugegen (allezeit) im Feld der Freude gleichermaßen... und Du mögest dieses nun weiter erkunden Schritt für Schritt und mehr und mehr für Dich.
Und so ist es. AMEN"

"Ich bin Erzengel Jophiel, der Erzengel im sonnengelben Licht, der ich Jubel und der ich Freude bin.

Dein Engel-Begleiter aus meinen Feldern, der in den letzten Tagen mit Dir war, löst sich nun von Dir und kehrt zurück in die vibrierenden, schillernden, klingenden Felder der Freude, die in den Engelreichen sind, nachdem er für einige Zeit sich in den Feldern der Regeneration klären, reinigen und 'sich in sich selbst stabilisieren' konnte... entrichte Dank, entrichte Gruß dem Engelslicht, das mit Dir war und seinen Liebesdienst vollbrachte...

... und zwei Engelslichter aus meinen Feldern treten für die Übung dieser Woche zu Dir heran, um Dich zu unterstützen und zu stärken bei der Übung, beim Verbinden Deiner Felder, beim Annehmen der Freude und bei der Verwendung der Essenz 'Erzengel Jophiel - Freude', die Dir dienen möge bei all diesem...

Zwei Engel-Begleiter vollbringen diese Woche ihren Dienst an Deiner Seite und für Dich... – denn ein Engelslicht wird die Felder der Freude aufrecht erhalten und diese stabilisieren und das zweite Engelslicht wird die Wirkung der Essenz 'Erzengel Jophiel - Freude' in Dir 'verweben'... so wie Du wählst Deine Felder zu verbinden, Freude anzunehmen und in Freude zu sein – denn zu jeder Zeit erfährst Du Beistand, Begleitung und Unterstützung auf Deinem Weg ... und dieses gleichzeitig doch zu jeder Zeit 'nur' in dem Maß, wie Du selbst wählst, Dir erlaubst und für Dich annimmst und lebst...

Und mit diesen Worten übergebe ich die Übung dieser Woche:

45. Übung, 46. Woche, 1. Projektjahr - 'Freude'

Wiederhole die Übung der letzten Woche, in der Du die Verbindung Deiner Felder Dir bewusst machen mögest – denn nur in 'verbundenen Feldern' ist das Schwingen der Freude möglich.

So wie Du dieses praktizierst und die Essenz 'Erzengel Jophiel - Freude' für Dich nutzt, werden wir jeden Schritt der Freude, den Du für Dich gehst in Dir stärken, in Dir stabilisieren und in Dir 'bestätigen' – damit Du leichter neuen Halt in Dir findest an und mit der Freude, die Du spürst. Und das bedeutet:

So wie Du Freude annimmst und in Freude vibrierst, werden Deine Engel-Begleiter dieses in Dir stärken und stabilisieren... auch wenn Du immer wieder aus Gewohnheit und durch das Aufrufen der Dir so sehr vertrauten Schwere, Deine Felder mit alten Frequenzen prägst. Diesen Dienst vollbringen Deine Engel-Begleiter in den nächsten 13 Tagen für Dich – so wie es ihnen möglich ist und so wie Du die Essenz 'Erzengel Jophiel - Freude' in dieser Zeit nutzt...

Der Dienst für 13 Tage bedeutet, dass Dir die Begleitung der beiden Engel-Begleiter dieser Woche über die Zeit der 7 Tage hinaus gewiss ist, sofern Du die Essenz für Dich nutzt. Denn wenn Du wählst die Übung zu vollbringen ohne Verwendung der Essenz, werden die beiden Engel-Begleiter sich nach Ablauf von 7 Tagen aus Deinen Feldern lösen.

Die Anwendung der Essenz sei wie folgt:

Jeden Tag verwende die Essenz, indem Du davon 3x5 Tropfen einnimmst durch Gabe der Tropfen auf Deine Zunge. Dieses tue in dem Bewusstsein der Begleitung Deiner Engel-Begleiter und der Wahrnehmung der vibrierenden Felder der Freude, in dem diese schwingen und die in diesen Tagen mit Dir sind.

Mit einer der drei täglichen Einnahmen davon führe die Übung dieser Woche durch – und die Beschreibung der Übung findest Du in meinen Worten der letzten Woche, denn Du mögest die Übung der letzten Woche wiederholen in dieser Woche:

Die Übung wiederhole in der Verbindung mit der Essenz, die Dich beim Einschwingen, Annehmen und Leben der Freude unterstützt…

Darüber hinaus wähle einmal am Tag ein Glas mit gelbem Saft, in das Du 3 Tropfen der Essenz gibst. Dieses trinke sodann in der Bereitschaft und Entscheidung, Freude in Dir aufzunehmen, Freude in Dir anzunehmen, in Freude zu schwingen, Deinen Körper in Freude zu spüren, Dein Leben in Freude zu leben …

… und so ist Freude in Dir und Deinem Leben … so wie Du wählst, annimmst und lebst…

AMEN"

46. Übung, 47. Woche, 1. Projektjahr - 'Hoffnung'

"Geliebter Mensch, ich bin Samuel, der Himmels-Bote, der den Licht-Bogen hält zwischen Engelreich und Menschenwelt – und in diesem Dienst gemeinsam mit den Engelsfürsten des Engel-Frequenzen-Projektes die Hoffnung für die Menschen und das Leben auf Erden 'bewahrt' – und mit diesen Worten benenne das Thema dieser Woche: 'Hoffnung'.

Während der letzten Wochen habe ich Dir über die Freude berichtet und wie wichtig diese ist, damit Du Deine Felder erhellst und verfeinerst ... und die Freude für Dich nutzt, um Veränderung und Wandlung leichter in Dir hervorzubringen... und in der Fortsetzung der Freude, benenne ich die Hoffnung als weiteres Schwingungsfeld, das ebenso Deine Felder erhellt und verfeinert und Dir gleichermaßen dienlich ist auf Deinem Weg...

Doch gilt es bei der Hoffnung folgendes zu beachten:
Während ein Mensch, der im Tun, im Wirken und in der aktiven Veränderung für sich und in seinem Leben ist, sich mit Blick auf die Hoffnung darin in seinem Streben weiter stärkt und unterstützt, wird ein Mensch, der im Halten, in Starre und in Spannung sich befindet, die Hoffnung im Außen und bei und mit Anderen suchen, finden und 'erkennen' ... und keine Kraft darin finden.

Aus diesem Grunde ist es wichtig zu verstehen, dass die Hoffnung, die ich in dieser Botschaft benenne die Hoffnung ist, die Du i n D i r siehst, die Du in Deinem Werk und Wirken erkennst und die Du durch Deine Veränderung und Deinen Wandel mehrst – und ich vertiefe:
Hoffnung vermag nur dann in den Feldern eines Wesens des Lichtes zu schwingen, wenn dieses sich am Werk und Wirken, welches die Hoffnung hervorbringt und zeigt, beteiligt, involviert und Teil und Anteil nimmt. Eine Wahrnehmung der Hoffnung ist

(uns) auf andere Art und Weise unmöglich, da dafür Trennung erforderlich wäre...

Und verstehst Du bereits mein Wort? – Wenn Du voller Hoffnung auf etwas blickst und Dich dabei 'außerhalb' und 'uninvolviert' erlebst und hältst, wirst Du die Trennung auf Erden bestätigen... und somit jede Hoffnung bereits (weiter und~oder wieder) mindern... Soweit Du voller Hoffnung auf etwas blickst, mögest Du Dich daher i m m e r in jeweils der Form, die Dir möglich ist einbringen, Dein Wort und Deine Tat einfliessen lassen, Teil und Anteil nehmen...

... aus diesem Grunde vermag ich zu benennen, dass jede Hoffnung, die wahrlich gesehen, gespürt und somit ebenfalls gelebt wird und sich auf diese Weise in den individuellen (und kollektiven) menschlichen Feldern zeigt, die feinstofflichen Felder des Menschen klärt, erhellt und in ein feineres Schwingen führt – so wie ich es Dir von der Freude, dem Thema der letzten beiden Wochen, bereits beschrieb.

... und aus diesem Grunde mögest Du in dieser Woche die Hoffnung des Engel-Frequenzen-Projektes betrachten und wie, bzw. inwieweit Du Dich in dieses einbringst und mit Ehrlichkeit und Wahrhaftigkeit im Wirken bist, Dich als Teil und Anteil siehst, erkennst, spürst, erlebst, erfährst... und Deine Wahl dahingehend bereits nutzt ... oder auch ungenutzt lässt.

... und so setzte ich in dieser Woche meine Aufforderung zur Verbindung Deiner Felder fort und dieses tue ich in der steten Verbindung und Abstimmung mit Ma'Maha und Lumina und in der steten Verbindung und Abstimmung mit den unzähligen Engeln und Engelsfürsten, die Teil und Anteil des Projektes sind ... denn auf vielerlei Weise zeigen sich noch 'Unterteilungen', 'Trennungen' und 'Aufteilungen' in Dir, die der Klärung und des Verbindens bedürfen:

Damit Du mehr Freude in Dir erfährst und damit Du mehr Hoffnung in Dir spürst und damit Du beginnst, Dich mit Deinem Werk und Wirken im Engel-Frequenzen-Projekt und dem, was Du darin für Dich, für die Menschen und das Leben auf Erden vollbringst, verbundener, verpflichteter und eingebundener zu sehen... und aus dieser Sicht heraus Deine Wahl zu treffen in den viele Situationen und Gegebenheiten Deines Tages, mit denen Du den weiteren Weg für Dich gestaltest... und die Hoffnung durch Deine Wahl minderst oder mehrst...

Somit gilt es für Dich, zu betrachten und zu erkennen, wo Du durch Freude und Hoffnung Deine Felder verbindest, durch Freude und Hoffnung Dein gesamtes Sein erhellst und verfeinerst – und ebenso, wo Du Dir durch Versagen von Freude und Hoffung die alten Fesseln der Schwere, der Last und Deines Urteils auferlegst...

Und an dieser Stelle ergänze ich, dass kein Urteil, keine Sichtweise der Trennung oder der Wertung in Dir Resonanz, Widerhall oder Schmerz hervorbringen kann, sofern das Urteil, die Trennung und die Sichtweise der Wertung nicht ebenso die Deinen sind – und das somit das, was von außen, von anderen Menschen oder aus einer anderen Sichtweisen heraus zu Dir getragen wird, Bestätigung in Dir selbst findet...

Somit wende Dich immer erst 'zu Dir hin', blicke immer erst in Dir, verbinde immer erst Deine (noch getrennten) Felder... und bei diesem werden wir Dich weiter leiten, begleiten, anleiten und auch unterweisen... damit (noch) mehr Freude in Dir ist und die Hoffnung sich in Dir mehrt und Du diese auch in Deinem Werk und Wirken erkennst, stärkst, mehrst und lebst...

Und so ist es.
AMEN"

"Ich bin Engelsfürst Vandanel, der im grün-fahlen Licht der Hoffnung mit Dir ist und der ich an dieser Stelle des Projektes mich Dir zeige, so wie Du Schritt für Schritt gegangen bist und Werk für Werk vollbracht hast in Dir, für Dich und mit Dir...

... und während Deine Engel-Begleiter der letzten Woche aus den Feldern Jophiels im Licht der Freude mit Dir verbleiben und Dir für weitere 6 Tage dienen (bis die 13 Tage sich erfüllen), um die Wirkung der Essenz 'Erzengel Jophiel – Freude' zu unterstützen und zu stärken, findet sich ein weiteres Engelslicht aus meinen Feldern ein, um seinen Liebesdienst der Hoffnung für Dich zu vollbringen...

Sofern Du in der letzten Woche die Übung wähltest, ohne die Essenz für Dich zu nutzen, lösen sich nun die Engel-Begleiter der letzten Woche aus Deinen Feldern und kehren zurück in die Felder der Regeneration, die in den Engel-Reichen bereitet sind. Auch in diesem Fall findet sich ein Engelslicht aus meinen Feldern ein, um voller Hoffnung mit Dir zu sein und Dich zu begleiten während der Übung dieser Tage.

Und mit diesen Worten benenne ich die Übung dieser Woche:

46. Übung, 47. Woche, 1. Projektjahr - 'Hoffnung'

Ich bin Engelsfürst Vandanel, der im grün-fahlen Licht der Hoffnung diese Woche leitet – und in diesem Licht ist Dein Engel-Begleiter mit Dir.

Entzünde eine Kerze Tag für Tag und dieses in der Verbindung mit dem Engelslicht, das sich Dir zur Seite eingefunden hat ... und mit den Engelslichtern aus den Feldern Jophiels, die in der Kraft der Freude mit Dir sind...

Erneut nehme eine Schale zur Hand und nutze grünen Sand oder grünes 'Sortiment' für eine Wiederholung der Übung der letzten Wochen – Du kannst alles dafür verwenden, was von grüner Farbe ist und die Fähigkeit hat, Dir das Verbinden Deiner Felder zu verdeutlichen, wenn Du mit der Hand auf die Unterseite der Schale klopfst.

Teil der Übung ist in dieser Woche, dass Du das Verbinden von der Freude mit der Hoffnung in Dir spürst – und dabei wird Dir die essenz 'Erzengel Jophiel – Freude' dienlich sein, so wie Du gewählt hast, diese zu nutzen für Dich und Deine Felder...

... und zur Unterstützung des Werkes und Wirkens Deiner Engel-Begleiter, die Dir dienen – denn zu jeder Zeit sind die Essenzen Dir sehr dienlich und doch gleichwohl auch Unterstützung und Stärkung für die Engelslichter, die beim jeweiligen Thema der Woche mit Dir sind – denn die Kraft des Lichtes, so wie Ma'Maha dieses in den Essenzen bereitet, vermag sowohl in Deinen Feldern zu wirken, wie auch gleichermaßen in den Feldern, im Werk und Wirken Deiner Engel-Begleiter – denn alles ist verbunden, alles ist in Wechselwirkung miteinander und Du mögest dahingehend Deine Sicht und Deine Gedanken betrachten und gegebenenfalls erweitern, erweichen und neu formen...

Und so ist es.
AMEN"

47. Übung, 48. Woche, 1. Projektjahr - 'Erkennen'

"Ich bin Samuel, der Himmels-Bote im Engel-Frequenzen-Projekt, der im ersten Projektjahr die Schirmherrschaft hält und der Woche für Woche Dir die Worte der Erklärung übergibt – damit Du erkennst, damit Du in Dir reifst und damit Du in Dir mehr und mehr verstehst:

Dein Licht wie auch Dein Meiden, Deine Kraft wie auch Dein Weichen, Dein Sehnen wie auch Dein Verzerren, Dein Rufen wie auch Dein Leugnen… damit Du all dieses mehr und mehr verstehst und damit Du sodann nach und nach aus diesem Widerstreit und Widerspruch in Dir heraus findest, nach und nach die Spannung in Dir löst und nach und nach Dich in einem lebendigen Ausdruck Deines Lichtes, im Nutzen Deiner Kraft, im Folgen Deines eigenen Sehnens, Lauschen Deines inneren Rufens einfindest…

Und mit Blick auf das Benannte, gebe ich Dir das Thema dieser Woche: 'Erkennen'.

Denn jedes Erkennen bedarf der Bereitschaft und der aktiven Entscheidung und beginnt mit dem Beobachtens und Reflektieren von dem was geschieht, von dem was gegeben ist, dem was hervorkommt, dem was gewandelt werden kann, dem was ist… und so fort…

Um in Klarheit und 'mit Wirkung' beobachten und reflektieren zu können, bedarf es der Entscheidung, der bewussten Wahl und des Tuns – des umsetzenden Tuns, also der Aktivität … und dieses, weil erst im Tun, folglich im aktiven Austausch Bewegung und Fliessen hervorkommen – und somit kann erst im Tun, also in der Aktivität, Neues erfahren werden…

Und dieses werde ich Dir weiter beschreiben, denn nach Deinen Erfahrungen der vergangenen Monate und nach dem, was Du an Wissen aufgenommen hast und so wie wir Dich jede Woche und mit jeder Übung neu in die Bewegung, in das Erfahren geführt haben, wirst Du dieses nun bestätigen können – und daraus kannst Du bei ehrlichem Blick betrachten, dass viele Erfahrungen, die wir Dir im vergangenen Jahr mit den Übungen 'angeboten' haben, Du nur halbherzig oder nur zum Teil für Dich genutzt hast, weil Du immer wieder die innere Bewegung, die Veränderung und 'Bewegung in Dir' vermieden hast…

Das Benannte geschieht tagtäglich und allüberall auf Erden und ist Teil der menschlichen Sicht und des menschlichen Denkens und Verhaltens – und es ist einer der Gründe, weshalb sich das Leiden in der gegenwärtigen Zeit mehrt und das einströmende Licht noch viel zu wenig gelebten Ausdruck im einzelnen Menschen und demzufolge im menschlichen Leben auf Erden erfährt und erhält.

Nun haben wir Dir und den vielen Menschen auf Erden mit dem Engel-Frequenzen-Projekt ein Projekt bereitet, das Dich Schritt für Schritt in ein neues Verstehen führt, das Dir Woche für Woche neues Denken, neue Sicht und neue Möglichkeiten offenbart und Du hast im Verlauf Deiner Teilnahme am Projekt bereits begonnen, Dich aus dem beschriebenen alltäglichen menschlichen Geschehen der Vermeidung von innerer Bewegung auf Erden zu lösen…

… dieses gelang Dir immer so weit, wie Du bereit warst Dich ganz in Dir zu öffnen, Dich wahrhaft(ig) in Dir zu wandeln und zu formen und das angenommene Wissen nicht nur als 'nette Erfahrung' zu betrachten, sondern mit all der erforderlichen Ernsthaftigkeit, Ausrichtung und Verbindlichkeit als Leitfaden für Dein weiteres Leben und Deinen Weg in Freiheit, Freude, Frieden und Fülle zu nutzen … und:

- jeden Tag all das Wissen aufzurufen, das wir Dir in den Monaten übergaben,
- jeden Tag die Felder des Wissens, des Denkens, des Fühlens und des Handelns in Dir zu verbinden und somit Deine inneren Grenzen zu überwinden,
- jeden Tag Deine Wahl und Entscheidung in der Form zu nutzen, wie wir Dir dieses mit seinen vielfältigen Wirkungen zeigten,
- jeden Tag Deine Kraft und Deine Macht zu nutzen, um Dein Leben und das Leben auf Erden zu gestalten,
- jeden Tag Deine Verantwortung anzunehmen und zu leben für all das, was sich auf dem Antlitz von Mutter Erde zeigt und von Menschen-Wille, Menschen-Hand und Menschen-Wirken geformt wird,
- jeden Tag Dein Sein als göttliches Wesen in Dir zu lobpreisen und diesem Ausdruck zu geben: In jeder Situation, in jeder Begegnung, in jedem Moment Deines Seins,
- jeden Tag das lichtvolle Sein in allem anzuerkennen, was Dir begegnet und die Wertschätzung in Dir zu mehren für GOTTES LICHT, das sich Dir in Allem zeigt – so wie Du darauf blickst und dieses sowohl im Innen wie im Außen anerkennst, wertschätzt und lebst...

Um Dich in all dieses hineinzuführen, haben wir Dir für das jeweils benannte Thema der Woche eine Übung gegeben – und wir haben Dir die Möglichkeiten offenbart und Dir die Unterstützung und Begleitung dafür zuteil werden lassen, damit Du in Dir und in Deinem Leben in Bewegung kommst...

... damit Du sowohl Dich in Dir bewegst, wie auch durch die Anleitung der Übungen in Aktivität und Tun findest... damit sich Erkennen in Dir zeigt und Du mit diesem und in der Verbindung mit Verantwortung, Verbindlichkeit und Wertschätzung für das Licht und Leben auf Erden Deine weiteren Schritte ausrichtest, leitest und formst...

Und ich fahre fort mit dem Thema der Woche und wie das Erkennen Schritt und Weg gleichermaßen ist, auf dem Weg in Veränderung und Wandlung…

Das, was in den vielen Weisheitslehren benannt wird als das Erkennen seiner Selbst, seines Selbstes, bedarf ebenso der Bewegung – denn Selbst-Erkenntnis kommt aus der 'Bewegung in sich selbst' hervor …

… das bedeutet, dass ohne Bewegung kein Erkennen ist… und dieses werden wir Dir in dieser Woche weiter verdeutlichen, erfahrbar machen und aufzeigen. Damit Du Bewegung sowohl erstrebst wie auch erkennst und damit Du Bewegung als den Schlüssel verstehst, um zu erfahren, um zu bemerken und um zu erleben, wo, wie und auf welche Weise Veränderung ist… denn:

- wie willst Du neue Gedanken in Dir erkennen, so Du nicht mit Achtsamkeit, Wertschätzung und Selbst-Reflektion Deine bisherigen Gedanken betrachtest…
- wie willst Du Deine Gefühle erkennen, sofern Du Dich in diesen einfach treiben lässt, ohne Deine Kraft und Deine Macht des Gestaltens, des Formens und auch des Erschaffens sowohl anzuerkennen, wie auch zu nutzen…
- wie willst Du Deine Taten in ihrer vielfältigen Wirkung erkennen, wenn Du Dir der 'Arbeit' Deines ehrlichen Blickens, Betrachtens und Reflektierens nicht wert bist…
- wie willst Du irgendetwas erkennen in Dir, ohne Bewegung im Innen 'aus Dir heraus' hervorzubringen…

Ja, 'aus Dir heraus', denn:

… wir können Dir Worte geben, wir können Dir Erklärungen, Anleitungen, Beispiele und Beschreibungen geben und somit Impulse des ehrlichen Betrachtens und Reflektierens zu Dir tragen…

… wir können Dir Dein Sehnen benennen und dieses mit dem Verstehen verbinden, dass Dein inneres Öffnen, Dein innerer Wandel, Dein inneres Werk zu vollbringen ist, damit Du die von GOTT allzeit gegebene ANTWORT auf Dein Sehnen in Dir ankommen lassen kannst…

… wir können für Dich aufzeigen, benennen und erklären – das letztendliche Erkennen, die Bereitschaft, wie auch das Umsetzen (als Bewegung in Dir) bringst Du in Dir selbst hervor, bzw. musst Du in Dir selbst hervorbringen…

… denn Dein ist die freie Wahl und Du gestaltest Deinen Weg, Dein Leben, Deine Entwicklung … und damit auch den Weg, das Leben und die Entwicklung (der Menschen) auf Erden…

Und mit diesem beende ich die Botschaft dieser Woche und tue dieses mit der Bitte, dass Du immer wieder in diesen Tagen meine Worte lesen mögest … lesen mögest mit dem Blick und der Reflektion auf das, was bisher Du in den vergangenen Monaten während Deiner Teilnahme am Engel-Frequenzen-Projekt an Bewegung in Dir hervorgebracht hast und auch, wo Du Bewegung gemieden hast und damit sowohl dem Erkennen wie auch jeder Veränderung ausgewichen bist…

… und darin wird Dich Erzengel Michael begleiten und anleiten, so wie er in dieser Woche die Übung übergibt.

Und so ist es.
AMEN"

"Ich bin Michael, der Erzengel der im GÖTTLICHEN WILLEN schwingt und der in diesem Schwingungsfeld in dieser Woche mit Dir ist – so wie sich das Engelslicht der letzten Woche aus Deinen Feldern löst und der Engel-Begleiter aus meinen Feldern sich für die Tage dieser Woche an Deine Seite stellt und mit Dir einfindet...

... mit Dir einfindet, um die Kraft und Macht des GÖTTLICHEN WILLENS zu Dir zu tragen, bei Dir zu 'halten' und Dir leichter bewusst und zugänglich zu machen... damit Du erkennst in Dir, damit Du erkennst in Deinen Gedanken, damit Du erkennst:

Deine Bilder, Deine Gefühle, Dein Werk und Dein Wirken...

So entrichte Gruß dem Engelslicht der letzten Woche, das im grün-fahlen Licht der Wirkungsfelder von Engelsfürst Vandanel mit Dir war... entrichte Dank, entrichte Gruß...

... und heiße willkommen das Engelslicht im blau-weißen Licht aus meinen Feldern sodann mit Dir – und mit diesem benenne ich die Übung dieser Woche:

47. Übung, 48. Woche, 1. Projektjahr - 'Erkennen'

Jeden Tag finde Dich an Deinem Platz der Einkehr ein, den Du gestalten mögest in den Farben weiß und blau und in dem Bewusstsein, dass die Wahrheit darin schwingt und Du diese annehmen mögest in jeder Form: Mit und durch Deinen Blick, Dein Betrachten, Dein Reflektieren, Dein 'inneres Bewegen' und Dein Erkennen sodann...

Finde Dich mit Deinem Engel-Begleiter ein und entzünde jeden Tag eine weiße oder blaue Kerze in der Anerkennung der WAHRHEIT, die ist – und in der Bereitschaft, diese mehr und mehr zu erkennen durch Bereitschaft und Bewegung in Dir... dafür nehme

Deine Notizen oder dieses Buch des ersten Projektjahres vom Engel-Frequenzen-Projekt zur Hand und wähle in bewusster Bereitschaft, jedoch ohne gezieltes Wollen, eine bisherige Botschaft und~oder eine Übung, die Du bereits vollbracht hast – lese diese erneut und reflektiere, wie Du diese für Dich genutzt hast, mit wie viel Bereitschaft und Offenheit, mit wie viel Verbindlichkeit und innerer Bewegung Du diese durchgeführt hast und wie viel Veränderung, Wandel und Erkennen in Dir hervorgekommen ist… und wie Du dieses seither genutzt hast für Dich und in Deinem Leben…

Sei offen und sei ehrlich … und so Du Veränderung betrachten kannst, mehre damit Deine Freude und die Hoffnung in Dir… und wenn Du keine oder nur wenig Veränderung erblicken kannst, erlaube Dir Bewegung in Dir… neue und mehr Bewegung, damit Du erkennen kannst Dein bisheriges Weichen, Hadern und Halten … und sich das Erkennen in Dir mehrt…

… und dafür nutze diese Übung:

Nimm einen Handschuh und einen Schal von gleicher Farbe und soweit möglich ohne buntes Muster – ziehe den Handschuh an eine Hand und breite den Schal auf einer Fläche aus – sodann lege Deine Hand mit dem Handschuh bekleidet auf den ausgebreiteten Schal und beleuchte dieses von oben, so dass dann möglichst wenig Schatten sich bildet an den Rändern Deiner Handschuh-Hand.

Solange Du die Hand unbeweglich hältst, wirst Du schwerer diese sehen können vor der (gleichen Farbe) des Schals. Sobald Du jedoch die Hand bewegst, wird deren Gestalt für Dich sofort erkennbar sein…

Betrachte dieses wieder und wieder in der Verbindung mit Deinem Engel-Begleiter, der in dieser Woche mit Dir ist und lasse tief in Dir ankommen und wirken, dass erst mit der Bewegung ein neues Erleben ist, dass erst mit der Bewegung ein neues Erfahren ist und dass erst mit der Bewegung ein neues Erkennen ist – denn erst in der Bewegung wird sichtbar, was in Unbeweglichkeit kaum zu sehen, zu spüren, zu erfahren und somit auch keinesfalls zu ändern ist!

So führen wir Dich Schritt für Schritt – und auch das Erkennen von dem, was bisher noch nicht gelang, trägt Dich voran ... denn auch darin offenbart sich Dir Deine Wahl wie auch Dein Gestalten und dass Du erneutes Werk in Dir, an Dir und mit Dir vollbringen kannst und mögest...

Und so ist es.
AMEN"

48. Übung, 49. Woche, 1. Projektjahr - 'Verändern'

"Ich bin Samuel, der Himmels-Bote aus den Reichen der Erzengel, der ich der Schirmherr vom Engel-Frequenzen-Projekt im ersten Projektjahr bin und der ich die Licht-Felder aufrecht (er-)halte, in diesem Jahr und auch während der vielen weiteren Jahre des Projektes, das wir Engel für Dich und Euch Menschen auf Erden hervorgebracht haben, weben, gestalten und formen … in der Verbindung mit den verbindlich involvierten Menschen auf Erden, mit Ma'Maha und Lumina, mit all denen ohne die ein Projekt zwischen Himmel und Erden, ein Projekt, das die Welten verbindet, ja im weiteren Verlauf vereint... ohne die ein solches Projekt niemals verwirklicht werden könnte...

Und ich benenne, dass ich mich eingefunden habe im Dienst des Lichtes und der Liebe, um die Licht-Felder dieses Projektjahres zu halten und aufrecht zu erhalten für die weiteren Jahre und Jahrzehnte, in denen ein menschliches Wesen sich zur Schulung seines Selbstes, zur Formung seines Geistes, zur Nutzung seiner Schaffenskraft, zur Lösung aus alten Grenzen... dieses Buch und meine Worte zur Hand nimmt und im Umsetzen und Praktizieren für sich nutzt.

In all diesen Jahren, deren Zahl gegenwärtig kein Wesen vor--hersehen kann – weder ein Mensch auf Erden, noch ein Engel, noch ein anderes Wesen des Lichtes... in all diesen Jahren stehe ich in meinem Liebesdienst bereit – und dieses in steter Verbindung mit Ma'Maha und Lumina auf Erden und den Feldern des Lichtes, die die ihren sind... und in all diesen Jahren findet Veränderung und Anpassung der Licht-Felder des Engel-Frequenzen-Projektes an die Entwicklung auf Erden statt... denn kein Licht-Feld wird Bestand haben oder Wirkung zeigen können, sofern es nicht im Lichte schwingt, in den Farben des Lichtes klingt und im Fliessen des Lichtes ist... und mit diesem benenne ich das Thema dieser Woche: 'Verändern'

Und so wie ich Dir berichtet habe von meinem Dienst in dieser Zeit und den Wochen dieser Monate für Dich, in späterer Zeit und den Wochen und Monaten die folgen für die unzähligen weiteren Menschen, die ihren Weg des Lichtes und des Wandels mit dem Engel-Frequenzen-Projekt gehen... so wie ich Dir berichtet habe von meinem Dienst, mögest Du betrachten Deinen Dienst und wie Du Deine Zeit einsetzt und nutzt, um den Wandel in Dir hervorzubringen und zu leben... und Du mögest betrachten, inwieweit Du das, was ich Dich lehre, was ich Dir aufzeige und wovon ich Dir berichtet habe auf den bisherigen Seiten dieses Buches – inwieweit Du dieses für Dich wahrlich angenommen und zur Gestaltung Deines Weges genutzt hast:

Wie oft hast Du eine Farbe gewählt um Dich in ihr einzuschwingen?

Wie oft hast Du die Schwingung eines Gongs oder einer Glocke genutzt um Dich in Dir ins Klingen zu bringen?

Wie oft hast Du, unabhängig von einer Übung, eine Kerze entzündet im Bewusstsein des Projektes und in Anerkennung des Lichtes, das mit diesem gegeben und verankert wird?

Wie oft hast Du eine (der vergangenen) Übungen für Dich angewendet, auch ohne dass wir diese in der Woche gerade angeleitet haben?

Wie oft hast Du Deine Notizen zur Hand genommen um diese zu reflektieren und aus diesen zu lernen?

Wie oft hast Du ganz bewusst ein neues Handeln gewählt, so wie wir Dir dieses aufgezeigt, erklärt und beschrieben haben, um Neues für Dich zu erfahren?

Wie oft hast Du Dein Denken außerhalb bekannter Pfade geschult?

Wie oft hast Du Deine inneren Grenzen betrachtet und das Übergebene und Übermittelte genutzt um diese Grenzen zu überschreiten und Freiheit für Dich zu erkunden?

Wie oft hast Du Deine Schaffenskraft angewendet in Dir, in Deinem Leben …?

Und wie oft hast Du auf diese Weise gewählt das Leben auf Erden neu zu gestalten?

Viele weitere Fragen könnte ich stellen … und damit all die vielen Fragen wiederholen, die ich im Verlauf der bisherigen Monate wieder und wieder gestellt habe um Dir den Weg zu weisen, um Dir Deine Macht aufzuzeigen, um Dich zur Veränderung und Wandlung in Dir aufzurufen, um Dich anzuleiten Deinen Willen und Deine Wahl zu nutzen… um all das hervorzubringen, was D u gewählt hast Dein Ziel zu sein…

Und mit den Antworten auf meine Fragen mögest Du sodann abwägen:

Wieviel Du getan und vollbracht hast – und wieviel Du hättest tun und vollbringen können …

Wieviel Du verändert hast – und wieviel Du hättest verändern können …

Wieviel Du bewusst und neu gestaltet hast – und wieviel Du hättest bewusst gestalten können …

Wie verbindlich Du mit Dir und dem Geschenk des irdischen Lebens geworden bist – und wie verbindlich hättest Du sein können …

Wie sehr hast Du die Verantwortung für Dein Leben und das Gestalten des Lebens auf Erden übernommen und genutzt – und wieviel mehr Deiner Verantwortung hättest Du annehmen und nutzen können …

… und wieviel von dem, wonach es Dich innerlich verlangt, wonach Du strebst und was Du als Dein Ziel benennst, wurde von Dir bisher erreicht, verwirklicht und erlangt …

Und wenn Du an dieser Stelle für Dich zu dem Ergebnis kommst, dass das bisher Erreichte Dich zufrieden stimmt, so fahre fort wie bisher… und erlaube Dir zu reflektieren, was Dich zufrieden daran stimmt und wie Zu-frieden-heit Du für Dich benennst…

Wenn Du für Dich jedoch zu dem Ergebnis kommst, dass das bisher Erreichte in der Wirkung und Formung Deines innerlichen Erfahrens, in der Wirkung und Formung Deines persönlichen Lebens, in der Wirkung und Formung des Lebens auf Erden, in der Wirkung und Formung der Hoffnung für die neue Zeit … nur unvollkommen ist, finde Dich ein in dieser Woche, um in der Verbindung mit uns Deine bisherigen Grenzen zu erkennen und Deinen Willen, Deine Kraft und Macht zu nutzen, diese zu überwinden…

Denn für jede Veränderung bedarf es Deiner Bereitschaft, Deiner Offenheit und Deines Gestaltens …
… und für Deine Bereitschaft bedarf es Deines ehrlichen Blickens
… für Deine Offenheit bedarf es der wiederkehrenden Klärung
… für Dein Gestalten bedarf es der Nutzung Deines Mutes, des Einsatzes Deines Willens, der Verantwortung für Deine Wahl

… es bedarf Deines Veränderns in Bereitschaft und in Offenheit
… und dieses in der Verbindlichkeit für Dich und mit Dir, mit dem Projekt und dem Werk, das wir gemeinsam vollbringen und welches nur durch involvierte Menschen seine formende Kraft erhält und Wandlung auf Erden gestaltet…

Und so mögest Du die Tage dieser Woche nutzen:
- um bewusst innezuhalten und zu reflektieren, was bisher geschah…
- um in klarer Absicht keine 'scheinbare Betriebsamkeit' aufzurufen als Alibi und zur Benennung eines Wirkens, das ohne Kraft für Veränderung und Gestaltung ist…
- um bewusst innezuhalten und zu reflektieren, was bisher gelang…
- um in klarer Absicht das bisher Vollbrachte auf dessen Wandlungskraft darin zu prüfen…
- um bewusst innezuhalten und zu reflektieren, was bisher verblieb…
- um in klarer Absicht Deinen Platz zu betrachten und wie Du Dein Werk auf diesem hast getan…
- um bewusst innezuhalten und zu reflektieren meine Worte und das Ziel, das ich Dir in diesen weise…
- um in klarer Absicht Dein Ziel für Dich zu benennen und die Wichtigkeit des Erlangens von diesem – für Dich, das Leben und die Welt
- um bewusst innezuhalten und zu reflektieren, was Du wann und warum als wichtig für Dich benennst und Deine Zeit, Kraft und Energie dahinein gibst…
- um in klarer Absicht Deinen Weg zu wählen…

… und verstehst und erkennst Du, wie ich Dich anleite nach den vielen Worten und Übungen der vergangenen Monate Deinen Fortschritt zu betrachten und alte Fesseln, die Dich noch zurückhalten zu erkennen? Und wie ich Dich anleite, für die Worte und Übungen der nächsten Wochen und Monate Deine Richtung (neu) für Dich zu benennen, Deinen Fokus klar zu wählen und dieses mit Blick auf das, was Du noch mehr von Deinem Potential, Deinen Fähigkeiten, Deiner Kraft und Deiner Macht nutzen kannst und mögest, um Veränderung in Dir hervorzubringen... um den Wandel, den Du Dir doch für Dein Leben und diese wundervolle Welt auf Erden wünschst, zuerst in Dir selbst hervorzubringen ... und damit Frieden, Freude und Freiheit in Dir anzunehmen, zu gestalten und zu leben.

Damit Du die Richtung und den Fokus wählen kannst, damit Du die Ausrichtung in Dir stabilisierst und Dir das Nutzen und der Einsatz Deines Potentials, Deiner Fähigkeiten, Deiner Kraft und Macht mehr als bisher gelingt... für all das wird Erzengel Zadkiel die Übung dieser Woche mit seinen Heerscharen begleiten und Dir das Verändern auferlegen mit der Richtung und dem Fokus, den Du für Dich benennst – damit Du in Dir neu formst, neu gestaltest, in Verbindlichkeit Dich siehst und damit Du die Wandlung in Dir vollbringst...

Und mit diesen Worten ende ich für diese Woche und benenne meinen Dienst im Licht des Engel-Frequenzen-Projektes für Dich, die Menschen und das Leben auf Erden ...

Und so ist es.
AMEN"

"Ich bin Erzengel Zadkiel, der Erzengel, der im violetten Licht der Wandlung in den Engelsreichen schwingt und der ich ein Engelslicht aus meinen Heerscharen zu Dir entsende, so wie sich dieser Engel aus meinem Feld in Hingabe, in Liebe und Bereitschaft für Dich zeigt…

So danke dem Engel-Begleiter der letzten Woche, der aus den blau-weißen Feldern Erzengel Michaels mit Dir war und entrichte Gruß und Herzenslicht… und heiße willkommen Deinen Engel-Begleiter für die Tage dieser Woche, so wie dieser nun zu Dir herantritt, um in seinem Lichtdienst mit Dir zu sein und finde Dich ein zur Übung, die ich Dir mit meinen Worten übergebe:

48. Übung, 49. Woche, 1. Projektjahr - 'Verändern'

Ich bin Erzengel Zadkiel und jeden Tag mögest Du eine violette oder weiße Kerze entzünden und diese brennen lassen, bis sie zur Neige geht – denn die Kerzenflamme wird Dein Engel-Begleiter immer wieder nutzen, um Deine Felder zu klären und so Deine Bereitschaft für Veränderung zu stärken und zu unterstützen…

Im Licht der Kerzenflamme finde Dich sodann einmal am Tage in Ruhe und in Stille ein – ganz bewusst erlaube Dir Ruhe und Stille in Dir … und halte bewusst inne und reflektiere, so wie Samuel Dir nannte, Dein Gestalten der vergangenen Monate und Wochen… und wo noch Hemmnis, Zurückhaltung und auch Zweifel ob Deines Willens, Deiner Kraft und Formungsmacht in Dir sind. Mit und in diesem Blick nehme einen Teller (mit hochgezogenem Rand) zur Hand und gebe etwas Sand, Zucker oder anderes Gekörntes in dessen Mitte und erkenne darin Dein Hemmen, Halten und Zweifeln.

Sodann ergreife einen Kreisel, wie Du diesen aus Kindertagen kennst und lassen ihn in der Mitte des Tellers tanzen, so dass er die Körner zur Seite schleudert und sich seinen Platz des Wirkens so klärt – erkenne, wie der Kreisel durch die Kraft des Drehens sich selbst in sich stabilisiert und in dieser Ausrichtung der Sand, die Körner seinem Werk und Wirken, seinem 'Tanz des Lebens' keinen Einhalt auferlegen können... gebe dem Kreisel den Impuls zum Drehen in der Absicht des Veränderns in Dir und sehe im Kreisel und seiner Bewegung Dich selbst:

Deine Absicht, Deine Ausrichtung, Deinen Fokus und Dein Ziel – und siehe Deine Kraft, die Stabilisierung in Dir und wie Du in der Klarheit Deiner Ausrichtung Dein Hemmen, Halten, Zweifeln klärst und dann Verändern in Dir ist.

Zur Unterstützung der Übung dieser Woche wähle Deinem Engel-Begleiter und Dir violette Blumen 'zu schenken' und die Farbe der Veränderung, die das violette Licht im Wirken ist, während der Tage der Woche in Deinem Herzen zu tragen und die Absicht in Dir zu stärken, dass Verändern, dass Wandeln, dass neues Leben in Dir ist...

Und so sei es.
AMEN"

49. Übung, 50. Woche, 1. Projektjahr - 'Verstehen'

"Ich bin Samuel, der Himmels-Bote und Schirmherr des Engel-Frequenzen-Projektes im ersten Projektjahr, der ich den Licht-Bogen halte und Dir die Worte übergebe, um Dich zu führen und um Dich auszurichten auf das Neue, auf das Dir Mögliche, auf das in Deinen Händen Liegende, auf das Leben auf Erden, wie es sich im harmonischen Zusammenspiel und Zusammensein aller Wesen und Wesenheiten zeigt und zeigen wird.

Und in Abstimmung mit den Engelsfürsten des Projektes, die zu jeder Zeit mit ihrem Licht und ihrer Liebe zugegen sind, zu jeder Zeit mit ihren Heerscharen bereit stehen für die Menschen, die sich einfinden, Teil des Projektes zu sein, zu jeder Zeit die Verbindung zu mir halten – zu mir, Himmels-Bote Samuel, der ich Schirmherr des Projektes im ersten Projektjahr bin ... in Abstimmung mit den Engelsfürsten des Projektes benenne ich das Thema dieser Woche: 'Verstehen'

Nach den Botschaften der letzten Wochen, nach 'Erkennen' und 'Verändern' benenne ich das 'Verstehen', damit Du die Schritte der Wandlung neu siehst und wie Du nach dem Erkennen in die Bewegung des Veränderns kommen mögest (musst) und sodann im Verstehen die neue Sichtweise Dir bewusst machst...

... denn wenn Du in Dir erkannt hast und sodann die Veränderung in Deinem Leben in Ausdruck gebracht hast gilt es das Neue zu verstehen, das daraus hervorkommt... denn wenn Du unachtsam bist und das Erkennen als Dein Ziel benennst, im Verändern 'halbherzig' ausprobierst, ohne im folgenden Verstehen die Wirkung und Auswirkung des vollbrachten (aktiven) Schrittes ebenso Dir bewusst zu machen, wirst Du immer wieder den Schritt des Erkennens gehen, immer wieder mal hier und mal dort mit Veränderung beginnen und doch ohne wirklichen Fortschritt Dein Leben gestalten...

So was bedeutet es, Dir die Wirkung und Auswirkung des vollbrachten Schrittes bewusst zu machen?

Nach dem, was Du in den vergangenen Monaten in der Begleitung von uns Engeln des Engel-Frequenzen-Projektes gelesen und geübt hast und dem, was wir Dich in den vergangenen Wochen angeleitet haben zu reflektieren und wiederholt zu betrachten, wirst Du die Fülle an Impulsen der Veränderung sehen und dass Du doch in Deinem täglichen Leben Vieles von dem, was Du erkannt und auch 'ausprobiert' hast, dann doch nicht genutzt hast und deshalb Dein Leben noch immer in vertrauten Bahnen verläuft ... und dieses auch wenn Du neue Perspektiven gefunden hast und wenn Du durch die Anwendung der Übungen in Dir sehr viel leichter und schneller als zuvor Bewegung und Veränderung hervorbringen kannst – also Deine inneren Strukturen Erweichung, Erweiterung und Klärung erfahren haben... durch Deine Wahl, Deine Entscheidungen und den Weg, den Du durch Deine Absicht als den Deinen erwählt hast.

An dieser Stelle ergänze ich, dass jede Veränderung, die Du in Dir und Deinem Leben spürst und erkennst, ein Zeichen und Ausdruck Deiner Bereitschaft, Deines Willens und Deiner Entscheidungen für Wandlung sind... dass wir Dir den Weg benennen und Dich auf diesem begleiten können, und dass doch zu jeder Zeit Du, Du mit Deiner freien Wahl als Mensch auf Erden, Deinen Weg wählst und gestaltest.... und so bedarf es trotz wiederkehrenden Haderns und Erkennens, dass mehr möglich gewesen wäre, dass Du durch Nutzen und Aufrufen alter Bilder und alter Spiele, durch Vermeiden, Ausweichen, Verleugnen und auch Leichtgläubigkeit, Dich selbst immer wieder aus der Bewegung der Veränderung herausgenommen hast... so bedarf es trotz all dem Genannten doch auch der Anerkennung Deines Weges und damit einer Stärkung der Freude und der Hoffnung...
denn umso leichter wirst Du bei Deinen weiteren Schritten weniger Hadern und leichter alte Bilder und alte Spiele erken-

nen... und aus diesem Grund rufen wir Dich auf, in Dir zu verstehen und dieses werde ich Dir weiter beschreiben:

Wenn Du einen Schritt der Entwicklung gegangen bist, wenn Du innerlich erkannt hast und somit Deine Sichtweise Wandlung erfahren hat, bedarf es Deines Einbringens und Umsetzens in Deinem Leben – so wie wir Dich anleiten im Nutzen der Übungen erste Erfahrungen damit zu machen. Auf diese Weise führen und begleiten wir Dich sozusagen bei dem ersten Schritt und wichtig ist zu verstehen:

So wie Du wiederkehrend die Botschaften liest und die dazu übermittelten Übungen in der Verbindung mit Deinem jeweiligen Engel-Begleiter praktizierst, lockerst und erweichst und dehnst Du Deine Gedanken- und Gefühlsfelder. Dein Blick und Deine Sichtweise werden weiter und freier und mehr als bisher siehst Du die Zusammenhänge und Wechselwirkungen, erkennst Du Deinen Teil und Anteil und beginnst zu erfassen Deine Kraft und Deine Macht zum Gestalten des Lebens auf Erden...

Wenn Du Dich darauf beschränkst die Übungen durchzuführen, ohne das Erfahrende sodann durch Deine bewusste Wahl in Deinem Leben zu nutzen und anzuwenden, zeigt es sich uns so, dass Du auf Deinen 'Ausgangspunkt' zurückkehrst, um Dich der nächsten Botschaft und Übung zuzuwenden und auf diese Weise mit jeder Woche ein neues Erfahrungsfeld zu betreten, so wie wir Dir dieses in unseren Botschaften und Übungen beschreiben und aufzeigen.

Nun wissen wir, dass Du dieses Buch zur Hand genommen hast, dass Du seit Wochen und Monaten die Übungen für Dich nutzt, weil Du in Dir die Bereitschaft und den Willen trägst, Veränderung auf Erden hervorzubringen und damit in Dir zu beginnen.

Und weil wir Dich in all den Wochen und Monaten geführt und begleitet haben, wissen wir auch um die vielen Veränderungen, die sich in Dir und Deinen Feldern zeigen, wieviel sich in Dir geklärt hat und wieviel Du in Dir geklärt hast, wieviel sich in Dir erweicht hat und wieviel Du Dich in Dir erweicht hast, wie sehr sich Deine Felder in Dir gedehnt haben und wie sehr Du Deine Felder gedehnt hast... und wir wissen um das großartige Potential der Veränderung, das Du auf diese Weise in Dir hervorgebracht hast...

Ja, Potential der Veränderung... denn bisher hast Du Deine Möglichkeiten in ihrer ganzen Kraft und ihrem ganzen Umfang nur selten genutzt... und damit Dir dieses nun leichter gelingt und Du beginnen kannst und beginnst (!) das in den vergangenen Monaten hervorgebrachte Potential der Veränderung aktiv zu nutzen, beschreibe ich Dir das Verstehen...

Wenn Du die Botschaften gelesen hast und neues Erkennen in Dir erfährst und wenn Du die Übungen genutzt hast und Dich selbst in diesen neu spürst und dann verstehst, vermagst Du mit Deiner freien Wahl das Erkennen und Erfahren und Spüren zu nutzen, um Deinen weiteren Weg zu gestalten.

Dieses geschieht im Verstehen, weil Du nach Erkennen und (kurzzeitigem) Verändern im Rahmen der Übungen sodann im Verstehen betrachtest.

Wichtig ist, dass Du Verstehen nicht als Ver-Stehen wahrnimmst, als Bewegungslosigkeit, Starre, Unbeweglichkeit, Verharren...

... sondern dass Du Ver-Stehen als einen Moment der Ruhe ansiehst und nutzt während Du Dich in der Bewegung der Veränderung eingefunden hast bzw. einfindest...

… der benannte Unterschied im Wahrnehmen und Anwenden von Verstehen~Ver-Stehen obliegt Deiner freien Wahl und somit liegt die Lösung in Deinen eigenen Händen:
… ob Du weiterhin immer wieder auf den Ausgangspunkt zurückkehrst, nachdem Du im Erkennen und Praktizieren der Übungen neue Erfahrungen gemacht hast… oder ob Du die Umsetzung in Dein tagtägliches Leben trägst und auf diese Weise Samen des Lichtes legst und verbreitest – wieder und wieder, indem Du im Verstehen und durch Deine Absicht, Deine Ausrichtung und durch Dein T u n Deine Sicht im Einklang mit Deinem Empfinden und mit Wirkung im Leben wandelst.

Diese Macht ist Dir gegeben und diese Macht zu nutzen rufen wir Dich auf – damit Du Dein vielfältiges Potential der Veränderung nutzt und mehr Veränderung als bisher in Dir und Deinem Leben sich zeigt…

Und ich ergänze:
Wenn Du fortsetzt das Zurückkehren auf den Ausgangspunkt (in Dir) wirst Du weiterhin Veränderung in Dir spüren, einfach weil Deine Felder sich weiten, erweichen und Du in Deiner Sichtweise neue Perspektiven erfährst… und doch ist es an dieser Stelle des Projektes wichtig zu verstehen, dass die erforderliche Veränderung in Dir, in Deinem Leben und dem Leben auf Erden nur hervorkommen kann, wenn nach dem Erkennen und Verändern das Verstehen folgt:

Durch Reflektieren von dem, was sich Dir in Deiner Sichtweise neu zeigt und dass Du dieses durch b e w u s s t e Anwendung in verschiedenen Bereichen und Situationen in Deinem Leben wahrlich annimmst und diesem Ausdruck gibst.

Durch das Stärken des Neuen, indem Du durch bewusste Entscheidung und Wiederholen des bisher Erreichten Deine Gewohnheit veränderst ... denn auch bei Deinen Gewohnheiten obliegt Dir die Wahl...:

Durch Bewusstmachen des bisher Gelernten und Erfahrenen bei der Betrachtung von Problemen und Herausforderungen, die Dir in Deinem Leben auf Erden begegnen.

Durch Abwägen des Verstandenen bei der Suche nach Lösungen. Durch Aktivität und Bewegung auf allen Ebenen.

... für all das bedarf es des Verstehens und des Innehaltens als einem Moment der Ruhe in der Bewegung der Veränderung, d.h. während Veränderung im Fliessen geschieht.

Treiben lassen im Engel-Frequenzen-Projekt führt wie jedes Treiben lassen niemals zum Ziel – das bedeutet:
Meine Botschaften und die Übungen in der Begleitung der Engel zu nutzen und 'auf deren Wirkung in Dir zu vertrauen', ohne jedoch Deine bewusste Wahl, Deine Kraft der Entscheidung und Macht zur Gestaltung Deines Lebens anzunehmen, benennt (nur) die Absicht zur Veränderung... ohne die Pflicht und Verantwortung der Umsetzung in den eigenen Händen (zu sehen und) zu nutzen.

Daher wähle nach dem Erkennen und dem Verändern durch das Verstehen die bewusste Umsetzung der Wandlung in Dir und Deinem Leben, indem Du Dein Verhalten wandelst, Deine Gewohnheiten neu anpasst und Deinen Schritt in das Neue vollbringst – mit Wirkung, in Verantwortung, in Annahme Deiner Kraft und Macht als Mensch auf Erden, der gestaltet, der erschafft, der kreiert und der Neues hervorbringt in sich und sodann auf dem Erdengrund.

Und so ist es.
AMEN"

"Ich bin Engelsfürst Fedaniel, der im fliessenden Bewegen ist – ich bin der Engelsfürst des hellblau-klaren Lichtes, der ich weise, leite, zeige, wie in der Stille, im Innehalten Bewegung allerorten ist – so wie das Licht fliesst, so wie das Licht ist…

… und während sich Dein Engel-Begleiter der letzten Woche in den Farben Zadkiels aus Deinen Feldern löst, entrichte Dank und entrichte Gruß dem Engelslicht, das mit seinem Dienst an Deiner Seite war für die Zeit von sieben Tagen…

… und nimm wahr, wie sich das Engelslicht Dir nun zeigt, das aus meinen Heerscharen sich zu Deiner Begleitung eingefunden hat und im hellblau-klaren Licht an Deine Seite tritt.

Und vernehme die Übung dieser Woche:

49. Übung, 50. Woche, 1. Projektjahr - 'Verstehen'

Ich bin Engelsfürst Fedaniel, der im fliessenden Bewegen ist und der ich Dich in dieser Woche mit meinem Licht begleite.

Einmal am Tag finde Dich mit Deinem Engel-Begleiter und im Bewusstsein dessen hellblau-klaren Lichtes ein, entzünde eine blaue Kerze und nehme für die Übung dieser Woche eine Glasschale mit stillem, klaren Wasser zur Hand und stelle diese auf einen hellblauen Untergrund.

Warte, bis das Wasser still und bewegungslos 'steht' …. sodann nutze einen Stab oder auch Deine Hand, um das Wasser in langsamen, gleichmäßigen, kreisförmigen Bewegungen im Kreis zu bewegen, so dass ein leichter Strudel in der Glasschale entsteht, so dass das Wasser sodann im ruhigen, gleichförmigem Bewegen in der Runde kreist.

Nehme den Stab oder auch Deine Hand aus dem sich nun bewegenden Wasser und blicke auf dieses in dem Bewusstsein, dass die Anteile des Wassers zu jeder Zeit in Bewegung sind, dass in der Schale vor Dir, vor Deinen Augen, alles in Bewegung und in Veränderung ist... dass in keiner Form und auf keine Art und Weise Stillstand in Deiner Schale ist, sondern vielmehr in verschiedenster Form Bewegung:

Kreisend, von oben nach unten, fliessend, von unten nach oben, sich umströmend, von innen nach außen, bewegend, von außen nach innen, alles in Bewegung und sich verändernd zu jeder Zeit. Dieses mache Dir bewusst, während Du auf und in das Wasser blickst, das sachte sich in der Glasschale bewegt, auch ohne, dass viel Bewegung sichtbar ist...

Während Du in der Verbindung mit Deinem Engel-Begleiter die Übung für Dich nutzt zur Bewusstwerdung, zum Erkennen, zum Erfahren, zum Verändern ... und zum Verstehen ... spüre das Fliessen in Dir, erfahre Bewegung in Dir, erkenne Veränderung in Dir und erhebe Dich für Veränderung in Deinem Leben:
- um das, was Du erkannt hast zu leben
- um das, was Du erfahren hast zu nutzen
- um das, was Du gespürt hast zu vertiefen
- um das, was Du erahnst in Dir zu weiten
- um das, was Du Dir wünschst zu erreichen
- um das, was Du ersehnst zu verwirklichen
- ...

All das mache Dir bewusst, während Du Dich erhebst für Veränderung in Deinem Leben... denn wenn Du diese Übung mit offenem Herzen und in Bereitschaft vollbringst, wirst Du den Impuls der tatkräftigen Veränderung in Dir spüren und mögest diesen nutzen für Dein Wirken und Dein Werk.
Und so ist es.
AMEN"

50. Übung, 51. Woche, 1. Projektjahr - 'Wiederholen'

"Ich bin Himmels-Bote Samuel, der Dir die Botschaft der Woche übergibt als Schirmherr im Engel-Frequenzen-Projekt des ersten Projektjahres – und als dieser benenne ich in der Verbindung mit den vielen Engelsfürsten des Projektes das Thema dieser Woche: 'Wiederholen'.

Und kannst Du in Dir spüren, wie Du bei dem Wort und der darin enthaltenen Aufforderung des Wiederholens innerlich Dich verfestigst und Bilder der Abwehr und des Widerstandes aufrufst? Und kannst Du diese – nach den vielen Botschaften und Übungen der letzten Wochen und Monate – beobachten, in Dir abwägen und Dich, trotz und auch Angesicht Deiner Abwehr und Deines Widerstandes, dafür öffnen meine Worte zu lesen?

... und kannst Du den leichten Stolz in Dir spüren, weil Du dieses nun zu vollbringen vermagst und Dich trotz und Angesicht Deiner Abwehr und Deines Widerstandes auf eine Weise zu verhalten vermagst, die Dir und Deinem Weg dienlich ist?...

... und daher mögest Du jedes Einfinden mit Deinem Engel-Begleiter dieser Woche damit beginnen, ebenso Deine Abwehr und Deinen Widerstand zu betrachten und 'woher' diese kommen:
- aus alten Bildern des Urteilens, des Wertens, die Dir davon berichten, dass Wiederholung erforderlich ist, weil Du ungenügend vollbracht hast? ...
- aus Bequemlichkeit oder Bequemlichkeit, die Du Dir als Müdigkeit benennst, und die Dir davon berichten, dass die Anstrengung erneuten Tuns unsinnig und des Aufwandes nicht wert sei? ...
- aus einem Ausweichen heraus, das Dir davon berichtet, dass ein Wiederholen langweilig und unnütz sei, weil es 'nur' und

'sowieso' in 'alt-bekannten Bahnen' verlaufe und Du dieses deshalb nicht 'zu leisten' bräuchtest? ...
- ...

An dieser Stelle ist wichtig für Dich zu verstehen, dass wir mit Wiederholen keine Wiederholung von Altem, kein Wiederholen von Bisherigem beschreiben, sondern vielmehr die Nutzung des bisher Erreichten, des bisher Verstandenen, des bisher Erlangten, des bisher Erkannten... als Basis für ein (weiteres) Voranschreiten...

Und um Dir ein weiteres Bild zu geben, mögest Du die bisher von Dir im Verlauf der Monate und während der Durchführung der Übungen gelegten Licht-Samen wie kleine Pflänzchen ansehen, die bisher ihre einzelnen Wurzeln nur zaghaft in den Boden strecken und mit diesen für die Herausforderungen des Lebens noch viel zu wenig Halt finden ...

... denn immer dann, wenn Du im Ausweichen, Ablenken, Meiden, in Leichtgläubigkeit oder in Halbherzigkeit die Beschäftigung mit dem Inhalt der Botschaften vollbracht hast und die Übungen dementsprechend unverbindlich oder auch 'Alibi-mäßig' durchgeführt hast, fand das (von uns erstrebte) Legen und Verankern von Licht-Samen nicht statt – oder dachtest Du vielleicht, dass Deine tägliche Wahl und Entscheidung für oder auch gegen Verbindlichkeit, Wahrhaftigkeit und ehrliches Einbringen ohne Wirkung und ohne Folgen geblieben wäre? ... Ohne Wirkung und ohne Folgen für Dich... ohne Wirkung und ohne Folgen für das Engel-Frequenzen-Projekt... und somit ohne Wirkung und ohne Folgen für die Entwicklung der Menschen auf Erden?

... und so wurden und werden zahlreiche schwach glimmende und in-sich-unstete Licht-Samen im Feld des Menschheits-Kollektiv-Feldes gelegt ... denn die Licht-Samen, die Du gelegt hast, tragen immer auch das Ausmaß der Klarheit, Ausrichtung, Verbindlichkeit, Kraft und Macht Deines Lichtes und Deiner Wahl… und Du mögest Dich in diesem Zusammenhang unserer wiederkehrenden Worte erinnern, dass jedes Projekt des Lichtes der verbindlich involvierten Menschen bedarf – und nur mit Menschen, die Teil und Anteil nehmen und sind, die sich mit ihrem Licht, ihrem Sein und ihrem Wirken in Achtsamkeit und mit Verantwortung einbringen, das Werk gelingen wird…

… denn es bedarf der kraftvoll strahlenden Licht-Samen, die sicher verankert sind und Halt in sich zeigen
- um Dir durch Verbinden mit diesen und dem darauf Aufbauen Deinen weiteren Übungen und Schritten Grund und Basis zu geben
- um ein Verknüpfen mit den von anderen Menschen und weiteren TeilnehmerInnen gelegten Licht-Samen zu erlauben,
- um das Licht-Netz des Erwachens und des Aufstiegs im Menschenfeld auf Erden aufzuspannen
- um die Leuchtkraft hervorzubringen, die bis in die Bewusstseinsfelder der noch unbewussten, abgewandten Menschen wirkt und diese auf das bereits gegenwärtige Neue Licht auf Erden, auf die eigene Kraft und Macht aufmerksam zu machen
- …

Wenn Du meine Botschaften der letzten Wochen reflektierst und in Dir nachklingen lässt, wirst Du die Kenntnis bereits erlangt haben, dass Du immer wieder im Ausweichen, Ablenken, Meiden, in Leichtgläubigkeit oder in Halbherzigkeit die Beschäftigung mit dem Inhalt der Botschaften vollbracht hast und die Übungen dementsprechend unverbindlich oder auch 'Alibi-mäßig' durchgeführt hast… und an dieser Stelle erinnere ich Dich unserer wiederkehrenden Aufforderung, dass kein Urteil, keine Wertung in irgendeiner Form dienlich ist… sondern dass es vielmehr darum geht, ehrlich zu blicken, wahrhaftig zu erkennen, die Verantwortung zu übernehmen und Deine Möglichkeiten zu nutzen…

… und so wirst Du auch erkennen können, dass diese unsere Worte einen neuen Widerhall in Dir haben und Du mehr als jemals zuvor das bisher Geschehene betrachten kannst, ohne dass Du Dich in Wertung und Urteil verhärtest und damit – im alten Spiel – aus dem lebendigen, formenden, gestaltenden Fliessen des Lebens herausnimmst, bzw. herausnehmen würdest…

So mögest Du verstehen, dass unser Wort, so wie wir Dir dieses nun in Klarheit und mit Kraft übergeben, so wie wir Dir das bisher Geschehene und Vollbrachte aufzeigen und benennen, Dir noch vor einigen Monaten unerträglich gewesen wäre und Du nach dem Lesen dieser Zeilen das Buch ungehalten und abwehrend zur Seite gelegt hättest – so mögest Du den Fortschritt sehen, der allein in dieser, Deiner neuen Wahl enthalten ist und sichtbar wird:

Dass Du die Worte liest, dass Du reflektierst, was wir benennen und dass Du den Halt und die Aufrichtigkeit in Dir verspürst, in Klarheit und Ehrlichkeit zu sehen und anzunehmen und da heraus Deine Wahl und Entscheidung für die nächsten Monate zu treffen…

Und so mögest Du frohlocken und die Freude und die Hoffnung in Dir mehren, so wie wir Dich in den letzten Wochen angeleitet haben… und Du mögest Deine Kraft und Deine Macht nutzen und die Weisheit und das Streben Deines Herzens, um die Botschaften und Übungen des ersten Projektjahres zu wiederholen und parallel zu den Botschaften und Übungen des zweiten Projektjahres anzuwenden, Dich mit diesen zu beschäftigen, das Umsetzen und In-Dein-Leben-Bringen zu praktizieren und somit die Licht-Samen, die Du bereits gelegt hast zu stärken und darüber hinaus viele neue kraftvoll strahlende Licht-Samen zu setzen…

Dabei werden wir Dich in den Wochen des zweiten Projektjahres weiter anleiten und begleiten und wir werden Dich schrittweise führen, die Übungen zu verbinden und auf diese Weise Dir Deine Kraft, Deine Macht, Dein Licht, Deine Weisheit und Dein Voranschreiten offenbaren...

Somit ist die Wahl die Deine, die Übungen des ersten und zweiten Projektjahres parallel zu nutzen... somit ist die Wahl die Deine, wie diese zu jeder Zeit die Deine ist, denn wir können Dir nur unsere Worte und unser Wissen geben, wir können Dir nur den Weg zeigen und Dich auf diesem begleiten, so wie Du entscheidest und wählst, diesen zu gehen und als den Deinen zu benennen, zu erwählen und zu beschreiten...

Und für alle, die dem Ruf unserer Worte folgen werden wir den Weg bereiten, indem wir die Übungen des zweiten mit den Übungen des ersten Projektjahres 'verbinden', indem wir verweben, was verwoben ist, indem wir aufzeigen, wie ineinander greift und miteinander wirkt, was wir in den Monaten und Jahren übergeben...

Die Seminare des Projektes wurden in der Verbindung und Abstimmung mit Ma'Maha und Lumina angepasst und 'auf die nächste Stufe' gehoben, denn wie wir bereits übermittelten, vermag das Engel-Frequenzen-Projekt nur zu bestehen durch verbindlich involvierte Menschen und die Zeichen des Lichtes auf Erden zu setzen durch das Wirken und Vollbringen inkarnierter, menschlicher Wesen, die Teil und Anteil sind und nehmen, die Mitgestalten, die ihren Dienst vollbringen und die in der Verantwortung für ihr Denken, Fühlen und Handeln sich eingefunden haben und mit diesem ihr Leben wie auch das Leben auf Erden formen, 'tragen' und gestalten.

Und so ist es.
AMEN"

"Ich bin Engelsfürst Fedaniel, der im fliessenden Bewegen ist – ich bin der Engelsfürst des hellblau-klaren Lichtes, der aufzeigt wie zu keiner Zeit im Wiederholen Dieses gleich dem Jenen ist – wie zu keiner Zeit identisch ist das Alte mit dem Neuen, das Gewesene mit dem Seienden….

… und so rufe ich Deinen Engel-Begleiter der letzten Woche zurück in meine Felder und entsende ein 'neues' Engelslicht aus meinen Heerscharen zu Dir, um während der Übung dieser Woche mit seinem Licht, seiner Liebe, seiner Unterstützung und Begleitung mit Dir zu sein und Dir die Kraft des Neuen aufzuzeigen in Jenem auch, was Du bisher als alt, bisherig, bereits geschehen und somit 'unveränderlich' angesehen hast…

… so entrichte Dank und Gruß dem Engelslicht, das seinen Dienst vollbrachte an Deiner Seite und für Dich; und heiße willkommen neues Engelslicht aus hellblau-klarem Feld, das nun zu Dir tritt…

Und nimm an, nimm wahr und finde Dich ein in der Übung der Woche, die ich für Dich benenne:

50. Übung, 51. Woche, 1. Projektjahr - 'Wiederholen'

Ich bin Engelsfürst Fedaniel, der im fliessenden Bewegen ist und in dessen hellblau-klaren Licht Du Dich in der Verbindung mit Deinem Engel-Begleiter immer wieder im Verlauf des Tages einfinden mögest, um die Übung dieser Woche zu vollbringen … mit Herz und mit Verstand … mit Absicht und mit Fokus … in Klarheit und in Verbindlichkeit … in Verantwortung für Dich und das Leben auf Erden…

… in dieser Absicht und Ausrichtung finde Dich im hellblau-klaren Licht des fliessenden Bewegens ein und nehme eine Schale mit Sand oder anderem Gekörnten zur Hand. Entzünde eine Kerze, die hellblau oder weiß sei und erlaube Deinem Engel-Begleiter, all das, was gegenwärtig fest und im Widerstand in Dir ist zu lösen und in fliessendes Bewegen zu bringen, damit Du klarer als bisher in Dir bist, damit Du Deine Möglichkeiten selbst erkennst, damit Du Deine Kraft auch in Dir spürst und die Bewegung, die im Leben ist ... denn zu keiner Zeit ist Leben Stillstand, zu keiner Zeit ist Starre im Lebendigen ... außer dass Du als Mensch dieses erwählst durch Dein Streben, Dein Halten, Dein Stauen ... durch Deine Wahl und Dein (Be-)Wirken...

So nehme die Schale mit Sand oder Gekörntem zur Hand und zeichne mit Deinem Finger oder einem Stab einen Kreis in diesen... betrachte die Lage der Körner, den Bogen des Kreises, die Rundung, die Du gezeichnet hast... und sodann bewege die Schale leicht, so dass sich die fliessende Bewegung des Lebens mit den Körnern zeigt und diese umeinander sich bewegen, ihre Lage und Position verändern, neuen Halt miteinander finden...

... wiederhole sodann das Zeichnen des Kreises in der Absicht, dass die Lage der Körner, der Bogen des Kreises, die gezeichnete Rundung genau identisch sei mit dem vorab im Sand Gezeichneten und Geformten, dass jedes Korn wieder genau dort liegt, wo vorab es lag... und Du weißt, dass ein Vollbringen dieser Absicht unmöglich ist, weil im fliessenden Bewegen und in der Veränderlichkeit des Lebens, niemals eins dem anderen ist...

Immer wieder führe diese Übung durch – mindestens einmal am Tage und immer im Schein der Kerze, die hellblau oder weiß in ihrer Farbe sei... und mache Dir bewusst, wie jedes Zeichen 'Spuren' legt, wie jedes Eintauchen von dem Stab oder Deinem Finger die Lage der Körner verändert und wie immer das, was an Neuem Du vollbringst auf der Grundlage geschieht von dem, was Du vorab durch Zeichen oder Schütteln an Veränderung hervorgebracht hast.

Und auf diese Weise verstehe, dass jedes Wiederholen auf der Basis dessen geschieht, was im Leben und lebendigen Sein vorab geschah – dass jedes Wiederholen ein Weiterführen ist und dass jede Übung, die Du in den vergangenen Monaten vollbracht hast, Spuren gelegt hat – in Verbindlichkeit wie in Halbherzigkeit, in Wahrhaftigkeit wie in Scheinheiligkeit ... je nachdem, wie Du gewählt hast, die Botschaft zu nutzen und Dein Verstehen zu weiten, je nachdem, wie Du gewählt hast die Übung als erstes Verändern anzuwenden und Deine weiteren Schritte da heraus zu formen ... und wieviel Hoffnung, weiteres Lernen und fliessendes Bewegen darin enthalten ist, durch erneutes Vollbringen dann Neues zu gestalten und das Erfahren und Verstehen, das in den vergangenen Monaten in Dir hervorgekommen ist als Basis zu nehmen für weitere Schritte, weiteres Erkennen, Verändern und Verstehen...

... und dieses mögest Du immer wieder Dir in Erinnerung und ins Bewusstsein rufen, während Du mit einem Stab oder Deinem Finger die Kreise in den Sand zeichnest ... und beobachten und wahrnehmen, wie Du von Tag zu Tag den Kreis den Du zeichnest mehr in der Formung, in der Tiefe, in der Gestaltung hervorbringst, wie es Dir das Üben ermöglicht ... weil Du von Tag zu Tag wiederholst die Übung im hellblau-klaren Licht des fliessenden Bewegens.

Und so ist es.
AMEN"

51. Übung, 52. Woche, 1. Projektjahr - 'Wiederholen'

"Ich bin Himmels-Bote Samuel, der in den Erzengel-Reichen ist und der ich Schirmherr bin des Engel-Frequenzen-Projektes im ersten Projektjahr und für die Übungen, die in diesem übergeben und begleitet werden. Und ich benenne das Thema dieser Woche: 'Wiederholen'.

Nach dem Erklären unserer Sichtweise von Wiederholen in unseren Feldern und dem Heranführen Deiner Sicht an diese (unsere) Bedeutung, benennen wir das Thema erneut mit Wiederholen, da es in dieser Woche darum geht, dass Du nicht nur verstehst, nickst, die Sichtweise annimmst und auch in Dir willkommen heisst... diese Woche geht es darum, dass Du – mit dem Wissen um die Wiederholung und dessen Potential für Dich – Deine nächste Entscheidung triffst – und dieses mit Herz und mit Verstand ... mit Absicht und mit Fokus ... in Klarheit und in Verbindlichkeit ... in Verantwortung für Dich und das Leben auf Erden...

Und wenn wir Dich zu einer Entscheidung auffordern, bedarf es vorab der Möglichkeit der Wahl – einer Wahl, die ich Dir wie folgt benenne für die Tage dieser Woche, in denen Du für Dich entscheiden mögest, wie Du fortfährst im Engel-Frequenzen-Projekt:

Folgst Du unserem Rat und unserer Anleitung und findest Dich ein in der Verbindlichkeit der Entscheidung die Lektionen und Übungen des ersten Projektjahres zu wiederholen und parallel zu diesen die Lektionen und Übungen des zweiten Projektjahres ebenfalls durchzuführen – und so die Brücke in Dir zu bauen?

oder
entziehst Du Dich unserem Rat und unserer Anleitung und entscheidest Dich für die Durchführung der Lektionen und Übungen

des zweiten Projektjahres im Engel-Frequenzen-Projekt, ohne die Lektionen und Übungen des ersten Projektjahres zu wiederholen? – Denn auch diese Wahl ist möglich, da Du als Mensch entscheidest und gestaltest...

oder
wiederholst Du (nur) die Lektionen und Übungen des ersten Projektjahres um die gemachten Erfahrungen zu vertiefen, das erreichte Erkennen zu mehren, die erlangte Sicht zu weiten – und die bisher gelegten 'Samen des Lichtes' kraftvoller zu verankern?

oder
beendest Du Deine Teilnahme am Engel-Frequenzen-Projekt, weil Du Dich gegängelt fühlst, weil Du mehr Bestätigung für Deinen Weg und Deine Entwicklung 'erwartet' hast ... weil Du die Zeit nicht aufbringen kannst oder willst, oder weil Dir die Schritte des Erkennens, Verstehens, Veränderns, die Schritte Deiner Entwicklung, so wie wir diese benennen, zu schwierig erscheinen?

Am Ende dieser Woche bitten wir Dich um Deine verbindliche Entscheidung ... damit wir von der Klarheit Deiner Absicht wissen, damit wir das Ausmaß an Verantwortung erkennen, mit dem Du für Dich, in Deinem Leben und mit Deinen Möglichkeiten auf Erden agierst, damit wir Deine Felder – in Abhängigkeit von Deiner Wahl – verbinden mit den bereits gelegten 'Samen des Lichtes', unsere Felder in Deiner Gegenwart stärken, Dein Gestalten im Gesang der Engels-Chöre beschreiben...

... denn egal wie Du Dich entscheidest, begleiten Engel Dich auf Deinem Weg – erhältst Du Liebe und Unterstützung von uns Engeln gleichermaßen – und halten wir Dir offen die Tür einer Teilnahme am Engel-Frequenzen-Projekt ...

... und doch findet das Ausmaß des Verwebens mit den verankerten Licht-Frequenzen des Engel-Frequenzen-Projektes abhängig von Deiner Wahl statt – denn das Engel-Frequenzen-Projekt ist ein Projekt der Hoffnung, das getragen wird von denen, die verbindlich sich involvieren und Teil und Anteil nehmen und sind… und es ist ein Projekt, das wir vermehrt mit den individuellen Menschenfeldern verweben, die mit Wort und mit Tat verbindlich sind.

So ist die Wahl die Deine – ob und wie Du wiederholst, ob und wie Du für Dich gestaltest, ob und wie Du dann mit uns bist, ob und wie Du auf Erden formst, ob und wie Du Anteil am Engel-Frequenzen-Projekt bist und nimmst…

Und Erzengel Uriel wird die Übung dieser Woche übergeben und begleiten, um Dir Halt und Geborgenheit, um Dir Basis und Sicherheit zu geben für Deine Wahl, für Deine Entscheidung und somit für die Schritte, die Du wählst…

Und so ist es.
AMEN"

"Ich bin Erzengel Uriel, der Engelsfürst, der im rot-gold-samtig schwingenden Licht die Heerscharen der Engel führt...

Und während Dein Engel-Begleiter der letzten Woche sich aus Deinen Feldern löst entrichte Dank, entrichte Gruß – und heiße Willkommen das Engelslicht aus meinen Feldern, das für die nächsten 7 Tage an Deine Seite tritt.

Und mit diesem übergebe ich die Übung dieser Woche:

51. Übung, 52. Woche, 1. Projektjahr - 'Wiederholen'

Ich bin Erzengel Uriel, der die Engel-Scharen im rot-gold-samtig schwingenden Lichte führt und ich benenne:

Jeden Tag finde Dich einmal am Tage mit Deinem Engel-Begleiter ein und entzünde eine rot-goldene oder goldene Kerze – und dieses in Anerkennung der goldenen Kerzen, die zu jedem Seminar des 1. Projektjahres im 'Zentrum des Lichtes und des Heils' von Lumina entzündet wurden und werden – und im Dank und in der Anerkennung des Dienstes, den Ma'Maha und Lumina tagtäglich vollbringen und ohne den dieses Projekt keine Existenz auf Erden hätte – und ohne die Du die Wahl dieser 'Wochen-Wahl' nicht hättest...

Sei in Stille mit Deinem Engel-Begleiter und wäge ab in Dir Deine Wahl – betrachte in Dir Deinen Willen, forme in Dir Deine Absicht.

Sodann wiederhole eine der 50 bisherigen Übungen des ersten Projektjahres – und für jeden Tag wähle intuitiv eine andere, indem Du z.B. eine Seite dieses Buches aufschlägst, die Botschaft liest und die Übung nutzt und durchführst... nimm dann die Veränderung bei der Durchführung der Übung wahr, spüre

Deine erweiterte Sicht beim Lesen der Botschaft, erkenne Dein tieferes Verstehen und Dein neues Empfinden…

… und mache Dir wieder und wieder bewusst Dein Wissen und Erfahren der letzten Monate um Verbindlichkeit, um Verantwortung, um die Wechselwirkung allen Lebens – und in diesem Bewusstsein sei zugegen…

Lasse die goldene Kerze brennen bis sie zur Neige geht in der Absicht, dass Deine Entscheidung verbindlich werde und dass alles Hadern und Zweifeln nach und nach vergeht… dass Deine Entscheidung verbindlich sei und Du Basis, Halt und Ausrichtung in Dir hervorbringst, auf der Du Deinen Weg kreierst – Deinen weiteren Weg, auf dem Du wählst zu gehen …

Wichtig ist, dass Du am Ende der Woche verbindlich mit Deiner Wahl bist – und auf diese Weise verbindlich mit Dir selbst, verbindlich mit dem Engel-Frequenzen-Projekt und verbindlich mit uns, den Engeln und Engelscharen, die Teil und Anteil des Projektes sind.

So siehe Deine Wahl und siehe Deinen Weg – und wähle Deinen Weg durch Deine Wahl…

Und so ist es.
AMEN"

52. Übung, 53. Woche, 1. Projektjahr - 'Wandeln'

"Als Schirmherr des Engel-Frequenzen-Projektes des ersten Projektjahres danke ich Dir für Deine Wahl, die Du in Dir geformt und hervorgebracht hast in den letzten Wochen und die verbindlich wurde mit Dir, mit uns und mit dem Leben auf Erden während der Übung der letzten Woche...

Und ich benenne:

... wenn Deine Wahl die Beendigung Deiner Teilnahme am Engel-Frequenzen-Projekt ist, danke ich Dir für Dein bisheriges Vollbringen und bitte Dich, die Übung dieser Woche nicht mehr zu vollbringen, sondern stattdessen jeden Tag eine Kerze im Dank für das Gelernte und Erfahrende zu entzünden und die Kerze jeden Tag niederbrennen zu lassen in der Bereitschaft die Felder zu klären und Dein 'Eingebunden-Sein' aus den Feldern des Projektes zu lösen – und ich bitte Dich, weiße Kerzen zu wählen für diesen Abschiedsdienst ... und wisse mich auch mit dieser Wahl mit Dir, und mit Deinem Dank in diesen Tagen.

... wenn Deine verbindliche Wahl die Fortführung Deiner Teilnahme am Engel-Frequenzen-Projekt ist, mache Dir erneut das Ausmaß an Verbindlichkeit bewusst und unser Verweben der Felder mit all denen, die Teil und Anteil sind...

Und mit meinen Worten übergebe ich als Schirmherr des Engel-Frequenzen-Projektes im ersten Projektjahr die letzte Botschaft dieses Buches, dieses ersten Projektjahres und meiner Schirmherrschaft... und Engelsfürst Vandanel wird als Schirmherr des Projektes im zweiten Projektjahr die Botschaften der Wochen übergeben und den Licht-Bogen halten zwischen Engel-Reichen und Menschen-Erde – und dieses in der Verbindung mit den Engelsfürsten und deren Heerscharen, die in das Engel-Frequenzen-Projekt eingebunden sind mit ihrem Dienst, ihrem Licht und ihren 'Gaben'...

Und so übergebe ich die Worte dieser Woche in der Verbindung mit Vandanel, der seit der 46. Übung mit seinem Licht zugegen ist... seit sieben Wochen bereits sind die Farb- und Licht-Frequenzen von Engelsfürst Vandanel in meinen Worten 'mit verbunden', damit 'Übergabe' im Fliessen, 'im Leben' und dynamisch geschieht.

Ebenso werde ich, Himmels-Bote Samuel die ersten vier Botschaften des zweiten Projektjahres mit meinem Licht begleiten, so dass elf Wochen im 'gemeinsamen Schwingen' sind. Auf diese Weise bauen wir – in der steten Verbindung mit Ma'Maha und Lumina, die zu jeder Zeit 'unersetzlich' im Projekt der Engel eingebunden sind – die Brücke 'zwischen den Projektjahren'.

Um Dir ein bekanntes Beispiel zu geben, das Dir bekannt ist vom Leben auf Erden und wie eine Übergabe in Verantwortung u n d im Fliessen erfolgt, blicke auf Staffelläufer und wie diese sich im gemeinsamen (parallelen, miteinander abgestimmten) Laufen einfinden, um den 'Staffelstab' zu übergeben und ohne Stocken vorwärts zu tragen...

Um nun die Kraft, das Fliessen und den Fortschritt im Engel-Frequenzen-Projekt zu gewähren, haben wir eine sichere 'Brücke' gebaut ... und wenn Du in Achtsamkeit warst, konntest Du bemerken, dass ich in den letzten Botschaften immer wieder und vermehrt mit 'wir' meine Worte benannte... dieses kam hervor, weil Engelsfürst Vandanel mit seinem Licht bereits verbunden und eingebunden war, um die Brücke sicher zu bauen, um den Bogen klar zu halten, um die Menschen stetig zu führen ...

Und so ist es von großer Wichtigkeit, dass Du in Deinen Gedanken und auch in Deine Gefühlen die Projektjahre nicht einteilst in Dieses und Jenes, sondern dass Du die Verbindung, das Fliessen, den Übergang, das Lebendige darin erkennst und anerkennst...

damit kein Bruch ist, wo Verbindung ist,

damit keine Grenze gezogen wird, wo Übergang geschieht,

damit kein Stocken ist, wo Fliessen sei...

... und im fliessenden Übergeben wird Engelsfürst Fedaniel die Übung dieser Woche leiten und Dich erneut begleiten – und er wird immer dann, wenn Stocken ist im Fliessen 'unterweisen' und somit den Bogen mit UNS halten...

Und so ist es.
AMEN"

"Ich bin Engelsfürst Fedaniel, der im fliessenden Bewegen ist – ich bin der Engelsfürst des hellblau-klaren Lichtes, der im Fliessen und der im Bewegen hält und der die Energien 'der Jahre' verbindet zu jeder Zeit...

Und während sich das Engelslicht der letzten Woche aus Deinen Körpern löst, entrichte Gruß und entrichte Dank Deinem Engel-Begleiter der letzten Tage aus den Feldern Uriels...

... und finde Dich ein in dem Bewusstsein Deines Engel-Begleiters aus meinen Heerscharen, der nun im hellblau-klaren Licht mit Dir ist.

So bin ich Engelsfürst Fedaniel und ein Engel aus meinen Heerscharen ist mit Dir – in dieser Woche, in diesen Tagen – während des Übergangs und des Wandels in Dir – und mit diesen Worten übergebe ich die Übung dieser Woche:

52. Übung, 53. Woche, 1. Projektjahr - 'Wandeln'

Während Du Dich im hellblau-klaren Licht und Schwingen des fliessenden Bewegens mit Deinem Engel-Begleiter einfindest, entzünde eine hellblaue Kerze.

Sei dabei in achtsamer Gegenwärtigkeit mit Dir und in Dir – spüre das Fliessen in Dir, spüre die Lebendigkeit, spüre das stetige Bewegen – in Deinen Adern, in Deinen Zellen, in Deinen Gedanken, in Deinen Gefühlen – allüberall betrachte das Fliessen, das Bewegen, das Strömen ... und wie alles miteinander verbunden ist – alles miteinander fliesst – alles miteinander sich bewegt...

In Deinen Gedanken blicke innerlich zurück auf den Weg, den Du in den vergangenen Monaten in der Begleitung von uns, den Engeln des Engel-Frequenzen-Projektes gegangen bist – lasse diesen Deinen Weg erstrahlen wie eine Spur des Lichtes, die zu dem Platze führt, an dem Du (innerlich) nun stehst und siehe, wie das fliessende Licht weiterstrebt, vorwärts drängt, im Fliessen und im Bewegen ist – und sei bereit, diesem Fliessen, diesem Drängen zu folgen mit den Botschaften und Übungen der Wochen, Monate und Jahre, die vor Dir liegen und während denen wir Dich begleiten und leiten auf Deinen weiteren Schritten des Wandelns, des Veränderns, des Lernens, des Umsetzens, des Verstehens, des Erkennens, des Neu-Formens...

Folge mit Deinem inneren Blick dem Fliessen des Lichtes und wie die verbindende Brücke des Engel-Frequenzen-Projektes auf Deinem weiteren Weg sich Dir als Lichtspur zeigt und Dir die weiteren Schritte weist...

... um während der Übung dieser Woche in die Bewegung zu kommen und Deiner Wahl und Deiner Bereitschaft zum Wandeln körperlichen Ausdruck zu geben, wähle zu tanzen oder zu wandern oder zu spazieren oder zu turnen... was immer Dir den Ausdruck des fliessenden Bewegens erlaubt... wähle und nutze es...

Und so ist es wie es ist – und wie Du verbindlich wählst und verbindlich für Dich formst – für Dich, für Dein Leben und das Leben auf Erden.

AMEN"

**Veranstaltungsort für Seminare
und Bezugsadresse der Essenzen:**

Zentrum des Lichtes und des Heils

Ma´Maha
Phönix Orden
Gesundheits-Zentrum "GG"
Inh. B. Schult
Tel.: 0 2 0 43 / 27 65 70
Krusenkamp 28a, 45964 Gladbeck

„Ich bin Erzengel Metatron, der Schirmherr des dritten Projektjahres und PROJEKTHALTER, der ICH BIN.

Zur Unterstützung von Dir als teilnehmender Mensch im Engel-Frequenzen-Projekt bieten wir Dir Essenzen an. Diese werden gestaltet und hergestellt von Ma'Maha, die immer und zu jeder Zeit in der Verbindung und Verbundenheit mit uns Engeln des Projektes ihr Werk und Wirken vollbringt – und siehe was sich daraus formt und welche Möglichkeiten sich dadurch für Dich eröffnen:

Es gibt die Essenzen der Schirmherren, die während des jeweiligen Projektjahres angewendet werden, das bedeutet:

Die Essenz 'Engel-Frequenzen-Projekt – Himmels-Bote Samuel – 1. Projektjahr' wird im ersten Projektjahr verwendet – Du kannst diese verwenden zur Vorbereitung Deiner Felder und zur Teilnahme am Projekt und deren Einsatz auf Seite 51 nachlesen.

Die Essenz 'Engel-Frequenzen-Projekt – Engelsfürst Vandanel –

2. Projektjahr' dient zur Unterstützung beim Praktizieren der Übungen im zweiten Projektjahr,
und die Essenz: 'Engel-Frequenzen-Projekt – Erzengel Metatron – 3. Projektjahr' stärkt im dritten Projektjahr die Ausrichtung und Absicht.

Während zwei Projektjahre in der Verbindung durchgeführt werden, können die Essenzen der beiden Schirmherren in der Form gewählt werden, dass mal die eine und mal die andere Essenz verwendet wird.

Darüber hinaus haben wir Dir zu Deiner Unterstützung und in der Verbindung mit Ma'Maha Essenzen bereitet, die Dich bei der Durchführung einzelner Übungen unterstützen und laden Dich ein, auch außerhalb der entsprechenden Wochen-Übung diese Essenzen für Dich zu nutzen, wenn zum Beispiel Schuldgefühle Dich beschweren oder Dir die Freude fehlt oder Du Klärung und Reinigung in Deinen Feldern suchst... Immer wieder mögest Du die Projekt-Essenzen für Dich nutzen und Deine Wahl zum Annehmen von diesen treffen.

Engel-Frequenzen-Projekt-Essenz: 'Erzengel Chamuel - Mitgefühl' dient der Klärung und Auflösung alter Schwere und bewusster oder unbewusster Schuldgefühle in Deinen Gedanken- und Gefühlsfeldern – seit Beginn des Projektes steht Erzengel Chamuel mit seinen Heerscharen unermüdlich für diesen Dienst bereit und hat Dir die Worte zu seiner Essenz mit der 3. und 4. Übung übermittelt.

Engel-Frequenzen-Projekt-Essenz: 'Erzengel Gabriel – Klärung'
Mit der Kraft der Essenz und Unterstützung der begleitenden Engel findet im Verlauf einer Woche eine intensive Klärung und Reinigung aller Energiefelder statt. Diese 'Woche der Klärung' kann immer wieder, auch parallel zu anderen Übungen, durchgeführt werden und wird Deinen Fortschritt sehr unterstützen.

Die Anleitung zur Einnahme dieser Essenz kannst Du im Text zur 32. Übung finden.

Engel-Frequenzen-Projekt-Essenz: 'Erzengel Jophiel – Freude'
Freude und Frohlocken, Lobpreisung und das Jubeln der Engelschöre – welche Heiterkeit und Leichtigkeit ist darin zu finden! – immer wenn es Dich nach dieser dürstet, kannst Du Dich mit und an dieser Essenz laben und Dich, Dein Herz, Dein Leben... mit Freude und Frohlocken füllen.
Im ersten Buch findest Du die Worte der Freude mit der 44. und 45. Übung.

Engel-Frequenzen-Projekt-Essenz: 'Erzengel Michael – Gottesdienst~GOTTES LICHT'
Über die Zeit von 13 Tagen findet das Einschwingen von Gottesdienst~GOTTES LICHT statt und hebt das menschliche Sein ins MENSCH-Sein – das bedarf es sodann anzunehmen und in die Tat zu bringen.
Wie dieses mit der Essenz leichter gelingt und was an Theme sich darin birgt, kannst Du im zweiten Projektbuch in der 81. Übung beschrieben finden.

Und so laden wir Dich ein, diese Projekt-Essenzen immer wieder zu nutzen, wenn Dein Leben Dir Schwierigkeiten bereitet, wenn nach innerer Reinigung und Klärung Du suchst, wenn in der Ausrichtung auf GOTTES LICHT Du Deinen Weg leichter gehst, wenn Du Freude und Frohlocken in Dir mehren willst...
Und so ist es.
AMEN"

Hinweis: Von einer Verwendung der Projekt-Essenzen ohne dass am Engel-Frequenzen-Projekt teilgenommen wird, ist abzuraten und wird abgeraten.

Weitere Bücher

des Engel-Frequenzen-Projektes

'Engel-Frequenzen-Projekt – Buch 2 – Engelsfürst Vandanel'
404 Seiten – Hardcover
ISBN 978-3-944880-22-8

'Engel-Frequenzen-Projekt – Buch 3 – Erzengel Metatron'
324 Seiten – Hardcover
ISBN 978-3-944880-23-5